教师教育系列教材

比较教育学

孔 锴 姜德君 张莉娜 编 著

U0360493

清华大学出版社
北京

内 容 简 介

本书以比较教育学学科发展的基本理论为基础,选取德国、英国、法国、美国、日本、俄罗斯、印度等世界主要国家的教育作为研究对象,在介绍各国教育演进的基础上,积极借鉴各国教育改革的有效措施与改革进程,吸纳反映比较教育科学研究的新成果,概括各国教育制度的现状,努力探讨各国教育发展与其地缘政治、经济发展、民族传统文化的关系,突出时代性、应用性和趣味性,并对教育行政、教育经费、教师教育、教育改革做了集中论述,期望能更加准确地反映各国教育的共性与差异。

本书适用于高校师范专业师生的教与学,也适用于中小学教师、学生和家长了解国外的教育状况,以更加全面地认识教育的本质。

图书在版编目(CIP)数据

比较教育学/孔锴,姜德君,张莉娜编著. —北京:清华大学出版社,2018(2024.2 重印)
(教师教育系列教材)
ISBN 978-7-302-51170-0

Ⅰ.①比… Ⅱ.①孔… ②姜… ③张… Ⅲ.①比较教育学—师资培训—教材 Ⅳ.①G40-059.3

中国版本图书馆 CIP 数据核字(2018)第 209931 号

责任编辑: 陈冬梅
封面设计: 刘孝琼
责任校对: 王明明
责任印制: 宋 林
出版发行: 清华大学出版社
    网　　　址: https://www.tup.com.cn, https://www.wqxuetang.com
    地　　　址: 北京清华大学学研大厦 A 座　　　　邮　　编: 100084
    社 总 机: 010-83470000　　　　　　　　　　邮　　购: 010-62786544
    投稿与读者服务: 010-62776969, c-service@tup.tsinghua.edu.cn
    质量反馈: 010-62772015, zhiliang@tup.tsinghua.edu.cn
    课件下载: https://www.tup.com.cn, 010-62791865
印 装 者: 三河市龙大印装有限公司
经　　销: 全国新华书店
开　　本: 185mm×260mm　　印　张: 17　　字　数: 410 千字
版　　次: 2018 年 10 月第 1 版　　　　印　次: 2024 年 2 月第 6 次印刷
定　　价: 49.80 元

产品编号: 072573-01

前　言

习近平总书记在中国共产党第二十次全国代表大会上的报告中明确指出，要办好人民满意的教育，全面贯彻党的教育方针，落实立德树人根本任务，培养德智体美劳全面发展的社会主义建设者和接班人，加快建设高质量教育体系，发展素质教育，促进教育公平。本书在编写过程中力求深刻领会党对高校教育工作的指导意见，认真执行党对高校人才培养的具体要求。

随着科学技术的不断发展，经济、文化的竞争日趋激烈，各国纷纷开展规模巨大的教育改革，以传承本国(或民族)独特文化，增强综合国力，在国际舞台上占有一席之地。与此同时，尽管每一个国家的教育对象都在其特殊的社会文化背景中形成了特殊的文化特质，但人类基本的文化中还是存在着很多共同的东西。通过教育学习借鉴其他国家的成功经验或失败教训，既可以从宏观上通过研究别国在教育发展过程中的历史先例和类似经验，结合别国与本国社会和教育的分析比较，可以预测本国教育的发展趋势，制定符合本国国情的教育制度，规划教育发展的线路，又可以从微观上启发我们改革现有的教育方式和教学方法中的弊端，探索和尝试创造出新的更加有效的教育教学方法，解决同一时代共性的问题。这一重任实际上是促进各国特别是发展中国家比较教育学研究与发展的因素。

"比较教育学"是高校师范专业的一门重要的基础理论课程，其目的正是使学生通过对不同国家教育的比较研究，从不同的角度，从更加广阔的视野，从对外国教育制度的思考中来研究和认识教育现象，对教育的本质和本国教育的状况形成清楚的认识。同时，通过对各国不同的社会政治、经济和文化造成的不同的教育的比较和研究，培养学生从不同的角度去看待和分析研究教育问题的思维方式和能力。

本书是在我们20多年"比较教育学"课程教学基础上的研究结果。在内容上，以科学性为基础，保持比较教育学学科体系的基本框架稳定不变，积极吸纳反映比较教育学研究的新成果，增加主要国家新世纪教育改革的内容，突出主要国家经济、文化与民族心理定式对其教育的影响。在介绍各国教育制度的同时，分析其教育存在的合理成分与特色，强调对我国当前教育的启示与影响，探讨各自存在的问题，引发对教育发展与改革的深刻思考。在表现形式上，除了引导学生学习的摘要、说明要达到的学习目标、各章节的正文、课后思考题外，增加了一些人们关注的各国教育的小资料，注重培养学习者的比较与反思能力，帮助学习者逐渐形成整体的教育认知结构和多维的教育理念。

本书共分为11章，第一、二、五、六章主要由姜德君撰写，第三、四、七、八章由张莉娜撰写，第九至十一章主要由孔锴撰写，姜淼参与第一章第二节编写，高爽参与第五章第一节编写，刘秋凤参与第九章第二节编写，于嘉文参与第十章第二节编写。

本书的出版，参考了国内一些专家、学者的研究成果，并得到了清华大学出版社的大力支持，在此一并表示衷心的感谢！

由于编著者水平有限，书中难免有不当之处，敬请使用教材的老师和同学提出宝贵的意见。

编　者

目　　录

要了解和评价一个民族或国家的教育制度的真正涵义，最根本的是要了解它的历史、传统、支配它的社会组织机构的各种力量和态度以及决定这个教育制度发展的政治和经济条件。

——美国比较教育学家康德尔

第一章　比较教育学概述

本章学习目标

➤ 掌握比较教育学的基本内涵、特征，开展比较教育研究的意义。
➤ 了解比较教育学科发展史中主要代表人物及他们的观点。
➤ 掌握比较教育研究的基本方法、主要文献线索。
➤ 掌握比较教育研究的主要理论。

核心概念

比较教育学　比较法　因素分析　四步法　科学量化法

学习指导

本章的重点是比较教育的概念界定及其特点、学习比较教育学的意义、比较教育学学科发展过程中的代表人物及其观点、比较教育学研究的基本方法。在学习的过程中首先要仔细阅读教材，掌握相关的知识；其次，要参考中外教育史的相关资料，了解教育发展的基本脉络；同时，要以开放的视野，站在一定的高度来理解比较教育学学习和研究的意义。

第一节　比较教育学的界定与意义

一、比较教育学的定义

尽管比较教育研究的专家们试图给比较教育学下个明确的定义，但迄今为止还没有哪一种观点得到公认。在联合国教科文组织主持的两次大会上，都未能就比较教育的定义得出一致的意见，而且一些研究结果还大相径庭。20 世纪 60 年代，在如何定义比较教育学上曾有"内容派"和"方法派"之争，有时内容派占上风，有时方法派占上风。20 世纪 70 年代末在比较教育学的研究内容和范围上，又出现了"校外现象研究派"与"校内现象研究派"的激烈争论。从某个角度或某个方面去阐明比较教育的概念，是不全面，或者说不够精确的。要给比较教育学下个完整的科学的定义，必须先阐明这门学科的研究目的、对象、方法及其基本性质。

1. 比较教育学的研究目的

探讨教育的规律性，掌握本国教育的特点是教育研究的必然目的，也是比较教育学主要目的之一。随着各国竞争的加剧，到 19 世纪初，比较教育研究的另一个目的就是领导、组织对外国教育的情报研究和调查，研究外国教育，借鉴别国的教育经验，协助改革本国教育。这个目的延续至今，并在此基础上发展为通过比较，分析影响一国教育的各种社会因素，探讨教育对本国社会发展决策服务的目的。近年来，主要国家比较教育研究开始重视向外国介绍本国的教育成就和经验，增加了宣传的目的。

这种研究目的在其内容上表现得尤为突出。早期比较教育的提出只是出自那些好奇的旅游者在游记中所作的零星的描述。19 世纪后，比较教育研究主要是注重有关学校制度和实用性教育教学方面的研究。19 世纪后期到 20 世纪初，随着教育成为社会系统中一个不可分割的部分和国家发展的重要动力，比较教育主要指系统地研究各个国家的教育制度和教育思想，探讨教育发展与特定国家民族性、社会价值及国民行为等方面的因果关系，并对之进行比较，从中引进吸收有价值的东西。"二战"后，比较教育更多的是指通过对各国教育的生成发展机制各个方面的系统研究，探讨教育与国家发展的关系，从而把握现代教育发展的一般规律以及这种规律在不同国家中的具体表现形式，并参与制定教育发展和改革的决策工作。

2. 比较教育学的研究对象

从广度上看，比较教育以教育的整个领域为研究对象，涉及教育的各种问题，但各国的侧重点不同。在时间上看，以当代为中心，但也考察历史根源，主要是说明当代并预测未来。从空间上看，比较教育研究一般以国家为单位，也有以社会制度、地区、省区为单位的，论著有侧重的对象国。从深度上看，比较教育力求分析各国教育的本质，研究其形成条件，判明各国政治、经济、文化等因素对教育的制约关系和教育的反作用，揭示各国教育的特点和共同规律，探索发展趋势。

3. 比较教育学的研究方法

以比较法为主要方法，这是比较教育学区别于教育科学的其他分支学科的重要特点之一。"比较"是特有的研究和认识教育现象的方式，通过对处于不同的社会政治、经济和文化环境中的教育现象进行比较分析，可以从中发现教育现象中那些最基本、不会因外部环境的不同而呈现根本差异的决定性因素，从而为揭示教育现象背后的关于教育的质的规定性提供重要的线索和根据。

4. 学科的基本性质

20 世纪 50 年代以前，国际上公认比较教育学是从教育学中分化出来的，与教育哲学、教育史、教育社会学、教育行政学、学科教育学、教育方法学等相似，是教育科学群中的一个独立学科和领域，属于教育科学的范畴。但 20 世纪六七十年代以后，在比较教育学的研究中，人们广泛采用了其他社会科学的概念和方法，一些学者认为比较教育学已成为中间科学。我国学者认为，虽然引进了一些新概念、新方法，但比较教育学研究的根本目的和对象并没有改变，所以应该认为它仍然属于教育科学的范畴，是人类研究和认识教育现象的科学研究活动中不可或缺的一个重要组成部分，在整个教育科学体系中占有其他学科无法替代的重要地位，在科学地研究和认识教育现象和教育规律过程中发挥着重要而独特的作用。

5. 概念的界定

关于比较教育学的概念，有代表性的观点包括以下几种。

"比较教育之父"——法国学者朱利安(Marc-Antoine Jullien)是最早提出比较教育概念的人。他认为比较教育研究的范围大致是："一部对此项研究能提供更直接和更重要的应用效果的著作，其内容应成为欧洲各国现有主要教育机构和制度的比较，首先研究各国兴办教育和公共教育所采取的各种不同的教育方式，学校教育全学程所包括的各种课程需要达到的教育目标，以及每一个目标所包括的公费小学、古典中学、高等技术学校和特殊学校的各衔接年级；然后研究教师给青少年学生进行讲授所采用的各种教学方法，他们对这些方法所逐步提出的各项改进意见以及或多或少地所取得的成就。"

美国比较教育学家康德尔(I. L. Kandel)认为，"比较教育的研究继续教育史的研究，把教育史延伸到现在，阐明教育和多种文化形式之间必然存在的密切联系"，"比较教育的目的在于发现导致教育制度相差别的那些力量和因素的差异性，比较法要求首先判明决定教育制度的无形的、难以捉摸的精神力量和文化力量，判明比校内的力量和因素更为重要的校外力量和因素"。

台湾地区的学者王家通则认为，"所谓比较教育，乃是运用比较法，研究各国(或各地区)教育事实或现象的一种教育学研究方法，其范围虽然没有一定的界限，不过一般均以制度为其研究的主要对象。"

中国大陆的两位学者王承绪、顾明远主编的《比较教育》中认为，"比较教育是用比较分析的方法，研究当代外国教育的理论和实践，找出教育发展的共同规律和发展趋势，以作为改革本国教育的借鉴。"

综上所述，我们可以这样概括：比较教育学是以比较法为主要方法，研究当代世界各国教育的一般规律与特殊规律，揭示教育发展的主要因素及其相互关系，探索未来教育的发展趋势的一门教育科学。

二、比较教育学的基本特征

从对比较教育发展的历史和有关比较教育的众多代表性研究成果的分析来看，比较教育(或比较教育学)主要有以下几个基本特征。

1. 多元性

比较教育学同其他学科的一大不同之处即研究对象的多元性，也就是所谓的跨国家性、跨地区性、跨民族性。比较教育学不仅包括国家之间的比较，而且包括国家内部地区之间以及民族之间的比较，同时还包括超国家的比较，即在由不同文化背景、不同语言、不同地理区域、不同社会制度、不同发达程度等各种概念所组成的国家群或区域群之间的比较。

2. 采用比较的研究方法

比较教育最主要的研究方法就是比较研究法，这一特征在教育学科群体的其他学科研究中的表现也是没有这样突出的。俗话说："不怕不识货，就怕货比货"。对很多复杂事物，只有通过比较和鉴别，我们才能形成正确的认识和评价。在认识教育现象和教育规律的过程中，比较的研究方法同样发挥着极其重要的作用。通过对不同的社会文化环境中的教育现象进行比较可以发现教育与社会生活的密切联系，加深对教育的社会特性的认识。通过分析比较，我们可以看到，在不同的社会里，教育现象的具体表现往往也不同，世界上各个国家和民族都有反映自身民族特色的与众不同、丰富多彩的教育方式和教育制度。

3. 研究领域广阔，并兼具理论研究和应用研究两种性质

比较教育的研究对象几乎覆盖了全部的教育领域。就其研究范围来讲，它不仅要研究教育本身的各种现象和规律，而且还要研究影响或决定教育发展的其他种种因素和条件。贝雷迪曾经说过："从认识他人而得到自我认识，这是比较教育所能提供的最有价值的教育"。比较教育的一些研究领域，是其他教育学科所无法涉及或未曾涉足的，因此也是其他教育学科不能或未能在这一领域发挥必要的作用的。正是由于有了比较教育，教育学科才能够在这些领域发挥科学地研究和认识教育现象的作用。也正是因为比较教育在教育学科体系中发挥着独特的、其他学科难以替代的重要作用，因此它的存在对教育学科体系的功能完整性是十分必要的，是教育科学创新和进步的重要动力之一。

4. 时代性

比较教育的研究在时间维度上总是以现在为中心的。作为教育史延伸到现在的产物，比较教育虽然不能忽视现存教育现象背后的历史依据，但它直接关注的还是不同国家现实的教育状况。这是比较教育区别于教育史(包括当代教育史)的重要特征。

5. 民族性和国际性并存

比较教育一方面要面对异国和异族的文化和教育现象，另一方面也不可能完全摆脱自己国家和民族的文化和历史背景。

也有学者认为比较教育还表现出其他一些特征，如跨学科性、综合性、应用性等。

三、比较教育的学科领域

1990 年，联合国教科文组织出版了美国学者霍尔斯的《比较教育：当代的问题与趋势》一书。根据世界各地的研究报告，霍尔斯认为比较教育内部已经分化，其研究领域可分为以下四个部分。

1. 比较研究领域

比较研究领域分为比较教学论与教育内部分析和文化内部分析两个亚领域。其中比较教学论主要是对各国学校教学过程的比较研究；而教育内部分析和文化内部分析则主要是

指那些与教育制度紧密联系在一起的，并且和教育制度相互制约的各国社会历史、文化、政治、经济、宗教和哲学等因素的分析和比较研究，从而解释和说明各个国家和国际性乃至全球性的教育状况、教育问题及其解决途径。

2．外国教育领域

外国教育领域既包括本国以外的一个或多个国家教育制度、教育发展的现实情况等的研究；也包括对某一区域的教育现象所进行的研究，如美国教育研究、拉丁美洲教育研究等。外国教育研究一般是以民族-国家为单位的，而区域研究的"区域"则具有很大的伸缩性，大可至跨国的文化圈、地理圈、政治圈，小也可以是一国内部的州、县等。

3．国际教育领域

国际教育领域分为国际教育教学法、国际教育机构工作研究两个亚领域。国际教育教学法研究的主要内容包括：对诸如国际学校和跨国学校这样的教育机构中，来自不同国家、不同的文化和种族背景的学生进行何种教育的研究；少数民族教育研究；国际理解教育研究；关于和平教育的研究；国际人口与生态环境教育的研究；建立国际课程和教学常规的研究；解决国家间有关争议的教材问题的研究等。国际教育机构工作研究主要包括关于不同国家相互成人教育学历资格问题、教育交流问题、教育和文化协定问题等国际教育问题的研究，这些都是很多国际教育组织在实际工作中面临的教育问题。

4．发展教育领域

发展教育是 20 世纪 60 年代以来分化发展起来的一个新领域，主要是联系各国的社会发展状况来研究和分析比较其教育发展问题，从而为各国政府或者国际社会制定平衡的教育发展战略提供参考。

当今世界国与国之间的教育交流与合作日益频繁，教育的国际化和全球化现象日益明显。比较教育发挥着并将继续发挥越来越重要的作用。

四、学习和研究比较教育学的目的和意义

比较教育是一门理论性和应用性并重的学问，在实际工作和现实教育发展中具有重要的作用。认真学习和研究比较教育，主要有以下几点目的和意义。

1．可以增长知识，开阔眼界，加深我们对教育现象的认识和理解

"不识庐山真面目，只缘身在此山中。"仅仅就眼前的教育现象来研究和探讨教育，我们在认识上会受到诸多局限，很多问题也就很难认识清楚。学习和研究比较教育，可以帮助我们克服这种局限性，从更加广阔的视野来研究和认识教育现象。通过对不同国家教育的比较研究，我们还可以从不同的角度来研究和认识教育现象。这有利于我们对教育的本质和本国教育的状况形成清楚的认识。美国比较教育学家康德尔在他的名著《比较教育》中曾说过："对外国教育制度的研究，意味着对自己教育思想的一次检讨和挑战，因而也是对本国教育制度的背景和基础的一次比较清楚的分析。"

2. 可以为我们的教育决策和教育改革提供依据和参考

比较教育研究可以使我们借鉴别国的教育经验，从而更好地解决本国的教育问题。"借鉴"是比较教育最早受到人们关注的作用之一。通过对别国教育的研究和分析比较，我们可以从别国发展教育过程中的成功经验和失败教训中得到启发，从而获得解决某种教育问题的间接经验。同时，把别国的社会和教育情况拿来与本国的社会和教育情况进行比较研究，又可以论证这些间接经验在本国的可行程度。运用这些间接经验，可以为更好地解决本国教育的问题提供参考。研究外国解决某些教育问题的办法，以及他们在教育改革过程中的经验和教训，结合比较分析我国教育的实际情况，可以为我们制定教育决策提供依据，帮助我们设计和制定教育改革的目标和战略。比较教育从产生之日起就是和教育决策和教育改革紧密联系在一起的。很多比较教育学家都把比较教育看作教育改革和发展的利器。

比较教育的研究还可以为我们制定教育决策提供预测性的依据，使我们的教育决策尽量做到有的放矢，保障教育的健康发展。"预测"可以说是比较教育在借鉴作用之后第二个受到人们关注的重要作用。如今由于研究方法的科学化，比较教育的预测作用进一步得到了加强。我们研究别国在教育发展过程中的历史先例和类似经验，结合别国与本国社会和教育的分析比较，可以预测本国教育的发展趋势，以便早作筹划，也可以预测本国未来教育发展过程中可能出现的问题，防患于未然。"预测"是"借鉴"作用的延伸和发展，这对教育决策的制定也是十分重要的。

20 世纪 60 年代以后，第三世界国家纷纷提出推进本国社会现代化进程的战略，教育在国家现代化进程中的作用受到各国政府的重视，比较教育通过对发达国家发展教育的经验及其与本国或其他发展中国家的比较，可以为本国制定教育发展战略，充分发挥教育在社会发展中的作用，直接提供政策依据。

3. 可以由此从别国借鉴一些被证明有效的先进教育技术和教育方法

尽管每一个国家的教育对象都有自身特殊的社会文化背景和特殊的心理特质，但人类基本的认知心理机制中还是存在着很多共同的东西。学习其他国家的教师在教学过程中采用的成功经验，结合研究我们的青少年学生的身心特点，可以启发我们改革现有的教育方式和教学方法中的弊端，探索和尝试创造出新的更加有效的教育教学方法。

4. 培养从不同角度全面地看问题的良好思维习惯，提高我们解决实际教育问题的能力

各个国家的社会政治、经济和文化是不同的，各国的教育问题也是多种多样的。研究和比较各国的教育状况，就必须从各个国家特定的实际情况出发，从不同的角度去看待和分析研究教育问题。学习和研究比较教育，可以帮助我们提高从多种角度来分析和解决我们在实际学习和研究工作中遇到的各种各样的教育问题的能力。

在这个国际化的时代，比较教育在理论和实践两个方面都必将发挥越来越重要的作用，因此，我们要学好比较教育这门课程。

第二节　比较教育学的学科发展

与许多学科相比，比较教育学是一门年轻的学科，从其诞生到现在，发展的历史也只

有 200 年左右。一般认为，法国 19 世纪的比较教育学家朱利安(1775—1840)在 1817 年发表的《关于比较教育的工作纲要和初步意见》是比较教育学史的开端。但现代比较教育学的产生和发展源自以往漫长的教育活动和古典比较教育研究，从公元前的古代到 18 世纪所有比较教育学的史实，对当前研究比较教育学还是有一定的有益的参考价值。

一、比较教育学的史前时期

比较教育的史前史，包括 15 世纪以前的古代游记描述性研究、16—17 世纪的史学评论性研究、18 世纪的引介应用性研究几段。[①]

在古希腊和古罗马时代，不同国家的人们因旅行、贸易、战争和传教等活动而互相往来时，就出现了教育与文化的交流。这种交流最初可能只是口头传递，并逐渐发展到书面描述。美国比较教育学家诺亚和埃克斯坦称这一时期的比较教育为"旅行者见闻"。

在古希腊，将军兼学者的色诺芬(Xenophen，约公元前 430—前 355)在其著作《塞鲁士王传》中，对波斯教育进行了具体的评述，并描述了对波斯青年进行公民训练和领导能力训练的方法，且对波斯教育和希腊教育进行了比较。柏拉图在《国家篇》中对斯巴达和雅典的教育进行比较。古罗马的西塞罗(Cicero，公元前 106—前 43)在他所著的《雄辩术》一书中，对各国的雄辩术进行了比较，认为希腊的雄辩术实际上胜于其他国家，认为世界上最好的教师是希腊教师。他还在该书中研究了希腊教育与罗马教育的优势之处，并在《论国家》中对各国教育进行了比较，也堪称一位重要的史前古典比较教育研究者。

从秦汉开始，一些外国人陆续到中国学习，隋唐时期日本派出的"遣唐使"，把中国的典章制度、天文历法、书法绘画、建筑艺术以及生活习俗等中国传统文化带回本国，对日本的生产、生活和社会发展产生了广泛的影响。也有一些外国人将他国的文化带入中国，像阿拉伯天文学家札马鲁丁、"泰西儒士"——意大利传教士、科学家利玛窦、德国的汤若望等是西学东渐的代表人物，对中国文化的发展也做出了巨大的贡献。

元朝时期来自意大利的马可·波罗在中国各地周游，写了一部《东方见闻录》，对中国教育作了很多翔实的描写，是关于东西方教育的重要的早期比较研究，"开创了欧洲人认识远东的新纪元"。

由于这一时期教育对国家、民族发展的影响不大，致使比较教育发展缓慢且研究水平较低，多为旅游者、访问者的观感描述，带有浓厚的个人随意谈论异国教育印象的特征，比较零散，不成系统。很多比较研究主要出自其他目的，如抨击本国政府不重视民生，国家治理有问题，通常多采用某些教育例子来说明，几乎没有实际应用的目的。

16 世纪之后，随着工业生产的出现与发展，商贸活动迅速发展，交流日渐增多，世界范围内的学校教育都得到了发展：大学增多，各种行会学校纷纷建立了起来，欧洲教育在一定程度上普及，教育开始受到社会的广泛关注，使比较教育的研究有了新的发展；不仅在各种游记中对教育有了更详细的描述，而且许多旅游者也开始关注教育问题，许多官员还专门考察其他国家的教育。更重要的是在对教育的描述中还有了相当的评论，从不同角度对教育进行比较研究。意大利历史学家盖斯阿狄尼(L. Guicciardini，1521—1589)于 1567

---

① 冯增俊. 比较教育学[M]. 南京：江苏教育出版社，1996.

年出版的《荷兰》一书，综述了他多年研究荷兰的成果，并描述和评论了荷兰人获得的教育成就。17世纪的捷克教育家夸美纽斯(1592—1670)一生中到过许多国家。每到一国，必亲自考察研究该国教育，并向所在国介绍别国的教育发展情况，并据此提出他的教育主张。他编写的许多出色的教科书，也广泛应用了比较教育研究的成果，其中极为出名的是《世界图解》，被广泛流传几个世纪，在促进民族交往和文化交流上起了很大作用。到17世纪后期，研究外国当前的教育受到普遍重视，认识到教育问题的重要性，注意到他国教育中有用的经验和方法，出现了加以评论的描述教育的趋向，已开始出现对域外教育进行系统的量化研究的倾向，并借以提出建立新的教育制度的对策。

18世纪后工业化运动要求培养越来越多有实用技术的人才，新学校纷纷建立，普及义务教育受到各国重视，教育发展第一次与生产发展以及商业利润联系起来，出现了划时代的转变；火车、轮船的发展，提供了更为便利的交通，使旅游互访激增。这一时期的比较教育研究还出现了利用研究来寻找对本国教育有用的形式和发展模式，或者从中找到制订教育计划的某些依据，出现了许多跨国比较的有关文化教育的访问报告、调查研究和评价报告。奥古斯特·赫克特(F. A. Hecht)在1795年发表的《英国和日耳曼的教育比较》中对未来教育发展作了描述；法国哲学家狄德罗(Denis Diderot)以比较法俄两国教育制度为依据，于1776年向俄国叶卡捷琳娜二世提交了一份俄国教育发展规划，主张开办军事、工程、航海、农业、商业等专门学校，强调中等教育应开设数学、力学、天文学和化学等科目。法国教育家、数学家孔多塞(Coadorcet，1743—1794)是把比较教育研究运用于国家教育决策的一个典型，他在1792年代表公共教育委员会向国民议会提出的报告中提议建立九所大学："是因为这个数目与英国、意大利和德国的大学数目相比较，它似乎是和法国人口的需要相适应的。"而且，"我们建议提供的教育，比在外国任何学习机构中的教育更加符合欧洲科学的现状"。

尽管史前比较教育研究没有自身独特的学科建设和理论体系，但促进了当时的教育发展，并直接或间接地促进了学科的科学发展。

二、比较教育发展史上的"借鉴时代"

比较教育学学科发展的萌芽阶段是从1817年至19世纪末。1817年法国人朱利安在他的《比较教育的研究计划与初步意见》这本50页篇幅的小册子中，比较系统地总结了前人的研究成果，不仅提出了"比较教育"和"比较教育学"的概念，而且阐述了比较教育学的基本原理和有关研究方法等，认为比较教育应是实证科学，并提出组织国际性教育协会、用问卷的方式向各国收集资料、发行各种语言的教育期刊以传播教育改革的经验、建立师范学校网用最新的方法培训师资等一系列建议，被比较教育学界普遍公认为学科创始人，被誉为"比较教育之父"。美国著名比较教育学家贝雷迪(G. Z. F. Beredey)称朱利安为"第一位有科学头脑的比较教育研究者"，并确立了比较教育作为一门学科的独立学术地位。因此，1817年就成为比较教育正式诞生之年。但朱利安的研究在当时并没有引发出更多更好的研究，他的理论差不多被埋没了整整一个世纪。

第一次科技革命时代，各国在民族主义和产业技术革命的进程中竞相推行富国强兵政策。这必然导致要对与这种基本国策直接相关的国民教育制度的关注和探讨，从而也就导致了使用派遣和考察的方法，让有识学者和行政官员去外国考察，努力从所谓的教育先进国收集有益情报和范例，写成报告，以达到教育借鉴的目的。这种各国之间的互相往来的确也促进了各国教育的互相借鉴，所以有人称这一阶段为"教育借鉴时代"[①]。

1806 年普法耶拿战役中德国大败，德国人认为是由于法国的教育战胜了德国，德国皇帝(当时的普鲁士国王)在亡国之际接受专家建议，决心办教复国，并积极学习英法的教育经验。1808 年普鲁士政府拨款选派 17 名青年跟随瑞士裴斯泰洛齐学习 3 年，这批学生后来在德国起了一种中心作用，他们努力改革德国学校，建立了新的教育体制，使德国迅速振兴，很快成为世界强国，在 1870 年普法战争中打败法国，统一了国家。法国总结教训时认为法国高等教育不如德国的好是战败的一个原因。著名法国学者雷南说："法国不是被普鲁士的军队打败的，而是被普鲁士的大学打败的。"

法国著名学者库森(Victor Cousin，1792—1867)也是这一时期很有影响的人物，他于 1831 年受法国教育部的委托，为完成调查外国教育情况的任务，到普鲁士考察学校，并将考察结果写成《关于普鲁士公共教育情况的报告》，以外国的范例作为发展本国教育制度的借鉴。法国政府根据报告书的宗旨，制定了法国初等教育基本法，即 1833 年的基佐法案(Guizot Law)。库森的报告书对法国、英国、美国的教育有重大影响。

美国马萨诸塞州教育委员会的第一任教育视导长霍勒斯•曼(Horace Mann，1796—1859)每年都向州议会提出报告书，其中的《第七年报》(1842 年)是他历时 6 个月对欧洲各国的学校进行考察后写成的报告书。报告书对普鲁士学校的出色教学法和非强制性纪律大加赞赏，从而间接提示了改善本州的教学法，以及热爱儿童、改进师生关系的必要性。

美国康涅狄格州第一任教育视导长巴纳德考察欧洲后大量翻译北欧各国教育文献，在《美国教育杂志》等刊物上连续刊登 30 年。其目的是为改善美国的公共教育制度提供可以参考的广泛而详细的情报。

英国的阿诺德(Arnold，1822—1888)去欧洲大陆考察了普通教育和高等教育之后，写成考察报告书《欧洲大陆的学校》(1865—1867 年写成，1868 年发表)。书中论述了法国、意大利、瑞士，特别是 19 世纪在国家统治下的普鲁士学校教育的发展情况。英国的萨德勒历访德国、法国和其他欧洲国家。他主持编辑的《教育问题特别报告书》不是单纯描述各国教育的情况，而是对英、美、德等国的教育相似性和差异性进行了一些比较。他还企图通过对以德国为中心的欧洲大陆各国教育制度的比较研究，掌握决定多种教育制度的形成和结构的因素。他认为这些因素是国家、教会、经济、家庭、少数民族、大学的影响，以及财政和政治情况。萨德勒 1900 年 10 月在英国伊尔福作了《我们从外国教育制度研究中能够学到多少有实际价值的东西》的讲演，其中提出了他的名言："学校外的事情，比学校内的事情更为重要，而且它支配和说明学校内的事情。"这里他指出了一个非常重要的原理，即教育是作为整体被社会决定的，各国教育制度的背景是各国的国民生活、国民性、斗争的历史等。因此，"要想真正理解外国教育，必须追究教育制度背后的事情，并以共鸣的精神去说明它。"在萨德勒的这种主张里，包含着一种更为重要的思想，即不能孤立地研究教育现象，必须把各国的学校和教育制度放在该社会的全面情况之中去加以研究和理解。这种思想后来成为因素分析法的基础。

---

① [日]冲原丰. 比较教育学新论[M]. 南昌：江西教育出版社，1986：12.

俄国教育家乌申斯基考察研究了许多欧洲国家的教育，发表了一些论文。日本在明治初年派人去欧美考察，仿法国建立现代教育制度，也是对外国教育进行比较研究的结果。

总之，在比较教育发展第一阶段使用的主要研究方法，是派遣到国外考察，写成描述和评论性报告书，以达到教育借鉴的目的。然而这种派遣和考察的方法不是没有问题的。"他们的报告书所叙述的内容，一般是表面的、百科经典式的，过于急于借鉴对象国的经验，而忽视教育的政治、经济、社会背景以及文化的关系。"虽然以朱利安为首所倡导的"制定教育观察资料比较表和系列问卷"的方法，使比较教育的研究减少了个人主观片面性，增加了比较教育成果的客观依据，但比较教育的研究中仍然存在明显缺陷。一是在借鉴上存在很大局限性，其研究内容大多数是描述性的，是以一种单纯地、无批判地借鉴外国教育经验来改善本国的教育；二是还没有一种方法论作基础进行比较分析，从而缺少系统的科学方法。这一阶段还是比较教育的"初创时期"，其研究重点，是把各种描述性资料进行分类编目并加以比较。

三、比较教育发展史上的"因素分析时代"

20 世纪上半叶比较教育的重点从单纯地、无批判地借鉴外国的教育经验转向对决定各国教育制度的主要因素进行分析，以探求改革本国教育的途径。所以有人称这一阶段为"因素分析时代"。

对于教育借鉴的反思和质疑首先源于英国的萨德勒，他认为学习外国教育经验的目的在于改进本国教育制度。但是，外国教育策略、方法等常常植根于其制度本身的土壤之中，并与它们所赖以生存的条件紧密联系在一起，而这些条件是不可能和或不希望被引进另一国家。因此萨德勒主张不要期待着从外国教育制度中直接发现有多少可实际模仿的东西，而必须联系影响教育发展的各种背景，特别是历史的因素。如果缺乏对决定教育的各种因素的综合理解和研究，那么根本无从认识和借鉴外国成功的教育经验。

美国康德尔(I. L. Kandel，1881—1965)深受萨德勒思想的影响，他在接受了萨德勒强调学校外部因素的观点时又提出了自己的、主要根据历史学科研究的中心点来理解比较教育学科领域的新观点，并且主张在分析因素时要进行跨学科的研究，从而最终确立了这一阶段独特的研究方法——历史法。

康德尔最重要的代表作是 1933 年发表的《比较教育学》。美国教育学家卡扎米亚斯在评论康德尔这本名著时说，它"奠定了比较教育学作为真正科学研究的基础。康德尔的研究开辟了新的途径，而且，他对比较教育的观点，迄今仍为该学科研究的理论基础"。康德尔在该著作的序言中指出："研究比较教育的方法首先需要正确评价那些构成教育制度之无形的精神上与文化上的力量；各种来自校外势力和因素的影响比发生在校内的更重要。因此，比较教育研究必须以学校反映出的各种社会和政治的理想为基础来进行分析，因为学校集中体现了这些理想的传播和发展。为了理解、鉴别和评价一个国家的教育制度的真正意义，对该国的历史和传统，对支配该国社会体制的势力和观念，对决定该国获得发展的政治条件和经济条件，皆应有所认识才能比较。"康德尔在这里明确提出了通过各种"因素和力量"的概念来研究教育制度的主张。康德尔在 1955 年发表的《教育的新时代——比较研究》一书中重申了他的基本观点："比较教育的研究，是教育史研究的继续，是教育史发展到现在的延伸；比较教育研究揭示了教育与它所服务的社团的文化模式之间必然存在的各种内在联系。事实上，人们要了解任何教育制度及各制度之间存在的种种差异而不认识探索那些助长形成差异的背景因素，就不可能真正地了解该教育制度。"康德尔在1959年发表的《比较教育的方法论》一文中，再次重申了他的观点："就方法论而言，比较教育学可被看作是教育史研究从过去到现在的继续。"他还认为，比较教育的宗旨在于分析对比不同国家的教育制度是如何根据它们的历史和文化的内容而发展起来的。由此可见，康德尔采用的是用历史性解释法对各国教育制度作深入研究的一种分析方法，其立足点是对形成教育制度的潜在力量和因素的比较分析。关于"何种因素对构成国民教育制度起重要作用"，康德尔列举了以下因素：国家的政治理论、社会哲学、地理位置和气候；国家的各种传统，例如文化、语言、文学、音乐、艺术、宗教、科学、共同理想与生活方式；对祖国、对集体的热爱和对民族的忠诚。因此，他的方法也可称为因素分析法。康德尔的上述观点，特别是他将解释和说明因素引进比较分析之中，用描述历史事实、分析社会背景的历史学方法来进行比较教育研究的方法，在这一阶段的比较教育研究中，占有支配地位。

英国的汉斯(Nicholas Hans，1888—1969)也深受萨德勒思想的影响。汉斯也认为，对于正确地了解一个国家的教育制度，历史法是必要的。汉斯还宣称比较教育的目的是"以历史为背景，逐一研究每个国家的教育制度以及这个教育制度与民族特点、民族文化的发展的密切关系"。因为今天的教育，无论哪个国家的教育，都是历史发展的产物。而且一个国家的教育制度必定是"民族特点的一种外在表现"。在1949年发表的《比较教育：教育的因素和传统的研究》一书中着重说明了决定各国教育的各种因素。他把影响教育发展的因素分为三组：一是自然因素(包括种族因素、语言因素、地理因素和经济因素等)；二是宗教因素(包括天主教传统、圣公会传统和清教徒传统等因素)；三是世俗因素(包括人文主义、社会主义、民族主义、民主主义等因素)。他对英、美、法、苏四国的教育进行了评价。与康德尔不同的是，汉斯强调对学校的某些功能作用(诸如促进文化的作用、保持国家独立的作用等)进行比较。另外，汉斯还提出处理因素的方法应是能动的、灵活的新见解。

康德尔和汉斯这种运用历史学的方法，着重对决定教育的各种因素进行分析的方法也称为历史因素分析法。日本著名比较教育学者冲原丰将康德尔和汉斯的因素分析法称为"外在的因素分析法"。

这一时期，德国的施奈德(Friedrich Schneider，1881—1974)也是倡导历史法的比较教育家，不过他在所使用的历史法中重视哲学辩证法。他在1947年发表的《各国教育的动力》一书中，提出了影响教育理论和实际的因素有国民性、地理位置、经济、文化，尤其是哲学、政治、宗教、外国影响、教育内部的发展动力等。和康德尔一样，他也认为教育制度是多种因素相互作用的产物。

施奈德提出的比较教育学的目标是：运用历史法对各国教育进行比较研究，从而探明决定教育制度的实在的、内在的，而且是永恒的各种力量。然而他与康德尔和汉斯的不同之处在于，在进行分析时，他非常重视民族性和教育的内部发展动力。他认为在国民教育制度的形成中，教育内在因素起着特别重要的作用。他在分析教育内部动力或因素时，一是采用了黑格尔关于事物的辩证观点，如教育中合理性与非合理性、积极性与非积极性、必然与自由、统一性与多样性、个人道德与集体道德的相互作用；二是强调教育学中的理论与实践的相互作用。冲原丰将施奈德的这种重视哲学辩证法的因素分析法称为"辩证的因素分析法"。

总之，这一阶段的比较教育学者康德尔、汉斯、施奈德等人都主要采用了历史学的方法来研究比较教育。然而这种占支配地位的历史法，大部分是以传统的历史观为依据而进行的宏观研究，探讨各国教育制度"为什么是那样"的理由和因素。它是一种"借用"的方法，几乎没有利用社会科学的见解、概念和研究成果。因此，这一阶段的比较教育研究仍然存在较大局限性，其研究方法比较单一，缺乏多元的科学方法来进行研究。

四、比较教育发展史上的"社会科学方法时代"

从 20 世纪 50 年代开始，以原子能的发展和计算机的发明为主要标志，人类进入了第三次科技革命时代。生产力的发展促进世界经济的广泛交流，也引起国际竞争日趋激烈。这对各国教育产生了深刻影响，各国纷纷开展规模巨大的教育改革。这种情况对比较教育提出了新课题、新挑战。20 世纪 60 年代以后，比较教育的研究逐渐脱离过去以历史-因素法为主的研究，而引进自然科学和社会科学的多种研究方法，所以有人称这一时期为"社会科学方法时代"(冲原丰语)。

在社会科学方法时代，比较教育在世界的范围内获得了长足的发展，主要表现在研究规模的迅速扩大、研究方法层出不穷、研究成果大量增加和研究领域的扩大等方面。

1. 各种国际性学术研究组织迅速建立

这个阶段，国际教育组织相继设立。1951 年联合国教科文组织成立了汉堡教育研究所；1954 年《国际教育评论》创刊。1956 年成立了国际教育成绩评价协会；1963 年联合国教科文组织附设了国际教育规划研究所；1968 年联合国经济合作和发展组织附设了教育研究和革新中心。这些国际性教育研究机构的成立，为开展跨国界的教育比较研究提供了组织上的便利。1968 年创立了比较教育学会国际委员会，该会于 1970 年在渥太华举行第一次大会，更名为世界比较教育学会联合会。比较教育研究的学会组织在这一时期继续发展，并开始形成国际性的研究网络。

2. 研究方法与观点多种多样

除了历史法之外，还使用了社会科学研究方法。美国的安德逊(C. A. Anderson)主张以结构功能主义作为比较教育研究的方法理论基础，即不仅要研究各国的教育结构，而且要研究教育结构在具体社会中的功能。美国比较教育家贝雷迪在 1964 年出版的《教育中的比较方法》一书中认为，比较教育研究工作应分为 4 个阶段：描述、解释、并列、比较。美国的诺亚(H. J. Noah)和埃克斯坦(M. A. Eckstein)被认为是比较教育研究中运用社会科学方法的典型。英国的埃德蒙·金(Edmund King) 在他的《别国的学校和我们的学校——今日比较教育》一书中，对比较教育学的目的、内容和方法，提出了"三级研究法"的见解。苏联学者在方法论方面强调以马列主义哲学为基础，提出的具体研究方法有：描述法、统计法、历史法、社会学法、分析法和比较法。

20 世纪 70 年代以来，比较教育研究的观点发生了根本性的变化。冲突论和依附理论应运而生，出现了一些以批判性范式为题的新研究。这些研究既采用了宏观层次，又采用了微观层次的观点。

此外，国际教育(international education) 是近年来教育国际化和教育问题全球化在比较教育理论界的一种反映。比较教育本来就是一门从不同国家的角度研究教育的学科，但随着国际社会发展在多方面的全球化现象日益增加，教育现象也越来越表现出全球化的特征，于是，比较教育的研究领域也开始从一般的对不同国家教育的比较向对一些全球化的教育现象和教育问题进行总体性考察和研究扩展。

3．研究成果大量增加

这个阶段，由于研究队伍迅速扩大，研究方法多种多样，因此出现了不少研究成果。国际教育成绩评定协会 1962 年发表《十二个国家十三岁儿童的教育成绩》研究报告，1967年又发表了《数学成绩的国际研究：十二国比较》。自 20 世纪 50 年代中期起，联合国教科文组织出版了多卷《世界教育调查》《教育年鉴》等国际性的教育调查与统计资料。

1954 年，联合国教科文组织汉堡教育研究所主办的《国际教育评论》创刊。各国的比较教育刊物，如美国的《比较教育评论》(1957 年创刊)和英国的《比较教育》(1964 年创刊)等，在此期间也发表了不少比较教育研究的论文资料。这后两本杂志在比较教育领域的权威性至今仍然受到广泛认同。

这个时期，各国比较教育学者发表了许多比较教育专著和论著，除了前面提到的一些著作外，比较著名的还有克拉默和布朗的《现代教育》、马林森的《比较教育研究概论》、乌利希的《各国教育》、希尔克的《比较教育》、卡扎米亚斯和马西亚拉斯的《教育的传统与变革》、冲原丰等的《世界教育》和《比较教育学》、爱泼斯坦的《比较教育国际化的探索：在世界比较教育学会联合会上的报告》、阿尔特巴赫等的《比较教育》、阿尔特巴赫等的《比较教育的新方法》、库姆斯的《世界教育危机——80 年代的观点》、斯克里沃等的《比较教育的理论与方法》、波斯尔思韦特的《比较教育和国民教育制度百科全书》和霍尔斯的《比较教育——当代问题和趋势》，等等。

4．研究规模不断扩大

"二战"后，许多新兴国家积极探索富民强国之路，美国的高速发展、德国和日本的快速恢复与崛起，让各国看到了重视发展教育的意义。进行比较教育研究，学习借鉴他国经验成为一种趋势，比较教育研究在国家分布上得到扩大，特别是中国、巴西、印度等人口大国的加入，使得比较教育研究在人口分布上更具有代表性。

联合国教科文组织、世界银行和福特财团等一些国际组织和财团资助与组织的教育比较研究项目继续得以开展，其中有些项目还有第三世界国家的研究者参与研究。

知识拓展：比较教育在中国的发展[①]

据文献记载，我国最早介绍外国教育情况是在魏晋时期。唐代玄奘和尚在《大唐西域记》中介绍了印度学校的教学内容、教学方法和尊师重道的情况。唐之后的很长时期里中国文明总体上高于外国，所以统治者自恃国富民强，并不重视和借鉴外国的教育经验。

---

① 安双宏，白彦茹. 比较教育学[M]. 哈尔滨：哈尔滨工业大学出版社，1997：21.

19世纪40年代至19世纪末，我国比较教育研究开始起步。林则徐、魏源、龚自珍等人力主学习西方的先进科学技术，洋务派官员、维新人士和其他方面人士写了一些实际考察外国教育的报告和介绍教育的著作，强调中学为体、西学为用。

20世纪上半个世纪我国比较教育学逐渐成为独立分支学科。介绍、研究外国教育的文章逐渐增多，采用历史学方法，庄泽宣的《各国教育比较论》、钟鲁斋的《比较教育》、常导之的《各国教育制度》、罗廷光的《最近欧美教育综览》、杨贤江的《新教育大纲》等40余部专著及译著相继出版。

新中国成立后比较教育学作为一门学科的讲授一度中断，从60年代开始，在北京师范大学、华东师范大学、东北师范大学和河北大学成立了一批外国教育研究机构，开始对外国教育进行有组织的研究，在"文革"开始后再度中断。

1977年末比较教育学研究又恢复。这一时期，比较教育研究的队伍不断扩大，研究成果丰富，王承绪、朱勃、顾明远主编的《比较教育》，成有信编著的《比较教育教程》，吴文侃、杨汉清主编的《比较教育学》，均产生了广泛影响；《比较教育研究》《外国教育资料》《外国中小学教育》《外国教育研究》《世界教育文摘》等刊物创刊；国际间的学术交流增多，安排学者出国考察，邀请国外学者来华研究；1990年顾明远教授当选国际比较教育协会主席，主要师范院校教育系陆续开设比较教育课，对我国教育改革起了一定的促进作用。

第三节　比较教育的研究方法

一、比较教育研究的原则

根据马克思主义哲学的基本原理，运用现代系统理论的科学方法，在比较教育学的研究中应注意遵循下列基本原则。

1. 综合性原则

教育本身是一个系统，但它又是社会现象大系统中的一个子系统，并与社会现象大系统中的其他子系统如政治、经济、文化等有着相互联系，相互制约的关系。因此，研究教育必须研究它同政治、经济、文化等多种因素的相互关系，这样才能得出科学的、正确的结论。

2. 整体性原则

这项原则要求比较教育学的研究必须把各国教育作为一个整体来看待。在研究中，必须研究整个教育系统诸要素之间以及教育教学过程诸要素之间是否协同，整体结构是否有序，整体功能是否最优。常有这样的情况：某项措施，从局部来说是很好的，但从整体来看却不是最优的；相反，某项措施，从局部来说并不是最好的，但从整体来看却是最适当的，比如一些国家对高等教育投资的比重偏高，导致高等教育畸形发展，就可以说明这个问题。因此，研究问题应从整体效益是否最优来考虑，才能更全面、更深刻地认识所研究的问题。

3. 动态性原则

这项原则要求比较教育学的研究虽然是以研究现状为主的，但根据动态性原则，还必须注意适当追溯历史渊源并展望发展趋势，以便认清教育发展的来龙去脉，从纵向上认识教育发展的规律。另外，根据动态性原则，还要防止把某种教育制度视为完美无缺的制度，把某种教育理论看作万古不变的教育理论，把某种教学方法当成尽善尽美的方法。要明确事物处于不断的发展变化之中，但是，也有相对的静止。相当长一段时间内，某种制度、理论、方法必然是先进的，还是要学的，只是要不断使其发展，趋于不断地完善。

4. 实践性原则

实践是检验真理的唯一标准，这是我们都清楚的。但在实际中怎样运用这项原则呢？对于比较教育研究，实践性原则体现在两方面的要求上。其一，进行比较教育研究，要搜集真实可靠的资料，进行有科学根据的分析，然后使得出的结论经过实践进行检验。对外国教育中出现的新事物，更应持慎重的态度。因为也有这样的情况：某个国家实行某种教育制度或进行某种教育改革，初看起来似乎合理，但经过一段时间的检验，就可能证明这种制度或改革弊大于利。比如美国 20 世纪 50 年代末、60 年代初的课程改革，曾受到人们的高度赞赏，但经过一段时间的检验，就显出了矫枉过正的毛病。因此，判断一个新事物的优劣，最好的办法就是科学地分析它较长一段时间的教育实践，在实践中取得了良好的效果，就可以证明其符合实际，是真理。

另外，就是在借鉴外国教育经验时，要看它是否符合本国的国情。往往有这种情况：某项措施在甲国行之有效，在乙国却难以实行或者行之无效。因此，必须通过本国的实践来鉴别某项结论的适用范围，最好通过一定范围的试验，取得成功经验再推广。萨德勒对于如何借鉴外国教育经验曾有过一段极其生动而富有哲理的话。他说："我们不能像小孩进花园那样，信步漫游于世界教育制度之林，从一棵树上采取一朵小花，从另一棵树上摘取一些叶子，并且希望把所搜集到的东西栽种在自家的土地上，就会得到一棵活的树。"所以，在借鉴外国教育经验时，一定要考虑本国国情，学习那些适合本国实际的经验，否则，不注意国情，生搬硬套，就会造成借鉴的失败，危害本国教育事业。

上述四项原则就是我们在进行比较教育研究中应该注意遵循的。当然，不同层次的研究者对这些原则有不同的理解，运用中的水平也不同，但要达到准确、灵活、自如地运用，需要付出巨大的努力。

二、比较教育的基本研究方法

比较教育是一门理论性和应用性并重的学科，它是直接以各国教育的实际状况为研究对象的，研究者们一直都非常重视对科学的比较教育研究方法的探索和应用，特别是进入社会科学方法时代以后，比较教育的研究者们更是提出了多种多样的研究方法。最基本的研究方法包括调查法、文献法、比较法和分析法。

1. 调查法

调查法包括实地考察和问卷法。

(1) 实地考察。实地考察是指研究人员实地参观访问研究对象，从而获得第一手材料，这是了解外国教育实际情况的一种有效方法。由于通过这种方法得到的研究材料有感性认识基础，具有重要的参考价值，因此，在条件允许的情况下，应当尽量把这种方法当作具体比较教育研究中的一个基本的方法。这种方法其实是比较教育研究中最为传统的一种研究方法，在朱利安时代就已经被广泛采用。研究者深入需要研究的那个国家的教育实际，身临其境，直接进行较为长期的观察研究，应该说这是最为可靠、最为基本的一种研究方法。这种研究方法的最大优点是材料真实可靠，但对于我国比较教育研究者来说，限于客观条件，目前还是较难做到的一种研究方法。

应用实地考察的方法，也要讲求科学的安排，对整个观察研究的过程都要有周密、细致和科学的计划，对每一个具体的观察都要做充分的研究准备，并且要进行科学的设计，必要时要采用一些适用的观察研究的科学手段和技巧。否则，即使身临其境，也不一定就能得出真实可靠的第一手材料，甚至反而造成对一些假象的盲目轻信。

(2) 问卷法。早期的比较教育研究者也广泛采用问卷方法。目前，很多个人研究者和联合国教科文组织及其分支机构，在比较教育研究中仍然经常采用问卷的研究方法向各国了解其教育发展的实际情况。

在由于条件限制，难以去实地进行直接考察的情况下，问卷法往往是直接在研究对象中搜集第一手材料的最好的办法。它可以采用各种通信手段，在一定程度上突破时空限制，在研究者和他的研究对象之间建立某种直接的联系。虽然问卷法毕竟难以真正直接接触研究对象，也无法获得切身的身临其境的感性体验，因而无法取代实地考察，但是问卷法可以跨越国家的限制，涵盖多个国家和大量的研究对象，其作用和功能也是实地考察所不可替代的。

在调查法中获得的第一手材料，还要运用描述和统计的方法加以整理，并根据研究工作的需要进行深入具体的分析，以发挥这些第一手材料的科研价值。

2. 文献法

通过分析重要的教育文献来了解教育情况是比较教育研究的一个重要研究方法。在其他学科的研究中，尤其是在一些实证科学的研究工作中，通过查阅和分析文献得来的材料，往往被认为是第二手材料。比较教育研究在这一方面却有些特殊。

在比较教育研究中，通过查阅和分析重要的教育文献而获得的材料，视具体研究工作的情况而定，可以是第二手材料，也可以是第一手材料。我们要研究某个国家的教育，这个国家的重要教育法令、教育规章、教学大纲、教学计划、教科书、会议记录、报告书、统计年鉴等，都是我们进行比较教育研究的第一手材料。教育家本人撰写的理论专著或自传等，是研究这个教育家的教育思想和教育活动的第一手材料。国际组织发布的一些调查统计材料和一些重要文件、手册等，也可以视为进行比较教育研究的第一手材料。国内外有关各国教育及其社会政治、经济、文化的书籍、报刊中经过加工整理的文字材料则属于第二手材料。第一手材料固然极为重要，第二手材料也有重要的参考价值。

运用文献分析方法收集的研究资料，一般要经过查阅、抽样、鉴别和整理等几个阶段。①在查阅过程中，要善于利用书目、索引、文摘、辞典、年鉴、手册、百科全书等各种工具书，并注意分析摘录重要资料，同时注意有关某种重要参考资料的线索，以利进一步的资料搜集。②抽样是指根据研究工作的需要和掌握资料状况来选取需要仔细查阅的资料。

通常可以从三个方面来考虑：一是考虑资料的来源；二是考虑资料的时间，决定主要选择哪一段时间以内的资料；三是考虑选取资料的哪个或哪些单元，以应用于具体的比较教育研究之中。③鉴别就是分析和确定所搜集到的材料的真伪和可靠性，然后去粗取精，去伪存真，以确保比较教育研究结果有一个较高的信度。④整理是指根据具体研究工作的目的和资料本身的性质，按照某种统一的标准，对资料加以分类整理，并使之系统化。

不论是通过调查法还是文献法搜集材料，我们都要特别注意材料的客观性、典型性和充足性。材料的客观性有问题，我们的研究就会失去可靠的根基。材料虽然是真实的，但不具有典型性，不足以代表研究对象的普遍情况，我们的研究工作也会发生偏差。材料既是客观的，也是典型的，但如果我们搜集的材料不够充足，我们的比较教育研究也就难以在充分的前提条件下得出具有足够说服力的结论。

3．比较法

比较教育，顾名思义，比较是其重要的研究方法之一。比较是人类确定事物异同关系，从而认识客观事物的一种重要思维过程和方法。通过比较我们便可以对事物作出初步的分类。在对事物的内外各种因素和各个方面进行了深入的分析和比较以后，我们就可以揭示事物之间的内在联系，认识事物的本质。比较并不是比较教育唯一的研究方法，也不是所有的比较教育研究都必须以比较作为主要的研究方法，但比较的确是比较教育较为重要的一种研究方法。

比较教育研究中的比较法是根据一定的标准，对不同国家(或地区)的教育制度或教育实践进行比较研究，找出各国教育的特殊规律和普遍规律的方法。

比较教育学学科的特殊性决定了比较法是其最基本的研究方法。比较本身包含着一定的分析与解释。没有分析与解释，比较是不可能进行的。

比较按照不同角度可分为两类：纵向比较与横向比较。①纵向比较可以是一个国家(或地区)的教育在不同历史时期的表现的比较，也可以是两个或两个以上国家(或地区)的教育在不同历史时期的表现的交叉比较。这是在事物发展变化过程中研究事物，借以分析事物发展变化的规律。②横向比较是对同时并存的事物进行比较，是对两个国家或多个国家(或地区)的某个教育问题或几个教育问题，甚至整个教育体系所进行的比较。

准确地说，比较教育学的比较方法是一个方法系统。运用于比较教育学的比较方法，因世界各国和各地区教育现象的复杂性和比较教育学者研究的多样性而显得多姿多彩。

4．分析法

分析法又叫逻辑法。我们所说的"分析"是一个广义的"分析"概念，通常与"综合"相对，包括形式逻辑分析和辩证逻辑分析。在具体运用中主要指形式逻辑分析，即分析、综合、抽象、概括、判断、推理等。实际上，比较法与分析法是密不可分的。在比较时有分析，在分析时有比较。分析的目的，在于对进行比较的问题进行深入的研究，以便透过现象洞察事物的本质。分析有定量分析和定性分析两种具体的分析方法。在比较教育研究中，我们可以把这两种具体的分析方法结合起来灵活使用。

(1) 定量分析是指为确定研究对象的规模、速度、范围、程度等进行的有关数量关系的分析。定量分析可以通过对精确、具体和细致的统计数据的分析处理，使我们对需要进行研究的教育现象的掌握更加精密化，从而更好地认识这些复杂的教育现象，通过数据揭示隐藏在现象背后的不同国家的教育之间以及教育与其他社会现象之间的联系，理解教育发展的内在规律，预测教育发展的未来趋势。定量分析的主要优点在于具有严密的数理和逻辑方面的可靠依据，推导出来的结果也往往十分精确。但定量分析必须以定性分析为指导，盲目的定量分析是毫无意义的。

(2) 定性分析是一种为了判明事物的质的规定性所进行的分析。教育现象中有很多问题是很难仅仅用数量关系来加以说明的，譬如：某一教育问题的实质是什么、某种教育理论的科学性如何、某种教育制度的合理性怎样等难以进行定量分析的问题，都可以进行定性分析，通过运用哲学、教育学、心理学、社会学、历史学、经济学、文化学、国际关系学等有关学科的观点和方法，进行因素分析和假设验证，最终总结概括出关于某一教育问题的科学的、合乎逻辑的结论。定性分析一般要经过明确分析对象、拟定分析方案、提出研究假设、建立理论模型、验证假设和理论模型等必要的研究步骤。

从比较教育研究的全过程来看，其基本的环节和步骤是：①选择比较教育研究课题；②广泛搜集相关资料；③进行初步的分析比较；④筛选、补充和整理材料；⑤深入进行比较分析；⑥做出比较研究的结论；⑦验证结论。如果得出的结论是准确、科学的，则这一比较教育研究告一段落；如果结论存在问题或疑点，则根据问题产生的原因反馈到与之相应的环节进行下一轮比较研究。从选择课题和收集材料出发，以分析比较为中介，以得出结论为归宿，整个研究过程既有一般教育科学研究的基本特性，也反映了比较教育研究自身的特点。

三、比较教育几种著名的研究方法

1. 贝雷迪的比较四步法

贝雷迪的方法论思想主要体现在其 1864 年出版的代表作《教育中的比较法》中。他认为，比较教育研究包括区域研究和比较研究两大类型，区域研究包括"描述"(description)和"解释"(interpretion)两个阶段；比较研究则包含"并列"(juxtaposition)和"比较"(comparison)两个阶段。

1) 描述

贝雷迪认为，对外国教育制度进行描述是比较教育研究工作的第一步。这一阶段需要进行两方面的工作：一是不断地收集各种文献资料；二是进行学校实地访问。

2) 解释

在解释阶段，贝雷迪主张比较教育研究者运用哲学、政治学、经济学、社会学、历史学、人类学和心理学等社会科学的研究成果，从不同的角度出发，对在第一阶段得出的关于某一国家教育状况的资料描述进行分析，以揭示影响这些教育现象的各种因素及其相互关系。因此他要求比较教育的初学者至少要掌握少则一门、多则两到三门其他学科的知识，以便他们能将社会学、历史学或经济学等社会科学的知识和方法运用到相关的教育问题的研究中去，便于研究者不仅对各种教育事件本身作出说明，也能对这些事件产生的原因及相互联系作出评价。

3) 并列

在贝雷迪看来，描述和解释都属于区域研究的范围，还不是真正的比较研究。并列是真正的比较研究的开始。这一阶段的工作是统一概念，提出假说。通过上述两个阶段有目的地对各国教育资料进行收集和分析之后，必须将资料系统化，从中确定共同的比较标准，然后对各国资料分类并置，分析其共同点和不同之处，形成比较分析的假说。贝雷迪提出两种具体形式的并置：一是图表式或竖列式，二是文字式或横列式。

4) 比较

比较是比较教育研究的最后一个阶段，其主要任务是对所有比较对象国同时进行研究，据此对并列阶段形成的假说作出验证。贝雷迪将比较分为两种类型，首先是平衡比较，它指的是在不同研究区域之间作对称的比较，从一国获取的信息必须有从另一国家获取的可比信息相对应，强调资料的对等和平衡。当平衡比较不可能或不可取时，贝雷迪认为可以进行另一种比较，即"阐释"比较。它指的是将不同国家的教育实践随意取来，用比较的观点对资料的意义进行说明。在进行阐释比较时，不可能作总体概括，也不可能得出或推导出任何法则。

2. 诺亚与艾克斯坦的科学量化法

1969 年，美国哥伦比亚大学的诺亚(Harold J. Noah)和纽约市立大学的艾克斯坦(Max A. Eckstein)合著《比较教育科学的探索》一书。他们把实证主义的科学研究方法引入比较教育研究，对科学的比较教育研究方法进行了探讨，提出了用实证的量化分析的方法论证比较教育研究假说的研究方法。

他们认为比较教育学的基本研究步骤是：确定问题；建立假说；概念的操作化和指标的确定；选择个案；收集资料；处理数据；检验假说和解释结果。

3. 霍尔姆斯的问题法

英国比较教育学者霍尔姆斯认为比较教育研究必须遵循下列步骤和方法。

(1) 问题的选择与分析。

对教育问题的比较研究是从问题的产生开始，主要是选择和分析当前各国所关心的重大问题，或从社会的角度看十分重要的问题，有两大类：一是教育内部的问题，如各国课程体系的比较等；二是属于教育与社会其他领域有关的问题，如几国教育投资问题的比较研究等。

(2) 提出假说——寻求解决办法(政策)。

比较教育研究的任务不是寻求某种能适应任何国家、任何地区、任何时代的万能之策，而是提出关于可能的因果关系，分析说明哪些政策和办法更适合于哪些地区、哪种环境，或者提出对某一国家更为现实有效的办法。

(3) 验证相关因素。

验证是一种需要洞察力的工作，需要批判性的分析和严谨的叙述，以保障对各种解决办法可能产生的结果做言之有据的预测。验证应注意三个方面：详尽地描述、分析教育制度及与其相关的政治、经济、文化和社会等背景；筛选出与具体问题紧密相关的决定性因素；严肃评判这些决定性因素。

为了更好地收集资料，验证问题，霍尔姆斯根据波普的批判二元论和自己的见解，设计了一个"理智的框架"。这个框架包括四种模式。

① 规范模式：包括研究影响各国教育的信仰、宗教、哲学、政治观念、道德价值观

念等意识形态方面的资料。

② 体制模式：包括研究对象国的教育制度，教育领域内部组织结构的模式，制约教育体制结构的政府组织、政党、经济、法律组织的体制结构，以及左右国家和地方方针政策的各种强力集团的组织结构。

③ 自然模式：包括地理、地质、气候、环境、人口等方面的资料。

④ 精神状态模式：包括传统观念、民族意识和特性等方面的资料。

(4) 从所提出的假说合乎逻辑地预测可能的结果。

在综合分析各国教育问题的基础上，为一个国家或一个地区解决某一教育问题提出最佳的解决办法，作出某种切实的预测。

(5) 比较预言的结果与观察到的事实。

四、比较教育研究文献

1. 重要工具书

(1) 《比较教育和国际教育制度百科全书》：由德国汉堡大学比较教育系教授波斯特尔思韦特主编，1988 年出版。全书分为两大部分，第一部分主要涉及比较教育的一些重要学术问题；第二部分收录了 159 个国家的教育制度，都是特约熟悉本国情况的教育专家所撰写的。

(2) 《国际教育百科全书：探索与研究》：由瑞典斯德哥尔摩大学国际教育研究所退休荣誉教授胡森和德国汉堡大学比较教育系教授波斯特尔思韦特主编，1985 年出版。全书共收录 45000 个词条，共涉及 20 个学科领域。

(3) 《联合国教科文组织统计年鉴》：由联合国教科文组织巴黎总部每年出版 1 本并公开发行。

(4) 《教育大辞典·比较教育》：《教育大辞典》是由顾明远先生主编的一部大型教育工具书，其中第 12 卷为"比较教育"分册。

2. 重要学术期刊

比较教育领域比较重要的专业期刊有如下几种。

(1) 《比较教育评论》(Comparative Education Review)：美国国际与比较教育学会会刊，1956 年创刊，每年 2 月、5 月、8 月和 11 月出版，共 4 期。

(2) 《比较教育》(Comparative Education)：英国出版的一本国际性比较教育学术期刊，1964 年创刊，每年 1 卷共 3 期。

(3) 《比较》(Compare)：英国国际与比较教育学会会刊，1971 年创刊，每年 1 卷共 2 期。

(4) 《展望》(Prospects)：联合国教科文组织巴黎总部编辑出版的一本国际性学术刊物，1969 年创刊，原名《教育展望》(Prospects in Education)，目前有中文、英文、西班牙文、阿拉伯文等版本，每年 1 卷共 4 期。

(5) 《比较教育研究》：我国最早的比较教育学术刊物，双月刊，1965 年创刊。初名《外国教育动态》，1992 年更名为《比较教育研究》。

(6) 《外国教育资料》：我国的双月比较教育学术期刊，1972 年创刊。

第四节　比较教育的主要理论

一、结构功能主义理论

"二战"后，比较教育获得很大发展，但占据比较教育研究主流的仍然是以康德尔、汉斯等人为代表的历史主义思想。到 20 世纪 50 年代以后，比较教育学界掀起了对这种主流思想的批判。当时在西方社会科学界占据主导地位的结构功能主义对比较教育研究产生了巨大的影响。

结构功能主义是由美国社会学家帕森斯在 20 世纪 40 年代提出的。认为社会是具有一定结构或组织化手段的系统，社会的各组成部分以有序的方式相互关联，并对社会整体发挥着必要的功能。社会整体以平衡的状态存在着，任何部分的变化都会影响整体并最终形成新的整体平衡。

结构功能主义对比较教育的影响，主要表现为比较教育注重对教育与社会之间的关系的分析和研究。卡扎米亚斯曾经在《比较教育评论》杂志上发表文章，认为"广义地说，功能主义探索描述教育系统和其他社会系统之间的相互关系……它探索通过把关于社会和教育之间关系的研究与科学的方法结合起来，从而发展教育理论"。在结构功能主义者看来，教育制度是社会结构中维持整个社会存在的具有一定的独特功能的组成部分。对第三世界国家来说，教育的整合社会和国家的功能备受重视，因此，第三世界国家在摆脱殖民统治走向独立后，竞相发展教育。比较教育学家福斯特在《加纳的教育和社会变迁》等研究中采用了结构功能主义理论对非洲国家教育的比较研究。他运用结构功能主义理论，考察了加纳在殖民地时期从西方宗主国移植进来的西式教育模式，在加纳独立以后所经历的功能转化过程。他还运用结构功能主义理论分析了学校在社会流动、社会分层和精英筛选过程中的重要作用。

20 世纪 50 年代末至 60 年代，芝加哥大学的比较教育研究中心是北美比较教育学界的结构功能主义的核心。20 世纪 60 年代结构功能主义理论在比较教育学界达到鼎盛，几乎大多数比较教育研究都采用了当时十分流行的结构功能主义作为分析和比较教育现象的理论框架。但是 20 世纪 70 年代以后，结构功能主义由于其自身存在的各种缺陷而在比较教育学界受到广泛的批评。人们主要从三个方面对结构功能主义提出批评：一是结构功能主义过分强调教育与社会结构之间的一致方面，而往往忽视两者之间还有冲突的一面；二是认为这种理论过分强调社会系统的稳定性，忽视了社会的变迁；三是批评它过于强调教育在社会中的积极功能，而忽视了教育的消极功能。美国比较教育学家凯利(Gall P. Kelly)和卡诺伊(Martill Carnoy)等人还特别指出，由于结构功能主义有利于维护现存的社会秩序，因此对国与国之间的不平等关系，尤其是第三世界国家对西方发达国家的依附关系，是一种不合理的支持。此后，随着冲突理论的兴起，结构功能主义在比较教育学界尽管逐渐式微，但是它的影响并未完全消失。

与结构功能主义密切相关的主要有现代化理论和人力资本理论。现代化理论出现在 20 世纪 50 年代，这是一种主要站在西方社会的角度描述和解释传统社会逐步转变为现代社会的变迁过程的理论。在比较教育学界，曾有学者运用这种理论来说明各国教育在社会现代化的变迁过程中的重要功能。勒纳认为，现代化其实是一个向来存在的历史过程，人类社会总是在不断从发展程度较低的社会向着发展程度较高的社会变迁，只是在不同的历史时期这种变迁过程表现出不同的特质。他认为在当时，"现代化"就是"西化"。哈里森认为现代化理论是 20 世纪 50~60 年代非马克思主义学者用来探讨第三世界国家发展问题的各种观点和方法的一个总称。对现代化理论，人们主要从它的西方中心主义倾向等方面提出批评，认为人类社会的发展道路是多元的，"现代化"不能等同于"西化"，西方国家的发展道路对第三世界国家来说并非必由之路。

二、人力资本理论

人力资本理论盛行于 20 世纪 60 年代，也是采用结构功能主义的观点来解释教育在培养和训练劳动力，促进经济增长方面的功能。其代表人物是美国的舒尔茨，在他的《人力资本投资》《教育的经济价值》中积极主张将人力视为一种资本，把教育投资当作人力资本投资，认为投资教育可以加速经济增长。在比较教育研究中，人力资本理论多被用来解释当时发达国家和发展中国家为何都不惜代价地向教育事业投资的现象。人力资本(human capital)是与物质资本相对应的概念，它是由美国经济学家沃尔什最早应用，由舒尔茨首先进行理论阐述而获得特定含义的。

舒尔茨认为人们需要有益的技能和知识，但是人们却不完全知道技能和知识是一种资本，这种资本从实质来说是一种计划投资的产物；这种投资在西方社会按着一种比传统的(非人力)投资大得多的速度增长，而且这种增长恰好是该经济体系最为突出的特点。

舒尔茨试图建立包括人力资本和物质资本在内的全面的资本概念。他认为，不同类别的东西都可以变为资本。物质资本是体现在物质产品上的，人力资本是体现在劳动者身上的。"长期以来，人们就抱着一种顽固的偏见，认为资本只包括物质设施、建筑物、器材和物资库存等。这种偏见在很大程度成为政府贬低人力资本投资、抬高物力资本投资的固执态度的原因。无论是在中国还是在巴西，最优先受到考虑的是钢厂、民航、辅助工业以及土地开发等，而只把少量资源留给中等和高等教育。这种反常的投资减少了生产和福利的潜力。理想的投资方式应该是增加那些可能产生最佳预想收益率的资本形式。"

舒尔茨认为，人力资本包括量与质两个方面，量的方面指一个社会中从事有用工作的人数及百分比、劳动时间，一定程度上代表着该社会人力资本的多少；质的方面指人的技艺、知识、熟练程度与其他类似可以影响人从事生产性工作能力的东西。

美国《现代经济词典》对人力资本的含义，做了符合舒尔茨人力资本理论本意的解释。认为人力资本是"在一国居民的教育与技术上的投资，其发展是美国经济制度最突出的特点之一。人力资本的增长，特别是教育投资的增长，是过去和未来经济增长的源泉之一。按某些权威的看法，人力资本的收益对美国经济增长所作的贡献比物质的厂房设备要大"。

舒尔茨认为教育是经济发展的主要源泉，他用人力投资的作用来确认教育的这种作用。舒尔茨认为，在现代化生产中，人力投资的作用重于物质形态物资的作用。他指出，当代劳动生产率迅速提高，正是人力资本投资不断增加的结果。欧洲很多国家和日本，人口质量的提高，对经济增长起了明显的作用。如日本和联邦德国是第二次世界大战的战败国，大战结束时，这两个国家的生产设备几乎完全破坏了，但是，经过较短的时间，它们就取得了经济的恢复和发展，其重要原因在于两国人民具有较高的知识、技能，这些国家在提高人们教育程度方面投入了大量的资金，因而这些国家不仅应用和消化了从国外引进的先进科技成果，而且自身具有了创造性的科研能力和技术水平，从而促进了经济的增长。

舒尔茨认为教育支出能够增长一个人的能力，包括知识、技能、文化水平、企业管理能力等，这种教育的结果，使经济能够增长，能够对社会提供更多的贡献。因此，教育是使隐藏在人体内的能力增长的一种生产性活动，具有重要的经济价值。

在人力资本理论看来，教育投资的目的乃是追求经济方面的收益，无论国家投资教育还有个人投资教育，一切都是以获取经济效益为转移的。在投资方向上，舒尔茨认为，无论是人力投资还是物力投资，哪个收益高就说明哪个应该增加投资，哪个收益低就说明对它的投资应该减少。之所以要加强对人力的投资，是因为从整体上看，人力投资的收益率要高于物力投资的收益率。对人力投资是超量还是不足，不能笼统简单地判定，要分别职业种类加以测度。舒尔茨认为，"有需求，你就供应"是办教育的一个基本方法，也是决定资金投向的一个基本主张。舒尔茨首次完成了对人力投资的收益测算，这种测算及其结果，成为20世纪60年代教育经济主义思潮风行各国的重要支柱。

舒尔茨认为，教育的个人收益主要有五项：未来较高的收入、未来较健康的身体、未来较强的企业工作能力、未来合理安排家庭活动的能力以及未来较大的职业机动性。舒尔茨并不是单纯以工资收入的数量来确定教育的收益率的，而主张用具有同等教育程度而实际上得不到同等薪金的各种社会因素，对教育收益率计算值做进一步的调整，以使所确定的教育收益率更为准确。并且认为，衡量教育收益时，还应该考虑一些非金钱收入的因素，如工作环境。

关于教育投资对于一个国家经济发展的收益测算，舒尔茨在对美国1929—1957年经济增长的分析中，推算出提高教育程度对美国国民收入增长的贡献为33%。对于各级教育的收益，根据舒尔茨的推算，1957年美国小学、中学、大学的教育费用占总费用的比率分别为28%、45%和27%，进而求出各级教育对美国教育平均收益的贡献分别为9.8%、4.5%和2.97%，三项合计为17.27%，取近似值为17.3%。

舒尔茨的人力资本理论高度重视人的能力、智力和知识在经济增长中的巨大作用，断言教育投资是生产性投资，能给国民经济带来巨大收益，揭示了国民收入增长高于国民资源增长的根源。在对教育与经济关系的认识上标新立异，独树一帜，一定程度上反映了现代经济的某些客观规律，为教育经济主义思潮的兴起提供了理论武器，也促进了20世纪60年代教育投资热的兴起。当然，其理论的缺陷姑且不论，它对此后教育行为的经济化，对教育其他功能的弱化，也起了始料未及的作用。

三、冲突理论

冲突理论是与结构功能主义相对立的。产生于20世纪50年代中后期，代表人物有科塞尔、柯林斯和达伦多夫等。这种理论反对结构功能主义对社会的解释，强调用社会生活中的冲突性来解释社会的变迁。如科塞尔从齐美尔"冲突是一种社会结合形式"的命题出发，反对帕森斯认为冲突只有破坏作用的观点，认为冲突既有消极作用也有积极作用。在一定条件下，冲突具有保证社会连续性、减少对立两极产生的可能性、防止社会系统的僵化、增强社会组织的适应性和促进社会整合等积极的功能。

冲突理论的很多观点都是与结构功能主义针锋相对的。结构功能主义强调将学校视为甄选人才的合理制度；冲突理论则将学校看作不断再生产社会不公平、阶级结构和维持现存生产关系的机构。结构功能主义强调学校应当传授实用的认识能力，以适应日益复杂的经济需求；而冲突理论却认为多数工作并不需要太多的复杂认识能力，学校主要应该传授与学习者所属阶级有关的价值观念和社会态度。有一点两者是相同的，那就是它们都不分析学校教育的具体过程，不分析学校教育中的人际关系。

冲突理论在 20 世纪 70 年代中期分化出新马克思主义和新韦伯主义两个学派。新马克思主义又称"西方马克思主义"，在教育理论界的主要代表人物有鲍尔斯、布迪厄和卡诺伊等。试图在新的历史条件下重新解释马克思主义理论。新马克思主义教育理论把马克思的再生产概念作为解释和批判现代资本主义学校教育的性质和功能的主要概念，认为资本主义社会的学校教育不仅再生产出资本主义发展所必需的劳动力，而且也再生产出了维持资本主义社会所必需的生产关系和阶级关系，以及资产阶级政治思想、意识形态和文化价值。以鲍尔斯等为代表的经济再生产理论认为，资本主义学校中的社会关系对应并受制于资本主义社会等级制的劳动分工关系，因此，资产阶级在教育政策上的目标是，为不同阶级、性别和种族的人提供在相应职业位置上所必需的知识技能，培养其适应既成的等级关系的个性品质，使资本主义统治合法化。以布迪厄为代表的文化再生产理论认为，学校是相对独立的文化机构，因此教育在资本主义社会阶级关系再生产过程中的作用是通过文化的传递和再生产来实现的。资本主义学校教育在貌似公正而中立的传承文化的名义下，掩盖了通过文化的传授和分配再生产现存社会结构和权利关系的实质。卡诺伊认为，国家教育制度是在国家间权利分配不平等的环境中运行的，因此，一个国家的教育制度，特别是发展中国家的教育制度，主要受工业化国家的影响，尤其是受到原殖民地时期的宗主国的影响。由于学校教育是社会劳动力再生产的重要工具，因此国家经济制度和统治制度不同，学校教育的内容和教育的成果就会不同。

新韦伯主义的主要代表人物有美国的柯林斯、英国的金和阿切尔(R. A. King)。这种理论力图通过解释个体行动的主观意义，并把个体的行动置于其社会环境之中，以阐明宏观与微观两种社会过程。他们认为，必须把学校和教室中进行的活动与社会过程相衔接，进行宏观与微观相结合的教育社会学分析。柯林斯主要运用韦伯的观点，考察各类教育发展的相互联系，以及各种地位群体的竞争。他认为，现代教育是促进社会流动的重要工具，当今世界教育结构各主要类型之间的差别可以用相互竞争的利益集团之间的差别来作出解释。金强调要从社会政治、经济因素和学校内部因素的互动两个方面来解释教育变迁的原因。阿切尔主要侧重于考察教育制度的起源、运转机制及两者的相互作用。阿切尔在她的专著《教育制度的社会根源》中，运用这种理论对英国、法国、丹麦和苏联的教育制度进行了跨国分析。

四、从属理论

从属理论是 20 世纪 60 年代在美国、英国、法国、意大利、拉丁美洲国家等出现的一种理论，代表人物有卡诺伊和莱文、鲍尔斯和金提斯、阿普尔和韦克斯勒。他们明确提出了教育的从属性问题，认为外围国家的教育体制、教学内容、教学方法等是宗主国教育体制、教学内容、教学方法的移植，形成不发达国家对发达国家教育的从属。同时，宗主国的教育实践在形成殖民国的上层和下层方面起着独特的作用。从宗主国移植来的教育把其价值观反复灌输给当地的上层人士，引起上层人士文化上的异化，导致从属的进一步加强。从属的途径包括宗主国对出版物的控制，宗主国把知识、价值观移植到外围国家，发展中国家的学生流向发达国家的教育机构，运用宗主国的模式，在发达国家教育学者的干预下制订外围国家的教育计划。

著名的比较教育学家菲利普·阿尔特巴赫还运用从属理论探讨大学的问题。在他的《作为中心和外围的大学》一文中，他认为大学可分为"有影响力的"和"从属性的"两类。第三世界的大学，也许在本土享有声望，但在国际学术网络中却是被动的，处于从属地位。卡诺伊通过悉心研究指出，第三世界许多国家的教育制度是由当初的殖民主义带来的，这些殖民地国家获得独立后，教育制度依然如故，这就导致了第三世界国家对西方教育模式的从属。另外，当今世界，工业化国家由于具有知识、技术、工业、经济等方面的实力，因此成为作为外围国家的第三世界国家教育的从属对象。

乔安·高尔丁指出，除了国际上存在中心-外围关系以外，在一个国家内也存在中心-外围关系。中心总是在支配和利用外围，它还试图利用教育体系来再产生一整套确保其继续居于中心地位的价值观念和等级制度。所作的政治安排也是为了维护其自身利益，而这种利益通常是与工业化国家的利益相一致，而与大多数人民的利益并无关系。国际交往也主要是在这些"中心"之间进行的。

美洲教育行政管理协会主席本诺·桑德指出拉丁美洲从属现象是特别明显的。他认为拉丁美洲所采用的教育行政管理方法都是由欧洲大陆输入的。从"二战"开始，大量起源于美国的理论著作开始跻身于拉丁美洲教育管理文献中。20世纪60年代以后，拉丁美洲的一些学者也试图设想一种能符合拉丁美洲现实需要的行政管理的理论，但终究难以抵御来自工业化国家的理论模式的影响。

非洲课程组织主席E·阿约滕德·约洛伊认为非洲教育制度具有相当大的从属性，在殖民地时期，教育的内容、结构、方法等皆以宗主国为楷模，师资也不是经非洲传统教育体系培养出来的。这种从属性造成的结果之一是：这些非洲国家的孩子不仅仅是为了适应其部落社会受教育，而且还为了一个更大的"世界"而受教育，而他们对这样一个世界一无所知。这些非洲国家在独立后，由于政治、经济等方面的原因，教育内容、方法仍未独立，还是根据非洲的背景制订的。独立后加入国际组织，经济上接受外援，而发达国家在科学技术方面的发展速度之快，使得非洲国家几乎没有其他的选择，只能在与教育有关的技术方面依靠这些国家的产品。这一切导致非洲国家难以摆脱从属的地位。

从属理论流派强烈反映了人们对20世纪前后半期的失望和灰心。两次世界大战导致了非人性化行为，不少国家通过前赴后继的斗争摆脱了殖民统治，赢得了独立，但独立后的人们并没有过上他们所向往的美好生活，教育被许多人看作是一种万灵药，能治各种社会疾病。可事实上它并没有起到人们所期望的作用，导致人们的强烈失望。另外，由于从属理论填充了思想上的空白，备受第三世界比较教育学者的欢迎。并且，由于各国学者的普遍关注，而获得了与结构功能主义比较教育相抗衡的地位。

从属理论流派的出现，扩大了比较教育研究的国际范围，第三世界国家的教育问题成为全世界关注的重要议题。一直被拒之门外的发展中国家的比较教育问题专家们终于加入国际比较教育学者们的行列。四个国家(巴西、中国、哥伦比亚和埃及)的比较教育学会成为世界理事会的新成员。从属理论流派促进了教育领域国际交流的集中性和多样性。

从属理论比较教育研究揭示了消除发展中国家在经济、政治、文化教育上的从属现象，吸收发达国家的经验、模式需要适合本国的国情，盲目移植发达国家的教育理论和方法，只会导致从属现象的进一步增强。从属理论比较教育研究的另一个贡献是，告诫人们不要不加批判地接受在教育方面的所谓国际合作，以及所谓的对受援国有好处。虽然某些这样的合作活动或项目确实有益于受援国，因此是互相有利，但也有一些合作项目主要是为了中心国家的利益而进行的。直到 20 世纪 70 年代末，不发达国家经济的发展的确与外资的参与及外来的合作有关，但这并不意味着发达国家和不发达国家的关系是高尚的，或从各方面说彼此间的合作对后者都是有益的。

学者们对此理论的批评主要集中在以下几个方面。

第一，从属理论断言，在殖民地时期，贫穷者处于被压迫、被奴役的状态。独立后，虽然获得了人身自由，但由思想控制取代了人身征服，实际仍处于受奴役地位。这些断言忽视了中心和外围关系的极其复杂性，把外围国人民仅仅描述成被中心国随意操纵的对象，这种做法未免过于简单化。并不是所有的外围国都俯首帖耳充当中心国的附庸。

第二，从属理论学家指出教育是建立在一种权力关系上的，教育过程即是行使权力的过程，教育是中心国对外围国进行思想控制的重要工具。反对者指出，教育过程实际还包括权力的转移。中心国虽强有力，但这并不意味着可以成功地达到目标，即使达到，也不一定能坚持下去。这至少说明中心国的统治地位不是或主要不是通过教育体制和知识结构实现的。其实，由学校或教育再生产某种社会分工和一整套有利于不平等权力关系的思想特性，其方式是相当复杂的，所以不能简单化地一概而论。

第三，从属理论家们总是使他们所说的势力带有意图，这样给人的印象是：有某种邪恶势力在全球起作用，产生恶果。似乎把世界描绘成充满着有意识地和一心一意要保持奴役制度的价值观念。对于国与国之间以及一个国家内的霸权关系，当然应该承认，但言过其实的描述似乎是不可取的。各种社会机构并不能被认为具有相同的目的和意图。

第四，从另外一个领域借用理论，要慎而又慎。首先，借来的东西也许根本就不适用于其他领域。诺亚和埃克斯坦认为，一些比较教育学者从经济领域借来从属理论，并不假思索地把从属理论的基本术语用于比较教育研究，如"中心—外围""再生""霸权"等，忽视了这些比喻所包含的特定内涵，这是很危险的。其次，从方法论上来说，把经济领域的方法和模式用于教育领域，是不可靠的。教育从属理论学者曾引用英语的传播为例，竭力要说明教育从说英语的中心国向外围国迁移的结果。但英语属于世界性的语言，它不再和诸如美国、英国之类国家的影响有关，并更广泛地为非外围国的北欧的专业人员所了解和使用，而不是拉丁美洲的专业人员。再次，对于经济从属理论家来说可以不去区分资本和技术的民族根源。教育的迁移则不一样，正规教育的迁移具有文化上和民族性上的特殊性，具有不同文化背景的教育对社会分层和价值观的影响也是不同的。最后，许多第三世界国家，尤其是非洲，与许多西方发达国家都有经济上的联系和教育上的接触，这不可避免地使之受到了更大范围的异域文化的影响，导致教育从属的多样化。反对者们正是抓住了这一点而大加抨击，指责一些比较教育学者随意借用其他领域的理论。

第五，从属理论对于开展国际比较教育研究具有普遍意义，但它不适应不同的需要。另外，它常常把研究的重点放在对从属的描述上而不是放在解释从属的差异和结果上，更没有展开深层的探究，以揭示其内在的根源。

五、依附理论

比较教育中的依附理论的观点也是在批判结构功能主义的发展观的过程中形成的，也有学者将其称为新殖民主义理论。卡诺依、阿诺夫和阿尔特巴赫等人都论证了一个国家的教育制度与其说受本国因素的影响，不如说更经常受本国以外的因素影响。

依附理论最早是由阿根廷的普雷维什提出的。依附理论的思想源泉是马克思的阶级冲突理论以及列宁的帝国主义理论。依附论的基本观点是：①世界经济是一个体系，这个体系由核心国家(发达资本主义国家)和边缘国家(非西方欠发达国家)，两部分构成核心和边缘之间的经济关系是不平等的，前者对后者的剥削是导致后者欠发达、不发达的根本原因。在依附理论中使用的主要概念有："中心"与"外围"，"宗主国"与"卫星国"，"殖民主义"与"新殖民主义"，"文化帝国主义"和"文化异化"等。②工业化国家的发达与发展中国家的不发达是同一历史过程中的两个互为因果的方面，前者的发达必然以后者的贫困为代价。③依附的形式有三种：一是殖民地的依附；二是进口替代依附；三是跨国公司的依附。三种依附形式反映了依附化过程的三个阶段。④依附或欠发达型经济具有一些独特的特征，如依附国经济发展水平与其跟核心国经济联系的密切程度成反比，生产部门间的兴衰以核心国的兴趣和需要为转移，畸形扭曲的工业化和城市化，国内阶级结构两极分化，出现了一个"新买办阶级"，高级专门人才外流以及债台高筑等。⑤在发展的模式上，依附理论主张为了克服依附关系，出路在于同西方发达国家脱钩，进行社会主义革命。

依附理论所存在的问题有：首先，过于强调外部因素的消极作用，而忽视了内部的某些传统文化和社会结构对发展的阻碍作用；其次，外国的投资、贸易和援助至少在短期内有助于发展中国家的经济增长，在当今世界根本不可能有什么完全"独立"的发展道路，闭关锁国的结果只能是"不发达"；再次，依附论所使用的一些概念比较含糊，没有明确的测度标准，把它们应用到在世界体系中地位差异很大、国情各不相同的国家是不合适的；最后，依附理论并没有提出令人信服的、有效的发展战略，同西方国家脱钩是一种简单化的策略，不可能促进经济增长。

本 章 小 结

本章主要介绍的是比较教育学的研究对象、学习与研究比较教育学的意义、比较教育学学科发展的历史、比较教育学的研究方法和基本理论。这一部分内容信息量大又相对抽象，但对于我们把握学科的基本框架结构具有不可替代的价值。

比较教育学研究涵盖的内容极其广泛，这也决定了其研究对象的复杂性。同时我们要注意，不同国家的研究者基于其各自的民族文化背景和地域限制，其研究的主要对象和领域也存在很大的差别。在全球化时代，比较教育学的研究价值显著提高，教育发达国家在其发展过程中的经验和教训，往往成为发展中国家学习借鉴的依据。

从研究方法的角度，文献法与比较法是学科较为重视的方法。特别是比较法，体现了学科的本质属性，许多知名学者结合自身的研究经历，提出了独特的研究方法是值得我们学习的。本章所提供的文献也是我们获取有价值信息的重要线索。主要的理论帮助我们从不同角度理解各个时代、不同国家发展教育的根本动因。

通过比较教育的研究，我们可以分析评判他国的教育状态，更加清晰地认识教育。

【推荐阅读】

[1] 冯增俊. 比较教育学[M]. 南京：江苏教育出版社，1996.

[2] 吴文侃，杨汉清. 比较教育学(修订版)[M]. 北京：人民教育出版社，1999.

[3] 王英杰，项贤明，马健生. 比较教育[M]. 南京：江苏教育出版社，2013.

思考与练习

1. 比较教育学研究与学习具有哪些现实意义？
2. 学科发展过程中主要学者的代表观点有哪些？
2. 解释比较教育、科学量化法、比较四步法。
4. 分析从属理论对于发展中国家比较教育研究的启示。

"普鲁士的胜利早就在小学教师的讲台上就决定了！"。

——普鲁士总参谋长毛奇元帅

第二章　德国教育

本章学习目标

➢ 了解德国教育发展的历史及对现代教育的贡献。
➢ 掌握德国现行的教育行政体制与学制。
➢ 掌握德国初等教育的实施、职业教育的特色和师资培养的特点。
➢ 借鉴德国教育的成功经验，推动我国教育的改革。

核心概念

成熟检查　双元制　双轨制　定向阶段　习明纳　地方分权

学习指导

　　本章的重点以"二战"前德国教育演进为线索，了解德国现代教育的发展历程，掌握德国现行的教育行政体制、现行学制、教育分流、职业教育与师范教育的特色。作为国别教育学习的第一个国家，既要把握认识一国教育的基本结构，又要从经济、政治、文化、自然等因素分析形成某种教育特色的原因，探讨教育对该国社会发展的作用及对世界教育的影响。

拓展阅读：德国基本国情

　　德意志联邦共和国，位于中欧西部，北临北海和波罗的海，海岸线长度为1300多公里，全境地势南高北低。属温带气候，面积为35.7万平方公里，人口为8220万(2015年底)，首都为柏林。大多数为德意志人，少数为丹麦人和吉普赛人，有800多万外籍人口，占人口总数的10%，通用德语，多信奉基督教和天主教。汉语中的德国或日耳曼，来源于同一个英语，即German，指称斯堪地那维亚(Scandinavia)南部移居中欧的民族。德国作为一个地理单元在历史上曾经几经分裂，1990年10月3日再次统一。

　　德国森林资源丰富，森林覆盖率为30%，水力资源也较丰富，其他自然资源匮乏，主要依靠人力资源发展经济。德国工业高度发达，工业产值位居世界前列，经济实力仅次于美国、中国、日本，居欧洲首位，是欧盟的"火车头"，人均 GDP 为 42000 美元左右(2016年)，重工业居主导地位，机械、化工、精密仪器和光学仪器在世界上占重要地位。农业机械化程度高，是商品出口大国，工业产品的一半销往国外。

日耳曼民族是一个不屈不挠、奋发向上，同时又有着悠久灿烂文化传统的民族，对人类文明发展有过重要贡献，特别是在教育上取得了出类拔萃的重要成果。德国的文化、教育、科技很发达，是世界现代教育的重要发源地，无论是现代教育制度的创立，现代高等教育的发展，现代教育视导制度的诞生，公立教育制度、义务教育制度的实行，还是独具特色的现代师范教育、实科教育的形成乃至幼儿园的首创等重大教育创新，都最先起源于德国。"一战"前，德国的经济世界第二，军事和科技世界第一；"二战"前，德国的军事和科技世界第二，人员素质世界第一，文盲率最低。目前世界上 1/3 的科技文献使用德语；作为被翻译的文字，德语仅次于英文和法文，居第三位，而在将别种文字译成德语方面，德语则占首位；德国素有"科学之国"的美誉，涌现出高斯、洪堡、爱因斯坦等伟大的科学家，而且是诺贝尔奖获得者最多的国家之一。据统计，德裔科学家获诺奖占总数的 40% 以上。20 世纪上半叶在美国发挥重要作用的社会精英中有 4 万多是在德国接受的教育。在德国的发明创造中，既有相对论、细菌学、核裂变、真空、社会保障法等影响巨大的理论、思想、制度，又有汽车、导弹、显微镜、计算机、扫描仪、X 射线、芯片、磁悬浮列车、直升机、联动双电梯、直流发电机、现代高速公路、柴油机、有轨电车、火花塞等生产和公共生活设施，还有阿司匹林、电视机、摩托车、自行车、无氟冰箱、35 毫米相机、留声机、录音磁带、明信片、牙膏、MP3、安全气囊、保温瓶、牛仔裤、膨胀螺栓等日常生活用品。

第一节　德国教育的演进

德国的教育传统源远流长，其文化底蕴深厚而丰富多彩，彰显着以变革进取、创新立国为己任的教育精神。从某种意义上说，一部德国教育史就是德国的文化与民族发展史。

一、"二战"前德国教育的演进

1. 统一前的教育

16 世纪以前德国是一个四分五裂的封建制国家。当时的教育主要是宗教教育和宫廷教育，学校由教会掌握，宗教是唯一的一种正规教育形式。宗教垄断了对任何知识的解释和传授权，一般平民的教育仅仅是通过父子相传或师傅带徒弟的方式进行。1517 年由马丁·路德发起的宗教改革运动打破了这种封闭落后的局面，他倡导的革命性思想及尔后形成的新教，倡导质疑和求知，凸显德意志民族变革进取和以教育创新、图强、兴国的精神，形成了现代意义上的遵守纪律、勤奋和对义务的忠诚等美德，极大地推动了德国教育的变革创新，并成为影响世界历史进程的重要动力。

16 世纪后半期，新教普及义务教育、建立新型学校制度等基础教育改革的思想被许多贵族和当权者采纳，一些公国开始重视教育，在初等教育领域兴办了一批带有复式教学性质的学校和为从事生产劳动进行补习教育的工业学校以及星期日上课的主日学校，在中等教育领域出现了一批古典语文科中学、骑士学院、武士学校等，而且高等教育也一改门可罗雀的冷落局面，出现了开设新科学的高等院校。维滕堡公国最早于 1559 年率先颁布了义务教育法，施行强迫教育。至 1763 年普鲁士公国颁布《乡村学校规程》规定义务教育以后，德国各地几乎都实行了义务教育。这种义务教育思想与法令也成了日后世界各国实施义务教育最早的蓝图和模板。[①]一些西方教育史学家认为，德国的国民教育制度的建立早于法国 100 年，早于英国 200 年。

1794 年，普鲁士公国又以法令形式把教育机构收为国家机构，其他各公国也纷纷效法，国家从教会手中夺回了教育权，实现了教育世俗化。德国成了西方国家从教会手中夺回教育权的最早的国家。

2. 普法战争后的德国教育改革——洪堡改革

1806 年德意志最大的邦国普鲁士在耶拿战争中惨败于法军，连首都也被占领了，并被迫签订丧权辱国的《梯尔西梯和约》，失去了易北河以西的大片地区，也失去了哈勒大学等几所重要大学，使整个民族的生存陷入困境。面对这一奇耻大辱，上至国王，下至普通民众坚定复国信念，在普鲁士兴起了全面改革的热潮，改革包括施泰因领导的政治改革、沙恩豪斯特领导的军事改革和威廉·冯·洪堡领导的教育改革。其中，教育改革得到了全社会的支持，国王弗里德利希·威廉三世对从哈勒大学逃出来的教授们说："这个国家必须用它精神上的力量来弥补它物质上的损失。正是由于贫困，所以要办教育。我还从未听说过一个国家是因为办教育而办穷了的，办亡国了的。教育不仅不会使国家贫困，恰恰相反，教育是摆脱贫困的最好手段。"[②]国防大臣也认为"普鲁士要想取得军事和政治组织结构上的世界领先地位，就必须首先要在教育与科学的世界中取得领先地位"。普鲁士内务部教育厅厅长洪堡领导的、影响后世的教育振兴改革运动包括以下内容。

1) 废除等级学校，加强普通教育，建立了资产阶级的双轨学制

这一时期，德国教育最重大的发展就是全力推行全民普及教育。一是建立公共学校网，强化人人读完小学四年级再进入某种类型中学的规定；并建立起小学年限较短、中学类型较多的教育体制，为不同发展者提供发展空间，以实现每个人的相应发展。二是增加教育经费，降低学费，由地方政府核拨 70% 的费用，其余由国家拨款和学费补充。学费之低，属世界罕见，乡村每个学生每年为 1.9 马克，城市每个学生每年为 4.3 马克。这种学费，不同学校有不同规定，培养直接考政府官员者的学校，学费就自然要高些。三是除初等教育统一学制外，为中等教育设计了一个多向分流并允许不同学生选择的学制，使不同学生都能获得适合自己的教育机会。再往后来，德国的中等教育逐渐发展成为三类学校：培养技术工人的中间学校、培养技术员的实科中学和主要为进入大学服务的文科中学。

19 世纪 60 年代德国教育水平跃居世界首位，没有一个国家文盲率像德国那样低。1871 年普法战争普鲁士获胜后，德国实现统一，为教育的发展提供了坚实的基础，初等与中等

---

① 李其龙. 德国教育[M]. 长春：吉林教育出版社，2000：49.

② 冯增俊. 德国基础教育[M]. 广州：广东教育出版社，2005：9.

教育得以迅速扩大，义务教育得到较切实的贯彻，进一步巩固了双轨制。

2） 对各级各类学校课程、教学方法、考试、师资培训与选用等进行了改革

洪堡改革以后的普鲁士初等教育成了真正的国民教育，其课程包括德语、算术、宗教和音乐，高年级增加自然和几何。文科中学的课程包括拉丁文、希腊文、德语、数学、自然科学、历史和地理、宗教、希伯来语、绘画与书法、音乐和体育，高级实科中学以数学、自然科学和现代语为主，普鲁士政府组织 14 个人赴瑞士向著名教育家裴斯泰洛齐学习先进的教学方法。

洪堡领导的教育厅对 1788 年公布的中学毕业考试办法作了补充和修订，提高了要求。例如，要求学生精通古典语言，要求考生撰写德文论文和口试，等等。同时规定只有通过文科中学毕业会考，才能取得大学入学资格，从而使文科中学成了唯一与大学相衔接的中等教育机构。

1810 年普鲁士颁布了关于教师资格考试的敕令，规定只有通过国家考试才能获得教师证书，得以任用。师范学校独立后把师范教育作为自身的中心任务，与普通学校的关系也发生了变化，凡与师范学校有关系的中小学，或者说与师范学校设立在一起的中小学，都成了师范学校的附属机构，开始作为附属的实习学校、示范学校，为师范教育服务。并要求有真才实学并能够通过有关考试的人才能担任教师，同时使合格教师获得较高的工资收入。这样，教师的声誉提高了，他们意识到自己成了社会上有地位的独立阶层，是学术专职成员，产生了光荣感与责任感。经过这一改革，师资质量得到了保证，教师队伍稳定了。

3） 建立系统的科技教育体系

在创办培养高级人才的柏林大学的同时，更重要的是在以往实科学校的基础上建立起系统的工业科技教育体系，规定每区必设一所以实科教育为主的工业学校，培养各行业技术人员。19 世纪 50 年代后，一些较突出的工业学校升格为高等工业学院，到 70 年代后陆续升格为工科大学。到 90 年代末较出名的工科大学已达 9 所，1898 年在校生达 1.2 万人。1871 年第二次普法战争，法国大败于由工科大学提供技术、西门子克虏伯公司制造的大炮武装的德国军队。对此，法国科学家帕舍尔作出过总结："我们在科学上失败了"，"德国增设大学，在大学培植有益的竞争心理，对大学教授和博士很尊重，并给予荣誉，设立宽敞的实验室，并且有精良的实验仪器。而法国只顾革命，沉醉于'理想政体'的无益争论之中，对高等教育的设施也只是给予偶然的注意"。德国工业化与工科教育的成长是一致的。19 世纪 20 年代德国工业化开始起步但很缓慢；30 年代部分工业专科学校出现，交通现代化发展尤为迅速；60 年代工业学院纷纷成立，为 70 年代德国工业化跳跃式发展提供了必要条件，为德国在 70 年代"一夜之间从谷物出口国变成机械出口国"并最终赶超英、法两国奠定了人才基础。

4） 创建柏林大学，改革高等教育

洪堡主张把大学发展成为高级的学术教育机构，并提出了大学教育学术自由、教学与科研相统一、科学统一的三条原则，新建的柏林大学基本上贯彻了洪堡的三条原则。

首先，大学有了比以往大得多的自治权。校长由教授选举、政府认可产生。第一任校长是德国著名的哲学家费希特。教授们可以自由讲授他们想要讲的科目，政府不干涉他们以任何方式讲授任何内容。允许各种学派存在。在教学中，教师可以各讲各的观点，不要求统一认识。教师除了固定工资外，还可以获得学生交纳的听课费。讲课越精彩，听课的

学生越多，教师获得的听课费也就越多。这在某种意义上促进了教师讲课的积极性，也促进了各学派的自由竞争。与此同时，学生听课也是自由的。他们可以选修课程，可以自由地从一所大学转入另一所大学，而原来的学习成绩依旧有效。这种学习自由对调动学生的学习积极性与主动性起了一定作用。

其次，大学贯彻了"教学与科研相统一"的原则，改变了过去以博览群经和熟读百家为主的要求。教授讲课改为主要讲授自己学术研究的心得与见解，即自己的独创思想，在科研中获得的第一手材料和自己的研究方法，使学生可以了解科学的最新发展，即前沿情况，了解各种科学研究的最新手段。同时，学生的学习也改成了以掌握科学原理与科学方法为主，把重点放在独立钻研和从事独创性的探索方面。教学中这一原则得到广泛采用，传统的单一的照本宣科的教学形式在很大程度上得到改造，师生之间、学生之间切磋学术的风气开始盛行，教师成了教学与科研双肩挑的学术工作者。由于推广了柏林大学教学与科研相统一的原则，科学教育与研究在全国各大学中生根开花，并在相互竞争的气氛中得到进一步发展，大学摆脱了落后状态，开始繁荣起来，终于一跃成为举世瞩目的科学家摇篮，培养了不少人才，对德国的生产力发展、经济振兴作出了巨大的贡献。

最后，大学中哲学院的地位发生了变化。以前德国大学的哲学院作为新生在其他学院深造补基础知识的基础学院，改革以后则成了独立的专业性学院，哲学受到普遍重视。同时，哲学院带头从事科学实践活动，使哲学产生了许多科学分支，培养了一批自然科学家、社会科学家与哲学家。

这一时期的教育改革，帮助德国教育实现了从封建等级制的旧教育向面对全体人民的教育转变，由教会办学校向国家承办和资助国民教育转变，从遵从教义办教向培育有科技技能、有德意志民族精神的人的教育转变，从注重死记硬背的教学向倡导科学和学术自由、培养能自由思考的人的转变，从服务于教会和国王向推动工业化发展的新教育的转变。正是 19 世纪德国教育的这些转变和创新，在德意志民族的复兴中发挥了巨大的作用。

3. 魏玛共和国时期的教育

"一战"后，德国帝制被推翻，按照美国总统威尔逊的设想建立了魏玛共和国。其社会制度也发生了显著变化，在教育上进行一系列民主变革，推动了德国民主教育的进程。这一时期的教育制度，为战后联邦德国的民主教育和教育现代化奠定了基础。具体改革包括以下内容。

(1) 加大对教育的投入，视教育为振民兴国的重要环节。中央政府下放教育权力给各邦，以使其能够因地制宜地实施教育，注重自由和合作。学校教育提倡学生自己管理自己，自己教育自己，主张学校应当向青年学生提供自己负责生活的可能性，学生们应当按照自己的意愿，成立能够"表达自己要求和意见的教育团体和学生会"。

(2) 初等教育方面取消了双轨学制。废除贵族化的预备学校，建立了四年制统一的基础学校，规定所有年满 6 岁的儿童均得入基础学校。后来又实施了八年制的初等义务教育，毕业后经过考试，成绩优秀者可以升入各类中学。劳动学校的实践是共和时期初等教育发展中的一个重要现象，促进了初等学校教育、教学和管理的全面变革，从而推动了德国小学从近代向现代的转变。

(3) 中等教育方面主要有两方面的变化：一方面，废除了中学的预备阶段，使中学得以建立在统一的基础学校之上；另一方面，新建了两种学校，即德意志中学和上层建筑学校，新型中学为有才能的儿童接受完全的中等教育提供了机会。

（4）高等教育方面继续坚持大学自治、教学和科研相结合的原则，吸收进步和开明的学者来校任教，从而极大地丰富和推动了德国大学学术活动的繁荣。同时，提出了高等教育面向大众的思想，建立了各种类型的高等技术学校，向劳苦大众打开高等教育的大门。

《魏玛宪法》把教师的地位提升到国家公务员的标准，大大提高了教师工作的积极性，也有助于创造全社会崇尚学问、尊师重教的风气。这一时期，德国建立了一批师范学院，规定招收高级中学毕业生入学，规定小学教师由属于高等教育的师范学院培养，这样就大大提高了师资培训的规格。

但改革中的民族主义倾向和社会中有组织的意见分歧导致教育改革不彻底，德意志第三帝国所强调的民族和国家的思想开始出现。

4. 纳粹统治时期的教育

纳粹党统治德国时期，教育成为推行侵略政策的工具。为培养征服世界的有生力量，希特勒取消了地方分权的做法，建立了帝国科学教育和国民教育部来实行中央集权的学校管理，排斥了一切民主权力，取缔了一切群众性组织，从课程设置、教科书到教学程序的安排等一切教育事宜都统一由这个部来规定。

纳粹统治当局确定的教育目的是培养"政治的人"，即"国家社会主义的人"，并要培养学生对纳粹国家和对"元首"的忠诚。把有利于加强德意志民族意识的、涉及祖国和人民的学科，诸如地理、德语、历史、生物等放在学校课程的首位，强化体育，并在历史学科的教材中编进了许多政治内容，歪曲历史，引入"种族教育"内容，让学生了解德国的现实情况，做好体格上和心理上的准备，增强民族自信心，坚信德意志民族是全世界最优秀的民族，在学校中发展各种法西斯青少年组织，安排各种政治活动，疯狂宣扬对法西斯暴力的崇拜和对希特勒的盲从。

这一时期中等学校学制普遍缩短，开设"德意志学科"的德意志中学受到极大重视，通过德意志语文、德意志历史和地理，以及德意志化学、德意志物理和德意志数学等课程，向学生灌输法西斯主义思想。中等学校与高等学校入学人数大大缩减，学生知识水平大为下降。

纳粹德国把所有大学归入国家的控制下，对大学的课程也进行了改革，军事、体育、种族学、法律学、政治学、历史等学科受到重视。这一时期，排斥、打击犹太人的政策造成许多犹太科学家纷纷离开德国逃亡到美国，影响了德国高等教育的质量。

这一时期各级学校教育教学的重点都放在贯彻法西斯主义和军国主义上，德国的学校教育出现了全面倒退的趋势。

二、"二战"后德国教育的重建与发展

"二战"后德国被分为德意志联邦共和国(简称联邦德国或西德)与德意志民主共和国(简称民主德国或东德)，东德按苏联模式办教育，西德在美国的主持下，逐步恢复了魏玛共和国时期的学校教育制度，实行教育地方分权政策，各州享有文化教育的立法权力。1990年两德重新统一，东德按西德模式改革教育，因此，关于"二战"后德国的教育发展我们

以联邦德国的教育模式为蓝本进行介绍。

1. "二战"后联邦德国教育的复兴

"二战"结束后德意志联邦共和国建立初期,按照《联邦德国基本法》,西德实行地方分权的教育制度,各州享有文化教育的立法权,普遍实施 9 年义务教育和 2~3 年的职业教育。大部分州儿童在四年制的基础学校学习后分别进入三类中学,即四年制的国民教育高级阶段、六年制的中间学校(或实科中学)以及九年制的文科中学。前两种中学与各种职业学校相衔接,文科中学则与大学相衔接。

随着经济的恢复,教育投入的增加,各州教育有了快速发展。但各州教育制度差异很大。为了缩小差异,1955 年各州州长在杜塞尔多夫开会,制定了《联邦各州关于教育领域统一的协定》(简称《杜塞尔多夫协定》)。该协定规定了各州学校的统一名称、学期长短、考试的认可、分数的等级等;把与基础学校相衔接的、至第十学级的学校统一称为"中间学校",至第十三学级的学校称为"完全中学",规定凡完全中学毕业生均可直升大学。受苏联"卫星事件"的影响,德国教育委员会提出了关于改组与统一公立学校的《总纲计划》,要求加强三类学校之间的变通性与对学生实行个别促进,主张在四年基础学校之后设置两年的促进阶段,为学生进入不同的中学学习提供选择。

1964 年各州州长在汉堡签订了《联邦共和国各州之间统一学校制度的修正协定》(简称《汉堡协定》),采纳了《总纲计划》中的部分建议,规定普通义务教育统一为九年;在四年制基础学校之上设两年制促进阶段。各类中学名称统一为"主体中学"(至第九学级)、"实科中学"(至第十学级)、"完全中学"(至第十三学级),并为主体中学和实科中学中表现出才华的学生提供接受完全中学教育的机会。

2. 再次统一前联邦德国教育的发展

20 世纪 60 年代后期,大学生运动爆发及"教育机会均等"思想深入人心,各界纷纷主张进行教育改革。1970 年联邦和各州共同委任的德国教育审议会制定了《教育结构计划》。

这一计划提出了四个目标和七条建议,是"二战"后德国教育发展最重要的文件之一。四个目标是:实现教育机会均等;实现教育民主化,加强各类人士对教育的参与;进行以科学为目标的课程改革;建立平等的师生关系和人道主义的教育环境。七条建议为:把学前教育列入学校教育系统,称为"初级教育领域";改革基础学校,让儿童提前一年入学,即改为 5 岁入学;把中等教育分为两个阶段,第一阶段包括第五至第十学级,第二阶段包括第十一至第十三学级,第一阶段毕业者可获"中学毕业证书 1",第二阶段毕业者可获"中学毕业证书 2",后者也可在职业教育系统中取得,"中学毕业证书 2"的获得者可直升大学;把上述三个教育领域和高等教育领域组成一个水平的、分级的统一学校系统;改革完全中学百科全书式的教育,在完全中学高年级开设必修课;在中等教育第一阶段后的第一学级设职业基础教育年;改变原来按学校类型培养教师的形式为按各教育阶段培养教师的形式。

联邦德国对这一计划实施结果的评价分歧较大,但一般认为该计划的目标大体上已经实现或接近实现。

在高等教育方面,1976 年颁布了《高等学校总纲法》,对高等学校的任务、教学与科研的原则、高等学校的人员等作了详细的规定。《教育结构计划》与《高等学校总纲法》

两个文件奠定了德国现行学制的基础。

进入 20 世纪 80 年代，德国教育改革力度加大，但整个学校教育制度没有太大的变化。

3. 统一后德国教育的发展

1990 年两德实现再次统一，按联邦德国的教育制度发展教育事业。1993 年，德国联邦内阁和各州首脑召开圆桌会议，对教育进行结构上、组织上、内容上的彻底改革。

中小学的教育改革措施主要有：加强学生的校外辅导，进一步发展校外辅导机构；为了充分发掘小学生的巨大学习潜力，打算把基础学校的合科教学改成分科教学，同时从现代社会的需要出发，准备在基础学校中开设外语和计算机课；进一步加强因材施教，在教学组织中不仅进行内部的分组教学，还进行外部分组教学，以利于各种儿童的智力发展；加强对外籍工人子女的个别化教学，使他们尽快适应德国文化，提高学习成绩。建立州一级的统一的中学毕业考试制度。首先，把取得高中毕业文凭所需要的学习时间由 13 年缩短为 12 年，即完全中学由 9 年缩短为 8 年。其次，对高中毕业文凭考试所包括的必修科目作出统一规定，至少应该包括德语、一门外语、数学以及一门自然科学科目(即生物、物理或化学)。最后，在州一级实施统一的中学毕业考试。

职业教育改革集中在课程与教育内容、教育方法和管理体制三个方面：强调"职业性关键能力"的培养，并且将职业教育内容与普通教育内容一体化，使二者相互融合。此外关心学生个性培养和职业性以外能力的培养，如责任感、合作精神及交往能力。在教育方法上，把传统的课堂讲授方式改变为习明纳和"自我设计"的自主学习方式，以培养学生独立工作、自主思考和寻找解决问题办法的能力。在管理体制上，注重使学校职业教育和企业教育(或学校学习与企业培训)的管理更加合理，合作更加一体化。要求经济界必须在德国所有的地区提供良好的职业培训位置；发展和拓宽职业教育、继续教育的新形式；加强职业教育的国际合作和交流；提高职业教育的社会地位，使受过职业教育的毕业生具有更多职务升迁的机会；增强职业教育与普通教育的通融性与互补性，承认两种教育证书的等值性；提高青年人职业培训的比例，充分考虑学生的差异，使学习困难的年轻人有机会参加那些就业前景的确有保障的职业教育和职业培训。

总体来说"二战"后德国的教育改革比较缓慢，基本保持其传统特点，同时追随美国的教育改革。

拓展阅读：习明纳

习明纳是 Seminar 音译，《牛津现代高级英汉双解词典》将其解释为"学生为研究某问题而与教师共同讨论之班级"，即人们常说的大学研究班、研究讨论会或讨论室。

习明纳最早见于 18 世纪初虔敬派教育家弗兰克创办的师范学校中。1837 年，德国著名学者格斯纳在德国哥廷根大学创办了哲学习明纳，从而把习明纳引入大学教学。当时，德国大学教授或著名学者具有优厚的待遇和显赫的地位，可以按照自己独特的学术知识和学术兴趣，采取有效的组织形式去自由组织一些高年级学生或者助手，形成一个小组进行科学研究活动，定期集中在一起，共同探索新的知识领域。

在习明纳里，教授不再是单纯的知识传授者，而是注重启发学生对学术问题的独立探索，积极培养学生的科学研究能力。在课程学习期间，习明纳成员要参加一些辩论会。从形式上讲，习明纳仍然是教授与一些学生共同讨论问题或主张，但讨论中教授提出问题作为讨论的主题却不预先假设一个结论，而是由参加习明纳的学生收集事实，提出理论，然后从事实或理论中自行找到一个新的结论。也就是说，习明纳讨论的前提是真理尚不存在，要通过教授和学生在讨论中畅所欲言、完善真理。师生关系不仅是一种学术指导关系，而且也是一种情感关系、人格关系。它激励学生继承和发扬导师的治学态度和科学精神，有利于学生对科学的追求与探索，发挥自己的创造力。

习明纳这种教学方式对现代博士生教育具有重要影响。

三、21世纪德国教育的改革与发展

2001年和2003年，经济发展与合作组织公布的以评比各国基础教育为目的的调查报告——《比萨调研》显示，在包括美国、日本等32个国家(地区)中德国中小学生在阅读、数学、科学三项基本指标评比上名次不高：阅读第21名，数学和科学都是第20名，引起向来以高质量教育自居的德国民众的强烈反响，同时促使德国政府开始检视其教育，进行教育改革。[①]

各州教育部长联席会议(KMK)负责协调各州在教育上的合作，于2004年9月开始对国家核心课程大纲进行修改，制定新的课程标准。各州具体教育改革措施包括以下几项。

1. 调整国家宏观教育政策，大力提高基础教育质量

KMK强化了各州在教育体系、教育结构等方面的协调工作，并积极推动各州高中学分、毕业成绩或文凭的互认。2007年10月19日，KMK在波恩召开会议，通过了将基础教育学制由目前的12年和13年并存统一调整为12年制的决议。这次会议还做出了一个重要决定：从2008年起，小学二年级、三年级学生都应参加全国的德语、数学统一测试；将更多的学校改为全日制，目前约1/3为全日制学校。

2. 开始重视学前教育，进行早期智力开发

德国幼儿园不是义务教育，幼儿自愿入学，孩子的父母根据收入情况向幼儿园交费。联邦各州均通过了将儿童日托机构确认为教育体系的一个不可缺少的组成部分的教育与指导计划。2007年10月各州政府代表在慕尼黑市召开了早期教育工作会议。认为学前教育的重要性越来越明显，学前教育的质量将有助于大幅度提高基础教育的质量。要舍得在学前教育上花些精力，投些资金。为进一步促进学前教育发展，就要改变德国高校未设幼教专业的状况，全面改革日托机构专业人才的进修制度，还要提高从事学前教育工作人员的职业地位，通过多种适合幼儿身心发展规律的形式，开展早期智力开发。

3. 成立国家教育质量研究所，制定学校质量评价标准

2004年12月，各州教育部长联席会议组建了国家教育质量研究所(IQB)，以将教育标准转换为可用于课堂操练的习题以及可进行测试的试题，推广教育标准，对标准进行评估，并负责全德中小学教学状况的摸底统测，在教学研究、教学评估和教育诊断方面从事学术

---

① 徐昌和，柳爱群. 质量为本：德国二十一世纪前十年基础教育改革回眸[J]. 外国中小学教育，2012(05).

研究工作。该所的主要任务是研究和制定适用于德国的教育质量指标体系，对各州的基础教育质量开展研究，推动各州学业考试程度逐步相当，以此提高各州教育的均衡性。到2011年，全部16个州初步确定出数学、德语、第一外语、物理、化学、生物等学科的学科参照标准，并组织大批专家制定了德国合格学校在教育过程、学校条件、领导职责、管理活动、团结合作、学生学习成绩等方面的标准。

4. 学校设置体现特殊性，教学过程注重因材施教

德国各州不断加大对基础教育的投入，要求所有学校均达到基本的设置标准，以保证适龄儿童、少年都能享受到合格的教育。在此前提下，允许并提倡特色办学。允许重点学校存在，为造就拔尖人才奠定基础；设置特色学校，为造就有各方面专长的人才奠定基础；评选实验学校，开展教育教学示范，州教育行政部门给予一定的政策和资金支持；补贴私立学校，政府对私立学校的补贴，受益的是学生，体现了义务教育的普惠性。私立学校的存在，为广大家长和学生提供了多样化的教育选择机会。对于成绩不好的学生，留级(学生及家长会收到学校推荐的个人学习计划)。

5. 不断探索开发课程资源，充分体现出多样性和选择性

尽管各州之间的具体课程有所不同，但是核心课程还是大体一致的，这些核心课程包括德语、数学、一至三门外语(由各个学校自行决定)、历史、地理、自然科学(生物、化学、物理)、美术、音乐、体育、政治等。同时，作为选修课程的有宗教教育和哲学。这个原则在"二战"后从未受到严重挑战，仅有的变化发生在选修课程上，学生可以选择诸如健康教育、法律、外语、自我防卫、医疗等多种课程。尽管人们承认传统的原则落后于时代的发展，但是这种原则在学术界仍然有着难以动摇的权威。

德语课程的大纲在未来不可能发生显著变化，因为它深深地根植于教育传统中。德国许多中小学根据自身的定位、学校特点和实际情况，依据统一的教学大纲开发、开设了一些适合本校基本情况的学科课程、综合性课程和综合实践活动课程供学生选修，以丰富课程的多样性、加强课程的开放性、增加课程的选择性，为学生创造了更多发展和选择的机会。这些课程大多反映了德国经济社会发展、历史文化传统和生态环境等方面的特点和需要。德国各州教育行政部门赋予了地方和学校开发课程资源和开设课程科目的自由度，同时也为研究机构和社会团体参与开发、编写学校使用的教材提供了可参与的机会。以巴伐利亚州德语科目为例，该校可供选用的不同版本的教科书达十多种。课程开设的多样性和教材使用的多样化呈现了课程教学资源的不同特色、满足了教学的不同需求、增强了教学的适应性，从而提高了教学的质量。

6. 陶冶学生道德品质，提升学生国际意识

德国教育界人士认为，基础教育的质量提高，不仅表现在学生知识和能力的提高，还表现在学生道德面貌的改善。德育的内容主要分为三大方面：宗教内容、伦理道德内容和社会生活道德内容。善良教育是德国道德教育的特色之一。在经历了对两次世界大战的反思之后，德国更加重视对公民善良品质的培养，以期维护一个和谐、文明的社会。在德国，独生子女问题也逐渐显露，出生率低、学生人数减少。但德国政府规定不减少教师数量，进一步加强个别辅导，让学生学会和他人相处，学会适应社会。

在经济全球化时代，德国中小学普遍强化了外语和国际知识的教学，注重培养学生具备国际化生存的意识和本领。一是加强了世界历史、世界地理以及其他国际知识的教学。二是加强了现代外国语的教学。教育机构规定中学生至少要学习三种语言，即除了学好德语和英语外，还必须再学习一门外语，从法语、西班牙语、拉丁语、意大利语、俄语、汉语中任选。至 2011 年，德国 16 个州中已有 230 多所学校开设了各种形式的汉语课，其中40 所学校把汉语作为必选课，学生可以把汉语作为高中毕业考试科目。2011 年德国学习汉语的学生数比 2008 年增长了 50%。汉语水平考试(HSK)开始得到德国教育主管部门和学生的认可。三是用英语讲授其他科目，如历史、技术与自然、物理等尝试采取全英语授课，以帮助学生摆脱说英语的恐惧心理，形成英语环境下对问题的理解。四是开展多种形式的出国学习体验。有的州设置中学生短期出国学习计划，利用暑假或秋假组织学生出国学习，感受异域文化。对于家庭经济困难的学生，学校提供一定的补助。五是与国外学校建立姊妹学校关系。

7. 努力提高教师水平，调动教师教育教学积极性

德国中小学教师按公务员进行管理，校长没有解聘教师的权力，教师干好干坏全凭自觉。为了改变这种情况，一些州的教育厅决定，从 2008 年起，将教师工资总量的 10%作为浮动工资，奖励做出优异成绩者，激励广大教师努力提高教学能力，不断提高教学质量。

2009 年的 PISA(国际学生评估项目)测试结果显示，德国在多方面继续超过 OECD(经济合作与发展组织)平均水平，比如：学生的阅读能力进一步提高，平均分为 497 分；数学基本能力平均分为 513 分，第一次挤进 OECD 成员国前三；更可喜的是德国中学生的科学能力测试成绩平均分达到了 520 分。虽然 PISA 考试成绩的提高并不能全部证明德国基础教育改革所取得的成效，但至少从一个侧面说明其改革的效果还是比较显著的。当然 KMK 还需继续努力。

第二节 德国现行的学校教育

一、教育行政

根据 1949 年《德意志联邦共和国基本法》以及根据 1957 年联邦宪法法院的裁决，联邦德国在文化教育领域实行联邦制，文化教育由各州自治，州享有文化的自主权。这意味着原则上州享有教育立法和行政管理方面的最高权限。州有权通过宪法、学校法和其他各种法令的规定，决定如何安排本州的文化事业和学校教育事业。一般认为，德国是地方分权的教育行政体制，虽然联邦和各州享有同等的权力，但在一个州内，则实行"州集权"制，州政府统一管理州的教育事务，州以下的教育行政机构隶属于州教育部，由州教育部负责领导。

1. 联邦教育行政

德国《基本法》规定了"整个学校教育在国家监督之下"，包括国家对学校的监督、宗教课在公立学校作为正规学科开设等，但具体执行监督的主要是各州，联邦并无实际的教育管理权。联邦政府享有校外职业培训领域的立法权，还可以制定高等教育一般原则性

法规等。

联邦一级的教育行政机构主要有以下几个。

1) 联邦教育和科学部

1969 年 10 月成立的中央一级的教育行政机关，其职责主要是：对教育改革和发展提出规划；颁布非学校职业教育法和职业继续教育法；处理学生、徒工、大学生的职业培训资助问题；解决教育界公职人员的薪金和供给问题；制定高等教育普遍适用的法规；在教育规划、更新高等学校的教学设备和跨地区的科研项目上，与各州政府合作，制定科学研究促进法等。在促进超地区范围的重大科学研究方面与各州进行合作，还可以通过提出建议和控制拨款来影响各州教育。

2) 常设各州教育部长会议

这是 1948 年设立的一个非立法机构，由各州教育部长自愿参加组成的、相互协调和互通情报的工作团体。它的宗旨是按各州共同的要求协商处理跨地区性的文化教育事务，协调全联邦的教育政策。但由于会议的成员都是各州的教育行政长官，因此会议的影响力很大，事实上已成为决定联邦德国教育方针的决策机构。下设各种专门问题委员会，如学校委员会、高等学校委员会、艺术教育委员会、进修和继续教育委员会等。近年为协调欧共体教育事宜又成立了欧共体事务常务委员会。文化教育部长会议在波恩设一个秘书处，由一个总书记领导这个秘书处。各委员会由各州各占一个席位组成。文化教育部长会议本身的人事决定只要多数同意就算通过，而关于教育政策的业务问题则必须一致同意才算通过。

3) 联邦与州教育计划委员会

联邦与州教育计划委员会是联邦教育和科学部的咨询机构。具体工作包括：研究全国教育长期发展的计划纲要；研究实施计划纲要所应采取的各阶段的方针；对各州教育计划提出建议；对紧急问题提出解决方案；鼓励教育研究；讨论教育预算等。1983 年后委员会开始把资助重点放在高等学校教育改革、职业教育改革、通信技术发展、艺术教育、环境问题、使外国儿童和青少年适应德国生活，以及促进妇女、残疾儿童和成人等方面。

除上述 3 个机构以外，联邦教育机构还有一些政策咨询机构，它们的任务是收集和掌握学术界和公众中有关情况，为教育政策的制定提出咨询建议。具体机构如下。

(1) 大学校长会议，负责协调高等教育的发展；教育顾问委员会，负责提出教育改革的建议，对各级学校的长期发展提出建议等。

(2) 德国教育委员会，是联邦内务部与各州政府妥协的结果，负责起草人才需求和对未来德国教育的展望；提出关于教育结构的建议和作出经费预算，提出教育事业发展各阶段的长期计划建议，不过有关建议须同政府委员会商量后作为咨询意见向联邦和州提出来，且这种展望并不是导向性的教育政策建议，故于 1965 年解散，以德国教育审议会代替其职能。

(3) 德国教育审议会。审议会由两个委员会组成，一个是由专家组成的教育委员会，另一个是政府委员会。其任务是考察教育发展情况，并通过提出咨询与建议促进教育发展。其成员是独立的，也就是说不代表任何利益集团。

(4) 德国科学审议会，由联邦总统根据重要科学组织共同建议和联邦及州政府共同提名任命，通常由 16 位州政府委派的成员、6 位由联邦政府委派的成员以及 24 名科学家和 8 名公众代表组成。其最初的任务是提出一个促进科学发展的总规划，并使联邦和各州的各种计划得到协调。1975 年后科学审议会的职责有所改变，它的主要使命是对高等学校发展、科学发展和科学研究提出建议。

在德国，以上四个机构中无论哪一个，其职能都不是教育行政管理，而是咨询、协调、制定大政方针。

2. 地方教育行政

德国各州和特别市的教育行政机构的名称不一，多数州称为文化教育部，也有的称教育局，还有的州称文化、教育和国民教育部，是州的最高考评行政机关，部长由州长任命，州议会批准。州文化教育部的主要职能是：制定本州的文化教育政策、方针，颁布教育立法，监督所属教育行政机构的工作，协调州与联邦和其他州的关系，代表国家设立和管理州立学校，监督州内各级各类学校(以中等教育的督导为主)，提供教育经费，制定州内学校课程标准，认定中小学的教科书，任免各级各类公立学校的校长，举办中小学教师的资格考试，负责完全中学的毕业考试，管理社会教育等。

在地方，设有隶属于地方行政公署的教育处，直接管辖学校的领导人事管理事宜。此外，教育处还负有其他职能，如学校组织和学校建筑。

县市教育局(科)是最基层的教育行政机构，主管国民小学、国民初中(包括高小)和特殊学校。教育局(科)视所管区域大小设督学长数人，主管学校教育事务，并兼管教育行政。每 1 名督学长管理一定区域内的学校，行使一定范围的职权，在其所管辖的范围内可以独立作决定，但遇到重要事件时，须与其他督学长协调，督学长彼此之间处于平等合作关系。县市主任秘书主管教育局(科)内的行政、预算和人事方面业务，这是属于行政法方面的职权。凡是涉及双方职权的事务，便由教育局(科)内的成员共同决定。从教育行政系统来说，督学长是校长和教员的上司，对学校进行教学、教育和行政方面的指导。每个督学长通常要精通若干科目的教学。每个教育局(科)有五六名督学长，彼此分工合作。

二、教育经费

德国教育经费占国内生产总值的 5.1%左右(发达国家平均值为 5.3%)。教育经费由联邦、州两级政府和地方政府共同负担，但主要承担者是州政府，大体占总额的 75%。在教育经费中，中小学教育经费占总教育经费的 44.7%。德国中小学所需的办学经费全部由政府拨款，体现了基础教育的政府职能。

(1) 州政府承担的中小学的教育经费包括以下两项。

① 人事经费：主要用于支付教职工的工资，为最主要的教育支出。

② 教科书经费：一般按学生人数拨给，用于为学生免费提供教科书。

(2) 地方政府承担中小学的下述经费。

① 行政管理经费：用于支付水、电、暖气、粉笔、复印、电话及维修校舍和设备等费用。

② 固定资产投资经费：用于支付新建校舍、购置家具、计算机、教学仪器等费用。

由于举办高等教育是州和联邦政府的职责和任务，高等教育经费仍然主要由国家承担，第一学业不交学费，国家向家境贫寒学生提供贷学金，还给大学生提供各种或明或暗的补贴。第一次学业失败后需要缴纳一定的学费。目前，德国高等教育财政正在向以市场为导向、以多元化投资为目标的方向演变，改革的重要方面之一是进一步开拓筹资渠道，如允许私人投资者兴建高校建筑。

三、德国现行的学制

(一)学前教育

实施学前教育的机构有托儿所、幼儿园、学龄儿童幼儿园和特殊教育幼儿园等，招收 3～5 岁儿童，自愿入园，不属于义务教育范围。一部分幼儿园按年龄分班，也有一部分幼儿园不按年龄分班，而采取混合编班，有观点认为这样有助于新入园儿童尽快合群。绝大部分幼儿园是教会和慈善机构开办的，学校附设幼儿园一般不收学费。其监督由青年福利局来执行。

德国的幼儿园被认为是协助家庭对幼儿进行教育的机构，目的是促进儿童的个性发展，陶冶儿童的情感，培养他们具有自尊心、自信心、学习兴趣、责任感、语言能力、合作意识等。幼儿园以自由活动为主，儿童在各班独立的活动室内寻找伙伴游戏，不进行读写算等基础知识教学。

大部分幼儿园为半日制，教养员每天在儿童吃完早饭与搞完个人卫生后组织儿童听故事，学唱歌，会话，做手工劳作，接触自然，等等。

(二)初等教育

初等教育是由基础学校实施的，基础学校的修业年限一般为 4 年(6～10 岁)，少数州为 6 年。绝大多数是公立学校，私立学校在数量上是很次要的。各州都有专门的私立学校法，规定了私立学校得到批准和获得国家承认的条件。私立学校同样要由国家补助。除特殊原因外，家长不得自己选择学校，也极少有家庭在小学阶段送孩子去私立学校或寄宿。不过学校在分班时，会特别考虑到每个孩子的居住地域，让每个孩子都有可以一起上下学的同伴，有校车免费接送。小学的学杂费很少，如果学校有临时的费用要缴纳，必须先征得由全体家长选出的家长委员长同意方可实行。德国几乎所有学校都是半日制的，全日制的学校极少，公立住宿学校几乎没有。每年上课时间只有 800 小时。半日制学校一般在上午 8 点开始上课，通常到中午 1 点或 2 点就结束，下午也安排一些教学大纲以外的选修科目。工时半日制导致德国学制过长。

1. 入学成熟检查

儿童在当年 6 月 30 日满 6 周岁时，8 月 1 日就可开始入学。入学时必须由当地卫生部门指定的学校医生进行健康检查，不需要考试。检查内容包括两方面：①检查儿童在身体成长方面是否适合上学。包括观察儿童在体格方面是否发育到能够忍受每天 3～5 节课而无损身体健康，确定他们是否符合合格的标准。②检查儿童的智力与心理发展程度，是否达到入学成熟标准。包括检查儿童是否具有较长时间对教材或对谈话题目集中思想的能力；是否具有合格的语言能力；是否愿意同他的同学与教师进行交往。以上两方面检查都合格者允许入学，明显达不到要求的儿童有必要进入学校幼儿园，而在两者之间的可试读四周再定。

2. 初等教育的宗旨

德国基础学校的教育宗旨在于培养个体生活和集体生活的能力，有三方面：促进所有儿童的发展，给所有儿童一样的关心；教给儿童基础知识和技能，所教的方法适合儿童自己的能力；帮助儿童掌握具体的学习方式。通过教学逐步取代游戏，使学生学会有关读、写、算方面的基础知识，促进智力发展，为今后的深造提高打好基础，并培养他们具有民主精神、爱国爱人民的品格和具有责任感。

3. 课程内容

基础学校开设的课程有德语、数学、常识课，此外，每周还有音乐、艺术、体育、劳作和宗教课等少量课时。三年级以后有外语课。

在德语教学中，教师较注重培养儿童独立思考和实践能力，学生在课堂教学中所提出的各种问题，都由全班学生一起共同讨论来解决，教师给予指导，但并不给儿童们统一的答案，允许有多种回答和意见存在。在写作教学上，联邦德国基础学校的教师往往会通过四个途径来指导学生们编写故事，一是先说个笑话，让学生把笑话编写成故事；二是看图编写故事；三是提供几个词汇，让学生利用这几个词汇来编写故事；四是阅读报刊上的某一新闻或消息，让学生围绕此消息来编写故事。

4. 教育方法与组织

在基础教育阶段，一、二年级为第一教育单元，三、四年级为第二教育单元。两个单元的教育目的是使儿童获得感性知识和初步了解事物的能力，逐步学会读写算等最基本的知识，养成能够坐下来读书的习惯，初步培养独立思考和分析创造的能力。逐步把孩子们引向自然科学和社会科学知识的海洋。

教学方法以讲授法为主，此外还有整体分析法、成分分析法、发现法等。

教学组织上实行分组教学，一些学科进行合科，教学教师越来越喜欢在一堂课上分别教 2 门学科，如教 25 分钟数学，教 20 分钟音乐。

德国的小学生每天做家庭作业的时间不会超过半小时，而且星期五放学后没有家庭作业，假期也没有家庭作业。

5. 学业评定

德国小学生的学业成绩评定主要是依靠学力成就测验来进行的，采用六级记分制，这六级为超、优、良、中、可、劣，分别对应 1、2、3、4、5、6 分，1 分为最好，6 分为最差。德国各州的学力成就测验都有所不同，总的来说，分为两类。一类是标准成就测验(往往以作业的形式呈现)，由专家根据各学科教学的要求和测验规范进行编制，这种测验往往在学期末或学年末进行。另一类测验是非正式测验，由教师自己编制测验题目。在日常教学过程中，往往采用这种方式。

在德国初等学校中，小学生学业成绩评定的主要功能是三项，一是改进教学，二是授予资格，三是向家长提出某种建议。整个小学期间，没有大考小考，学校重视的是孩子平时的表现和每一次当堂作业、当堂测试的水平总和。班里也不会公开学生的学习成绩，也没有排名次的做法。

6. 小学管理

在德国，习惯上把教育事务分成外部事务和内部事务。所谓外部事务，是指学校建筑、设备、经费、福利等方面的事务。所谓内部事务，是指学校教学、课程、教材、教师等方面的事务。在教育行政上，对教育内部事务和外部事务的管理有明确的权限划分。

德国的学校不仅没有后勤、总务管理部门，也没有教务处或教导处等负责教学和教育工作的部门与管理人员。教务和教育工作都委派有关教师负责。因此，学校的管理人员和管理机构极为精简。学校的管理人员一般只包括：校长(负责管理学校各项工作)、秘书(1～2人，负责文书档案和日常行政工作)、校舍管理员(1人，负责学校建筑和设备)。在上述管理人员中，事实上只有秘书和校舍管理员是专职管理人员，至于校长，通常兼任1门或1门以上科目的教学工作，每周授课14学时(10多个小时)。

小学实行校长负责制，有两个委员会，即校务会议和班级会议。校务会议由校长、教师代表、家长代表组成，班级会议主要由学生家长组成，德国普遍成立了由学生家长自发组织的家长会。学生家长以学生班级为单位每年举行两三次会议。家长会通常选出1名代表和1名副代表，作为家长与学校之间的联系人。家长会的经费由家长们自愿筹集，除了作家长会的办公费之外，还充作补助贫困学生和办补习班的费用。

德国的学校管理通常都重视学生自治，重视让教师、家长和学生参与学校工作计划的制定、执行和监督。民主与参与被视为德国学校管理工作所遵循的基本原则。

(三)中等教育

1. 定向阶段

定向阶段是德国基础学校后、各类中学教育前的特殊教育阶段，除柏林和勃兰登堡外大部分隶属于各类中学。其任务是使学生在定向阶段了解自己的学习能力和兴趣，了解今后要上的各类中学的学习要求；增强学生的学习意志，提高他们的学习能力；通过观察和咨询，为学生今后的学习生涯作出更理想的选择；要尽可能排除性别和社会出身这些因素对学生选择今后学习道路的消极影响。

一般学生升入哪一类中学的定向阶段是根据基础学校教师的建议来确定，如果家长不同意，则通过让学生进行一次升学考试进行裁决。为了减轻学生成绩压力和学习负担，目前各州逐步采取根据学生家长意愿来决定学生升学去向的办法。在定向阶段，原则上要求对所有学生开设同样的课程和内容，对所有学生不带偏见地尽可能地给予智力上的促进。

2. 三类中学并存

三类中学包括普通中学、实科中学和完全中学。

1) 普通中学

普通中学也称主要学校、主体学校，通常包括七～九年级，原是实施义务教育的主体，因教育质量较低，大部分家长，特别是城市中，不希望子女上这类中学，只有少数地区设有。普通中学实行分科教学，开设的课程主要有：德语、现代数学、一门外语、自然科学、社会科学、经济和家政、劳动学、音乐、艺术和纺织品艺术加工、体育、宗教课，劳动学是主体中学的一门特色课。这样既为学生转入实科中学或完全中学创造了条件，又为他们进入职业生涯做好准备。

2)　实科中学

实科中学介于普通中学和完全中学之间，是初级中学的一种类型，其章程设置比较接近完全中学，课程强调科学化。实科中学的任务是，教授接近实际的和比较现代的基础知识，通过普通教育和职业预备教育，使其毕业生能够在工商业、行政管理和社会部门承担起中级管理人员的职务。其教学内容的重点是数学、生物、物理、化学等自然科学，历史和地理以及现代外语等专业课程。除了必修的核心学科外，选修不同侧重点的组合课程。其毕业生成绩优秀者可以升入完全中学的高级阶段学习，大部分进入双重制职业教育系统接受职业培训，成为工、农、商和手工业部门的中级人才。

3)　完全中学

完全中学就是传统的文科中学，原先是为少数上层家庭子女升大学作准备的尖子学校，在师资、设备和经费等方面条件优越，在大多数州是一种包括定向阶段之上第七至第十三学级的高级中学，其毕业生的比例在 20 世纪 90 年代达到同龄青年的 25%左右。

完全中学强调严格的学术教育，教育质量较高，尤其突出外语教学，每个完全中学毕业生至少掌握两门外语。完全中学的初级阶段开设德语、数学、两门外语、物理、化学、生物、历史、地理、艺术、音乐、体育、社会常识及宗教等，完全中学的高级阶段在课程设置上是采取学程制，学校设有必修学科领域和选修学科领域，必修学科领域包括语言—文学—艺术学科领域、数学—自然科学—技术学科领域、社会科学学科领域、体育和宗教，选修课程通常依据各校传统和师资力量设置。完全中学的毕业生原则上可以直接升入各种高等学校。

由于民众对完全中学教育质量的追求，一些州把上述三类中学综合起来，设立了设备比较现代化的综合中学。综合中学的规模很大，管理比较困难，教育质量并没有达到预期的效果，因而在整个学校系统中所占的比例并不大，目前只有不到 10%的同龄青少年就读于综合中学。

德国十分强调和重视基础教育中的劳动技术教育，如纸工、编织、木工、陶器等，同时，德国小学重视性教育和环境教育。中学阶段劳动技术教育内容包括：劳动的含义(其中要讲到马克思的思想)；劳动的价值与报酬；就业问题；劳动的法律(如违法的"黑工"问题)；生产、工序、效益；工人的基本素质；安全保护、环境保护等。全德有五种劳动技术专用教室，即金加工、木加工、烹饪、办公室管理、缝纫和编织，设备齐全。

(四)高等教育

1. 德国高等教育概述

从设立主体上看，德国高等学校分为教会学校、私立高校和联邦政府高校三大类。前两类是非国立性质的，数量比较少，国家对非国立高校提供必要的财政支持。从高校的任务上可分为三类：综合性大学、应用技术大学和艺术学院。从性质上看，德国的高等学校分为学术性高校与非学术性高校两类，综合性大学属于学术性大学。

德国高等教育历史悠久，实力雄厚，有多所在全球享有盛名的学府。古老的海德堡大学成立于 1386 年。高超的学术水平配合现代的教学方法是所有高校都具备的特色。高等学校的任务是通过科研与教学来扶植和发展科学及艺术，使学生在科学知识和科学方法或艺术创造能力等方面得到训练，以适应未来职业的需要。

2010 年，德国有 418 所公认的公立大学以及 100 多所私立大学，每年新生有 25 万人上下，外国留学生在 6%左右。各类大学专业设置应有尽有，共设近 17 900 个专业。突出的专业有计算机、信息、经济、机械、管理、建筑、法律、心理、环境、农业、艺术、文学、医学、生物等，医学、法学、企业经济学和心理学等热门专业实行入学名额限制。各高校在不同专业领域实力不一，比如医学类明斯特大学一直高居榜首；理工类依次是慕尼黑工大、亚琛工大、达姆施塔特工大、德累斯顿工大、柏林工大；经济类一直是科隆、曼海姆和斯图加特分列三鼎甲；法律类高校一直是耶拿、蒂宾根和弗莱堡排在前三名；化学类高校始终是耶拿、特里尔、莱比锡排在前三名；心理学类高校一直是莱比锡为老大；航天类高校是斯图加特、亚琛和柏林工大排在前三名；汽车类高校就是斯图加特、比勒菲尔德克劳斯塔尔工大排在前两名。

德国高等教育取得了不少的成功。但是顶尖大学与英美的差距却日益扩大，在大学排行榜上很少看到德国大学。德国政府近年来推行的精英大学项目，从研究生院、精英集群、未来构想三个不同的促进领域选择出 11 所知名高校：理工类 3 所，包括慕尼黑工业大学、德累斯顿工业大学、亚琛工业大学；文理类 8 所，包括海德堡大学、柏林自由大学、柏林洪堡大学、慕尼黑大学、图宾根大学、康斯坦茨大学、科隆大学、不莱梅大学。

德国高等教育机构为自己的悠久传统而自豪，面对教育和劳动力市场中出现的不断深入的国际化势头，德国高校积极参与改革，1999 年欧洲 29 国在意大利博洛尼亚签署"博洛尼亚进程"，决定缩短高等教育年限，引进学士、硕士二级制高等教育，几乎所有德国高校都引进了国际通用的学士和硕士项目，以取代传统的本硕连读制度。

2. 三类高等教育机构

1) 综合性大学

综合性大学指传统的多学科大学和工业大学，是高等教育的核心，至今仍是其最重要的部分，以培养科学的后备力量为目标，强调专业理论知识的系统化学习，学科较多，专业齐全，社会学、经济学、自然科学、工程科学、人文科学、医学、神学、农学、林学比较突出。学生入学需要经过严格的高中会考筛选，修业 8～10 个学期，毕业授予应用学科硕士学位(德国没有学士学位，只有硕士和博士学位，其硕士学位在不同国家不等值，有的国家当作学士学位，有的国家与本国的硕士学位对等)。综合性大学办学强调教学与科研并重，毕业生一般具有较强的独立工作能力和科研能力，从事应用性研究。

资料拓展：洪堡大学

洪堡大学是世界著名的高等学府，世界百强大学之一，也是欧洲最具影响力的大学之一。是曾经的世界学术中心，先后培养过 25 名诺贝尔奖获得者。

洪堡大学位于柏林市中心的菩提树下大道上，比邻世界文化遗产博物馆岛、勃兰登堡门和联邦总理府，是德国首都柏林最古老的大学，前身为成立于 1810 年的柏林大学。这所高等学府由德国著名学者、教育改革家威廉·冯·洪堡创办，致力于培养学生多方面的人文综合素养，最初共有 4 个传统学院，分别是：法律、医学、哲学与神学。洪堡大学是世界上第一所将科学研究和教学相融合的新式大学，拥有十分辉煌的历史，被誉为"现代大学之母"，爱因斯坦、黑格尔、马克思等都曾在此任教或学习，其"教研合一""学术自由、教学自由、学习自由"的洪堡精神也影响到了几乎所有的现代大学。2012 年，柏林洪堡大学入选成为 11 所德国"精英大学"之一。

洪堡大学在人文学科领域有着顶尖的声誉和强大的科研实力，其文学、语言学、历史、哲学、社会学等学科均排名世界前列，洪堡大学的法学院是德国最优秀的法学院之一。在 2015—2016 年泰晤士报世界大学排名当中，柏林洪堡大学排名世界第 49 位。

2) 应用技术大学

德国的应用技术大学(Fachhochschule，简称 FH)是培养实用型高级技术人才和管理人才的高校，是德国高等教育体系中极具特色的一个重要组成部分。根据社会市场需求即企业生产实际设置专业，并根据科技和社会经济发展的需要不断调整专业结构，从学生未来从事的工作岗位需要出发来确定专业培养目标；从新生入学开始重视职业指导，帮助学生确定职业计划及目标，还有专门的机构和专家对学生进行生理和心理咨询，具体了解其禀赋和爱好，帮助他们制定非常个性化的职业发展规划。学习期间既注重理论基础的夯实，培养学生的可持续发展能力，又不局限于纯粹的理论学习，而是理论与实践学习循环交叉进行，强调培养学生的技术应用和开发创新能力，并鼓励学生参与项目研究开发。教师必须获得博士学位，通过高等学校教授资格考试，本专业从业经历至少达 5 年以上(其中 3 年在高等学校以外)。从事科技开发和应用方面任课教师会列出大量参考文献，从社会和产业部门聘任一批学有专长、实践经验丰富的专家学者和工程技术人员作为兼职教师。理论讲授一般没有指定教材，还包括练习、实验、专题讨论、企业现场考察、专题学术讲座和企业现场实习等多种形式。

3) 艺术学院和音乐学院

艺术学院主要开设造型、雕塑和建筑等专业，音乐学院主要培养从事音乐舞蹈职业的人才，也负责培养普通中小学音乐师资。

3. 德国大学的特点

(1) 传统德国大学享有行政自治权和学术自主权，即高校根据其章程选举产生的管理机构可以就本校或本系的事业做出决定。高校发展的重要咨询机构是科学评议会，有关高等教育建设和发展的重要方针方案通常要由该机构事先从专家的角度做出评议，该评议会也经常主动就高教的重要问题发表意见和建议。由于政府通过控制学校经费运转直接干预学校的行政决策，因此，德国高校的自主权实际上主要表现在学校教学科研人员在学术问题上如选择课题，确定研究方法，争取社会资助和评价及传播科研成果等方面。

(2) 德国的大学没有重点和一般之分，各大学差距不是太大，而且几乎每所大学都有自己的优势学科(或专业)或特色专业。经费由各州提供，学校的规模、设备差别不是很大，师资也有其特色，师资队伍的核心是教授，教授职位少，且享有一定的特权，比如为学生上大课。德国实行大学教授强制流动的政策，即通过评聘分离，获得教授资格的人不得在授予单位应聘。大学教师的职称结构通常分为教授、大学助教和科学工作人员。此外，州法律还规定高校可以根据教学和科研的特殊需要聘用大学讲师、编外教授和特聘教员等。

(3) 德国大学一般为 4~6 个学年，每年分为两个学期，即冬季学期和夏季学期。冬季学期一般从 10 月中旬至来年 2 月中旬。夏季学期一般从 4 月中旬到 7 月中旬。由于必修和选修课程很多，对毕业论文的要求很严，学生往往需要延长 1~2 年时间方能完成全部学业；

有些人为了生活，边工作边学习，进一步延长了学习时间；如果八年内还没毕业，校方要提出警告并规劝其尽早完成学业。德国大学采用学分制，尽管生源短缺，但如果在规定的时间内不能拿到规定的学分、不能通过硕士前考试或论文工作不符合要求等都可能被淘汰。当然，被淘汰并不意味着就被大学抛弃，被淘汰的学生可以转学、转专业，有些被淘汰的留学生只好自己回国。

(4) 德国大学有讲座、讨论、练习三种基本授课形式。讲座课的特点是教师就有关题目作报告，学生只是听讲；讨论课则是教师与学生共同讨论，学生要写论文、在课堂上口头作报告、做家庭作业和参加书面考试；练习课的主要形式是教师和低年级学生一起工作。大学实行全日程排课，课程较满，从早上 7 点到晚上 9 点都可能有课。实验室对所有学生开放，学生可以随时进入开展实验。

(5) 德国大学学生自由选择专业和学习时间的长短，正常的学习时间内在德国上大学是免费的，即使是外国留学生，也不需要交学费，学生每学期只需交纳数额不等的几十欧元的管理费。由于德国大学生普遍要花 5～8 年才能获得学位，加之大学生在校期间可享受多种社会福利等因素，导致大批学生常年"滞留"高校，给高校财政带来了沉重的负担。2002 年，德国在重新修订的高校框架总法中，允许对在校时间"超长"和接受第二学位教育的学生收取学费，即实行"有限"收费制，每学期为 300～2500 欧元不等。虽遭到了各方的反对，却渐渐成为事实。

(6) 有资料显示，德国是继美国和英国之后的第三大留学目的国。而积极吸引外国留学生、推进高等教育国际化是德国新一轮高等教育改革的中心目标之一。随着全球新一轮人才争夺战的开始，德国政府也对其外国留学生政策作了相应调整。主要措施有：简化外国学生来德留学申请签证的手续；为攻读学位和进行学术研究的外国学生和学者提供逗留方便；对外国留学生全面引进分等级的 TestDaF 考试。采取措施后在德外国留学生人数有明显增加。

(五)职业教育

德国的职业教育举世瞩目并始终处于世界领先地位，正是通过成功的职业教育，为"德国制造"提供了大量优秀的产业工人，也成为德国国家竞争力的重要源泉。

在德国，学校形式的职业教育由各州负责，校外特别是企业形式的职业教育，则由联邦政府负责，按《联邦职业教育法》的规定实施。联邦教育与科学部和联邦经济与劳动部是职业教育教育立法与协调的主管部门，联邦职业教育研究所则是联邦级职业教育的决策咨询与科学研究机构。地区的各种行业协会负责认定教育企业资质、审查管理教育合同、组织实施结业考试、修订审批教育期限、建立专业决策机构、调解仲裁教育纠纷、咨询监督教育过程、制定颁布教育规章等重要职责，包括职业准备教育、职业教育、职业进修教育以及职业改行教育。

1. 德国职业教育的几种形式

德国职业教育有两种，一种是全日制职业教育，另一种为双元制职业教育，其中后者占主导。全日制职业教育主要为职业专科学校，学制为 1～3 年，入学条件主要为主体中学或实科中学毕业生，以所谓德国历史上形成的"学校型职业教育"为主。双元制职业教育分为培养技术工人的"双元制"替代型职业教育和培养技术助理、实验员、社区服务或护理人员的"双元制"平行的独立型职业教育两类。

双元制教育是一种将在企业里进行的职业技能和相关工艺知识的教育与在职业学校里进行的职业专业理论和普通文化知识的教育结合起来培养职业人才的教育制度。企业为"一元",学校为另"一元",具有相关资质的企业才有资格主办职业教育。企业在"双元制"职业教育中处于主导地位,发挥主导作用。在教育经费的承担分配上企业占 90%以上,政府支出占 5%~10%不等。双元制职业教育无入学条件,但一般为主体中学和实科中学毕业生,超过 70%的 16~19 岁年龄组的青年接受职业教育,培养目标为技术工人。但 20 世纪 70 年代以来"双元制"职业教育逐渐向高等教育延伸,出现了采用"双元制"模式的"职业学院"及部分"专科大学",可纳入高等职业教育范畴。2003 年后行业职业教育由传统机电制造业向高新技术制造业,如纳米技术、光电技术、生物技术和为系统技术扩展并开展"联邦与各州职业教育学习位置拓展计划"。

双元制教育是学生先与企业签订学徒合同,然后根据学徒的职业到相应的学校报到学习,青少年约 70% 的时间以"学徒"身份在企业实际的生产岗位和培训中心接受职业技能及相关工艺知识的培训,30% 的时间以"学生"身份在学校接受文化基础和专业理论教育。从考核内容上分为书面考试和实际操作技能考核两种。通过考核的学徒工可以得到国家承认的岗位资格证书,成为该工位上的合格技工。职业教育的考核、成绩认定及证书发放由各行业会负责,学生在学习期间不仅不交学费,而且每月还可得到由企业提供的生活津贴及法定社会保险。政府对于承担职业教育的企业给予税费减免、用工优先、资质认证等方面的优惠。

近年来,在德国又出现了第三种培训形式,即跨企业培训。学生在接受企业培训和学校教育的同时,每年抽出一定时间,到跨企业培训中心接受集中培训,作为对企业培训的补充和强化。

2. 德国职业教育成功的原因

德国职业教育的成功一方面得益于政府重视、社会对职业教育的认可和企业对教育的支持;另一方面,高水平的职业教育研究成果和职业教育师资是重要保证。德语文化圈国家(德国、奥地利、瑞士),将职业教育学作为大学的一门独立学科,集中了大批专门从事职业教育学研究的专家学者,建立了高水平的研究机构,取得了许多具有国际影响力的职业教育科研成果。在包括著名的德累斯顿工业大学、亚琛工业大学、柏林技术大学、达姆施答特技术大学、慕尼黑大学、汉堡大学、洪堡大学等 24 所研究型大学里,建立了职业教育师资培养机构及相应的职业教育研究所,为德国职业学校和企业职业教育的发展与创新,提供了强有力的理论支撑。

(六)教师教育与师资培训、管理

德国是世界上开展教师教育较早的国家,教师教育制度比较完善与发达。德国人自己也认为德国的教师教育制度是世界上最高档次的教师教育制度,德国各级政府在其中起着主导作用。

德国教师教育的政策、法规具体完备,教师教育工作的每个环节都有明确的规定,操作性很强，教育行政部门的职责权限非常明确。根据德国宪法规定，联邦政府成立了一个由各州文教部长组成的联席会议进行统一协调，以促进各州的教师教育制度趋向统一，并负责制定教师培训和工资的框架性规定，对中小学教师提出总的要求。各州有权颁布专门的法令规定教师的培养和培训，并具体负责教师的录用、安置、工资和督导，掌管教师的培养和进修，教师一般都是各州的公务员，享有较高的社会地位，可以终身任职。

根据中小学教育不同阶段、不同类型学校对教师水平的需求，将师范生分为小学和中等教育阶段Ⅰ(初中)的基础课教师、中等教育阶段Ⅱ(高中)的教师、职业学校的高年级文化课教师、特殊学校教师四大类，进行有针对性的职前培养。师范生必须根据各州教师法对各类型教师不同的标准规定，来制订自己的修业计划。

政府对教师的选拔和录用采用国家考试的方式进行，国家考试对整个国家的教师教育起到了标准化作用，使得全国的教师教育基本水平大致相同。德国的教师资格证书在欧盟国家通用。

德国教师的职前教育分为大学的职前教育阶段与职业准备教育阶段，这两个阶段都由政府负责。德国联邦和各州政府投入大量经费为师范生发放专门补助。德国培养基础学校教师的高等学校主要为综合性大学和师范大学，只有完全中学的毕业生，才有入学的资格，在大学接受师范教育阶段Ⅰ教育，这一阶段为"学术教育"阶段，所有师范生必须接受统一规定的 6～8 学期的大学科学教育(相当于硕士水平)，课程包括一门主科和一门或多门副科，以及相应的教学法和教育实习，修完课程后进行第一次"国家考试"，考试内容包括毕业论文、书面考试、试讲和教育实习。

第一次考试通过后，由本人向州文教部提交大学毕业文凭以及第一次国家考试的全部材料，以"候补教师"的身份，申请到有教师培训中心的学校(即习明纳，一般是中学)实习，进入"实践能力培养"阶段。既要与正式教师一样在学校服务，又要利用业余时间接受督学的指导与监督，从事参加第二次考试的准备工作。实习期间属于见习公务员。实习期为一年半到两年，实习期间，要按州文教部的规定上一定数量的示范课，还要学习与教师职业有关的内容。实习教师在各方面的表现由实习学校的教师培训中心作出评价。这次评价就是第二次教师资格考试，包括预备分数(平时分数)、论文考试、实际教学考试、口试；此次考试要求十分严格。据统计，有约 20%的实习教师无法通过第二次国家教师资格考试。未通过考试者允许一年内再考一次，仍然没有通过则被告知不适合从事教师职业。通过第二次教师资格考试后，政府颁发《教师资格证书》。此后有学校聘用，成为试用教师，经过一定期间(5 年以内)的试用之后成为终身教师。如没有学校聘请，便成为失业者。

2004 年，德国文化教育部颁发了德国教师教育新标准的决议，成为全德国师范生实习阶段和职业准备阶段专业要求的基本标准。教师职前教育中教育学科课程的内容要点包括：[①]

(1) 教育与教养。在制度化的过程中，对教育与教养活动进行解释与反思。

(2) 教师的职业与角色。教师专业化：以学习为己任的职业领域；处理与职业有关的冲突与决策的情景。

(3) 教学论与教学法。教学与学习环境的组织。

---

① 吴卫东. 德国教师教育的新标准及启示[J]. 外国教育研究，2006.

(4) 学习、发展和社会化。校内外儿童与青少年的学习过程。

(5) 成就激励与学习激励。成就发展与能力发展的激励基础。

(6) 区别、整合与促进。学校条件与教学的异质性与多样性。

(7) 诊断、评价与咨询。诊断与促进个体的学习过程；成绩的测量与评价。

(8) 交流。交流、交往和解决冲突是教学与教育的基本要素。

(9) 媒体教育。在计划、教学法和操作层面使用媒体。

(10) 学校发展。教育系统的结构与历史；某所学校的教育系统的结构与发展。

(11) 教育研究。教育研究的目标与方法；解释与应用研究结果。

此外，近 30 年来，德国把教师继续教育的地位与作用提高到历史上从未有过的高度。教师的在职进修被纳入法制化轨道。根据各州的法律规定，中小学教师到退休为止必须参加定期的教师进修活动，教师参加在职进修基本免费，包括在职进修提高和留职带薪深造两种，并且教师每年有 5 个工作日可以带薪脱产进修。教师进修由各州负责进行，州文教部等政府机构是管辖和推进州内教师进修活动的主要部门。

第三节　德国教育给我们的启示

德国教育给我们的启示有以下几点。

一、重视教育，重视教师，教育发达

评判一个国家是否重视教育通常可以从以下几个方面考察。一是教育的投入多少。重视教育的国家教育投入占 GDP 会达到 5%，占政府财政支出的比例一般能够达到 8% 以上。二是从业人员的社会地位和经济收入。重视教育的国家教师的收入要高于同等学历其他职业的平均水平，且有较高的社会地位，以吸引同龄人口中的优秀分子选择教师职业，教师队伍整体素养高。三是义务教育年限的长短。高等教育年限越长，政府的投入就越大，负担就越重。

德国是世界上最重视教育的国家之一，最先建立现代学校教育制度。在德国统一前就以政府的公共税收支付教育支出，统一后更是把教育作为立国之本。教育投入占 GDP 达到 5%，占政府财政支出的比例一般能够达到 8% 以上，是仅次于国防支出的重要领域，而其行政日常支出的比例比教育经费要少得多。

德国重视教师，不仅大学教师地位高，中小学、幼儿园教师在社会上也享有崇高的地位。其职业性质是终身制的公务员，其平均工资比全国在职人员的平均工资高出约 30%。德国教师的职前培养和在职培训亦有一套有效的、完整的体系，只有通过严格的考试并且取得教师职业资格证书的人才有可能成为老师，教师素质在世界上属一流水平。

德国是个资源贫乏的国家，其发展得益于教育所培养的人才。近代以来，德国教育始终走在主要国家的前列，发达的教育为德国各个时期提供了社会生产和国家治理所需要的政治、经济、科技、军事等方面的人才。虽然发动两次世界大战是不可取的，但也反映了德国依靠教育充分挖掘了人的潜力，以人的高素质弥补资源上的不足，保证了德国的综合国力。

中国地大物博，但人均资源占有量相当低，我们以占世界 7% 的耕地养活了占世界 21% 的人口，经济和社会发展严重受制于能源、矿产、土地等自然性资源的短缺。发展教育，努力提升数以亿计的普通劳动者的素质才是提高综合国力的必由之路。重视教育不能停留在口头上、宣传上，需要真正落到实处。①增加公共教育经费。世界公共教育经费投入平均占 GDP 的比例为 5.1%，非洲国家的教育经费超过国民生产总值的 4%，中国教育经费占 GDP 也应该高于 4%，不再出现占世界 21% 的受教育人口教育总开支只占世界各国总支出 1.5% 的尴尬局面。②及早延长义务教育年限到 12 年，提高全体国民的基本文化素养。③提高教师待遇和社会地位，吸引优秀人才投身教育事业，真正把教育作为立国之本、兴国之本。

二、务实发展，职业教育成效显著

普通教育与职业教育是一国教育结构中的重要组成部分，中等普通教育是为学生日后接受高等教育、进而从事学术性研究提供基础。但任何一个国家都不可能让所有的人去搞研究，更多的社会成员还是要从事直接的生产劳动。在中等教育阶段增加职业教育的内容，培养学生的职业意识和职业能力无疑是一种务实的选择。

德国重视职业教育，职业教育最发达，约 70% 的年轻人都选择了不同形式的职业教育。双元制的职业教育为世界各国所称道和模仿。德国设立定向阶段，实行现代双轨制教育，充分发挥了教育的效益，既保证了其学术水平，又保证了大多数一般劳动者的基本素质。

德国重视职业教育所取得的成效对于当前中国教育的改革具有现实的意义。

三、注重教育民主，给学生以充分的选择机会

从社会文化传统上看，德国是一个民主的社会，社会成员之间强调平等。前总理施罗德在任时其弟弟却失业，家人搭机出国旅游不得不交纳高额的专机费用；前央行行长因出国开会时多报销 1000 欧元被迫辞职。除了少量的行政开支，德国官员没有"公款吃喝、公款旅游、公款学习、公款用车"等问题。公费不能私用，只好将其投入教育、医疗、养老、交通等直接惠及民生的项目。从教育制度上看，作为一个联邦民主制的国家，德国各邦州在文化教育上享有广泛的民主自治权利，可以自行立法和管理，文化教育呈现多元化的特点。

这种民主在教育上有充分的体现。学校的领导与教师之间、教师与学生之间是一种民主的关系，民主参与被视为德国学校管理工作所遵循的基本原则。中小学校长从优秀教师中选拔任命，任职时必须教课，其课时可减少一半，在小学普通教师是每周 28 学时，校长则为 14 节课。校长对教师的评价须经教师本人认可签字后才生效，如果教师对校长的评价存在质疑，可以向地方教育督学申诉，从而保证了教师的专业权利，调动了教师的工作积极性。

学生一般就近入学、编班，在教学中更是给予学生充分的选择机会，德国中等教育的两年定向阶段和其后的三轨学校是其教育结构具选择性的集中体现。无论学校、家长，还是学生本人都必须承认和面对由于其先天生理素质和后天身心发展所形成的差别，否则，

主观的、巨量的和填鸭式的教学安排和课程设置必然成为学生沉重的课业负担，造成学生疲惫不堪，丧失学习的兴趣。小学老师根据学生在日常学习中的表现及时对学生进行评价，并以此为依据，对学生提出建议。如果学生与家长对老师的评价不认同，可以通过考试确定去哪一类学校学习。德国是目前世界上少数几个在学校中开设宗教课程的国家，宗教课程对其学生素质的提高具有突出的作用。是接受宗教教育还是上道德课，14 岁之前由学生家长帮助选择，14 岁以后由学生自行选择；大学期间学习时限的长短安排也由学生自己决定。这些都是尊重学生的一种表现。重视教师与学生之间的情感交流，在充分考虑学生身心特点的基础上，为学生提供自由、自主的学习氛围，师生关系体现了民主平等。

四、制度规范，以法治教，工作程序化

德国是世界上教育法律法规最健全的国家之一，甚至德国教育界有相当多的人认为，教育法规体系过于烦琐，近乎"文牍主义"。德国以法治教的特点源于近代几百年来在教育事业中强调"理智"的传统。从 16 世纪到 20 世纪初，科学和教育相互推动在德国占尽优势，对"理智"的崇尚成为德意志民族的精神寄托。这里的所谓"理智"就是严格遵守科学的规律，尊重其生命力，以求得真知。而"法"则集中了"最理智者"的最高理智，因而有法、守法、依法的观念和意识已经成为德国政府和国民的习惯行为。

在不违背联邦政府颁布的有关总法的前提下，州政府对州以内的全部教育行为立法，几乎所有的教育领域都有相关的教育法律法规，从教育行政部门的职、责、权到各类学校的归属及校长的任职资格；从中小学教师的职前培养目标、内容、考核到教师的任职资格、义务、权利及督导(德国的督导主要是"督"教师)；从各类学校运行发展的经费保障到对学校日常经费的限制等，所有一切都有严格的、有力度的法律规定，违法必究，教育活动的开展遵循法律制度而不是领导人的个人意志。

五、注重向学生传授方法，培养实践能力

德意志民族是一个理性思维的民族。18—19 世纪不仅出现了一代有世界影响力的哲学家和方法论家，而且一大批对世界科学技术发展起了决定性推动作用的划时代科学家几乎全部都是方法论大师，如伽利略、海森堡从小便养成重视方法和方法论的思维习惯，这对于学生创造意识和创造性能力的培养，无疑是十分重要的。

从 19 世纪以来，崇尚理性、求取真知的传统影响了德国科学、教育界注重实验和实践的教育方式。特别是教育领域，包括基础教育领域，反对百科全书派和机械唯物主义关于被动获取知识的观点，提倡以实践的手段取得生动的知识，认识和发展已有的理论。无论德国中小学诸多实践性课程的设置，还是德国双元制职业教育对实训的重视，都体现了注重培养学生实践能力的精神。例如，有几百年历史传统的实科中学，其办学宗旨就是"学实践、为实践而学，培养社会上各行各业的实践人才"。德国中小学培养学生实践能力，不仅包括一般的动手能力、操作能力和技艺，还包括各种社会实践能力，如社交能力、适应能力、雄辩能力、创新能力，等等。

六、不断推进教育教学改革

德国教育界对教育教学中存在的问题不断进行反思，既涉及教育发展的方向性问题，也涉及课程设置、教学方法、教育教学评价等方面。中小学的教育教学改革始终贯穿两条主线：一是教学内容和教学方法的改革，二是强调促进学生身心的发展。各州从小学开始强调"学会学习"，要教会学生学习的方法，使学生把学到的知识综合起来，提高孩子的综合理解能力和自学能力。近年来，成绩与趣味性之间的关系问题、交互式教学中学生的评价问题、外语课开设的时间等成为许多州和学校关注和改革的热点问题。

当然，任何一个国家，即使是发达国家，其教育制度及教育结构也都与其特定的民族历史传统、自然与社会条件特别是经济发展水平密切相关，并总是处在动态的发展之中，任何别的国家都不能机械照搬。作为发展中国家，中国的教育制度也只能是中国特定的民族特点、文化传统的产物，合理借鉴、吸收他国的先进教育经验，服务于现实社会和经济发展。

德国教育本身也还存在问题，比如小学过早分流导致中小学生心理负担重，知识水平确实较差，他们没有能力对未来职业进行选择，只能靠家长帮助选择，这对学生长大后自主选择未来发展道路不利。"10岁定终身"存在弊端，据经济合作与发展组织(OECD)2004年公布的一项对32个工业国家学生素质的调查结果，德国学生在阅读、数学和科学知识等3项考查中成绩均居下游。再比如德国的教师终身制缺少活力，成为终身教师后只能靠自身的觉悟提升素养。即便是在德国国内，也有许多人认为教育投入过大，一些学生不能很好地完成学业，却占用宝贵的教育资源，存在一定的浪费。双元制职业教育对企业来说负担也比较重，中小企业基本无法承担培养一个学生八九万欧元的负担。这些问题有待德国政府和教育界结合实际慢慢解决。

本 章 小 结

本章首先从德国近代历史发展的角度描述了德国教育的演进过程，特别是作为现代教育制度的发源地，公共教育制度的建立、教师资格的确定、洪堡教育改革等"二战"之前的德国教育现象无疑极具参考价值，欧洲主要国家、美国、日本的现代教育无不受德国教育的深刻影响。这也是我们将德国教育作为国别教育的第一个国家的原因。

本章重点介绍了德国现行的教育行政体制、现行学制。德国是以州为主典型的地方分权的教育行政体制，联邦积极发挥影响，教育经费主要由州政府承担，州政府同时拥有教育的管理权；德国现行学制包括学前教育、初等教育、中等教育、职业教育和高等教育，四年的初等教育之后有两年的定向观察阶段，为学生进入三类中学学习提供帮助，双元制的职业教育是德国教育的亮点之一，高等教育以政府为主体，免费程度高，各学校师资、设备均衡，质量有保证，在世界上声誉斐然。

本章还结合德国教育的特点分析了对我国教育发展的启示。必须看到，德国政府和社会各界高度重视教育的发展，教育始终保持其鲜明的民族特色，为德国经济和社会的发展提供了强大的动力。作为发展中国家，中国必须真正重视教育才能走上持续、快速、和谐发展之路。一百多年前，从德国留学归来的蔡元培主政北大，创造了中国现代教育的奇迹。德国在基础教育阶段强调学生学习方法的掌握对我国当前基础教育改革具有指导意义；2014 年我国教育部提出国内 1700 多所地方高校转型发展，努力培养应用型高级人才，德国职业教育的成功经验仍可以为我们提供有价值的借鉴。

【推荐阅读】

[1] 刘科新，郭东岐. 外国教育史纲[M]. 北京：中国人民大学出版社，2007.

[2] 王林义，杜智萍. 德国习明纳与现代大学教学[J]. 外国教育研究[J]，2007(6).

[3] 单中惠. 西方教育问题史[M]. 北京：人民教育出版社，2011.

思考与练习

一、名词解释

1. 成熟检查
2. 双元制
3. 洪堡改革
4. 精英计划

二、简答题

1. 简述德国初等教育的目标。
2. 简述德国职业教育的特点。
3. 说明德国教师培养的经历。

三、论述题

1. 试分析德国教育定向阶段的价值。
2. 试述德国教育给我们的启示。

教育是以造就人的品质为其目标。

——赫伯特·斯宾塞(英国)

第三章 英国教育

 本章学习目标

➤ 了解英国教育发展的历史。
➤ 掌握英国现行的教育行政体制与学制。
➤ 掌握英国各级各类教育的特点。
➤ 借鉴英国教育的成功经验，推动我国教育的改革。

 核心概念

公学 第六学级 导生制 教育督导制

 学习指导

本章的学习重点首先是英国教育演进过程中宗教与教育的相互关系。其次，要掌握英国现行教育制度下各级各类学校的发展特点。最后，认真思考英国学校教育对我国教育发展的启示。

拓展阅读：英国国情

英国全称是大不列颠及北爱尔兰联合王国(United Kingdom of Great Britain and Northern Ireland)，通称英国，又称联合王国(United Kingdom)，位于欧洲大陆西北面的不列颠群岛，领土由大不列颠岛、爱尔兰岛东北部及周围小岛组成，面积为 24.41 万平方公里，另有 12 块属地，首都是伦敦。人口约 6510 万(2015 年)。18 世纪至 20 世纪初期英国统治的领土跨越全球七大洲，号称日不落帝国。

英国以英语为主要语言，威尔士北部使用威尔士语，苏格兰西北高地及北爱尔兰部分地区仍使用盖尔语。居民多信奉基督教新教，主要分英格兰教会(亦称英国国教圣公会，其成员约占英国成人的 60%)和苏格兰教会(亦称长老会，有成年教徒 59 万人)，两大"官方"教堂分别为英格兰教堂和苏格兰教堂。另有天主教会及伊斯兰教、印度教、锡克教、犹太教和佛教等较大的宗教社团。

英国本土分为英格兰、威尔士、苏格兰和北爱尔兰四部分。苏格兰、威尔士议会及其行政机构全面负责地方事务，外交、国防、总体经济和货币政策、就业政策以及社会保障等仍由中央政府控制。

英国政体为议会制的君主立宪制。国王是国家元首、最高司法长官、武装部队总司令和英国圣公会的"最高领袖"，形式上有权任免首相、各部大臣、高级法官、军官、各属地的总督、外交官、主教及英国圣公会高级神职人员等，并有召集、停止、解散议会，批准法律，宣战与媾和等权力，但实权在内阁。议会是最高司法和立法机构，由国王、上院和下院组成。英国近代政治历史是工党和保守党轮换执政。2016 年 7 月保守党领袖特蕾莎·梅当选，成为英国历史上第二位女首相。两党执政理念也大相径庭，因而导致英国近代政治有时出现高度两极化现象，社会领域方方面面的政策，包括教育政策，也都受到影响。

英国既是世界上第一个工业化国家，也是世界上高度发达的资本主义国家之一。现在英国仍是一个在世界范围内有巨大影响力的大国。英国作为一个重要的贸易实体、经济强国以及金融中心，是世界第五大经济体，也是全球最富裕、经济最发达和生活水准最高的国家之一。作为英联邦元首国、八国集团成员国、北约创始会员国，英国同时也是联合国安全理事会五大常任理事国之一。英国农业以乳畜业为主，较为集中，高度机械化，效益十分高。

第一节　英国的国情与教育的演进：宗教与教育

一、"二战"前英国教育的演进：宗教与教育

宗教是一种特殊的社会文化，也是人类文明的一种普遍思想传统。20 世纪西方世界最具影响力的英国教育家怀特海认为，如果我们对自有文明史以来人们普遍信仰的教育理想进行概括的话，教育的本质就在于它那虔诚的宗教性。"宗教性的教育是这样一种教育：它谆谆教导受教育者要有责任感和崇敬感。责任来自我们对事物发展过程具有的潜在控制。""教理问答学校、教区学校、主教制学校、修道院、中世纪大学、盲人和聋人学校、主日学校、现代分年级学校、中等教育、现代学院、大学以及普世教育有一个共同特点：它们都是基督教的产物。"由此可见，基督教文化对教育的影响十分深刻。

英国的学校教育同样是宗教的产物，教育的演进也主要来自宗教。

1. 英国教育的起源——古代英国教育(6—10 世纪)

英国教育有着悠久的历史和传统，其有组织教育的开端可以追溯到罗马统治时期，它几乎与基督教的传入同时兴起。基督教早在公元 3 世纪就传入爱尔兰了，4 世纪末已成为人们生活中的一种力量。在盎格鲁-撒克逊时代，英国文化教育的发展与基督教传播及修道院的建立密切相关。当时的基督教教士们在寺院中进行他们的教育活动，学习拉丁文是主要内容，这种文法教育不仅培养了大批高级圣职人员，还奠定了英国一直延续至现代的文法学校的基础。文法教育从其出现之时起，一直享有较高的地位，并构成后来的贵族化教育一轨的主体。此外，歌咏活动也是寺院基督教活动的一个重要内容。从性质上来看，歌咏教学活动是培养教会的唱诗班歌手和牧师举行仪式时的助手，带有一定的职业性特征，因

而它也成为之后英国教育中平民教育一轨的雏形。

公元 7 世纪英格兰教区僧侣们建立了专门培养能胜任牧师职务者的学校——文法学校，这便是英格兰最早的真正意义上的学校。公元 8 世纪，文法学校发展成为既是中学，又是大学和神学院，几乎教授中世纪全部课程的学校。到公元 8 世纪末，歌咏学校也不只是培养唱诗班歌手，而是一种初等学校。中世纪后期，歌咏学校逐渐消失或被并入读写学校(文法学校的预备班)。公元 946 年，格拉斯顿伯里修道院院长圣·邓斯坦(St. Dunstan)将该修道院建设成一所名副其实的学校。由此，英国著名的文法学校真正诞生了。

总之，在古代英国，基督教修道院是当时主要的文化教育和图书文献收藏中心。随着中世纪城市的兴起，西方社会的学术生活和教育传统也发生了深刻变化。修道院教育发展到 12 世纪时开始走向衰落，设立在城市的大教堂学校逐渐占据了教育和学术的领导地位。

2. 英国教会教育的发展——中世纪英国教育(11—16 世纪)

1) 学校教育的出现

英国真正出现学校形式的教育是在 13 世纪。1215 年，第四届拉特兰理事会指出，每一所大教堂"都要分别任命有能力教神学和拉丁文的教师，这些教师从大教堂的普通基金中获得报酬"。1382 年，温彻斯特大主教威廉·威克姆在其主教区内建立了一所英国历史上最早的不依附于任何形式的宗教机构而独立存在的文法学校。当时，文法是与音乐、修辞学、逻辑学、数学、天文学和几何学并列的教会教学内容。到 13 世纪结束之前，英国的主要牧师在大教堂和教区教堂都办了这类学校。

此外，歌咏学校的建立也和文法学校一样，与教堂相关。据史料记载，14、15 世纪时教会的歌咏教育活动不仅任命了专职的歌咏教师，而且还设立了专门的歌咏班级，这些班级后来就发展为歌咏学校了。到了中世纪后期，歌咏学校逐渐趋于消失或被并入读写学校，成为中世纪的所谓初等小学对幼儿进行启蒙教学。

2) 大学的兴起

英国第一所大学产生于牛津。据记载，1110—1120 年间，牛津就存在学校了。1135 年巴黎神学家罗伯特·普林在牛津的一些修道院讲授圣经，吸引了一大批学生听讲，推动了牛津的学术发展。12 世纪末，牛津大学得到教皇认可，被称为"师生大学"，表明大学实际上是教师和学者的团体。牛津大学首任校长是罗伯特·格罗斯泰斯特，是由林肯大教堂主教任命的。1249 年牛津大学创办了独具特色的学院，其中 1379 年由温彻斯特主教威廉·威克姆创建的新学院在牛津大学发展史上具有重要意义。它制订了学院的详细规约，为大学本科生和高年级学生提供经费，并采取有薪水的导师制。1368 年教皇免去林肯主教的校长确认权，开创了大学自治的制度。

1209 年牛津大学发生了一起骚乱，将近 3000 名教士、教师和学生离开了牛津，其中一些人迁移到了剑桥城学习人文学科，从而标志着英国的第二所大学——剑桥大学的开端。1284 年艾里主教巴尔森在剑桥圣彼得教堂旁边建立了第一所学院——彼得豪斯学院，后来在 14 世纪又建立了 7 所学院。直到 1432 年剑桥大学才完全脱离教会的直接控制。

总之，在牛津大学和剑桥大学的创建过程中，从一开始就处于矛盾的地位，既要争取独立，又要依附于教会和王室。而学院制的形成与发展为英国的两所古老的大学带来了辉煌和名誉，为英国大学的发展与完善奠定了坚实的基础。

3) 公学的建立

14 世纪下半叶，英格兰主教和政治家威克姆以大学中世纪已建立的学院为样板，在牛津建立了英国第一所最古老的公学，即现今的温彻斯特公学，为贫穷的学生和牧师教授神学、教法和民法。英国第二所最古老的公学——伊顿学院是于 1440 年由当时年仅 18 岁的亨利六世创建的。1446 年 6 月 3 日，伊顿获得文法教学的专利，即在温莎和伊顿周围 10 英里地区禁止任何别的文法学校存在。这种教学垄断使学生能够走到一起师从优秀的教师，但同时也有一些孩子将无缘跨入伊顿的大门。

4) 英国的宗教改革与教育的发展

伴随着国教派的产生，英国出现了新教文化，亨利八世和爱德华六世解散了修道院，没收了祈祷堂的财产。此举促使大批赞助人(包括富商、乡绅、贵族、牧师、市政当局和行会等)重建或资助面临消亡的文法学校，并为这些学校提供奖学金以资助学生进入大学深造。同时，文法学校的性质也发生了变化，除了使用英文识字课本外，学校已由改革后的国教会管理，宗教教育则带有明显的新教色彩。

宗教改革后，教权屈从于王权，新教学说改变了人们对教育的传统观念，人们对教育表现出极大的兴趣，英国各项教育事业得到了迅猛发展，现代教育的某些特征开始初露端倪。相比而言，宗教改革对英国高等教育的冲击更大。由于英国王室不断地干预大学的变革，牛津大学和剑桥大学的发展曾一度走入了低谷。

3. 英国世俗教育的发展——近代英国教育(17—18 世纪末)

1) 贵族教育的产生与发展

从 17 世纪开始，英国贵族从蔑视知识变成了崇尚知识，并以受过教育为荣耀。贵族和绅士的儿子常被送到文法学校或公学去寄宿学习。

当时的文法学校又被称为文法中学，但它并不与任何初等教育的机构衔接，而专门招收受过家庭教育的贵族子弟。文法中学的毕业生，可进入牛津、剑桥大学学习。至此，英国形成了供上层社会和富人子弟学习的教育体制。这类学校及其教育特征一直持续到 20 世纪后半叶，并始终以其较高的教育教学质量著称。

中世纪后公学已演变成为一种以接收贵族子弟和富人子弟为主的教育机构，其教育内容与文法学校相类似，以古典课程为主体。这类学校一直延续至今，成为独具特色的私立中学。

2) 贫民教育的产生与发展

17 世纪下半叶，英国新兴的中产阶级迅速崛起，新的资本主义生产方式使他们改变了传统的观点，开始要求大众接受最为基本的读、写、算教育，以便提高劳动力的文化知识水平，提高生产效率。王政复辟时期，文法学校和大学走入低谷，但各种形式的为穷人开设的初等教育机构却大量出现，其中许多学校是捐办的教区学校。17 世纪末，这类慈善性质的学校使得英国的初等教育成为一种贫民教育且带有很浓厚的基督教色彩。

从 17 世纪末到整个 18 世纪，这种带有慈善性质的学校教育是一种终结性的教育，儿童结束学业后便开始进入职业生涯。因此，它与以文法中学为代表的中等教育不是相互衔接的两个教育阶段，而是平行的两轨教育体制，这就是颇具特色的英国教育双轨制。

4. 近代英国教育的形成与发展(18世纪末—20世纪初)

英国在18世纪末至20世纪初形成了国家领导与地方分权并存的教育领导体制。这一时期的英国教育有了显著的变化和发展。

18世纪末19世纪初的英国初等教育出现了两种初等学校,即导生制学校和幼儿学校。

导生制也称相互教学制度,是由教师选择一些年级较高或年龄较大、成绩优秀的学生充任"导生",作为助手,先让他们接受教学内容,再让他们转教其他学生的一种教学制度。1798年英国教师兰卡斯特(J. Lancaster)首先采用此法在伦敦附近办学。英国牧师贝尔(A. Bell)差不多与兰卡斯特同时也在英国宣传这种教学方法,故称兰卡斯特-贝尔制。它在英国盛行近30年,对后来英国初等教育制度的形成有很大影响。幼儿学校是空想社会主义者欧文于19世纪初在纽兰纳克创办的,其目的是让工人子女能学点初步的文化知识。经过欧文的理论宣传,竟形成了"幼儿学校运动",在19世纪上半叶的英国很有影响。

1840年英国出现了由宗教团体创办的师范学校(训练学院)。1846年起,不少接受国家补助的学校校长采取带徒弟的方法个别培训见习生。

1870年英国政府颁布了《初等教育法》,重申国家对教育的补助和监督,在各学区设立国民学校(小学),承认教会学校为国家教育机关之一。1880年英国政府规定初等教育为强迫教育。到1891年,开始实现初等教育免费的规定。至此,英国初等教育制度基本形成并为国家所控制。一般初等教育为6年,也有的是8年和9年。6年毕业的可进高小;8年毕业的可进职业学校、师范学校,这是劳动人民子女受的那一轨教育。师范学校有所发展,同时,见习生的培养改为集训,全国各地都办有集训所,毕业后可入师范学校。

在这一时期,英国的中等教育学校与初等教育仍不衔接,中学之前有预备班,是有产阶级子弟受的那一轨教育。此时英国中学的类型主要有四种:除原来的公学与文法学校(都是私人和慈善团体捐助的)外,出现了新的私立中学,此外还有一些由地方税款维持的学校。公学和文法学校比较保守,仍然把主要精力放在古典语文和古典著作上,但学术地位很高。私立学校为适应资本主义工商业发展需要,比较重视自然科学的讲授,但办学者多以营利为目的,一般水平都不高。1872年以后,英国政府鼓励学校重视科学,对能开设三年自然科学课程的学校给予特别的补助,于是实科学校、技术学校以及理科班级都发展起来。公学与文法学校也稍许增加了一点实科的内容,减少了一点古典和神学的内容。

英国从18世纪末起就掀起了新大学运动。1826年,伦敦新学院成立,这是英国第一所具有民主主义、自由主义精神,注重实科教学的新大学。此后,各大城市先后出现地方学院,如里兹学院、利物浦学院等。新大学都是私立的,学生多为工商业资产阶级的子女,不限教派与性别,许多是私立中学的毕业生。为了与新大学运动相抗衡,教会在1831年新办了"国王学院",仍以神学为主课。1836年,英国政府承认伦敦新学院,但不久将它和国王学院合并为伦敦大学。到19世纪末,伦敦大学的规模越来越大,也越来越反映资产阶级的要求。它的学生主要来自文法学校。在这种情况下,古典大学(牛津大学、剑桥大学)也不得不进行若干改革,建立"校务会"、废除宗教宣誓、增加一些新时代需要的教学内容。它的学生仍主要来自公学。

5. "一战"前后英国现代教育的发展(19世纪末—20世纪中叶)

1) 初等教育

1899年英国将中央教育行政机构教育署和科学艺术署合并,成立了新的中央教育委员会，并于 1902 年颁布了《1902 年教育法》，亦称《巴尔福教育法》。该法消除了 1870 年以来公立和民办初等学校各自为政的双重体制，使民办初等学校在很大程度上被纳入政府的公共教育体系，接受政府的监督和控制。这一时期，初等学校逐渐开始与中等教育进而与高等教育接轨，原来只能享受初等教育的社会中下层子弟开始获得接受中等教育的机会。

1926 年、1931 年和 1933 年以谢菲尔德大学副校长哈多爵士为主席的中央教育咨询委员会分别发表了《青年教育》《初等学校》和《幼儿学校和保育学校》三个报告，统称为《哈多报告》。该报告促使了英国的初等教育从以往义务教育一贯制变为 11 岁以下儿童的教育，为"二战"后英国现代初等教育制度的确立奠定了基础。

第一次世界大战结束后，英国于 1920 年成立了"新教育联谊会"，希望通过团结国内的进步主义教育力量，达到改造旧教育，最终实现改造社会的目的。对英国新教育运动产生重大影响的是杜威和玛利亚·蒙台梭利。杜威非常强调促进儿童个性的发展并提出儿童的经验必须是真实的和儿童应该从做中学的观点。蒙台梭利所提倡的使儿童体验实际生活和在预定的环境中给予儿童充分自由的思想使保育学校和幼儿学校重新充满活力。从实践上看，"一战"后英国陆续出现了许多实施进步主义方法的新学校。虽然儿童中心的教育思想尚未在初等学校的课堂实践中得到广泛实施，但已在当时的师资培训机构中日益占据了主导地位。为"二战"以后，特别是 20 世纪 60 年代英国初等教育中开放教育的盛行创造了有利的条件。

2）师范教育

19 世纪末，英国进入了垄断资本主义阶段，政治上的争霸，经济和科技的竞争，刺激了英国国民教育的发展，也推动了英国师范教育的发展。

1902 年"伦敦地区大学郡议会师范学院"诞生。这是英国第一所大学和当地政府共同管理的师范学院，它培养了各级各类学校的教师。1904 年通过"教育委员会条例"后，地方教育当局创办了第一所地方公立师范学院——赫里福德郡师范学院，这是一所完全寄宿制学院，有 100 名女生。到 1914 年战争爆发时已有 20 所地方公立师范学院。1918 年，约半数师范学院为寄宿制，靠志愿捐助办学，其余为地方教育当局创办，所有学院男女分校。

地方公立师范学院的创立，意味着英国现代师范教育体系的最终形成。1902 年以后，在英国形成了由国家宏观控制，大学、地方教育当局、教会团体三方直接参与的独特的师范教育管理体系，并形成了由大学附属走读师范学院、地方公立师范学院和地方私立师范学院三种不同性质的机制组成的较为完善的现代师范学院体系，这标志着英国现代师范教育体制的确立。

3）中等教育

19 世纪末 20 世纪初，英国初等教育基本普及，建立公立中等教育已成时代需要。1902 年的《巴尔福法》、1904 年的《中等学校规程》以及 1907 年的《中等学校规则》极大地推动了公立中等教育的发展。《1944 年教育法》真正建立起英国公立中等教育制度。该法规定，中等教育应扩展到所有 11 或 12 到 18 岁的青少年；延长义务教育年限到 15 岁；由地方教育当局资助开办的中等学校一律免费等。在确立公共中等教育的同时，《1944 年教育法》保留了双重制，即公立与民办中学并存。

20 世纪初，英国中等教育机构主要是文法中学(含公学)，广大劳动人民子女被拒之门外。第一次世界大战后，许多人提出扩大中等教育机会，甚至"人人受中等教育"的口号。

1926 年的《哈多报告》首次建议中等教育阶段的学校分成文法中学、现代中学、初级技术学校。1943 年英国政府正式采纳了中等教育实行三轨制的主张。于是，在 1945 年前，英国公立中学形成了文法中学、技术中学、现代中学三足鼎立的局面。

4）高等教育

1919 年英国成立了大学拨款委员会，以统一英格兰、威尔士和苏格兰大学拨款的管理，并采用中央规划的方法，牛津和剑桥被纳入统一的拨款系统。在莱斯特和赫尔创办了新的大学学院。地方教育当局设置的奖学金名额成倍增加，并设置了一定数量的国家奖学金名额。近代语、工程学、科学和商业等科目得到扩充，大学培养商业人才的思想有所发展。但是大学和专业的联系依旧，获得奖学金的学生大量增加。《1944 年教育法》取消中学收费(苏格兰已于 1918 年取消中学收费)，并实行"人人受中等教育"，这一改革促成了合格的中学毕业生的增加，从而引起了对高等教育的新要求。至 20 世纪 50 年代止，英格兰共有 12 所大学学院获得特许状，成为正式大学。连同原有的 9 所，英国全国共有正式大学 21 所。

5）职业教育

进入 20 世纪以后，英国的职业技术教育开始发展起来。《1902 年教育法》实施后，为即将就业的小学毕业生提供适当的全日制继续教育的呼声越来越高。因此，英国教育委员会于 1905 年颁布了《技术学校规程》，规定由政府拨款资助为小学毕业生开办的日间技术班的教学，日间技术班因此得到显著的发展。1905—1907 年，首批初级技术学校在北英格兰成立。1913 年，初级技术学校得到官方承认，并在全国各地相继成立。初级技术学校一般招收 13 岁的小学毕业生，学习年限为 2～3 年。

第一次世界大战后，英国对人力、技术的极大需求刺激了英国职业技术教育的进一步发展。1921 年英国首次在机械工程领域实行了国家证书和国家文凭计划，后来逐渐推广到电力工程、化学、建筑、造船、纺织、商业等领域。国家证书授予部分时间制的学生，国家文凭授予全日制的学生。1938 年教育咨询委员会主席斯彭斯发表了《斯彭斯报告》，该报告建议将原来的初级技术学校改为技术中学，以适应进入工业界就业的学生的需要。但发展缓慢、水平低级、不成体系。

二、"二战"后英国教育的重建与发展

1. 初等教育

"二战"期间，英国教育遭受了严重的破坏。为重振教育，1944 年英国议会通过《1944 年教育法》。该法案首次以立法形式确定初等教育为英格兰和威尔士公共教育制度的第一个阶段，标志着英国现代初等教育制度的正式确立。

1966 年 10 月，英国中央教育咨询委员会发表了名为"儿童和他们的初等学校"的报告，即著名的《普洛登报告》。该报告系统地提出了一套儿童中心的进步主义教育观并提出了初等学校的任务就是培养和发展儿童内在的兴趣等。该报告的出版，标志着进步主义教育对英国初等教育的影响达到了一个顶峰。

20 世纪 70 年代英国对初等教育质量和进步主义教育方式开始不断地进行反思。1988 年 7 月英国政府通过《教育改革议案》，即《1988 年教育改革法》。此法案的颁布，是英

国自 70 年代以来不断发展的加强政府对学校教育控制的最终立法成果，初等教育正朝着更加集权化的方向发展。进入 20 世纪 90 年代，英国初等教育在《1988 年教育改革法》的基础上，全面推行国家统一课程和全国统一考试，并继续在立法上贯彻注重质量、多样化、增加家长的选择权、加强学校的自主权及提高学校的责任心等重要原则。

2. 中等教育

"二战"后，1947 年英国教育部在《新的中等教育》一书中指出要建立文法中学、技术中学、现代中学三类学校的中等教育体制。到 20 世纪 50 年代中期，各地方教育当局大多以三类学校的方式重建和发展中等教育。20 世纪 60 年代后综合中学逐步兴起与发展，三类学校逐步趋向衰落。现在，这三类学校依然存在，并各具办学特点。

综合中学运动在"二战"后成为一种世界潮流，它迫使统治阶级考虑建立一种更加民主的教育制度，使更多的人获得平等的中等教育机会。1951 年，英国政府发布的《中等教育方针》和 1965 年发布的《中等教育的结构》促使综合中学开始迅速发展起来。1976 年综合中学在英国取得了合法地位。到 20 世纪 80 年代初，综合化改组已基本完成。目前，综合中学已成为英国中学教育的主要类型。

公学在 19 世纪是贵族子弟学校，"二战"后则是上层社会和有钱人子弟的学校。公学在英国中等教育系统中具有特殊的地位。其行政管理上自成系统不受地方教育当局管辖，其管理机构是董事会，董事会成员基本上是社会名流。此外，公学不仅拥有优越的师资条件，而且还拥有一流的物质设备，这是其他类型中学很难达到的。公学入学考试每年举行。公学的英才主义传统在 20 世纪得以保留下来，并与公立教育一起构成英国中等教育的特色。

第六学级最初是指文法学校和公学的最高年级，即最后二年的学习阶段。学生经考试合格才能入学，其课程设置注重学术性，以升大学为目的，具有大学预科性质。"二战"后，随着文法中学的发展，第六学级学生人数也迅速增长。20 世纪 60 年代以后，随着综合中学的发展，第六学级教育的主体由文法学校转到综合中学，同时取消了入学考试。课程设置除了开设学术性课程外，还提供技术职业课程，为学生直接就业做准备。

3. 高等教育

"二战"后，英国整个高等教育系统在发展，新的高等院校不断涌现，全日制高等教育学生人数不断增加。但其发展却呈现了"自发的"、不受控制的方式。经过两年半的调查研究和讨论，1963 年 10 月英国政府正式发表《罗宾斯报告》。该报告及一天以后的政府声明《高等教育》白皮书的发表，开创了英国高等教育"伟大的可塑时期"。

1985 年 5 月教育和科学部发布了题为"90 年代高等教育的发展"的绿皮书。该书指出大学不是整个高等教育的唯一模式，多科技术学院和其他学院有着培养多种专门人才的特殊责任。主张"罗宾斯原则"，拓宽高等教育的入学资格，认为继续教育应该是高等教育工作的主要部门之一。"凡是能够并且愿意从高等教育课程受益的人，应该有受高等教育的机会。"

1987 年 4 月英格兰、威尔士、北爱尔兰和苏格兰四位国务大臣联合发布《高等教育：应付挑战》的白皮书。该书指出：高等教育在帮助国家应付 20 世纪最后 10 年以及后来的经济与社会挑战上，应起着关键作用。并提出高等教育必须更有效地为经济发展服务；同时应进行基础科学研究并增进人文学科的学术成就；应同工商业建立更密切的联系，并促进各项事业的发展。

绿皮书和白皮书的发表，标志着英国高等教育旧时代的结束和后罗宾斯时代的开始。

4. 职业教育

1956 年英国教育部发布了关于重新组建技术学院的白皮书，从而结束了长期存在的技术学院各行其是的混乱局面。1959 年发表了题为《15～18 岁青少年的教育》的报告，也称《克劳瑟报告》，指出要把学生在学校受过的教育与在技术学院接受的教育有机地联系起来。1961 年英国政府再次发表白皮书，提出职业教育制度要适应工业发展、要在普通学校和技术学院的教育课程上建立连续性、减少教育资源的浪费等。该白皮书发表后，英国的职业技术教育走上了稳步发展的轨道。在学生数量增加的同时，职业技术教育的质量也在不断提高。1962 年政府发表了题为"工业训练"的白皮书，强调要开展政府、工业部门和教育部门之间的合作，把职业技术教育与工业训练结合起来。此后，政府于 1964 年正式颁布了《工业训练法》，该法使教育部门和产业部门共同承担起了职业培训的任务。

20 世纪 80 年代英国在发展职业技术教育方面做了许多有益的尝试，其中影响较大的有：建立第三级学院，发展第三级教育；开设城市技术学院；推行职业培训计划；实施职前教育证书；推行职业技术教育试点。进入 90 年代以来，英国的职业技术教育领域发生了重大的变革。这场变革的目的是要重建整个职业教育的体系和模式，并推行在全国范围内得到承认的统一的职业资格。

5. 师范教育

"二战"后，1946 年英国教育部发出了关于筹建"地区师资培训组织"的通知。1947 年第一批四个组织正式组成，到 60 年代末 70 年代初，进一步发展到 23 个，统辖着 200 多个教育系、师范学院以及其他与师范教育有关的机构和组织，形成了统一的师范教育网。其中数量最多的是师范学院，学制一般为二年，主要培养学前和小学教师。中学教师主要由大学教育系或教育学院培养。地区师资培训组织为本地区各师范院校之间的协作和大学参与师范教育创造了有利的条件。

1961 年《罗宾斯报告》建议改地方"师范学院"为"教育学院"；建议设立四年制课程可授予教育学士学位；建议把教育学院的学位授予权、行政和财务管理权逐步移入大学。1968 年，英国开始授予第一批教育学士学位。教育学士学位的采用确立了师范教育在高等教育中的地位，提高了教师的学术地位，也保证了整个教师队伍的质量。

1972 年 2 月英国师范教育和师资培训调查委员会提出了《师范教育报告》，即著名的《詹姆士报告》。该报告提出著名师范教育新模式——"师资培训三段制"，即把师范教育分成连续的三个阶段——个人教育阶段、职前培训、在职培训。同年 12 月，政府又公布了《教育扩展的构架》，对教师的在职进修提出了许多具体建议，使得英国中小学教师的在职进修自 60 年代以来又一次得到飞跃发展。

1975 年 7 月，教育和科学部颁布题为"继续教育规程"的文告，要求"大学以外的师范教育和继续教育结为一个共同体"，废止"地区师资培训组织"。其结果使英国的师范教育只作为一个专业，而没有专门的学校机构，存在于英国的大学和继续教育实施机构之中。

三、21 世纪英国教育的改革与发展

进入 21 世纪，英国教育部门开始在教育的各个层次上实施广泛的教育改革。

针对初等教育先后进行了一系列的改革，包括对初等教育目标的确立、五年改革战略的推行、《2005 年教育白皮书》的发表，以及《2020 年教育蓝图》的规划。总之，英国初等教育在改革进程中制定实施的目标规划及有效措施，极大地促进了英国初等教育的快速发展。2010 年 2 月英国课程与资格局发布《小学新课程简介》，同时制定了《国家小学课程手册》。2011 年将之前依据学科制定的 11 门课程改为六大学习领域，每个领域都为学生提供广阔优越的学习资源和条件。

英国针对中等教育的改革主要体现在学校对课程的重新控制上。例如，14 岁后学生的课程主要由学校参照国家课程自行安排；把自然科学的教学时间由原来的占教学总时数的25%降至 20%等。同时，改革还取消了关键学段 3(11~14 岁)的考试。此外，另一项重要改革是实施"特色学校"计划，鼓励学校在保持综合学校原则的基础上，突出自己的特点和优势，成为"特色学校"等。

随着高等教育国际化的深入发展，英国的高等教育已经进入一个崭新的阶段——课程国际化时代。如开设专门的国际教育课程，在现有的课程中加入国际性的内容，开设注重国际主题的新课程等，有国家政府和欧盟的各项法令、政策、发展计划和资金作保障，并有较高的质量保证等，已经形成了一个较完整、创新的课程国际化战略体系。

21 世纪以来，随着经济的不断发展，英国的就业岗位对工作技术含量的要求越来越高，英国的就业者需要不断更新个人的知识和专业技能，以适应用人单位越来越高的要求。在这种时代潮流之下，英国的职业教育进行了一系列有益的改革，涉及办学形式、课程设置、师资队伍建设、质量监管及经费保障等方面。

此外，英国一直非常重视师范教育，始终将教师质量的提高看作是教育质量的保证，把师范教育的改革与提高看作一项长远的战略。21 世纪初始的十年是英国师范教育转型的十年，英国师范教育从关注教师质量转向关注教学质量，在实践层面进行了一系列改革，期望教师通过专业发展提升自身素质，促进学生的发展。

第二节 英国现行的学校教育

一、英国教育行政

长期以来，英国教育行政的最大特点是中央、地方、教师以及民间团体相互之间形成的所谓"伙伴"关系，称为"地方管理的国家制度"。中央政府教育部(Department for Education，DfE)负责集中管理英格兰的整个教育及苏格兰、威尔士及北爱尔兰的大学教育；苏格兰、威尔士及北爱尔兰的初等教育、中等教育和中学后教育分别由它们在内阁的国务大臣及其所领导的教育部(署)负责管理。"二战"后，英国形成了一种中央和地方联合的、独特的教育行政分权管理体制。然而，从 20 世纪 80 年代中期开始，中央和学校的权力在逐步加强，而地方教育当局的权力日渐削弱。

1. 中央教育行政机构

英国中央教育行政机构自成立以来，经历了多次更名：1839 年成立了枢密院教育委员会；1899 年更名为教育委员会；1944 年教育法颁布后在中央成立教育部；1964 年改称为教育与科学部；1992 年又更名为教育部；1995 年更名为教育与就业部；2001 年为适应终身学习的需要，又将其更名为教育与技能部。2007 年将原有的教育与技能部拆分为两个部门——儿童、学校与家庭部和创新、大学与技能部。2010 年改为教育部。

英国教育部的组织行政人员，包括 1 名部长、3 名司长和 3 名次长。部长由国王任命，为内阁成员，对国会负责，统管全局。司长主管教育政策的制定及相关实务，分别为儿童、青少年和家庭司司长，学校标准司司长，终身学习、继续教育和高等教育司司长。

教育部设立了管理委员会，主持和执行日常工作。管理委员会的最高负责人为秘书长，秘书长为国会成员。当部长缺席时，一切事务由国会秘书代理。管理部内的事务，则有常任秘书。委员会下设 6 个处和 1 个办公室，分别为学校教育处、青少年教育处、终身学习处、企业服务与发展处、财政与分析处、战略与传播处和法律咨询办公室。各处室由部门主任负责，他们均为执行委员会成员。同时，在管理委员会中，还有两名非执行委员会委员。此外，还有政府办公室地区教育主任若干名，也不属于执行委员会委员。

2001 年 11 月 22 日英国议会通过了《2001 年教育法案》，明确了教育部的主要职责。具体包括以下几个方面：

> 支持学校和地方教育当局提高教育标准的新观点；
> 支持学校用新的方法来进行教育工作；
> 提供创建新学校的策略；
> 探索消除学习失败的新路子；
> 建议加强学校间、校董事会间的合作；
> 给予优秀学校新的空间；
> 发展 14～19 岁阶段的教育。

根据《2001 年教育法案》的精神，教育部又发表了《教育与技能 2006 年战略》。战略任务具体包括以下几个方面：

> 为更多的儿童提供高质量的早期教育和保育；
> 继续促进初等教育发展战略进程；
> 改革中等教育；
> 发展一个更富有灵活性和挑战性的 14～19 岁阶段教育；
> 增加和扩展高等教育。

2. 中央教育督导机构

英国的教育督导制度历史悠久，是从女王督学团的建立开始的。早在 1834 年，英国议会就开始考虑建立督导制度，并且得到民间团体有识之士的赞成。1939 年 12 月政府首次任命两位皇家督学，负责收集教育资料，向中央教育管理部门汇报有关教育制度的效能情况，这标志着英国教育督导制的开端。1944 年之后成立皇家教育咨询处，之后又改称皇家学校督学处。根据《1992 年教育法》，政府又成立了教育标准局，用以取代督学处。根据《2006 年教育与督导法》，英国政府于 2007 年 4 月 1 日将教育标准局更名为教育、儿童服务和技能标准局，是对教育大臣和议会负责的准部级的政府机构。2010 年改为教育标准局。

教育标准局是英国现行中央一级负责全国中小学教育督导工作的机构，该机构具有相对的独立性，是一个与英国中央教育行政部门同级的、能单独行使职权的国家教育督导机构。英国教育标准局共设有一个总局和三个地区分局，由一名皇家总督学和八位主任督学共同负责领导。皇家总督学是教育标准局的最高行政长官，由教育大臣推荐、女王任命，直接向教育大臣和国会负责，担负着向教育大臣提供有关教育咨询的重要职责，如负责英格兰地区教育质量、儿童服务和技能培训方面的年度报告；负责教育标准局的组织、管理与人事安排；负责教育标准局的资源和经费都得到合理使用，等等。八名主任督学的职责是支持总督学的工作，他们分别是：执行主任、负责全国督导指派的主任、负责社会福利和看护方面的发展性主任、负责学习和技能方面的主任、组织发展主任、中介和合作方面的主任、财务方面的主任、战略发展主任。教育标准局的内部结构体现了其一贯的按照教育事业阶段、专题及领域来划分的原则，这是由其职责范围所决定的，也体现了其专业性、专门性的特点。

与女王督学时代相比，教育标准局的职责范围已经扩大到包括对于儿童社会服务机构、成人学习领域以及与儿童和青少年有关的法庭管理方面的督导。由此看来，教育标准局的工作与千百万人民的日常生活息息相关，因为至少 1/3 的人口是上述教育、儿童服务和技能培训机构的使用者。

3. 地方教育行政机构

郡议会是地方自治体的最高机关，根据《1902 年教育法》，全国教育行政区域分为郡、郡邑、市邑和镇区，都直辖于中央。在各行政区域中，选举出来的参议会为地方行政机关，内分许多委员会，如财务委员会、电政委员会、教育委员会等。

英国现行地方教育行政体制以地方自治体为基础。地方教育行政的最高部门是地方教育当局，是每个地方议会所设的教育委员会和教育局的合称。其最高级别官员被称为首席长官。受地方自治的影响，地方教育当局在中央宏观政策的调控下，在教育管理上也具有一定的地方自治色彩，但须接受教育标准局和审计署对其进行的工作监察。地方教育当局内设教育委员会，由议会议员、有教育经验且熟悉本地区教育状况的人员组成。教育委员会的执行机构是教育局，地方教育的实际工作由教育委员会任命教育局长组织教育局负责办理。教育委员会再任命学校教育、继续教育等小组委员会。

地方教育当局的基本职责是从总体上负责协调、管理本地区的教育，促进教育质量的提高。具体职责包括以下五个方面：

➤ 维持辖区公立学校的发展，并为儿童提供服务；

➤ 为本地区的学校制定目标，对学校系统进行监督、评价和指导，并向当地学校广泛传播良好的办学经验；

➤ 负责教育经费的分配与控制；

➤ 负责教育政策在学校的实施；

➤ 为有关特殊教育需求和儿童福利提供支持。

地方教育当局通常采取与学校、地方长官协会、家长协会、主教教区以及其他方面建立平等伙伴关系的形式完成其管理与协调工作。例如，地方教育当局与学校董事会联系较为紧密，地方教育当局拥有为辖区的各类学校董事会任命和补充成员的权力(同时享有解除其所任命的董事会成员的权力)，拥有为辖区各类学校雇用教职员工(包括教学和非教学工作人员)的权力等。此外，学校每年还有责任就学校人员的使用、经费安排、师资培训、教育水平的提高等方面的情况向地方教育当局提交报告。

二、英国现行的学制

英国现行学制是以《1944 年教育法》为基础建立起来的，包括学前教育、初等教育、中等教育、继续教育和高等教育等。英国基础教育体系可分为公立学校和独立学校两个系统，二者各自为政，直到 20 世纪 80 年代初，公立学校学生才有机会转入独立学校。两类学校的划分主要依据是办学经费的来源不同。公立学校的办学经费主要来源于政府拨款，而独立学校的办学经费主要来自私人捐款，故又称之为私立学校。公立学校系统包括：幼儿学校(5～7 岁)、初等学校(7～11 岁)、公立中学(11～16 岁)、第六学级或第六级学院(16～19 岁)、大学、高等教育学院、继续教育学院(19～25 岁)。独立学校系统包括幼儿园(5～8 岁)、预备学校(8～13 岁)、公学(13～18 岁)、牛津或剑桥等名牌大学(18～25 岁)。在独立学校系统中，预备学校是实施初等阶段教育的学校，公学为实施中等阶段教育的学校。

英国实行免费的义务教育。目前关于英国义务教育问题存在两个重要概念，一是传统意义上的义务教育，义务教育年限为 11 年，主要是针对 5～16 岁少年儿童，义务教育结束后，一些学生离开学校准备就业，进入劳动力市场；一些学生进入第六学级，继续深造两年，为升入大学做准备；还有的学生继续接受高级普通证书教育(相当于大学预科教育)和职业资格教育。另一个是参与教育和培训的义务，主要是针对 17～18 岁的青少年。2008 年英国政府修订出台了《2008 年教育与技能法》，旨在提高 17～18 岁青少年的教育与培训参与度。然而，该法所提出的延长义务教育年限的提议并没有得到全面实施和落实，只有英格兰地区将义务教育年限提高了一年，毕业离学的年龄由此前的 16 岁提高到 17 岁(2013 年暑假前)，2013 年 9 月以后离学年龄提高至 18 岁。目前在英国，尤其是在英格兰，离校年龄和义务教育完结年龄并不是等同的，离校并不意味着脱离教育与培训。

(一)学前教育

在英国，学前教育主要是指对尚未进入初等教育阶段的儿童的养护和教育。学前教育由地方教育当局负责，招收 2～5 岁儿童，有些地区也招收少数 2 岁以下的儿童。学前教育的机构比较多样，主要包括公立保育学校，它是一种独立的学前教育机构；附设于小学的保育班，它是小学的一部分；学前班，它是专门为接近义务教育年龄的儿童提早进入小学而设；另外，学前儿童也可以进入公立教育系统之外的宗教幼儿园、私立学前教育机构或看护中心。但私立机构必须先在地方当局社会服务处备案。

在英国，家长可以为儿童选择进入公立教育机构，也可选择进入私立教育机构。大多数儿童接受半日制教育，时间是上午 9:00—11:30，或下午 1:00—3:30，也有少数幼儿接受全日制教育。2010 年 9 月开始，英格兰地区 3～4 岁的学龄前儿童可以享受每周 15 小时、每年 38 周的免费幼儿教育。在威尔士，3～5 岁儿童可以享受免费的、非全日制的保教服务。在苏格兰，3～4 岁学龄前儿童的早期教育被称为"前学前教育"，地方教育局有责任保证每个孩子在 3 周岁之后能够享受公共财政资助的、非全日制的学前教育。在北爱尔兰，学前教育只是针对还有一年进入小学一年级的儿童，因而儿童通常是在 3 岁 2 个月到 4 岁 2 个月大的时候开始接受学前教育。

关于学前教育的任务和内容，英国没有统一的规定，各地区的具体提法也不尽相同，但归纳起来，学前教育的任务大致可以表述如下：向幼儿提供必要的免费医疗保护；培养良好的与幼儿年龄相称的学习能力。学前教育的内容是：游戏、唱歌、舞蹈、绘画、手工(以泥、沙、木头等为原料的简单手工作业)、谈话、看图说话、讲故事、好习惯的培养，以及学习最简单的读、写、算。

幼儿园及幼儿班不进行正规的课堂教学，但考虑到幼小衔接问题，还是要参考国家课程的，在此基础上有充分的灵活性。每班幼儿数最多不超过 30 人。幼儿园及幼儿班需根据幼儿人数配备最低限度的运动场、游戏室、存衣处、盥洗室、休息室及其他卫生设备等。全日制幼儿园配有厨房，半日制幼儿园配有热饮食的器具。

幼儿园及幼儿班的师资包括主任教师、教师和助理员(助手)。主任教师和教师都需持有资格证书。助理员的标准由全国幼儿考试委员会审定。助理员如要升为正式合格教师，可再报考教育学院或学习由地方教育当局开设的有关课程。

幼儿园及幼儿班的主任教师、教师享有与小学教师同等的工资待遇和工作条件。助理员则按与雇用单位的协定领取工资。

(二)初等教育

在英国，初等教育招收 5～11 岁的儿童，学制六年。实施初等教育的主要目的是让所有儿童掌握基本的素养和运算能力，同时奠定在科学、数学和其他学科学习中的基础。

实施初等教育的机构主要有幼儿学校(5～7 岁儿童)、初等学校(7～11 岁儿童)、混合学校(5～11 岁儿童)，即将以上两个阶段的教育放在同一所学校实施。独立学校系统中的预备学校也属于初等教育。从经费和校舍来源看，英国初等学校又可分为郡立小学和民办小学两类。前者由地方教育当局提供经费、校舍；后者由民间团体，主要是英国各教派团体主办，地方教育当局资助部分费用。

幼儿学校针对新入学的儿童没有正式的教学大纲，课程主要是简单的阅读、计算、绘画、测量、称重以及运用切割工具，音乐、舞蹈和韵律运动占主要地位。对于年龄稍大的儿童，教学方法有很大差别，有些教师开始采用比较正规的教学，有些采用个人活动和小组活动，有的则采用分组教学，还有的进行协作教学。

根据 2000 年 8 月生效的《国家课程》，全国初等学校统一设置以下课程：英语、数学、科学、设计与技术、信息与传播技术、历史、地理、美术与设计、音乐、体育。其中，英语、数学和科学为"核心课程"，其余为基础课程。教师在教学方式、方法等方面具有一定的自主权。另外，从 20 世纪 70 年代以来，英国许多初等学校设置外语课，其中主要是法语。新确定的小学六大学习领域是：英语、交流与语言(外语)；数学；艺术；历史、地理和社会；身体发育、健康与幸福；科学与技术，其中英语、数学、科学与技术仍属核心课程。

私立的预备学校的在学年龄是 8～13 岁，学生全部或部分寄宿校内。它下接私立幼儿园(3～8 岁)，上接公学(13～18 岁)。预备学校的课程偏重于学术性，特别偏重古典语(拉丁语)。其毕业生中通过升学考试者方可升入公学。

(三)中等教育

目前，在英国实施中等教育的机构有公立中学和独立学校系统的公学。公立中学包括 7 种类型：文法中学、技术中学、现代中学、综合中学、中学的中间学校，第六学级学院和第三级学院。私立学校则主要为公学。中学学制一般为七年，其中最后两年称为第六学级，有大学预科的性质。

1. 文法中学

文法中学是英国最古老的一种学术性类型的学校，教学条件好、教学水平高，其教育的主要目的是为学生将来升入大学做准备。招收对象是 11 岁考试中的优胜者。

文法学校的学制为 7 年(11～18 岁)、分为基础阶段(前 5 年)和分科阶段(后 2 年)。基础阶段的 5 年，是学生共同学习的 5 年；分科阶段也称为第六学级或第三级学院，一般学习 2 年，想争取获得大学奖学金的学生则学习 3 年。学习结束后，学生参加"普通教育证书"的"高级水平"考试和奖学金考试，获得证书者可进入大学学习。

文法中学的课程设置，前 3 年通常开设英国语言和文学、现代外国语、古典语(一般为拉丁语)、历史、地理、纯数学和应用数学、化学、物理、生物、美术、音乐、木工或金工、家政、宗教和体育等。从四年级起，取消某些学科，增设选修课，包括工程课、工艺学、制图、计算机、建筑、经济、商业课程、儿童发展。有些文法中学开设哲学、心理学和社会学，也有学校开设园艺学。

2. 技术中学

技术中学是 1938 年发布《史宾斯报告》之后建立起来的，大部分附属于技术学院。《1988 年教育改革法》提出建立城市技术学校和城市艺术学校两种新型的中等教育机构，其教育目的在于培养应用型的科学技术人才。

技术中学数量较少，仅存十余所，招收 12 岁和 13 岁儿童入学。技术中学的学制为 5～7 年，开设普通教育课程和职业技术课程，特别突出科学、技术和数学等课程的地位，并注重计算机及数据处理、生物、化学等方面的教学。一般男生多学工科，女生多学商科。毕业生中的合格者大多进入技术性的学院或大学。

3. 现代中学

现代中学与前两种类型的中学相比社会地位最低。它是由"二战"前的高级小学演变而来，生源主要为社会下层劳动人民家庭的子女，毕业生升入高校的比例很低。在"二战"后的初期，现代中学曾获得过较大的发展，但随着综合中学的发展而很快走向衰落。

现代中学学习年限原为 5 年(11～16 岁)，现延长 2 年。学生从现代中学毕业，参加中等教育证书考试，智能较高的学生可参加普通水平普通教育证书的考试。现代中学毕业生大部分直接就业。

4. 综合中学

1976 年英国政府颁布《综合中学设置促进法》后，多数文法中学、技术中学和现代中学被改组成为综合中学。综合中学将普通教育与职业技术教育相结合，其教育目的是为全体学生进行普通教育，为升入高等学校做准备，为其他学生进行职业技术教育等。从 1982

年以后，就读于综合中学的学生比例一直保持在 90%以上。目前，综合中学是英国中等学校的主要类型，其学制也是 7 年(11～18 岁)，凡已达到 11 岁并读完初级学校的儿童均可进入综合中学，而不需要进行入学考试。

综合中学的类型主要有三种。一贯制：招收 11～18 岁的学生进行中等教育。学校规模较大，设施较为齐全，课程设置多样化。两级制：是由招收 11～16 岁学生的综合中学和招收 16～18 岁学生的第六学级学院或第三级学院组成，主要面向准备参加高级水平普通教育证书考试的学生。三级制：是由小学(5～8、9 岁)、综合性中间学校(8、9～12、13 岁)和综合中学(12、13～18 岁)组成。在课程方面，综合中学讲授学术课程、技术课程和职业课程三个部分。

5. 中学的中间学校

中间学校始建于 1968 年，分为初等和中等两类学校。一般招收 9～13 岁学生的中间学校可看作中学。中间学校的课程随入学年龄和学校的归属范围不同而异，但必须开设外国语和工艺课程，建立自然科学实验室。20 世纪 80 年代后因学生人数急剧减少，中间学校是否有必要存在下去已是问题。

6. 公学

公学是英国最古老的一种贵族私立学校，是英国独立教育系统中实施中等教育的机构，以培养英国绅士风度而著称于世，其教育目的是培养社会精英、领袖人才。公学学制为 5 年，招收预备学校毕业生，在学年龄为 13～18 岁。绝大多数学生能否进入公学取决于其家长的经济能力。目前，公学已形成以下特色。

(1) 管理机构独特。校董事会是公学的直接管理机构。董事会成员基本上都是社会名流，一般由 10～11 人组成，除其中 4～6 名成员由董事会任命外，其余分别由牛津大学、剑桥大学、伦敦大学、皇家学会、首席大法官、当地郡长等推举任命。

(2) 教育资源条件优越。公学，尤其是著名公学拥有一流的师资，如来自牛津、剑桥等著名学府的比例很高，学历起点非一般中等学校能相比。其中著名的伊顿公学具有博士学位和硕士学位的正式教师共占61.3%。此外，许多公学都建在景色优美的环境中，拥有设备先进的教学楼、藏书丰富的图书馆、设施完备的艺术中心和体育中心等。

(3) 入学程序别具一格。通常情况下，希望孩子入读公学的家长一般要在孩子 8 岁时向选定的公学提出入学申请，并交纳登记费，等孩子 11 岁时，学校将通过面谈和访谈有关小学或预备学校等方式，初步确定录取或淘汰意向，最终以普通入学考试(又称公学入学考试)的方式择优录取。

(4) 课程设置与公立教育接轨。公学的课程设置既保留自身课程的特色，又符合国家课程和普通教育证书考试科目的要求。科学、数学和经济学科目发展较快。

(5) 校园生活丰富。公学素有重视体育活动的传统，主要是板球和橄榄球，其目的是培养具有良好素质的"公学人"，培养学生"公平竞争"的意识和坚忍顽强的精神。此外，公学的艺术生活也毫不逊色。许多公学都有自己的音乐专业、管弦乐队、合唱队、话剧社等。还有各色的学生社团和俱乐部等。

(6) 资金筹措渠道独特。其经费来源主要是创建者的捐赠、老校友的捐助和高昂的学费。

7. 第六学级学院

第六学级是英国基础教育中较具特色的一个阶段。它为 16～19 岁年龄段的学生提供非义务中等教育，属于中等教育的高级阶段，大致相当于一般意义上的高中，但其学生的实际学业水平往往要高得多，常被喻为架在英国中学和大学之间的过渡桥梁。

英国第六学级的教育工作主要由公立中学来承担，其教育对象大致可以分为三类：未获普通中等教育证书的学生、直接学习高级水平普通教育证书课程的以升学为目的的学生、以进入名牌大学获得高额奖学金为目的的学生。前两类学生学习年限一般为 2 年，第三类学生一般为 3 年，这类学生第三年的学习实际上才是真正的大学预科教育。

现行的第六学级的主要课程包括由不同学科组成的九大课程领域，依次为：数学和科学；工程学；设计和制造学；商务、信息与传播技术；公关、体育、闲暇生活和旅游；健康和社会关心；视觉与表演艺术、媒体；人文学；英语、语言和交际。

8. 第三级学院

第三级学院是在 1970 年开始出现的，是实施第三级教育(继初等教育和义务中等教育之后、高等教育之前的教育)的机构，其教育对象主要是 16～19 岁年龄段的青少年。它与第六学级有较大差别，既注重学术性课程，又注重职业类课程，是连接二者的桥梁，其目的是使学生在义务教育之后继续进行学习，在掌握必备的知识和技能之后再进行选择。第三级学院的特点是规模比较大，学生常达千名以上；多水平、多样化的课程设置可以满足学生升学、就业、进修提高等多种目的。这类学院是部分地方教育当局根据继续教育条例创办的。

(四)高等教育

英国高等教育在世界舞台上久负盛名，实施高等教育的机构主要是大学，目前有 100 多所，其中只有白金汉大学是私立的，其他都是国家办的。英国高等教育的目的是传授工作技能，发展一般智力，增进学问知识，传授共同文化和共同公民准则。

英国没有专门的全国性大学入学考试，学生入学主要依据中学阶段的各种证书考试成绩。如 16 岁时的中等教育普通证书考试(GCSE)和 18 岁时的普通教育证书高级水平考试(A-Level)和高级补充水平考试(AS-Level)成绩，并要求中等教育普通证书获得者要通过若干科目的考试，获得普通教育证书要通过五门科目的考试，其中有两门高级水平、三门普通水平，或者三门高级水平、一门普通水平。每年 9 月 1 日至 12 月 15 日(牛津、剑桥的时间为 9 月 1 日至 10 月 15 日)向大学入学委员会申请次年入学许可。

大学学位分四个等级：学士、硕士、哲学博士和高级博士。学士课程一般需要 3～4 年，学士学位的"荣誉学位"，能够满足一般的升学和工作需要。而普通学位主要颁发给学习成绩较差、难以完成荣誉学位课程要求(但完成部分课程并达到及格要求)的学生。大学生获得学士学位后，经过 1～2 年的硕士研究生课程学习，通过考试与论文可获得硕士学位。在某种意义上来说，英国的硕士学位更像是一种过渡性学习。博士研究生课程一般需要 4 年，需完成具有创造性研究成果的论文才能获得博士学位，对学生毕业的要求相对较高。

英国大学既是教学的中心，又是科研中心。教学主要形式是讲课、大组讨论、小组讨论、导师指导和实践。英国大学的科学研究，在教育和科学部、技术部以及科学研究委员会顾问局等机构的领导和资助下进行。科研经费 50%来自校外团体，科研项目有 20%直接和工业上的问题有关，有 1/5 的教师在私人企业或工业研究团体中担任咨询工作。

英国大学依据其创建时代和设立缘由可分为以下几种类型。

1. 古典大学

牛津大学和剑桥大学是英国最古老的大学，也是饮誉世界的古典大学，被视为英国大学系统金字塔的顶端。从牛津大学、剑桥大学创立至今，招收的学生都是学习最优秀者，培养出来的毕业生中许多是英国统治阶层人物，也有世界级的大科学家。它们的本科学制是 3 年，实行独特的学院制和导师制。

2. 近代大学

近代大学是指 19 世纪建立起来的传统大学和城市大学，以伦敦大学为代表。伦敦大学的主要特点在于长期以来既是招收学生开展教学的大学，又是对校外申请者进行考试和授予学位的考试机构。

3. 新大学

新大学专指 20 世纪 60 年代由国家创办的有权授予学位的 10 所大学，如苏塞克斯大学、基尔大学、约克大学等。新大学是正规大学，有学位授予权、恢复了教学和寄宿制相结合的传统、大都坐落在小城镇郊区的优美环境之中、重视现代学科、规模较小。此外，它们有权决定本校的课程设置、教学方法与考试方法；为克服过早和过分专门化问题，在课程设置和教学组织形式上打破单学科分系制，采用学群新结构，这类学群综合设置一些密切相关的学科，甚至将同一学科设置在不同的学群。

4. 开放大学

开放大学是一种无围墙的新型学校，是为那些失去在校学习机会的人提供本科和研究生水平的高等教育而设立的机构。它于 1969 年获得皇家特许状，1971 年正式成立为一所独立和自治的大学教学机构。大学本部设在白金汉郡的米尔顿·凯恩斯，其经费由教育部下拨。每年 1 月开学至 11 月结束。开放大学基本上是一所函授大学，学生在家中独立学习，并通过邮寄获得教材和计划；使用广播电视和其他媒介手段，广播电视节目与书面教材相结合，并由英国广播公司在低峰时段播出；学生包括 20～70 岁的成年人，不受社会地位和学历的限制；实行学分制；设有许多由学科专业人员和各种辅助人员组成的课程编制组；设有地区咨询和教学辅导站，聘请部分时间制工作人员，负责指导学生学习；还设有暑期学校，规定学生必须参加一周的暑期住校学习，为学生组织讲课、专题讨论、实验、现场工作等活动。开放大学自开办以来取得了巨大成功，它的模式甚至被许多国家所仿效。

5. 白金汉大学

1976 年白金汉大学学院正式开学，1983 年获得皇室特许状，正式命名为白金汉大学。它是完全独立的大学，旨在提供普通高等教育，增进学生的知识学问，培养其崇高精神和道德纪律习性。创办人希望这类大学能够保持和加强英国高等教育多样性和独立性的传统。其学生生活以寄宿学院宿舍或租房为主。由于白金汉大学以海外学生为主，不具有代表性，因此它对英国高等教育发展的影响较小。

(五)职业教育

在英国,实施义务教育后青年的职业技术教育主要在继续教育机构中实施。这些机构包括多科技术学院、技术学院、继续教育学院、艺术学院、农学院、商学院和夜校、第三级学院等。所有这些机构所开设的课程,在很大程度上取决于机构所在地区的社会需求、内容的适应性以及邻近机构的课程设置情况。职业技术教育的组织形式分为全日制教育(通常包括各种类型的工读交替制)、部分时间制的日间教育(包括"学习日"和"学习假"两种形式)和部分时间制的晚间教育三种。

英国职业教育的一个典型特点就是校企合作。为了使高等学校能够同地方工商业界密切合作,英国政府于 1966 年宣布成立多科技术学院,主要是合并一些质量较好的技术学院、商学院和艺术学院,从而形成高等教育中的双重制。1991 年以后,多科技术学院被升格为大学,有权授予学生学位,又取消了双重制。自此,英国职业教育采取校企合作模式来培养人才。在这种模式中,企业与学校共同协商课程,并参与教学过程;企业为学校提供教师,培育教师,且为学校办学提供物质条件。

(六)师范教育

目前,英国实施教师教育的机构有五类,即综合性大学的教育学院或教育系、多科技术学院的教育系、教育学院、艺术教育中心和开放大学。

英国是最早实行教师资格证的国家之一。自 20 世纪 70 年代以来,英国政府就要求拥有学士学位并受过教师教育的人才可以担任中小学校教师。合格教师身份证书由教育国务大臣颁发。1998 年的《教师:迎接变革的挑战》咨询报告提出从 2002 年 5 月 1 日起,师范生要获得教师资格证书就必须通过算术、识字、信息通信技术的测试。

1992 年 5 月英国教育大臣帕登宣布政府"教师教育改革计划",确立了"以中小学为基地",地方教育当局、大学与中小学合作的教师培养模式。该模式要求师范生在一学年的 36 周中必须花 24 周的时间在中小学接受有经验的教师的指导,另外 12 周在培训机构接受理论学习,且理论学习应侧重同中小学活动相联系的内容。同时,英国政府在 1992—1993 学年度拨出专款 600 万英镑支持该计划的实施。这一模式避免了教育理论与教学实践的脱节,密切了大学与中小学的联系,充分发挥了中小学在师资培养中的作用,使师资培养更加贴近中小学的实际。

职前教师的教育课程设置有两种形式,即教育学士学位课程和研究生教育证书课程,教师在接受职前教育过程中要接受不少于 20 周的教育见习和实习。教育学士学位课程主要为中小学培养合格教师,师范生毕业后大多到中小学任教。研究生教育证书课程培养出来的学生,有的去中小学当骨干教师,有的去高等院校担任教育学科教师,还有的去做教育科学研究人员和教育行政人员。教育见习是通过观摩,加强对中小学的了解和对教师职业技能的认识;教育实习是深入到作为实习基地的中小学,在教学实践中进行反思。

此外,英国非常重视教师的职后培训。英国教师职后教育的一个显著特点和趋势是非常注重与职前教育的衔接性。早在 1998 年英国就建立了新教师"入职档案"制度,随后在 2003 年又推行了"入职与发展档案"。 这些举措在英国职前教育与职后进修之间架起了一座桥梁,极大地促进了新教师的教学适应力。

职后教师培训课程有"短期课程"和"长期课程"两种形式,具体包括教育学士荣誉学位课程、教育文凭课程、短期课程，以及为在职教师和学校行政人员提供的高级学位课程。

除了组织教师参加在大学进行的课程与证书教育外，中小学校还开展了多种形式的校本培训，包括固定培训日、教师会、校际交流等。教师发展培训署规定，每所学校每学期都必须安排 5 天固定的时间用于教师培训活动。

总之，英国教师教育已形成了自己的特色，即教师职前教育、入职培训和职后进修一体化的师资培养体系以及注重中小学在师资培训中的作用。

三、英国现行的考试制度

1. 学前阶段评价

针对学前基础阶段评价，其评价的内容包括以下 7 个学习领域：交流与语言、身体发展、人际社会和情绪发展、识字、数学、认知世界、表现性艺术与设计。

按照这 7 个学习领域的要求，教师要对准备进入幼儿园的 2~3 岁儿童进行评价，学前教育结束时也要进行同样的评价，形成学前教育阶段幼儿发展的档案袋。

2. 关键学段末考试

基础教育阶段的学段末考试是国家的法定考试，即 7、11、14 岁年龄的学生在关键学段 1、关键学段 2、关键学段 3 结束时所需参加的有关国家课程核心科目的考试。

英国早在 1944 年就实行了 11 岁考试，即关键学段 2 考试。11 岁考试是初等教育与中等教育衔接之间的一个重要过渡，具有重要的甄别作用。关键学段 2 考试主要考查英语和数学两个领域，同时要配以英语、数学和科学的教师评价，反映学生在各个领域的学习和发展情况。依据国家课程标准，多数学生在关键学段 2 结束后应达到 Level 4(第四级，4 级)的水平。教师评价的结果要反馈给标准化考试局和家长。

《1988 年教育改革法》规定，在 5~16 岁的基础教育阶段，学生们需要参加全国性 1~3 学段结束时的学段末考试。关键学段 1 考试从 1991 年开始实施，关键学段 3 考试从 1998 年开始实施。学段 1 考试内容包括阅读、写作和数学三个领域，其目的是通过考试结果来了解、把握儿童理解和掌握该阶段预期学习目标的情况。依据国家课程标准，多数学生在关键学段 1 结束后应达到 2 级水平。学校没有义务向地方教育局提供考试结果，但必须要向有需要的学生家长公开。关键学段 3 考试主要考查英语、数学和科学三个领域。依据国家课程标准，多数学生在关键学段 3 结束后应达到 Levels 6(第六级，6 级)的水平。关键学段 3 考试实际上是伴随国家课程而出现的，没有深厚的历史文化根基，在 20 世纪 90 年代以后的教育改革中多次受到冲击。2009 年起关键学段 3 的标准化考试不再施行。

3. 普通中等教育证书考试

英国于 1986 年开始，针对 16 岁义务教育结束后的学生实施普通中等教育证书考试，简称 GCSE 考试，相当于英国的初中毕业考试。

GCSE 不是法定性的，学生自愿参加，但大部分学生在关键学段 4 结束后都会参加这一考试。考试科目是国家统一课程，英语、数学和科学这三科是必考科目，学生还可以选择参加语言、人文、社会、技术、艺术等其他学科领域的考试，但必须要有相关学科 2 年的课程学习经历。考试实行单科等级制，即学生各科考试的结果分为 9 个级别，从高到低依次是 A*、A、B、C、D、E、F、G、U(不合格，unclassified)级，学生最后拿到的 GCSE 证书中对不合格科目的成绩不予体现。

GCSE 考试时间会安排在夏季，但通常情况下会在冬季为因特殊情况未能参加考试者再举行一次考试。为了能全面测试学生的知识与能力，GCSE 考试最终所获得的成绩等级是"校外卷面考试"和"校内课程作业成绩"的综合得分。校外考试以笔试为主，占总成绩的 70%左右；校内课程作业包括实验、调查报告以及论文等，重在考查学生的观察、表达、设计、实验、操作等能力，约占总成绩的 30%。GCSE 证书成绩是学生升入高等院校的凭证之一，一般高校要求申请者至少要取得 5 科 C 级以上(含 C 级)GCSE 证书考试成绩。

4. 普通教育高级证书考试

通过 GCSE 考试的学生们想继续升入大学深造，则还要经过 2 年非义务中等教育阶段(相当于我国的高中阶段)的学习，并能通过普通教育证书高级水平考试(简称 A Level 考试)或高级补充水平普通教育证书的考试(简称 AS Level 考试)。A Level 或 AS Level 考试兼具结业和升学两项功能。

A Level 考试分为两个等级水平，即 AS 和 A2 水平，并采取模块化考试形式，通常分为 4 个或 6 个模块。通常在 2 年的 A Level 课程学习期间，第一年要考 2 个模块的内容，参加 AS Level 考试，第二年选修几门高级水平第二阶段的科目，参加 A2 水平考试，从而完成 A Level 阶段课程的学习。

A Level 考试为学生提供 30 多门备选考试科目，但并不是所有的学校都能开设所有的课程。因此，学生在选择学校时需要将学校提供的 A Level 课程与自身需求相结合。学生通常在家长和学校的帮助下决定自己要参加多少门考试，对此国家没有统一和明确的规定，但一般学生会选择 3～5 门科目。

提供 A Level 考试的组织机构有 5 个，每个机构所组织考试科目有所差异，有的机构提供的考试科目相对较多，有的机构提供的考试科目比较少，主要是集中在比较核心的科目上。A Level 的考试科目中既包括为升学服务的学术性较强的基础学科，例如化学、生物、英国文学等，也包括面向职业教育的科目，例如会计、食品工程、产品设计等。

5. 大学奖学金考试和学位考试

英国大学的考试包括奖学金考试和学位考试两种。英国大学生可以靠奖学金维持学业，因此要通过考试获取奖学金，包括生活费用的补助。另外在英国高等学校中，完成本科 3～4 年的课程，即高等教育的第一阶段也要经过考试，及格者获得初级学位，即学士学位。进入高等学校研究班属于高等教育第二阶段的学习，已获得学士学位的人，按所选专业学科再学习 1～3 年、通过考试或提出论文，可获硕士学位。高等教育的第三阶段属于专门化的个人研究，已取得硕士学位的继续研究 2～3 年，并提出论文，可获得博士学位。

英国大学的考试制度不仅有悠久的历史传统，而且非常正规、严格，全国设有 8 个考试委员会，所有学生分 8 个考试区进行考试。此外，全国设学位授权委员会，授权 9 所大学颁给学位。

第三节 英国教育给我们的启示

综观新世纪英国教育的发展现状，以下几点是非常值得我们借鉴和学习的。

一、英国基础教育给我们的启示

1. 注重学生的全面发展

在英国，政府和学校都非常重视学生的全面发展。一方面政府制定了一系列的关于保障儿童权益及学习的文件，为儿童的发展提供法律支持；另一方面学校的课程设置尽量做到多样性与灵活性以满足学生的不同需求。课堂教学的内容与形式也多以学生为主体，不追求升学，只帮助学生做好迎接挑战准备，可谓真正做到了一切为了学生的全面发展。而我国提出的科学发展观，提升人的整体素质，促进人的全面发展的素质教育是基础教育改革与发展的主题。树立"教育是儿童的教育，课程是儿童的课程，学习是儿童的学习"的理念，对于我国广大的基础教育工作者来说，是需要向英国基础教育改革学习的地方之一。

2. 完善基础教育质量评估机制

英国的基础教育质量评估机制比较成熟。而我国，至今还未建立健全相关的质量评估体系。目前只有教育部在北京师范大学和华东师范大学建立了基础教育质量检测中心，但这远不能满足基础教育改革发展的实际需求。基础教育质量评估机制的建立与完善，能全面反映基础教育改革的实际情况，尤其对农村地区的学校来说，意义更为重大。农村学校在推行基础教育改革的过程中，较之城市中的学校，遇到的问题更多，更复杂。因此，加快完善基础教育的质量评估体制是当前基础教育改革的当务之急。

3. 加大经费投入，促进教育公平

进入 21 世纪，英国政府愈加重视教育的公平与效率。尽管在教育公平方面未达到预期，但也有了一定的成效。保障公共财政对教育的投入是落实教育优先发展，实现教育公平目标的根本保障。1996—1997 年度英国政府向地方当局拨款 7 亿英镑，2007—2008 年，则增加到 63 亿英镑，作为建设校舍和购置教学设备之用。由于我国人口多，底子薄，城乡、区域和学校之间教育发展严重不平衡的状况尚未得到根本转变。1993—2008 年的 16 年间，我国财政性教育经费占 GDP 的比例始终保持增长，从 2.46 %增长到 3.33%，但仍未实现 4% 的目标。在《国家中长期教育改革和发展规划纲要(2010—2020 年)》中又重新提出"提高国家财政性教育经费支出占国民生产总值比例，2012 年达到 4 %"，并将促进教育公平作为国家基本国策。由此可见，促进教育公平，增加教育财政性支出，尤其是基础教育改革的专项经费，缩小城乡、区域、校际之间的差距，是我国基础教育改革中的重点之一。

4. 发挥学校自主权，重视课程改革

英国向来崇尚自由和民主，即使是实行了国家课程之后，也逐步放权给地方和学校，给予学校一定的自主权，重视校长在管理中的作用。办学自主权既是学校处理办学事务的权利，也是学校实施教育活动所承担的责任。我国实行的是国家、地方和学校三级管理模

式。学校在执行国家和地方政策法规的同时，可根据当地社会、经济发展的情况以及自身的传统和优势、学生的兴趣和需要，开发校本课程。但在事实上，政府仍过多地干预学校教育活动，学校行使自主权的积极性和主动性受到了削弱。英国的基础教育课程的发展说明了在课程改革中必须得到教师的支持。新世纪的教师，已不再是知识的搬运工，而是要让学生真正成为一个有思想、有道德、有能力的人。教师参与课程改革，会对课改有更深的理解与体会。在实践操作中也会避免"无从下手"、对课改适应性不强的境遇。在基础教育课程改革中，应坚持促进教师的专业化发展，将教师队伍建设作为推进课程改革的关键要素。

二、英国高等教育给我们的启示

1. 建立和健全高等教育的法制

从英国高等教育管理体制来看，通过立法保障高等教育的运行是很重要的一环，而且法律条文内容详尽，权责明晰，可操作性强。相比之下，我国政府颁布的相关立法还不够全面，虽也有一些立法，但许多法律规定又过于笼统模糊，很难具体实践。例如，目前我国缺少对贫困学生资助的相关法律，这样就很难保证真正优秀的高中毕业生不因经济困难而痛失深造的机会。再如，1998 年我国颁布了《高等教育法》，但对"办学自主权"这种类似条文的表述又过于简单笼统，不便操作，因而政府在此法规的基础上可以再制定相应的实施细则，以便高校在内部管理上真正做到有法可依。由此可见，我国高等教育领域的改革发展仍有赖于高等教育法制的健全及高效的执法力度。

2. 集权与分权的动态平衡

英国高等教育体制实行的是集权和分权相互融合的理想模式，即政府尽量不对高校事务进行直接干预，而是采取间接调控的手段。对政府而言，一方面通过立法、拨款和监督等加强宏观管理，另一方面加强学校基层的管理权的落实。即高校真正拥有充分的办学自主权。我国自 1985 年《中共中央关于教育体制改革的决定》颁布以后，高校办学自主权有不同程度的提高，但还远远不够。没有充分的自主，高校管理的创新、高校成果的转化都是纸上谈兵。为此，我国政府亟待解决的是管理权限要适度的问题，即大学自主权与政府干预控制之间的矛盾问题。

3. 建立和健全高等教育质量体系

英国通过多种方式不断加强对高等教育的质量控制，以维护高等教育的学术水准。1992年颁布的《继续与高等教育法》以法律的形式确定了经费与质量挂钩的方式，即根据质量评估的结果来确定资金的划拨，并试图减少大学使用基金的灵活性和自由性。同年，几家民间学术组织联合成立了高等教育质量委员会，以免评估工作受政府过多的干预和控制。1997 年，政府与民间评估机构合并，组成了英国新的高等教育质量保证机构，直接接受大学校长委员会的指导，作为基金会的代理人具体实施高等教育质量的评估工作。由此，我们可以借鉴英国的经验，一方面强化质量意识，建立和健全高等教育评估的法律和规范体系。另一方面建立多元化社会评估。鼓励社会团体参与高校教学质量评估，建立和完善相对独立于政府的教育评估机构，引导社会中介机构参与高等教育评估，加强社会评估机构和评估力度。努力建立政府与民间结合的一体化的质量保证与评估机制，促进高等教学质量的不断提高。

4. 以科研为先导促进大学发展

英国的大学都十分重视科学研究，在他们看来，大学教师不搞科研是难以教好学生的。在英国，科研不仅是大学质量和水平的重要标志，也是办学资金的重要来源，从牛津大学、剑桥大学等经费收入构成看，科研经费占到了总收入的 1/3。而科学研究的最大动力就是社会要求和生产的发展。所以，注重知识转移、加强与社会和企业的联系、强调为社会服务成为英国大学最突出的特点。而我国大学的发展也可借鉴英国以科研为先导的经验，建立多渠道的高等教育投资体制，努力同企业合作，从科研合作、技术转让、咨询服务等项目中可以获取所需的资金。同时吸引社会各界人士积极投入高等教育领域，开拓资金来源，减轻高等教育对政府经费的过度依赖。

三、英国职业教育给我们的启示

1. 职业教育与普通教育的有机结合

英国职业教育的显著特点之一是将职业教育与普通教育结合起来，使接受普通教育的学生也能在校接受到职业技术教育的内容。目前我国的职业教育与普通教育严重分离，普通高中毕业的学生没有任何职业技能，普通教育实现一次考试定终身的方式，容易埋没人才，由于升学的压力，学生的个性发展和创新能力的发展受到抑制。英国的综合中学教育模式可作为我国未来职业教育制度改革的方向。

2. 政府应加强立法力度，保障职业教育的经费投入

英国已经通过立法建立健全了职业教育的法规保障体系。目前我国职业教育虽然发展迅速，但办学经费严重紧缺已是不争的事实，其根源就是职业教育经费缺少必要的法律保障机制。因此，我国迫切需要加大对职业教育经费立法的力度，并把它作为我国职业教育立法的一个重点。近几年由于办学规模的迅速扩大，基础建设、师资队伍建设、教学设备的添置等需要大量的资金，为解决资金短缺问题，学校纷纷以不同的方式，通过不同的渠道从银行贷款，多则几个亿，少则几千万，学校仅还贷利息就是一项沉重负担，学校办学的资金本身不足，没有政府的投入是无法完成还贷任务的。另外，政府应调动企业和其他社会团体参与职业教育事业，建议我国在立法中也应有对参与主体减免税的相关规定。

3. 职业教育需要企业的合作

在英国的职业教育改革中，课程改革和企业参与的方法非常值得借鉴。在课程改革方面，英国成立了包括教育行政部门、行业、企业等人员组成的专门委员会，专门制定有利于教学与社会接轨、符合行业要求、满足企业人才培养需求的教学计划和课程内容。另外，在英国，企业参与职业教育已成为政府对企业的一种要求，同时政府通过实施一定的措施给予企业一定的政策支持。目前，在我国，企业真正参与学校教育过程的教学活动、教学管理或质量监督的很少，虽然各职业院校都有几十个或上百个校外的企业实习基地，但更多的是挂个实习基地的牌子，便于宣传而流于形式，企业并没有参与的积极性。所以，建

立职业教育与企业的真正合作是职业教育发展的当务之急。

4. 建立有效的职业资格证书制

英国的职业资格证书制是将技能鉴定等级与学生的专业技术能力及其学业水平结合起来，有效地构建了职业教育与普通教育的渠道。也就是说，接受普通教育的学生通过社会实践和专业技能考试，可以获得社会认可的职业资格认证证书，并能持证上岗就业；职业院校的学生取得一定的专业技能或更高级别的职业资格认证证书也能到大学或知名高校进行专业学习。另外，在英国，职业资格证书因其权威性受到了社会和学生的普遍重视。而我国的职业资格证书缺乏这种有效性和权威性，社会上各种认证证书考试名目繁多，一些行业或专业职业技能证书社会的认可度不高，失去了职业资格证书的真正价值。所以，职业资格证书的权威性和社会认同性问题亟待解决。

四、英国师范教育给我们的启示

1. 鼓励多渠道、多形式培养师资

英国师范教育体制改革不是简单地否定一种体制，即完全取消地方性的师范学院，完全采取另一种新的体制——全部师资由综合性大学来培养，而是采取各种途径，多渠道多形式地培养师资，即培养师资的机构有高等教育学院、多科技术学院、大学等。因此，在当前我国师范教育改革过程中，鉴于我们特殊的国情，应采取多渠道多形式培养师资，师范教育体制将在相当长的一段时间内实行独立设置师范院校和综合性大学办师范二者并存的局面。一方面，综合性大学应发挥办师范教育的积极性，充分利用其声誉、学科综合等优势，探讨有效的办学模式，承担起培养师资的重任；另一方面，独立设置的师范院校也应不再"固守"其封闭办学的模式，应积极进行改革，根据社会需要和自身的条件，也可举办一些非师范专业，提高自身的办学水平，使之向综合性发展。

2. 加快教师教育一体化进程

在英国，教师教育实行的是职前培养与职后培训一体化的制度。教师的职后教育被看成是师资培养过程中不可缺少的组成部分，各级政府非常重视对职后教师教育的投入，并制定了各种鼓励教师进修的政策，将进修与职位晋升、工资待遇提高等结合起来。在我国，在职教师进修一直是作为师范教育的补充，而不是完整的师资培养计划中的重要组成部分，这种观念上的差异造成了我国长期以来对职后教育的重要地位缺乏应有的认识，这也是导致职后教育水平不高的一个重要原因。另外，我国虽然也建立起了教师职后进修制度，但教师职前培养与教师职后培训是分离办学的，两套各自独立的师范教育体系相互之间缺乏沟通，造成机构重复设置的现象严重，不利于资源的共享。同时，职后培训院校实力不足、培养质量不高、水平较低，理论与实际脱离的现象严重，导致培训的效果不明显，教师的积极性也不高。所以，一体化是我国师范教育发展的方向，也是今后我国师范教育改革的重点。

3. 建立"合作式"的师资培训模式

英国"合作式"的师资培训模式是建立高等院校与中小学在师资培训中平等合作的伙

伴关系，吸引中小学积极地参与教师培养的过程，以此来提高师资培养的质量。这种模式的形成是与英国特定的历史传统、政治经济和社会文化相适应的，我们不能盲目照搬英国的这种模式，应根据我国的实际情况加以调整。在我国，中小学一直是作为师范教育的附属或补充场所，或仅仅是作为验证师范生所学学科知识和教育理论的场所，中小学与高等师范学校的关系是不平等的。这使得在师资的整个培养过程中，高校不能及时地反映中小学教学的实际，而中小学也不能有效地从高校那里得到教育理论上的指导，二者的关系较疏远；同时，中小学不是热情地欢迎师范生去实习，而是害怕因实习而影响了正常的教学秩序。而英国"合作式"的师资培训模式正好在一定程度上可以解决上述问题，有利于师范生实际教学能力的提高。

4. 加强师范生的教育实践活动

在英国的师范生培养计划中，教育实践活动是非常重要的一部分，通过教学实践帮助师范生迅速消化教育理论知识并将教育的理论与实践很好地结合起来。但在我国高等师范院校中，学生的大部分学习时间用在学科专业知识上，且相当一部分时间用在学习教育专业理论上，并且这些理论的学习大多是在对将来所要从事的工作没多少感性认识的基础上展开的，学习的效果不显著。教育实践却被放在了极其次要的地位。许多学校只安排一个月的实习时间，而且在实践过程中也缺乏统一的协调和指导，缺乏实习学校及其教师的积极参与，使实习最终流于形式。因此，在今后师范教育的改革中，我们应加大师范生的教育实习在整个培养过程中所占的比例，师范院校要与中小学建立起固定的合作，形成一种有利于师范生素质提高的培养机制。

本 章 小 结

本章首先从英国宗教与教育的历史发展角度叙述了英国教育的演进过程，重点介绍了英国现行的教育行政体制、现行学制及各级各类教育。"二战"后，英国形成了一种中央和地方联合的、独特的教育行政分权管理体制。从 20 世纪 80 年代中期开始，中央和学校的权力在逐步加强，而地方教育当局的权力日渐削弱。英国现行学制是以《1944 年教育法》为基础建立起来的，包括学前教育、初等教育、中等教育、继续教育和高等教育等。英国实行免费的义务教育，年限为 11 年。英国高等教育在世界舞台上久负盛名，实施高等教育的机构主要是大学，目前有 100 多所，其中只有白金汉大学是私立的，其他都是国家办的。

此外，本章还阐释了英国的教育发展对我国教育改革的启示。进入新世纪以来，英国政府和社会各界都将教育放在优先发展的战略地位。英国的基础教育注重学生的全面发展，经费投入较为充足，教育质量评估机制完善等优点对我国当前基础教育改革具有借鉴意义；英国教师教育一体化、"合作式"的师资培训的成功经验为我国的教师教育提供了有价值的借鉴。另外，英国有特色的高等教育和职业教育的成功发展无疑也为我国的教育改革提供了宝贵的经验。

【推荐阅读】

[1] 李建民. 英国基础教育[M]. 上海：同济大学出版社，2015.

[2] 顾明远，梁忠义. 英国教育[M]. 长春：吉林教育出版社，2000.

[3] 王英杰，项贤明，马健生. 比较教育[M]. 南京：江苏教育出版社，2013.

思考与练习

一、名词解释

1. 公学
2. 第六学级
3. 导生制
4. 教育督导制

二、简答题

1. 简述英国教育的演进进程。
2. 简述英国现行的考试制度。
3. 简述英国公学的建立与发展。
4. 简述英国大学的兴起与发展。

三、论述题

1. 请结合实际阐述英国初等教育对我国初等教育发展的启示。
2. 请结合实际阐述英国教师教育对我国教师教育发展的启示。

在儿童时期没有养成思想的习惯，将使他们从此以后一生都没有思想的能力。

——卢梭(法国)

第四章　法　国　教　育

本章学习目标

➢ 了解法国教育发展的历史及对现代教育的贡献。
➢ 掌握法国现行的教育行政体制与学制。
➢ 掌握法国学校教育的特点。
➢ 借鉴法国教育的成功经验，推动我国教育的改革。

核心概念

大学校　三轨制　定向帮助计划

学习指导

　　本章的学习重点是法国教育的演进过程。其次，要掌握法国现行教育制度下各级各类学校的发展特点。最后，要认真思考法国学校教育对我国教育发展的启示。

拓展阅读：法国基本国情

　　法国，全称为法兰西共和国，现在是法兰西第五共和国。"法兰西"由法兰克部落之名演变而来，意为"勇敢的""自由的"。

　　法国位于欧洲西部，与比利时、卢森堡、瑞士、德国、意大利、摩纳哥、安道尔和西班牙接壤，西北隔拉芒什海峡与英国隔海相望。濒临北海、英吉利海峡、大西洋和地中海四大海域。国土面积为 55 万平方公里，是欧洲国土面积第三大、西欧面积最大的国家。地势东南高，西北低，大致呈六边形，三面临水，平原占总面积的 2/3。

　　法国人口有 6680 万(2015 年)，在欧盟各国中人口数量排名第二，仅次于德国。居民中90%的人信奉天主教，有约 400 万伊斯兰教徒，其他人信奉新教、犹太教、佛教、东正教等宗教。

　　法国的行政区划分为大区、省和市镇。大学区是法国第一级地方教育行政单位，法国就教育行政关系，将一省或几个省划为一个大学区。首都巴黎是法国政治、经济、文化、教育和交通中心。联合国教科文组织、经济合作与发展组织等国际组织的总部均设在巴黎。

法国是典型的半总统制半议会制的民主共和制国家。法国议会由国民议会和参议院组成，拥有制定法律、监督政府等权力。法国实行多党制，总统是国家元首和武装部队统帅，任期 5 年，由选民直接选举产生。

法国是世界主要发达国家之一，国内生产总值居世界前列，传统的工业部门，即钢铁、汽车和建筑是法国的三大支柱产业。近年来发展较快的新兴工业部门主要有核能、石油化工、海洋开发、航空和宇航等，随着这些新兴产业在法国工业产值中的比重不断提高，使法国在国际上的影响力得到不断增强。另外，法国是世界主要农业大国，是欧盟最大的农业生产国。法国的农业也高度发达，目前已基本实现了农业机械化。法国也是联合国安理会常任理事国，对安理会议案拥有否决权。法国还是欧盟和北约创始会员国、八国集团成员和欧洲四大经济体之一，亦是《申根公约》的成员国。

坚实的经济基础为法国教育的发展提供了强有力的保障，在法国政府的高度重视下，不论是法国公民，还是外国留学生，都能在法国的各级各类公立学校中享受免费教育。长期以来教育经费一直保持在占国民生产总值的 7%左右，占国家预算的 23%左右，居世界第一位。

第一节　法国教育的演进

法国教育有着悠久的历史，主要经历了传统教育制度的形成、国家办学制度的确立及其以后教育现代化的不断改革。

一、"二战"前法国教育的演进

1. 传统教育制度的形成(古代和旧制时期)(公元前 1 世纪至 17 世纪)

在此阶段，法国教育表现出以下特点。

(1) 教会学校开始出现。从罗马帝国到中世纪，法国教育地点集中在教堂和修道院。公元 2 世纪后期，基督教开始传入高卢，逐步取代凯尔特人的多神教——特罗依德教。4 世纪末，基督教被定为罗马帝国的国教以后，主教掌握了教会的权力，在法国各地建起修道院。修道院除传教以外，还被用来当作从事宗教教育的重要场所，这就是僧院学校。可以说，法国最早的学校教育始于教会学校。

(2) 文法学校快速发展。5 世纪末，法兰克部落的克洛维(Clovis，约 466—511)征服了高卢，建立了法兰克王国。到中世纪中期，加洛林王朝的统治者查理曼，即查理大帝(Charles le Grand，742—814)成为高卢的君王，王国达到鼎盛时期。787 年王国颁布的教育通告被称为"中世纪第一个教育总纲"。789 年查理曼再次发布通告，下令各教区开办学校，让儿童读书习字，教授他们圣经、圣歌、日月推算法(用于宗教)和语法。查理大帝通过这些措施，使帝国的宫廷学校成为国家的文化中心，用以培养治理国事的官员；各地开办的学校负责培训神职人员和教化平民百姓，使更多的人受到教育。这一时期的学校教育开始分为两个阶段，首先是教儿童读书写字和吟诵圣歌，让那些讲通俗语言的儿童学会拉丁文；然后进入高级阶段学习"七艺"。这时的教育贯穿着神学思想，渗透着宗教教育的目的和要求。语法和修辞也是这一时期学校重要的教学内容。问答式教学是当时盛行的教学方法。总之，这一时期学校教育的发展是空前的，学校增多，受教育的人数也增多。另外，在语法教育等方面对后世产生了较大的影响，即语法研究为中世纪大学经院式教学做好了准备。

(3) 大学初步形成。10 世纪以后，随着城市化运动的兴起，西欧出现了一批文化人，他们开办了一些比较独立自由，符合法律、医药、神学等社会职业需要的"新学校"。这些新的学校具有"私立"的性质，接收世俗学生。12 世纪下半叶，巴黎的新学校数量最多，影响最大。1179—1190 年间，巴黎新学校的教师们为了争取自治权成立了教师行会。1212—1213 年间，原先还处于比较分散状态的学生开始加入教师行会，使原来的教师行会变成了"巴黎教师学生行会"，这就是巴黎大学的原始雏形。巴黎大学在最初的形成和发展中，由于教皇和世俗王权各自的需要，不时地得到一些"恩典"和"支持"，并利用这些机会求得巩固和发展。巴黎大学成立后，于 13—15 世纪，外省的许多重要城市都相继办起了大学，这是法国中世纪大学教育发展的兴盛时期。中世纪大学不仅对当时法国的社会、政治、文化、宗教和法律都产生了重要的影响，而且也是欧美具有现代意义的高等教育的渊源，许多大学本身就是从中世纪大学发展起来的，这在法国现有大学中比例比较高，约占它们的 1/3。

(4) 耶稣会教育成为主流。16 世纪中叶，天主教耶稣教会为对抗当时兴起的宗教改革运动，开始在巴黎拉丁区创办学校。耶稣会开办的学校称为"学院"(College)，这种学院与中世纪大学里的"学院"是不同的，它基本上属于中等教育范畴，后来逐步演变为中学。最早的学院——克莱蒙学院于 1563 年建成。在以后的二三十年里，该类学校就增加到 120 多所。现在法国一些名牌中学，就是在耶稣会学院的基础上演变而来的。

耶稣会学院凭借教会的支持，财源比较充足，实行免费就学，而且在学校设施、教学内容和方法、师资水平、教学质量等方面都力求精良，因而得到较快的发展。17 世纪以后直到 1789 年大革命爆发，耶稣会几乎完全控制了法国的中等教育。耶稣会学院的开办，曾培养了许多非常优秀的人才，如笛卡儿、梅叶、孟德斯鸠、伏尔泰、狄德罗、爱尔维修、孔狄亚克等。这些杰出人物早年都曾在耶稣会学院读书学习过。然而，在启蒙运动中，也正是他们无情地揭露封建制度和宗教神权的统治，批判了耶稣会教育的极端保守、盲目崇拜和摧残青少年的身心健康的做法，这也许是一种莫大的讽刺。

耶稣会教育的一个重要内容是培训教师，耶稣会教师的培养需要经过一个较长时间的严格训练过程。当时一般都认为耶稣会学院的教学质量较高，这与耶稣会学院拥有较高水平的师资有着密切的关系。法国的师范教育一直受到国际上的好评，尽管这个时期还不曾建立起法国师范教育制度，但它的确是开始了培养教师的工作。

综上所述，一直到 17 世纪末，法国的所有教育都控制在教会团体之手。这个时期称为"旧制时期"，法国已经形成了完整的传统教育制度：由城乡文法学校实施初等教育，由大学文学院(从 16 世纪中叶开始还有耶稣会学院)实施中等教育，大学的神学院、法学院和医学院进行高等教育。但是，各类乃至各个机构的独立性很强，彼此之间很少有联系。

2. 国家办学制度的确立(18 世纪至 20 世纪初)

宗教改革、文艺复兴和资产阶级大革命促进了法国教育世俗化的发展，使法国逐步确立了国家办学的制度。

法国是 18 世纪欧洲资产阶级启蒙运动的中心。启蒙运动反对教会垄断教育，批判教会教育强行灌输宗教信条。同时，提出了新的国民教育思想。它主张国家对全体国民负有教育的权利和义务，教育应当由国家领导并加以支持，建立由政府掌管的国家教育系统。显然，这是一种与旧的封建的教会教育完全不同的教育思想。

1789 年法国资产阶级大革命推翻了长达 1000 多年的封建专制制度，为法国资本主义的发展扫清了障碍。巴黎起义胜利后，当时作为国家立法机构和革命领导机关的制宪议会公布了《公民组织法》，宣布将"公共教育与道德教育的监督权交给世俗政权"，规定任何从教人员(包括教士)在执教前，都必须宣誓，否则不准从事任何教育活动，从而开始使教育摆脱教会的长期控制。

1795 年 10 月 25 日，法国国民公会颁布《多努教育法》，规定学校分为四级，即小学、中心学校、专门学校、国家科学与艺术研究院。小学由现县以下的区开办，负责实施初等教育；中心学校由各省开办，招收 12～18 岁儿童，负责实施中等教育；专门学校由国家指定地点开办，包括解剖学校、几何学校、力学学校、医学学校等，主要从事职业教育；国家科学与艺术研究院由国家创办，实施高等教育，学科分三类，即物理与数学类、伦理与政治科学类、文学与政治类。

1804 年拿破仑建立第一帝国，于 1806 年宣布建立"帝国大学"。"帝国大学"是法国整个教育体系的总称，包括所有小学、中学、专科和大学。帝国大学总监为全国教育的最高首脑，由皇帝亲自任命，设评议会协助总监工作。其政策是由国家垄断中等与高等教育，按帝国的统一模式培养为帝国服务的各种专门人才，进而统一国民思想。相对于大主教主持下的教会学校而言，这种高度集中的教育体制是一个历史的进步，促进了后来法国教育向非宗教化和免费、义务制的发展。

1833 年公布的《基佐法案》规定，每个市镇必须有一所初级小学，每 6000 人的城镇必须有一所高级小学。这实际上创立了法国的初等教育体制，使世俗教育在反对宗教控制的斗争中发展起来，并逐渐成为法国各级教育的主体。但是，1850 年颁布的，以当时教育部长法卢命名的法案和次年公布的实施细则，确立了有利于教会的"自由办教育"原则，加强了天主教会对各级教育的控制，形成了公立与私立学校并存和竞争的局面。

到了第三共和国(1870 年成立)时期，由于大革命以来共和派教育思想的影响，第二次工业革命成就的推动，普法战争中失利的刺激，在教育部长费里的努力下，法国政府推出一系列法令，如：1880 年颁布关于女子接受中等教育的法令；1881 年 6 月 16 日颁布初等教育法，即第一个《费里法案》，该法规定"公立学校不再收取学费"，法国开始实施免费的初等教育；1882 年 3 月 28 日颁布实施世俗义务教育法，即第二个《费里法案》，该法规定了教育的非宗教原则和 6～13 岁儿童的义务教育制；1886 年又明令禁止宗教人士在公立学校任教，这就把一切宗教教育排除在学校教育之外。《费里法案》公布实施后，教会受到了严重打击，为实施世俗教育确定了法律依据。《费里法案》规定了公立学校实行"免费、世俗、义务教育"的三项原则，奠定了法国现代教育的基础。

1902 年，法国政府废除了《法卢法》，解散了 50 多个从事宣传、教育和商业活动的教会组织，关闭 3000 多所教会学校；并颁布法令改革中等教育，确立中学为 7 年制，分为相互衔接的两个阶段，即中学第一阶段 4 年，第二阶段 3 年，实行分科分组教学，加强理科和现代外语在教学计划中的地位。1905 年通过了教会与国家分离的法案。到 1912 年，法令进一步禁止宗教团体在公立学校办教育。法国的教育事业到此完成了从教会办学到国家办学的漫长过渡。初等教育也实现了根本的转变，从原来的地方主管、中央津贴改变为地方津贴、中央主管。

3. "一战"前后的法国教育(20 世纪上半叶)

自《费里法案》实施后，法国历届政府都把国民教育视为国家的重要事业，希望通过普及教育来增强人民对于国家、民族的情感意识。进入 20 世纪之后，随着马克思主义的广泛传播，工人运动的蓬勃发展，教育民主化的呼声空前高涨。这一时期中等教育、职业教育和高等教育发展的进程明显加快。

20 世纪上半叶教育民主化的努力主要集中在中等教育领域，并在三个方面取得了比较突出的成果。第一是中学的免费。继 19 世纪末小学实行免费制度后，中学的免费就在酝酿之中。20 世纪上半叶，受统一学校运动的影响和促进，中等教育免费制度不断取得进展。1933 年 5 月 31 日的财政法规定，国立和市立中学所有班级实行免费。这一政策极大地推动了中等教育的发展，仅从 1930 年到 1936 年，法国公立中学的学生数量就从 18 万增加到 27 万。第二是延长义务教育年限。1936 年，法国政府将费里促成的 6～13 岁义务教育制度延长到 14 岁结束。第三是女生数量增加，而且教育层次越高，女生比例增加的速度越快。仅从 1920 年到 1939 年，女生在大学的比例就由不到 5%提高到 30%。[①]

与此同时，欧洲的"新教育"思潮影响到法国，它强调教育应通过发展儿童自由个性和活动能力来促使人的全面发展，主张教学必须与实际生活相结合，智力的发展必须与体力的发展相结合。1921 年法国成立了新教育协会并出版了《新时代》杂志。这些活动加速了法国中小学教学内容，特别是教学方法的变化，并且为以后更大的改革奠定了基础。

作为欧洲大陆理性主义的发祥地和重要堡垒，法国从 19 世纪末到 20 世纪初，开始加强职业技术教育以满足科学技术的发展和对外扩展的需要。第一次世界大战之后，这方面的进程加快。首先，法国于 1912 年建立了"技术教育高等师范学校"，使技术教育也有了为自己培养师资的高等师范学校，并且因此类学校属大学校范畴而提高了身价和地位。这既是技术教育发展的必然结果，同时又为它的进一步发展打下了基础。其次，在 1919 年 7 月 25 日颁布了《技术、工业、商业教育组织法》，俗称《阿斯杰法》。该法不仅促进了系统正规学校的职业技术教育，更重要的是建立健全了领导组织机构，明确了职工参加学习的权利和业主必须为此提供条件的义务，为法国职业技术教育在 20 世纪新条件下的大发展打下了坚实的法律基础，因此被称为"法国职业技术教育的宪章"。

在这个时期，大学的学制逐渐延长并趋于统一(高中毕业后学习 3～4 年取得学士学位)，学生数量增加，新建立了一批大学，科学研究更受重视，1939 年建立了国家科研中心。

上述重要思想和举措为法国教育在新时期的发展提出了明确方向，也奠定了重要基础，使法国教育的现代化迈出了重要一步。

---

① 王晓宁，张梦琦. 法国基础教育[M]. 上海：同济大学出版社，2015.

二、"二战"后法国教育的重建与发展

第二次世界大战之后，随着社会的进步和科学技术的发展，法国的教育发生了巨大的，甚至在某种程度上可以说是彻底的变化，进入了一个全新的现代化阶段。

1. 1945 年至 20 世纪 70 年代法国教育的发展

1947 年 6 月，"郎之万-瓦隆计划"出台，主张彻底重建法国教育，实施全面的改革。该计划倡议"让所有孩子从幼儿园到大学，都能受到经过教育学训练的教师和知识渊博的教授们的培育"，提出了教育改革的六大原则。虽然由于当时的各种原因以致该计划未能作为正式法令付诸实施，但是，它所提出的"教育民主化"思想对法国教育具有深远的影响，为法国教育改革指出了方向，被称为法国教育史上的"第二次革命"。

1959 年颁布《教育改革法令》。通过这次改革，法国取消小学升中学的入学考试、中等教育入学率明显提高、职业技术教育被纳入正规中等教育范畴、义务教育向单轨制方向又迈出了重要一步。

1968 年 11 月，法国国民议会正式颁布《高等教育改革指导法案》，强调根据"学科相通、民主参与、自治自主"三项原则彻底改革大学组织。明文规定了大学在行政、财政和教学三方面的主权，学区长不再兼任大学校长，形成了中央集权体制下的一级管理机制，即中央制定原则，各高校具体执行，中间没有其他过渡层次的直接管理模式，大部分高校属国民教育部统一管理或受其监督。该法使大学成为传授知识、科学研究和进行试验等诸多功能相结合的综合体。该法案被视为法国教育发展的里程碑。此后，法国的大学成为实体，大学数量很快由 20 多所增加到 60 多所，大学技术学院也发展到 60 多所；教师和学生数量又分别翻了一番；在巴黎南部的高地建立了集中人力物力优势的大型高教和科研基地；课程与教学的内容和形式不断多样化，新学科和跨学科课程纷纷出现；招生、考核、文凭等方面的制度更为灵活，出台了许多为学生创造更多成功机会的措施；法国的高等教育真正进入了现代化发展阶段。

1975 年 7 月 11 日国民议会颁布了《法国学校体制现代化建议》(简称《哈比改革法案》)。该法案对法国的教育目标作了新的界定，即"促进儿童的发展，使其获得文化知识，并为其未来的职业生活和行使人与公民的义务做准备"。哈比改革通过建立初中阶段非选择性的 4 年制综合学校等措施，促进了法国普通教育的民主化，迈出了由双轨制走向单轨制的决定性一步，有利于法国青少年公平地接受教育和文化水平的普遍提高。

2. 20 世纪 80—90 年代法国教育的发展

法国政府出于全社会对教育的重视有增无减，开始了新一轮全面的教育改革。

为适应 80 年代以来社会经济和科学技术(包括信息技术)的发展，更好地帮助大学生就业，1984 年法国政府颁布了《高等教育法》(即《萨瓦里法》)。此次高等教育改革的重点是使高等教育在新的条件下，改革招生制度，凡获得高中会考证书及具有同等学历的学生均可进入高等学校学习，无须再经过入学考试；建立更加开放的高等教育体系，加强高等学校与相关经济部门的联系，以及调整高等教育教学结构，除保持和加强大学第一阶段(即大学第一、二学年)对学生的基础教育和专业方向指导外，还应加强职业化教育，改革第三阶

段的学位制度等。为配合改革的推进，快速扩大高等教育规模，法国政府为之投入了大量的经费。这一新法案的制定和实施不仅促进了法国大学的改革、开放和职业化，而且还使法国的教育更加适应世界知识经济时代的新发展趋势。因此，该法案被视为法国高等教育发展的强心剂，使法国的高等教育进入了一个全新的发展阶段。

1989 年 7 月，法国议会通过了战后第一个《教育方针法》，对过去散见于不同法律文件的国家教育基本原则重新作了统一规定。该法强调"教育是国家的头等大事"，并明确规定每个 3 岁儿童都应该在最近的学前教育机构接受教育；在 10 年内，80%的人达到高中毕业；每学区设一所"大学师范学院"，负责初等和中等教育各级各类教师的职前培养、在职进修以及大学生的有关职业准备；每年教育评估的评估报告都应公布，标志着法国的教育评估工作进入了一个新阶段。

1989 年，法国政府正式出台了《法国教育指导法》和《教育指导法的附加报告草案》。该法案的实施使法国大学生的数量迅速增加，达到了法国高等教育大众化的发展目标。同时，通过采取扩大大学自主权、建立地区性自治大学、加强企业与大学联系等措施，实现了高校规模迅速扩张的发展目标。

进入 90 年代以来，为加强法国的国际竞争能力，为适应欧洲联盟在高等教育领域开展的一系列重要活动(包括师生交流，大学生到欧盟成员国实习等)，法国高等教育又进行了重要的改革和调整。1991 年，法国兴办了一种进行长期高等职业教育的大学机构——大学职业学院，其目的是培养国家经济建设急需的工程技术人员，增加青年就业机会，加强同企业和地方的联系，同时加强大学本身的竞争能力。1998 年，法国高等教育改革委员会提交了一份题为"建立高等教育的欧洲模式"的改革报告，其内容涉及教育目标、教育思想、知识创新、终身教育、产学合作、教育开放以及教育模式等。1999 年法国开始推进博洛尼亚进程，如建立新学制，促进欧洲国家之间学生的相互流动，使用欧洲学分转换系统，使学生在区域内自由流动，共享区域内的高等教育资源以及成立国际化的质量评估机构，提高毕业生的就业率等。博洛尼亚进程是欧洲国家通过政府间合作和协商，在整个欧洲范围内推进高等教育改革的过程，其主要目标是到 2010 年建立一个协调、统一的欧洲高等教育区，其目的是希望通过促进区域内学生的自由流动，教育资源的共享，知识和技术在欧洲范围内的快速传播和运用等，实现高等教育一体化的发展，并尽可能地密切欧洲高等教育与经济部门的联系，以提高高等教育毕业生的就业率。

三、21 世纪法国教育的改革与发展

法国在 21 世纪初为适应社会发展的需要，对教育进行了一系列改革。

中等教育改革包括重新制定教育目标、目的和政策，更新中等教育课程、教学与学习模式、评价体系等。例如，法国政府规定了新的教育目标：2000 年 80%的青年人应该在 18 岁前完成全日制教育，学生完成普通教育、技术或者职业教育后毕业会考，剩余的需要获得 CAP 职业能力证书。

在中等职业教育方面，在初中和高中阶段间增设职业教育内容，学生自主选择发展途径，在高中阶段设立非中学机构使学生完成普通和职业教育等。

此外，法国还就证书制度进行了改革，即根据满意的核心课程成绩、专业课成绩、多门选修课成绩授予不同类型的证书。目前法国有三类证书：普通教育证书、技术教育证书、

职业教育证书。前两者为学生接受高等教育而服务，职业教育证书提高了接受教育的比例。该项改革使普通教育和职业教育平衡发展，减少其中的分层。

高等教育的改革重点是加强科研与工业的联系，建立技术研究中心。例如，设立 1 亿法郎的技术创新启动基金；增加 10 亿法郎的企业贷款，鼓励企业与科研机构的合作等。

第二节　法国现行的学校教育

法国政府通过多年的努力，建立了迄今为止世界上最为均等的教育体系和许多独具一格的教育机构，制定了许多高效率的教育政策，积累了许多独具特色的发展经验。

一、法国现行的教育的行政

法国教育实行的是自上而下的中央集权制分层管理模式。在中央层面上，国民教育部是中央级的最高教育行政机关；在地方层面上，大学区是法国最大的地方教育行政机关。

1. 中央行政管理机构

2012 年奥朗德政府上台以来，在中央政府的组成中，国民教育事务被一分为二，基础教育由"国民教育部"负责，高等教育则由"高等教育和科研部"负责。目前，国民教育部掌管全法国由幼儿园到高中(包括职业及其他专业高中)，以及青少年的体育、艺术及文化开展事务，其运行占了法国政府财政开支的最大预算比例。该部的主要职能是在中央层面制定国家在教育领域里大的方针、政策，执行议会通过的有关教育的各项法律，审核并拨放教育经费等。在国民教育部庞大的机构重组过程中，充分体现了法国政府精简行政机构的意图，逐步实现了中央行政管理部门向制定宏观政策和规划转变的战略发展目标。

国民教育部长由政府总理提名，由总统任命。国民教育部设有以下司局：小学司、中学司、中学师资司、国际与合作事务司、行政人员与工勤人事司、财务管理总司、评估与预测司、督导与领导干部人事司、情报与新技术司。此外，由部长办公室直接负责的机构还有办公厅、督导司和财务审计等部门。

此外，教育部设有咨询机构。咨询机构由教育界各方面人员选出的代表和指定的其他有关人士组成，教育部长任主席。其主要职责是在教育、教学和人事管理方面需要做出重大决定时，向部长通报情况并提出意见。主要咨询机构有"国民教育高级理事会""全国教学大纲委员会""混合代表委员会""专业咨询委员会"。

教育部还设国民教育部总督导和行政监察部门。其主要职责是在有关行政部门的配合下，在省、学区和大区及全国范围内进行评估，并将评估结果转呈议会文化事务委员会的主席和报告人。两个部门的年度评估报告均公开发表。

2. 大学区行政管理机构

法国共分 28 个大学区(其中包括一个海外领地学区)，每个大学区包括 2~3 个省不等，其地理范围大部分与经济区相同。大学区的教育行政机构由大学区长、学区行政机构和咨询机构组成。大学区长是教育部长和高教与科研部长在本学区的代表，一般具有博士学位，从大学教授中选拔，由教育部长提名，总统任命。大学区长全面负责其主管学区内小学、中学和大学的全面工作。随着法国教育行政权力的不断下放，学区长的权力不断扩大。

学区行政机构在秘书长的领导下，履行学区行政管理职能。其因学区而异。一般情况下，除了学区长秘书处、办公室、新闻处和大学处等单位和技术顾问由学区长直接领导以外，秘书长负责整个学区的行政事务，主管学区信息、统计、资料、教学组织及学校生活、人事、基建和设备规划、考试和财务等部门的工作。

学区一级的咨询机构有学区国民教育委员会、学区中等教育助学金委员会、学区中学生事务委员会、学区社会事务委员会、学区行政代表会议、学区继续教育咨询委员会、学区技术代表会议、卫生与安全委员会、指导与职业技术鉴定委员会等。

大学区这种地方教育行政单位是法国所特有的，该机构使法国教育管理实现了中央集权体制下的合理自治，既保证法国中央统一管理的权威，也在一定程度上实现了教育的民主，特别是在保证各级各类教育之间的衔接、教育资源的均衡配置、人员的合理流动、公民的平等受教育权益的保障、学生的多元化学业选择等方面，优势极为突出。

3. 省级行政管理机构

全法国共划分为 96 个本土省和 4 个海外省。省级的教育行政部门主要由学区督学(省督学)、国民教育督学、行政机构和咨询机构组成。

省督学是国民教育省级行政机构最高负责人，一般必须具有博士学位或是中等学校教员中资格最高者或高级职称者，也由教育部长提名，总统任命，主要负责协调全省的教育活动，但不负责有关高校的事务，其职权范围主要是中小学，还负责技术教育、学校体育、成人教育、学生健康以及学校交通和基建等方面的工作。

国民教育督学主要是对相关学科的小学教师、初中教师进行监督。国民教育督学负责组织本省的教师在职培训和教学日、情报日等活动；还根据学区督学的授权负责执行关于中小学教师任职决定；对他们的任用、晋升提出意见；负责公立学校的设立和学校交通的组织工作。

行政机构由学区督导部、后勤部、业务部、省教育资料中心四个部门组成。各部门分工协作、共同配合学区督学的工作。

咨询机构是省议会制机构，目的是协助学区督学。这些机构中，一部分是由省长主持，另一部分由学区督学主持。主要机构有省国民教育委员会、省职业教育与社会发展委员会、省行政代表委员会、省技术代表委员会、省奖学金委员会、省学业指导委员会、省特殊教育委员会、省社会事务委员会、其他省级机构(如负责接待有关对留级或学业指导不满的投诉，审议有关移民子女教育问题等)。

4. 市镇行政管理机构

法国市镇一级行政管理机构对小学及学前教育负有特殊的责任。市政府是小学校房产主人，负责学校校舍建设、修缮、扩建，负责教学设备和公用设施的购置及日常运转费用。国家只负担小学教学人员的工资。

二、法国现行的各级学校教育

法国现行的学制分初等、中等和高等三级。初等阶段包括学前教育和小学教育，中等教育包括初中教育和高中教育。幼儿园和小学的教学有密切的衔接性，初高中之间统一起来划分年级，配合循序渐进的"定向"制度，从小学到高中的 10 年为义务教育阶段，所有儿童都接受相同的教育。高等教育以大学的三个阶段为基准，通过不同层次的多种机构，培养不同规格的人才。同时，包括中等教育在内的各种教育机构之间转换方便，可以满足学生的不同情况和需要。

(一)学前教育

发达的学前教育是法国教育的一大特色。法国是较早意识到学前教育重要性的国家，以学前教育立法为保障，以免费制为基础，以高额的学前教育经费投入为支撑(法国学前教育经费占总教育经费支出的 11%以上，居世界第一位)，法国政府有效地提升了学前教育的普及率，使学前教育成为有效抑制社会阶层分化，缓和社会矛盾，推进国家民主化进程的利器。

法国的学前教育是初等教育的组成部分，其宗旨是"让孩子入托，使孩子合群，启发幼儿智力"[①]。虽然法国的学前教育不属于义务教育范畴，但实行免费制，所有 2 岁以上儿童均可申请就近入园。法国学前教育教师为国家公务员。

法国学前教育的机构名称为母育学校，包括公立和私立两种，又可细分为托儿所、幼儿学校、小学幼儿班，以及短期内接收幼儿的机构，即看护中心、幼儿园等社区服务机构。法国学前教育的最高领导机构隶属于国民教育部的学校司。1771 年，奥贝兰在法国创建了欧洲第一所幼儿学校，招收无人照顾的儿童，并以基于游戏和儿童感兴趣的新颖方法实施教学，此时的法国学前教育机构具有明显的私立、慈善、宗教性质，主要是教育而非保育。1836 年，帕丝朵蕾创办了法国最早的托儿所，其性质基本上属于照料幼儿生活的慈善机构。1881 年，《费里法案》通过后，宣布国民教育三原则为"免费""义务""世俗化"，将国内的幼教机构改称母育学校，并将其纳入公共教育系统，同时加大了公立学校幼儿教师前往私立机构从教的限制，使公立学前教育具有了世俗化特征。

母育学校招收年龄为 2～6 岁的儿童，2～4 岁为小班，4～5 岁为中班，5～6 岁为大班。1986 年国民教育部颁布的《母育学校：作用与任务》指出，"母育学校的总目标在于使幼儿的各种可能性得到发展，以形成其个性品质，并为他们提供最佳机会，使其能在学校学习和社会生活中获得成功"。依据这一教育目的，学校根据不同年龄段儿童的生理和心理特点进行相应的课程设置并遵循初级学习阶段 1、初级学习阶段 2 和基础学习阶段 1 的全国统一教学大纲要求，分班进行教学活动。小班的教学以游戏为主，以帮助幼儿适应集体生活为中心，注重发展儿童的感觉和运动能力，训练儿童的口头表达能力，主要是让儿童在轻松愉快的环境中自由地成长，小班每天的教学活动由教师自行安排。中班的教学强调儿童思维能力和语言表达能力的培养，教学形式仍是游戏，但渗入了较多的文化和知识性内容。从中班起，教师除了完成必要的教学任务，还要特别留意儿童的生理状况，以便发现在智力上、身体上有缺陷的儿童，并协同学校与幼儿家庭尽早地治疗和补救。大班的教学主要是为进入小学做准备，重点培养儿童的自主能力，并结合实际生活向儿童灌输一些基本道德观念。学前教育无确定的课程，也不要求儿童过早进行正规学习。但每周课时固定

---

① 王英杰，项贤明，马健生. 比较教育[M]. 南京：江苏教育出版社，2013.

为 26 个小时。其教学计划克服了绝对化的分科教学，把各科目有机地联系起来，使儿童能更为统一、协调和整体地去认识世界，掌握和运用知识。

法国的学前教育非常重视开展艺术活动，主张把艺术与审美活动相结合，通过发展幼儿的感受力、观察力和听觉能力使他们熟悉各种艺术形式。审美活动涉及各种形式、各个时代和各类文化艺术，如绘画、唱歌、摄影、欣赏大自然的美景、收集艺术品等。

此外，法国的学前教育还非常重视开展科技活动。其目的是使幼儿通过不断地探索、发现和制作，发展他们提出问题和解决问题的能力。例如，通过学习和背诵含有数字的儿歌，使幼儿逐步了解事物的不同属性、特征，理解事物之间的关系，形成有关大小、多少等数量概念；通过观察风、空间、时间、季节和气候，使幼儿对周围环境产生兴趣；通过让幼儿观察生命的不同表现形式，了解动植物的生长、发育、繁殖、衰老和死亡过程，使他们对卫生和健康产生兴趣；通过让幼儿参加制作、敲打、拼拆、修补等活动，丰富幼儿各种建筑材料的知识，使幼儿学会分类，掌握部分与整体的关系，提高动手动脑能力等。

(二)小学教育

小学教育，是法国基础教育的主体，是义务教育的第一阶段，具有免费性和强制性。凡年满 6 周岁的儿童均应由家长负责送入小学学习。学制为 5 年，属于初等教育阶段。

法国小学实行就近入学政策，为了缩小地区差异，全国教师待遇相同。小学教育的主要目标是启蒙教育和基础知识(阅读、写作、数学)的巩固，以便使所有学生顺利过渡到中学。其教育目的是使学生学会获得知识的基本方法，启发学生的智力和对事物的敏感性，并使其动手能力、艺术能力和体育能力得到训练和发展，扩大他们对时间、空间、物体、现代世界及自身的意识，初步学习一门外语以帮助学生放眼世界。

法国小学教育分为五个年级。一年级是 6～7 岁的预备班，二年级是 7～8 岁的基础班第一年，三年级是 8～9 岁的基础班第二年，四年级是 9～10 岁的中级班第一年，五年级是 10～11 岁的中级班第二年。其中，幼儿园的大班和小学一年级合并起来称为"基础学习阶段"，非常鲜明地体现了法国基础教育中"学习阶段"整合的特色，同时也是法国幼小教育衔接上的一个成熟实践。基础学习阶段的教学重点是让学生掌握法语和数学的基本知识，掌握公民教育中的基本概念，同时发展身体运动机能和感知能力。中级学习阶段在前一个阶段的基础之上，引入初中学习内容的初步知识。这种划分的目的在于使教育以学生为中心，使教师在教学组织方面具有灵活性并肩负着不可推卸的教育责任。

小学的教学大纲由教育部统一制定。教材由几家经政府许可、有编写教材基础的出版社，根据全国统一大纲编写，每个任课教师可自行选择其中一种使用。市镇政府出资购买教材，免费给学生使用，通常一套教材可以使用数年。小学每周上课不得超过 5 天，每周总学时不得超过 27 学时，每天不得超过 6 学时。教学时间按学科组分配，取代了原来按每门课程分配学时的传统做法。

经过 20 世纪 80 年代的课程设置改革后，系统的学科知识成为小学教育的主要内容，基本学科有：法语、数学、科学与技术、历史、地理、公民教育、艺术(音乐、美术)、体育和外语等。此外，课程改革方案还涉及了每门课程要达到的目标，该目标要求每个儿童都应通过系统地掌握每门学科的基础知识，使自己将来能够依靠这种知识和能力得到进一步的发展。

法国小学教学组织形式新颖，由一位老师负责一个班，由学生在老师引导下根据兴趣分组上课，上课氛围十分宽松，对学生也没有特别严格的行为要求。此外，还非常注重启发式教学法，不搞知识的堆砌，通过拓展学生的思维，提升学生的表达和创造能力，帮助他们获得有用信息，建立与知识的互动关系，从而使学生逐步学会自立。

法国小学强调个性化教育，尊重每个儿童的发展节奏，加强个性化教学，通过加强学校与家庭的合作，视不同情况给予不同的教育辅导，力求使每个儿童根据自己的发展条件学习知识，培养能力。小学教学过程中尽量不让学生留级，在小学五年级期末，教师根据平时学习情况，给学生一个总体评价，记入学习档案。成绩合格者，将被授予初等教育证书，可获准进入初中学习，无须参加初中入学考试。

法国的小学教师从 1889 年起即成为国家公务员，工资收入较高，工作岗位和福利待遇稳定，教师的管理权属于中央政府国民教育部。法国小学内部管理体制基本上是校长负责制，并由教师、教育行政人员、家长、学生以及各界知名人士共同组成各类组织机构，监督和审议学校各方面工作并提出有关建议和意见。小学校长在省督学的直接领导下，负责学校的行政管理和教学组织工作。

(三)中等教育

法国中等教育划分为初中和高中两个阶段。第一阶段为初中阶段，可称为普通教育，学制为 4 年。第二阶段为高中阶段，高中教育又包括普通教育、技术教育和职业教育三类，普通和技术高中为 3 年，职业高中为 2～4 年。普通高中教育是法国高中教育的重点。初中阶段四年和高中阶段第一年属于义务教育。

1. 初中教育

初中教育为义务教育阶段，实行免费教育(包括免费提供教科书)。普通教育类型的初级中学是地方公共教育机构，所有完成小学学业的学生均可进入初中阶段学习，不设入学考试，但入学年龄不得超过 12 岁。初中分 4 个年级，分别称为六年级、五年级、四年级、三年级，依次相当于我国的初一、初二、初三和初四。

初中阶段的教育任务是帮助学生由儿童成长为少年，帮助他们比较顺利地通过一个个阶段，使之能够成为参与学校生活和社会生活的人。为了让所有初中生都能完成学业任务，1990 年 3 月国民教育部决定在初中的最后两年开设技术班，分别称为 4 年级技术班和 3 年级技术班。决定指出，技术班的特点是加大技术教育的比重，主要涉及工业、生物与社会。决定还要求，技术班不仅应有助于学生当前学业的成功，同时还应该开发学习所必需的能力。

法国初中没有学期和学年考试，只记平时成绩。初中三、四年级平时成绩与初中毕业会考综合考评成绩达标者，可被授予初中毕业证书。由于高中第一年仍然属义务教育阶段，因此，法国的初中毕业会考与升学没有必要的联系。对于初中五年级时就已选择分流到职业高中、学徒培训中心(AFC)或职业预备班的学生，这一证书可在职业高中阶段的学习过程中取得。

法国的初中按全国统一的课程计划和大纲组织教学，每一门课程都有详细的阶段性目标和总目标。大纲规定初中阶段学习的课程包括法语、数学、历史、地理、公民教育、现代外语、物理、工艺学、生物、地质科学技术、艺术教育、体育运动等 12 门必修课，另设第二外语等 10～12 门选修课。学生要在所开设的选修课中选出自己喜欢的或者有专长的课程，以便决定自己将来上什么样的高中。此外还设置了 6 个跨学科的主题活动，内容有消费、发展、环境与遗产、信息、安全、生命与健康。这些主题活动不是特定的学科，但初中阶段应当有所涉及。主题活动的信息由学校校长加以组织，校外机构和校外人士可以参与。形式可多种多样，如举行活动日、报告会、展览会、学生活动、调查、参观等。

法国初中的教学依年级分三个阶段进行，即六年级适应阶段，五、四年级观察阶段和三年级专业定向阶段：适应阶段主要是使小学教育和中学教育较好地衔接；观察阶段主要是通过教学观察儿童的能力和爱好，为以后的方向指导做准备；专业定向阶段分普通班和技术班，主要是为帮助学生完成初中学业，并为高中分流时进行开放式专业定向提供依据。

法国初中的教学非常灵活。每一门课程没有固定的课时数，学时数的时间安排则由每所学校的行政会议根据学生的兴趣和需要来决定。教学过程强调启发性和个别化，通过各种活动和练习，使学生学懂学会。

2. 高中教育

法国的高中教育是中等教育的第二阶段，以其悠久的历史、高水平的教学和严格的高中毕业会考而享誉世界，法国人也引以为傲。接收年龄为 15～18 岁的初中毕业生，三个年级分别为二年级、一年级和结业班，依次相当于中国的高一、高二和高三。法国的高中包括普通高中、技术高中和职业高中三个类型，实行普通教育和专门化教育相结合的教育模式。普通高中的主要任务是为高等教育的文理专业输送人才，是法国为培养行政、经济、法律、商业等高级人才进入高等教育的准备阶段。技术高中主要培养技术员和为高等教育的技术专业输送新生。职业高中的培养目标是把学生培养成技术工人或职员，二年制职业高中招收初中毕业生，三年制职业高中招收完成初中五年级(即初中第二学年)学业的学生。结业时举行考试，有笔试、口试和实际操作，三者全部合格者，才能获得职业能力证书或职业学习证书。

法国的高中教学分为基础和定向两个阶段。基础阶段是高中的第一年，以初中到高中阶段的基础知识过渡教育为主，开设了多种必选课和自选课，这一年的必修课有法语、数学、外语、自然科学、体育；必选课有第二外语、第三外语、拉丁语、希腊语、经济与社会科学、美术、音乐、影视、戏剧、第三产业科学技术、自动化系统、工业自动化、电子信息学、自然科学与技术、生物医学科学与技术、医学、社会科学与技术、生物与农业科学等 18 种；自由选修课有艺术、体育、外语、方言、古典语言。学生可以根据自己的志向和兴趣自由选择。每所高中能开设什么样的选修课，便成了学生选择学校的重要标准。定向阶段是高中后两年，即一年级和结业班，其指向是就业和升学。为了减少学生在职业和学业选择中的盲目性，"面向 2010 年的新高中"改革方案中提出了针对学生个体服务的定向帮助计划，并调整了高中第二、三学年的课程比例，为学生提供专业误选后的补救机会和转换专业后的知识补救，即通路补习，以使得学生在不同类型高中学校和不同专业间的转变更加容易，在高中教育体系内形成合理的"立交桥"流动机制。

高中新的教学大纲非常注重学生基本思维能力的培养和学习技能及方法的传授，努力提高知识传授的效率，同时加强选修课、小组教学和个别教学。其目的就是通过基础知识的教学和思维能力的培养、理论与实践的结合以及灵活多样的教学形式，使大多数学生能够在学业上取得成功，顺利进入职业生活或继续接受高等教育。

高中毕业会考是 1801 年拿破仑·波拿巴下令建立的文凭制度。对于法国学生和家长来说，能否通过高中毕业会考便是学校成功的最低标志，因为高中毕业会考被定义为选择大学第一学位及授予这一资格的考试，但实质上又是评价高中学业和上大学能力的考试资格。高中毕业会考为国家考试，由地方组织。国家确定报名条件、考试科目、大纲、方式、评分系数、考试时间，并审查和平衡各学区的命题。学区负责命题、报名、监考、阅卷、录取等事宜。法国年满 17 岁且受过 12 年中小学教育(或有同等学力)者，在学校或居住地所属学区报名。考试科目分为必考科目、可选择的专业科目和给前两项成绩不佳者再一次机会的第二组科目，不同分科和方向的考试内容和要求不同。各专业必考的科目是法语、外语和体育。法语考试在一年级结束时提前举行，包括笔试和口试；体育为平时成绩。会考成绩以平均分的形式出现：每个科目的得分(0～20 分)乘以各自的评分系数后相加，再除以各科评分系数之和。平均 10 分或更高者为通过，8～9 分者可参加下学年开学前的补考，不足 8 分者即算失败。第二组考试科目有两个作用：给前两项成绩为 8～9 分者一次机会；算作前两项成绩已达 10 分或更高者的自选项目，其分数高于 10 的部分计入总分。

(四)高等教育

在教育分类指导标准的指引下，当前法国的高等院校演化为综合、精英、职业三大种类，一是普通综合性大学；二是高等专业学校(也翻译为"大学校"或精英学校)；三是高等职业教育，包括工科短期院校和长期高等职业学校。法国高等教育具备适应各种职业目标的课程系列，教学质量享誉世界。此外高等院校中还拥有与许多著名科研中心相联合的重点实验室和庞大的科研队伍，许多研究成果令世界瞩目。

1. 普通综合性大学

普通综合性大学是法国高等教育的主体部分，历史悠久，如巴黎大学(即著名的"索邦大学"，创建于 1179 年)、图鲁兹大学(1229 年)、蒙彼利埃大学(1289 年)。2008 年，法国公立综合性大学的学生人数约占大学生总数的 60%。法国大学实行分段式教学，共有三个阶段，它们既各自相对独立，又相互联系。一般来说，只有完成前一阶段的学业并取得相应的文凭或学位后，才能进入下一阶段继续学习。第一阶段学制 2 年，为理论基础阶段，完成学业后获大学普通教育文凭或大学科技学习文凭。第二阶段学制 2 年，为专业基础教育阶段，完成第一年学业获大学本科文凭，即新学制的学士学位；完成第二年学业获硕士文凭。第三阶段为专业深入研究阶段，教育年限视学科和专业方向而定，入学条件除需有第二阶段的毕业文凭外，还需通过学校的选拔程序，如候选人个人材料、申请书及研究计划，以及审核、面试、指导教师的同意函和推荐信等。该阶段有两个培养方向：第一种是职业方向培养。学制 1 年，培养实用型专业人才。完成学业者获高等专业教育文凭，这一文凭属于职业硕士学位。第二种是研究性培养。学制 3～5 年，培养研究型人才，属博士教育阶段。该教育的第一年设有"深入研究文凭"，这一文凭属于研究硕士学位。博士阶段的研究需在导师的指导下进行，通过论文答辩或研究工作答辩后才能获得博士学位。博士学位是法国高等教育的最高文凭，只有博士学位获得者才有资格被聘任为大学正式教师。获得博士学位之后，申请者还必须通过评审委员会的审核以获得大学指导研究资格认证，才有资格晋升大学教授职称。

2. 高等专业学校

高等专业学校("大学校"或精英学校)是法国高等教育重要的组成部分,也是法国特有的一种高等学校,是建立在严酷淘汰制基础上的精英教育,多年来为国家培养了一大批杰出的政治、经济、军事和科技人才,尤其是著名的"大学校"一直都被视为法国高等教育的骄傲。被公认的名牌大学校有:炮兵学校(1720)、桥梁公路学校(1747)、巴黎矿业学校(1783)等"大学校",中央高等工艺学校、巴黎理工学校、国立高等宇航学校等。在法国,提到大学校就必然会提及预备班。大学校预备班是一种设置在重点高中内,属于高等教育或中学后教育范畴的教学机构。通过预备班招收新生是大学校,特别是名牌大学校选拔学生的主要方式和渠道。预备班学制两年,接收高中毕业生。预备班不设入学考试,但是对于进入预备班的学生挑选很严格,能够进入预备班的学生大多数都是优秀的学生。学生预备班毕业后需参加高校入学竞考,大学校每年只招收将近 10%的高中毕业生,入学的竞争激烈程度不亚于中国 20 世纪 90 年代之前。择优选拔,优胜劣汰的招生原则是大学校高质量教学的重要保证。大学校学制一般为 3 年,个别学校有 4 年或者 5 年学制。学生毕业后获得本校颁发的文凭。预备班属于高等教育学历范畴,相当于大学二年级文凭 DEUG;高校毕业文凭则相当于 5 年制的硕士学位。此外,"大学校"根据所培养学生毕业后服务领域和对象的不同,又可分为高等专业工程师教育、高等商业与管理教育、其他高等专业教育三大块。大学校的教学与大学相比,更加注重理论与实践相结合,即"多科性"或"多面性"的教学和培养,这就是:重视基础理论教学和应用知识教学、注重"非技术"培养和实践性教学。以上几个方面的教学与培养都不是孤立进行的,而是相互关联的,并形成一个整体培养。

总之,"大学校"为法国的发展培养了不同层次的实用型人才,为许多国家在高等教育大众化泛化过程中所出现的精英人才匮乏之难题提供了有效的解决办法。

3. 高等职业教育

高等职业教育是法国高等教育发展较快的一个部分,由工科短期院校和长期高等职业学校两部分组成。其中,工科短期院校学制为 2 年,相当于综合性大学第一阶段(DEUG,2 年)的教育程度,主要有大学技术学院和高等技师专科两种基本类型;长期高等职业教育的主要教育机构是大学职业技术学院,学制为 3 年。

1) 大学技术学院

大学技术学院创办于 1966 年,虽设置于综合性大学中,但在大学中独成体系,实施独立管理,且全部为公立教育机构,主要从事高等技术教育。招生以普通高中的学生为主。其入学选拔非常严格,且招生人数有限。其教学目的是面向工业系统和第三产业,完成学业授予大学工科文凭。该文凭价值介于技术高中的技术员证书与大学校的工程师证书之间,获得此文凭者可以高级技术员资格就业。大学技术学院在教学方面采取小班授课,重视实践教学,重视知识传授与职业培训相结合;在课程安排中,基础理论课一般占总学时的 20%,指导课占 35%,实践课占 45%。因而持有大学技术学院文凭者在就业方面优先于综合大学的学生。作为大学校与中等技术学校之间的"中介层",大学技术学院填补了工程师与技术员之间的空白,满足了企业对这一档次技术人员的需求。

2) 高等技师专科

高等技师专科创办于 20 世纪 50 年代中期,设在条件较好的技术高中内,是一种介于技术高中和大学校之间的高等职业技术教育机构。旨在培养各行业(旅游、餐饮、汽车、建筑、出版、卫生保健等)的高级技术人员,完成学业者获高级技术文凭,并可根据所学专业申请到综合性大学的二、三年级中继续学习或选择就业。与大学技术学院相比,高等技师专科的专业划分更细,教学也更具体,专业课比重更大,更强调实际操作,专业课时间占 2/3 以上。在专业设置和教学方面坚持应用性和灵活性,随时注意市场的变化和企业的需求,对专业方向进行调整。高等技师专科的目标在于就业,它自身的办学特点与大学技术学院互为补充,相互竞争,共同发展。

3) 大学职业技术学院

大学职业技术学院创建于 20 世纪 90 年代,设在综合性大学内,招收修满大学一年级课程、"大学校"预科班或同等学历者,目标是为工业和经济领域培养高水平的技术与管理人才。大学职业技术学院在教学方面承担了 21 个专业,自基础直至硕士水平的职业化课程培养任务,相关课程的设计以大学与企业的合作培养为基础、结合理论与实践教学。大学职业技术学院的特色是分阶段获得文凭,即第一阶段颁发大学职业学院文凭,第二阶段颁发大学职业学院学士文凭,第三阶段颁发工程师与技师文凭,如再继续深造一年,可获得高等技术研究文凭。另外,为了应对多元化的人才需求,20 世纪末以来,法国诞生了许多私立高等技术学院,这些学院的存在有效地补充了公立高等职业教育的不足和空白,为学生的受教育选择提供了更为广泛的渠道。从总体上看,大学职业技术学院因为专业实用性极强,所以该校毕业生的就业前景明显好于其他同等学历的毕业生。

(五)继续教育

法国是终身教育理论的故乡,是欧洲继续教育开展较早和最活跃的国家,也是世界上最早为继续教育立法和最早实施有组织的成人教育的国家之一。早在 1956 年,法国政府在"关于延长义务教育年限,改革公民教育法案"中首次使用了"终身教育"这一概念,对法国战后继续教育理论和实践的发展产生了较大的影响。1968 年法国政府第 1249 号法令提出了"教育休假"津贴制度,该法使继续教育的法律条文系统化,被称为法国继续教育史上的一个里程碑。1976 年法国成立了终身教育信息发展中心,负责出版有关终身教育的法律指南与文件,为广大公众提供更多的有关职业培训教育的最新信息。1977 年,法国专门成立了职业教育部,下设继续教育局,以加强和促进成人教育持续有序地发展。1998 年,法国制定了振兴终身学习计划的执行方案,以求进一步完善继续教育的执行机制及措施、经费、机构建设等。2004 年 5 月 4 日法国颁布了关于继续教育的新法——《终身职业培训和社会对话法》,确认了"个人接受培训权"。2008 年颁布的《劳动法》进一步规定了继续教育教学组织的形式以及继续教育的对象。教学形式有两种,一是与普通学生一样的全日制教学;二是专门化的教学,如各种校企合作办学等。国民教育部高教司下设的继续教育处,则负责管理高教系统的继续教育,加上学区原有的机构,便形成了一个比较完整的成人继续教育系统。

目前,成人继续教育已经成为法国高等学校教学工作中的重要组成部分,并步入了正规化和制度化的阶段;而高等学校的成人继续教育也已成为法国整个继续教育的主要组成部分。

法国的继续教育，以完善的教育立法、稳定多元化的经费来源、多样化的办学主体、市场化的办学模式、高认可度的办学质量，有效缓解了法国青少年因为学业失败，过早踏入社会所导致的高失业率、高犯罪率和社会动荡，对世界各国的继续教育产生了深远的影响。

随着法国教育管理体制的不断变革和继续教育的不断发展以及地方政府的不同需要，法国继续教育管理体制也由中央集权制逐渐过渡到地方分权制。国家继续教育管理权限的下放，激发了各地方、各机构举办继续教育的积极性和主动性。

国立工艺博物馆，建于1794年，是法国创办最早、影响最大的继续教育机构，它与巴黎理工学院和巴黎高等师范学校一样，属于法国重要的国立高等教育机构。该馆隶属国民教育部，是法国少数有权授予高等教育国家文凭的著名"大机构"之一。经过200多年的发展，它已经发展成为一个从事教学、研究和传播科学文化知识的综合性机构。为了满足国家对专业型和技能型人才的需要，国立工艺博物馆在扩大办学规模的同时，还以市场需求为导向，不断开设社会需要的相关专业。目前，国立工艺博物馆已开办了12个系、21个学院，还在国内100多个城市设立了地区教育中心，拥有6000多名专兼职教师，学员达10多万人。

学徒培训中心属于半工半读或工学交替的继续教育机构，招收16~25岁接受义务教育后的青年，学制1~3年，由地方政府、工商行会、企业或企业协会主办。同职业高中一样开设普通文化课、技术理论课和企业实习，其办学目的是使完成义务教育后的青年劳动者接受理论和实践整体培训，办学宗旨是适应地区劳动力市场需求。学徒培训中心的教学采取校企合作的形式，即学徒与雇主签订学徒合同，雇主不仅承诺支付工资，还要保证青年劳动者接受系统完整的培训。学徒毕业后，可获得职业能力证书或其他文凭。特别需要指出的是，尽管国家通过立法明确规定实施继续教育是企业要履行的责任，但是为调动企业参与学徒培训的积极性，国家对参加学徒培训的企业给予补偿性补助。

法国各高等院校大多设立了专门的继续和终身教育机构，配备有专兼职教师，根据各类培训目标制定相应的教学大纲，并按规定发放各种文凭和学位。其教学与培训是根据社会发展的不同需要而开展的，学制灵活，内容多样，具有很强的针对性、实用性和时效性。大学远程教育中心是高等院校继续教育的重要机构，也称作大学广播电视教学。参加中心学习的人一半为在职人员，有20多岁的青年，也有年逾古稀的老人。中心招收高中毕业生或同等学历者，开设大学各阶段的课程。由于国家对举办继续教育的高等院校有严格的资格审查标准，高等院校也积极保证提供高质量的继续教育服务。因此，法国高等院校的继续教育具有很高的社会公信度。

(六)教师教育

法国是世界上公认的第一所师范学校的诞生地。从1684年教士拉萨尔创立"基督学校修士会学院"开始，1794年国民公会创办了巴黎师范学校，1833年《基佐法案》统一了师范学校的培养要求，1883年《费里法案》规定师范学校全部为公立机构，实行免费。法国的教师教育经历了产生和确立时期，于20世纪中叶形成了较为完整的教师教育制度。又经过战后几次改革，尤其是1989年颁布了《教育方针法》，建立大学师范学院(IUFM)，负责初等教育教师及部分中学教师的职前培养和在职进修，教师待遇不断提高，从而形成了目前的独具特色的教师教育体系，不仅满足了法国经济、社会和教育发展的需要，也顺应了当今世界教师教育发展的潮流。

1. 初等教育教师培养

法国的初等教育(幼儿学校和小学)教师培养不分专业，实行综合培养，学制为2年。教学计划总学时为1500～1700学时，包括普通教育、专业教育、教育实习和论文。两年中专业教育约占全部课时的一半；实习时间为13周，而且要完成一篇实习报告；第二学年学习结束，还要完成一份专业论文。最后学院要对每个学生进行评估，合格者予以通过，较差的留一级，太差的淘汰。学院把意见报到学区，由学区决定学生是否成为正式的小学教师。

法国初等教育教师资格考试分学区举行，考试的组织、评分、资格授予等事宜由学区负责。考试分为初试和复试，初试包括法文和数学两项笔试。通过初试者参加复试，复试有口试、笔试、体育。各学区根据国家按预算下达的名额确定考试合格人员，考试合格者成为实习教师，进入第二学年的学习。

2. 中等教育教师培养

法国中等教育教师的培养学制也为2年，实行分专业培养，教学计划总学时为1000～1500学时，包括普通教育、专业教育、教育实习和论文。通过入学考试取得在IUFM学习资格的学生，第一学年由大学负责专业课教学，学院负责教育理论、教学法知识的教学，同时安排两周的实习。第一学年结束后，要参加由教育部组织的教师资格会考，考试合格者成为实习公务员，进入第二学年学习。第二学年学习包括校内教学和实习，教学课程主要为专业教学法知识，也包括教学技能训练，对学生的心理指导等。实习分为两种：第一种为责任实习，到中学完全负责一个班的教学工作，时间上贯穿整个学年；第二种为指导实习，学院给每个学生配一位辅导教师，时间为20～30学时。第二学年结束时，同样要写出实习报告和一份专业论文。最后接受大学师范学院组织的评估，合格者由学院报学区批准，成为正式的中学教师，可在全国范围内选择工作。

中等教育教师聘用会考全国统一组织，分类进行。大学师范学院一年级结业的学生，根据自己的意愿和所作的准备可参考下列教师资格之一：中等教育教师资格证书、体育教师资格证书、技术教育教师资格证书、职业教育教师资格证书。除体育教师外，各种中等教育教师资格的专业划分都比较细，均有二三十种，每一个专业设一个考试委员会，负责考试的命题、组织等相关事宜。考试也分为初试和复试。初试一般是2～3门笔试。初试结束后，考试委员会根据成绩确定参加复试的考生名单，上报教育部长审批。复试一般是2～3门口试和实践考试，大多包括一次模拟教学。复试后，考试委员会根据本专业的录取名额择优录取上报教育部长，部长在审查后分专业公布录取名单。为了保证教师质量，国家采取的态度是宁缺毋滥，成绩达不到要求的考生，即使还有名额空缺也不予录取。

从1991年开始，除高级教师的资格考试准备继续由大学和高等师范学校负责外，全部中小学教师的职后培训都集中于大学师范学院。IUFM在职培训的招生办法是，每年教育部提前公布培训班的目录(培训主题、对象、时间、地点、报名方法等)，教师自愿报名，由IUFM和报名者所在学校校长协商审批。

3. 教师职后培训

法国教师的职后培训采取省、学区、国家三级组织管理模式。学前和小学教师的职后培训由省里负责，具体由 IUFM 在本省的教学中心——原本省师范学校和地区教学培训中心等组织实施；中学教师的职后培训由学区负责管理，具体由 IUFM 组织实施；专业性较强、培训量较大的培训由国家组织，IUFM 作为主要的培训机构参与培训。

法国教师职后培训的形式主要有三种：第一种是长期综合培训，时间为 4～12 个月。通常有综合培训班、改换专业的培训班、改变职称的培训班、新技术培训班等。教学工作由学院教师和专门招聘的代课教师(一般为大学、中小学有经验的教师和学校、行政部门的领导)担任。进修课程分为 5 个不同的程序：参观—讨论—培训—实践—再培训，它使教育理论与教育实践得到了积极的结合，十分有利于在职教师理论素养和实际能力的进一步提高。 第二种是中期特定培训，时间为 1～2 个月。主要是专业性较强的专题培训，内容较为广泛，有教育理论培训、学科知识更新培训、学科教学法培训、教学能力培训、技术教育培训、特殊儿童教育培训、落后地区教育培训等。教学工作也主要由教师培训学院教师和专门招聘的代课教师承担。第三种是短期进修班，时间在 1 个月以内。培训内容更为广泛和具体，如学生代表在校内管理中的作用、移民子女的入学与整合、学校工作计划及其地位等。培训形式提倡互教互学，共同研习，教学工作主要由 IUFM 二年级学生担任，作为其正式实习课。

此外，法国还有主要由民间团体举办、政府资助的暑期大学。暑期大学主要在假期举行，提倡互教互学，培训期较短，一般为 2～8 天，每个班级人数很少，通常为 30～50 人。实际上是各种各样的专题培训班。近几年来，暑期大学在法国发展很快，每年暑期大学的班级都在百个以上，参加者数以千计。

第三节 法国教育给我们的启示

一、法国基础教育对我国基础教育发展的启示

1. 加大教育投入

在众多发达国家政府财政预算中，仅有法国政府对基础教育的财政投入超过高等教育，这一财政制度有效保证了法国基础教育稳定均衡发展。我国政府在教育投资上大力倾斜于高等教育，基础教育资金较为短缺并且基础教育发展往往与当地经济发展水平紧密联系，导致我国教育发展不均衡。对于教育经费也缺乏科学管理，学校乱收费现象层出不穷。对此，我国应完善教育投资分配，加强教育经费监管，促进各地区基础教育均衡发展。

2. 重视教育平等

法国在改革的进程中实施的"教育优先区"政策是一项向弱势群体倾斜的政策。给处于不利社区的学校在教学、师资、政策等方面予以特殊支持，缩小不同社区教育发展的差距。"优先教育区"的设立有效地解决了处境不利的社区学校的教育质量与儿童失学问题。我们应提高教育平等意识，打破地方保护政策，缩小教育区域差异，深化教育公平，提高教育质量。

3. 重视公民教育

公民教育也被称为国民教育或公共教育，是指由国家组织的，以培养公民形成正确行使公民权利和履行公民义务的能力的教育。就目前法国中等教育体系来看，初一年级的公民教育从人的权利和义务的概念出发来构建，初二和初三年级围绕着构成民主社会的价值观念来展开，初四年级则突出法兰西共和国、欧洲和当今世界中的公民资格维度。高中三个年级的学习主题依次为："从社会的生活到公民的资格""制度和公民资格实践""经受当今世界变革考验的公民资格"。相较而言，我国缺乏一个成熟的公民教育体系，没有各个阶段、各个层次的公民教育的培养目标。因此，我们应该科学编排合理有序的教学目标和内容，提高公民教育方法的实践性。

4. 构建方向指导体系

法国方向指导机构建立了从国家到学区到学校的层层网络，使专职人员、学校、教师、家长与学生更好地沟通和合作，为学生发展方向的选择减少失误。这种方式更加关注每个人的差异，对不同的对象给予不同的教育，形成不同的发展规划，避免国家人力资源浪费。目前我国就业形势严峻、人力资源得不到有效分配，建立方向指导体系显得尤为重要。我们应帮助学生建立自己的发展目标并规划未来，更早地明确自己的人生定位，让每个学生人尽其才。

5. 重视教师队伍建设，提高教师待遇

法国的教师属于公务员，每三年可以增加一次工资，优秀者不满三年就可调整。法国政府坚持中央直接统一管理的教师政策，这种政策更利于教师的调动，可以平衡全国不同地区之间的教师资源，更利于教育公平的实现。我国应制定严格的教师选拔任用制度，加强对教师的培训，注重教师的调配。此外，提高教师待遇是建设优质师资队伍的基础。

6. 重视"个性化教学"

从 20 世纪 90 年代开始，法国学校通过加强教学的连续性、适应性和多样性，让每个学生都能取得成功。这种"个性化教学"能让法国学生在公平的学校教育中找到适合自己的个性化成长道路。我国学生普遍动手能力差，缺乏创新意识。教育应发掘每个学生的个性与优点，切实提高学生能力，为个人自我价值与社会价值的实现打下坚实基础。

二、法国高等教育对我国高等教育发展的启示

1. 重视全民教育与精英教育

法国的高等教育系统是"二分式"，即法国学生接受高等教育的渠道并不是单一的，在中学毕业后，他们可以选择注册大学，即国立大学继续学习，不用交学费，只需交少量的注册费，也可以通过两到三年预备班的学习(相当于大学的第一阶段)，然后经过全国统考报考高等专业学院。也就是说，在法国只要想读书，一般都会如愿以偿，这就体现了法国高等教育的全民性。而很著名的高等专业学院，每年招生的人数不多，录取率极低，竞争更加激烈，这一部分学生可以看成是法国的精英，一般都会成为法国工商界或政界的骨干。从此可以看出，这两个系统具有很强的互补性，避免了我国统一高考、"千军万马过独木

桥"的窘境。而且，我国目前所具备的教育资源已经足以在高教领域开展注册制，即开放一部分地方大学，允许高中毕业生自由注册，以便更好地保障民众的受教育权。

2. 注重教育教学质量

在法国，所有的高中会考合格者都可凭成绩进入大学继续深造，可以说大学教育的门对所有的人是敞开的。但这并不意味着进了大学就万事大吉，因为每个阶段都要淘汰一批学生。尤其是大学一年级和二年级淘汰率很高。有些大学第一年的淘汰率高达 40%左右，第二年到第三年也有 20%左右的学生被淘汰。由于高等专业学院每年的毕业生不能满足社会的需要，因此大学也承担起培养各种专业人才的任务。为了保证这些专业的声誉，校方对教学质量和学生的要求都很严，每年仍有一些学生由于成绩不良或者自愿放弃而中止学业。所以，我国应该加强对高校教育质量的监督和评价，尽快完善教育质量的评价体系，以确保我国高等教育的质量和声誉。

3. 完善大学生的实习制度

在法国，大学生每个学期都必须到企业去实习，很多著名的企业都与大学建立了这种联系。学生可以选择校方或导师推荐的实习企业，也可以自己寻找。实习分带薪与不带薪两种，其中带薪实习非常受广大学生的欢迎。如果学生在毕业前能找到自己满意的公司去实习，并得到老板的赏识，毕业后就有可能继续在那里工作，因而这样的实习也是学生择业的一个重要途径。目前，我国高校正在尝试建立这种实习制度，并且有些高校已获得了可喜的成效。

4. 共享高等学校的教育资源

在法国，授课的教授会是来自不同的大学一些专业学院，这种共享可以使学生得到各个专业最有水平的教授的指导，是人力资源最好的利用。除师资外，法国很多著名的实验室也都是几个大学与国家研究中心合办的，这不仅仅提高了实验室的利用率，还可以节省很多不必要的开支。显然，在我国同样应当提倡校际合作，实现教育资源的共享。

三、法国职业教育对我国职业教育发展的启示

1. 关注并不断提高职业教育的社会地位

为了提升职教地位，法国采取了诸多有效的措施，诸如给予职业教育与普通教育同等社会地位、增强社会对职业教育的认同感、关注毕业生的社会生活状况、重视职业教育自身教育质量的提高，等等。我国的职业教育一直是各类教育中的"备胎"，要消除人们对职业教育固有的错误观念，主力军是政府。并且，我国职业院校主要的资金来源是学费，这加剧了本来就处于弱势地位的职教困境。政府除了加大投入外，还需宏观引导、鼓励社会各界对职业教育的资金支持。

2. 构建并提供职教发展的广阔空间

法国的职教体系发展完善，呈立交桥式的结构，尤其是普通教育和职业教育的相互融合，为法国职业教育的发展提供了更为广阔的空间。而我国职业教育的发展空间极为狭窄，普通教育和职业教育分离，学生一旦选择职业教育，就很难踏进普通教育。这种直线式职

业教育因"一选定终身"让人望而生畏。因此,我国职教应学习法国的体系结构,搭建普职衔接、校企衔接,提供广阔的职教发展空间。

3. 实施职业教育免费化

在法国,各级各类的职业教育都是免费的。我国目前正处于职业教育免费化改革的起步阶段。2009年12月14日,国家出台了《关于中等职业学校农村家庭经济困难学生和涉农专业学生免学费工作的意见》(以下简称《意见》)。《意见》对中等职业学校免学费工作提出了4条意见:充分认识免学费工作的重大意义;免学费工作的基本原则和主要内容;实施免学费政策的配套改革措施;实施免学费政策的工作要求。从国家长期的发展角度来看,职业教育免费化的政策是一项具有十分重大意义的民生工程,不仅可以减轻学生家庭的经济负担,而且可以促进教育更加公平、社会更加和谐。

四、法国师范教育对我国教师教育发展的启示

1. 建立开放统一的培养教师模式

法国对教师的培养实施的是统一教育框架中的策略,而不是各个师范学校实行的单独培养制度,这从制度和政策层面,为教师在专业素质、教学能力、知识结构等方面的培养提供保证,同时有助于对学生进行递进连续的培养。但是我国教师教育在教师培养的模式上出现了断裂,并对学生全面发展具有很大影响。所以,我国的师范大学应在进行综合化改革的同时,构建起以师范作为教师教育主体,联合各个综合大学积极参与的模式,让培训和教育紧密结合,体现出开放而统一的教育思想,建立起完整的教育体系。

2. 建设专业化的师资队伍

法国在教师任用和选拔上建立了严格的制度,非常重视教师的招聘过程,并加强择优录取。在法国,通常取得中小学教师的资格,要经过三轮考试:外部考试、第一轮内部考试、第二轮内部考试,总的通过率仅为20%左右。申请教师的人数与最终取得教师资格的人数比高达4.13∶1,这样就有较大的选择余地。我国各个地区在教师任用方面仅凭借应聘者的受教育文凭作为教师考查和录用的基础,严重忽视了优秀教师应该具备的实践能力和与学生沟通、与学校适应的其他能力的重要性。所以我国应该借鉴法国任用教师考试的制度和相关方法,除了必要的笔试、口试之外,还要增加对应聘教师的各种专业素质以及对实际教学方法和能力的考验,并将这个成绩作为是否录用的基本条件和依据。

3. 改革教师教育的课程结构

法国的教师教育先培养学科知识,后进行教师专业教育,重视培养学生教学能力,不但在大学阶段就为学生安排大量实习机会,而且还以制度的形式对学生在校学习期间从事实践教育活动进行特别规定。我国的教师教育更加重视学生课本上的知识教育,缺少实践操作能力的培养,实习时间设置比较短,经常出现教育实际和教育理论严重脱节的现象。所以,为了更快更好地全面提高我国教师的综合素质,各个师范院校要在教育理论学习的同时增加实习的时间和比重,将学生实习作为学习的必要延续,并最大限度地增加学生应变能力和实践能力。同时,还可以成立教育机构并组织资深教师和专家对学生实习进行指导,保证学生实习的质量,为将来投身教育事业打下坚实基础。

本 章 小 结

　　本章首先阐述了法国教育的演进过程，重点介绍了法国现行的教育行政体制、现行学制及各级各类教育。法国政府通过多年的努力，建立了迄今为止世界上最为均等的教育体系。法国教育实行的是自上而下的中央集权制分层管理模式。在中央层面上，国民教育部是中央级的最高教育行政机关；在地方层面上，学区是法国最大的地方教育行政机关。2012年奥朗德政府上台以来，在中央政府的组成中，基础教育由"国民教育部"来负责，高等教育则由"高等教育和科研部"负责。法国现行的学制分初等、中等和高等三级。初等阶段包括学前教育和小学教育，中等教育包括初中教育和高中教育。学前教育1～3年、小学5年、初中4年、高中3年。

　　本章还阐释了法国的教育发展对我国教育改革的启示。进入当代，法国教育制定了许多高效率的教育政策，积累了许多独具特色的发展经验。尤其是法国的基础教育，在统一管理、公平均衡的大框架下，实现了人力资源的优化产出，这和有着类似教育管理体制传统的中国，有着相当程度的可比性和参考价值。另外，法国大学生的实习制度、开放统一的教师培养模式以及职业教育免费化的实施，无疑也为我国的教育改革提供了宝贵的经验。

【推荐阅读】

[1] 王天新. 法国教育研究[M]. 上海：上海社会科学院出版社，2011.

[2] 王晓宁，张梦琦. 法国基础教育[M]. 上海：同济大学出版社，2015.

[3] 霍益萍. 法国教育督导制度[M]. 北京：人民教育出版社，2000.

思考与练习

一、名词解释

1. 大学校
2. 三轨制
3. 定向帮助计划

二、简答题

1. 简述法国现行的管理制度。
2. 简述法国教师职后培训的形式。
3. 简述法国大学的精英教育。

三、论述题

1. 请结合实际阐述法国基础教育对我国基础教育发展的启示。
2. 请结合实际阐述法国职业教育对我国职业教育发展的启示。

你们每个人都有自己的长处。你们每个人都可以做出自己的贡献。你们对自己应尽的责任就是发现自己的能力所在。而教育能够提供这样的机会。

——美国前总统奥巴马对中学生的励志演讲：我们的教育我们的未来

第五章　美国教育

本章学习目标

➢ 了解美国的国情教育改革的历史，掌握新世纪美国教育改革的内容。
➢ 掌握美国现行教育行政体制、学制结构。
➢ 分析美国初等教育的特点、中等教育和高等教育的任务。
➢ 学习借鉴美国教育发展经验，推动我国基础教育改革。

核心概念

赠地学院　《国防教育法》　发现法　《2061 计划》　特许学校　《不让一个孩子掉队法》　学区　《共同核心国家标准》　《每个学生都成功法》

学习指导

本章的重点是美国新世纪教育改革等内容和现行教育，包括小布什和奥巴马教育改革、教育行政体制、教育经费、学制结构、现行初等教育、中学教育与高等教育的特点。在学习的过程中，首先了解美国的国情和文化背景；其次要仔细阅读教材，理清美国教育发展变化的脉络，掌握相关的知识；再次，要对比中美两国教育的异同，归纳可供我们学习的经验。

拓展阅读：美国基本国情

美利坚合众国(United States of America)，简称美国，旧称花旗国，是一个带有民主、分权、制衡传统的联邦共和国，位于北美洲中部，面积 937 多万平方公里。2016 年 6 月人口统计达 3.24 亿，其中白人占 2/3 以上，黑人占 11.6%，美国是一个移民国家，40%人口为移民。美国人口普查局估测平均每 31 秒钟就多一位新移民。来自不同民族、不同国家的人民创造和发展了美国文化。美国精神(American Dream，美国梦)，是一种相信只要在美国经过努力的奋斗便能获得更好生活的理想，号召人们通过自己的勤奋、勇气、创意和决心迈向繁荣，而非依赖于特定的社会阶级和他人的援助。非裔黑人奥巴马能成为美国总统就是真实的写照。

当今美国是世界上唯一一个超级大国，经济、军事、科技和教育实力全球第一，在全世界的经济发展、政治实力、科技创新、军事技术力量、文化传播与渗透、外交关系规模等众多领域的庞大影响力都领先于他国。

美国经济繁荣、科学技术发达、人民生活水平很高。目前工业城市和专业化城市发展迅速，城市规模不断扩大。以电子计算机为中心的电气化设备除遍及工业、交通、农业、商业、文化、卫生和科技事业外，还深入个人和家庭。美国在工农业生产、交通运输、文化教育和社会服务等方面已经实现了现代化。美国是联合国安全理事会常任理事国，并对议案拥有否决权。

美军是唯一一支能在世界上任何一个国家、任何一个角落进行大规模区域战争的军队。美国的卫星数量超过400颗，占世界卫星总量的一半以上，军用卫星超过100颗。拥有12个航母战斗群，洲际弹道导弹580枚，在全球有700多个军事基地。"二战"后美国在科技上拥有优势，与国防相关的研究促成了许多技术突破。在军事上取得了近千项重大科技原创成果，军事技术与民间经济保持了紧密的联结，促成了美国的科技和经济发展。经由技术转移，国家经济往往也因此受益。

美国的强大固然与美国的自然条件、综合国力、内外政策和社会制度有必然的联系，也与美国在政治、经济、军事、科技、教育和文化诸方面制定了全面、系统、连续的发展战略有着十分密切的关系。特别是美国重视人才，"二战"末期通过抢夺获取大批科技人才，现在是通过教育培养和技术移民引进人才，这种依靠人才强国的策略值得我们学习借鉴。

第一节　美国教育的演变

根据教育的水平和影响力，美国教育的发展、变革大致可以分为5个阶段。

一、独立前宗主国教育模式的移植阶段

美国是一个移民国家，早期的移民主要来自欧洲。欧洲人与新大陆的土著人分属不同的文化。原居民依靠原始的教育学习狩猎、宗教、礼仪，为适应自然而生存。新移民则基本上是把其宗主国的教育模式移植到新的殖民地，这一时期的教育从民办教育开始，发展缓慢。

欧洲移民们按照自己的意愿办学，在不同的移民区有不同的教育模式，初等教育主要有书写学校、主妇学校、市镇学校、慈善性的贫民学校，中学主要是仿文法学校而建立的拉丁文学校。后来在移植的基础上出现了带有实用倾向的文实中学，并仿照牛津大学和剑桥大学建立了9年学院。当时的教育主要由教会控制，宗教的目的就是教育的目的，各教派办学校教授读、写的基本技能，为本教派服务，比如1636年创立的第一所大学——哈佛大学，以及随后建立的威廉与玛丽学院、耶鲁大学、普林斯顿大学，在性质上都是宗教性的，主要目的是培养牧师。学校规模小、收费高，只能满足部分人的教育需求，上学与不

上学的人的区别就是阶级的区别，上等阶级的子女可接受正规教育，直至读完学院；下等阶级的子女受不到正规教育，很早就得学艺谋生。这一时期的教育情况并非全部都是墨守英国模式，18 世纪中叶富兰克林在费城创办的文实中学已经反映出美国教育向符合自己实际的方向发展倾向。

二、独立后至南北战争前教育的改造和初创阶段

美国独立后至南北战争前，是美国教育的改造时期或教育制度的初创时期。

美国独立时的面积只有 207 万平方公里，后通过购买、兼并和战争不断扩张。各州从联邦获得大量赠送土地，售地收入用来发展公共事业。与大陆扩张和西进运动相对应的，教育经费困难，校舍破败，课程陈旧，难以满足民主政治、产业革命和学术进步的发展需要，社会各界呼吁学习欧洲建立新式学校。

在海外教育冲击下，19 世纪 20 年代开始，美国掀起了一场席卷北部和中西部的公立学校运动，以将各种不同的移民纳入美国这一大熔炉之中，培养适应经济发展需要的新型劳动力。它奠定了美国教育制度的基础，改变了教派控制中小学的局面，加速了义务教育的普及，同时带动了师范教育和文实中学的发展。

在联邦政府的鼓励下，各州大力兴建州立大学，到南北战争前，有 25 个州建立了州立大学，改变了教会垄断高等学校的局面，使得美国教育有了基本轮廓。

三、南北战争至第二次世界大战前教育制度的创新与确立阶段

这一时期，美国完成了第二次资产阶级革命，逐步成为一个工业大国，各级各类教育迅速而系统地发展起来，最终形成具有美国特色的教育制度。

1. 教育地方分权制的确立

1868 年联邦政府设立中央教育机构——联邦教育署。它只负责搜集印发统计材料与情报，管理联邦教育经费，对各州教育系统提供咨询和帮助。州教育委员会依照州教育法实施教育管理，州下面设学区作为地方教育当局，从而形成了地方分权的教育行政体制。

2. 公立中学运动的发展

1821 年，在波士顿建立了第一所公立中学，经费由地方居民纳税维持。1827 年马萨诸塞州制定教育法令，规定城镇满 500 户居民设中学一所，后来各州纷纷仿效，形成了公立中学运动。公立中学运动极大地推动了普及义务教育，到 1919 年各州都普及了 8～12 年不等的义务教育。

20 世纪 30 年代，美国高中教育的发展带来了升学和就业的矛盾。1930 年，美国进步教育协会成立了"大学与中学关系委员会"，制定了一项为期 8 年(1933—1941)的大规模的高中教育改革实验研究计划，即"八年研究"计划。实验研究以进步主义教育思想为指导，从全国推荐的 200 所中学中选出 30 所中学(故也称"三十校实验")，有代表性，实验学校具有较大的自主权，研究主要涉及教育目的、教育管理、课程方法的选择和安排以及评估等四个方面，试图通过加强中学与大学的合作关系来解决这一问题。

3. 中小学学制改革

20 世纪初期美国完成了初等义务教育的普及任务，中等教育改革成为美国学校教育改革的主要内容。1918 年，美国"中等教育改组委员会"提出了《中等教育的基本原则》报告，指出美国教育的指导原则应是民主观念的原则，应使每一个成员通过为他人和为社会的活动来发展他的个性。强调中等教育的七大目标，即健康、掌握基本的方法、高尚的家庭成员、职业、公民资格、适宜地使用闲暇、道德品格。为了有效地实现这一目标，报告建议学校系统要改组学制，使第一个六年致力于初等教育，以满足 6～12 岁学生的需要，第二个六年致力于中等教育，以满足 12～18 岁学生的需要。中等教育可以由初级阶段和高级阶段两种水平构成，每段三年。到 20 世纪 40 年代，六三三制已成为美国中小学的主要学制，并对世界主要国家产生了很大的影响。

4. 中等职业技术教育的发展

为了提高工人的技术和更好地参与国际竞争，1906 年，美国成立了"全国职业教育促进会"，1914 年，美国国会任命了一个专门研究对职业教育提供联邦补助问题的"职业教育国家补助委员会"，1917 年通过了《史密斯-休士法》，规定由联邦政府拨款补助各州大力发展大学程度以下的职业教育；联邦政府与各州合作，提供工业、农业、商业和家政等方面科目的师资训练；在公立学校设立职业科，把传统的专为升学服务的中学改为兼顾升学和就业的综合中学。这一法案的颁布，对美国普通教育和职业教育的发展产生了重要影响。它使得普通教育开始由传统的单一升学目标，转向升学和就业的双重目标，加强了普通教育与现实的联系，加强了普通教育的实用因素。同时，它又为美国职业教育发展提供了有利条件。

5. 高等教育

1) 赠地学院与学术性大学的发展

在南北战争后，美国高等教育有两种发展趋向。一种是继续讲求实用原则，努力兴办切合工农业发展需要的学院。1862 年，国会通过了《莫雷尔法》，规定由联邦政府拨给土地辅助各州兴办农业和工艺学院，培养工农业专业人才。这种学院通称为赠地学院，对美国工农业发展贡献很大。另一种趋向是在欧洲大学重视学术的影响下，努力发展专注学术研究的大学。1876 年约翰·霍普金斯大学首先创办研究生院，学习德国办大学的经验，强调教学和科研统一。学术性大学的发展，提高了美国大学的学术水平和形象。公立大学的发展改变了私立高等学校占主导地位的局面。

2) 初级学院运动

为解决中学与大学的衔接问题，1892 年芝加哥大学的校长哈珀率先提出把大学的四个学年分为两个阶段的设想，第一阶段的两年为"初级学院"，课程类似于中等教育，第二个阶段的两年为"高级学院"，课程类似于专业教育或研究生教育。同年，加利福尼亚大学也对学校体制进行了改革，建立了"初级证书"制度，把大学的四年分为两个阶段，各为两年，规定学生在读完第一阶段取得"初级证书"后，才能继续下一阶段的学习。

初级学院是一种从中等教育向高等教育过渡的教育，学生毕业后可以直接就业，也可以转入四年制大学的三年级继续学习，是美国高等教育大众化和民主化进程的产物，适应美国社会政治、经济和文化发展的需要，成为美国高等教育的重要组成部分，构成了美国高等教育体系中的一个重要层次。

四、"二战"后到 20 世纪末的教育发展和改革阶段

"二战"后，美国为了保持世界霸主地位，要求教育既要保证社会对教育所培养的人才数量需求，又要提高国民素养，为其在各方面增强实力提供服务，教育处于快速发展、大幅度改革的时期。

1. 战后初期的教育改革

1) 20 世纪 50 年代末的教育改革

1944 年美国通过了《退役军人重新适应法》，规定由联邦政府供给战争中服役超过 90 天的退役军人入学者以学费和生活费，到 1951 年底共补助了 800 万人，其中进入高等院校就读者 235 万人，入学需求有力地促进了教育的发展。

1957 年当时的苏联成功地发射了第一颗人造地球卫星，使美国政府为之震惊，认为美国科技落后于苏联，而社会各界和公众则把目光投向了公立学校的教育质量上，责备美国的宇航技术落后是学校教育质量下降所致，进而认为这是进步主义教育偏废基础性、系统性，降低学术标准所造成的恶果。随后成立了以哈佛大学心理学教授布鲁纳为主席的十人教育改革委员会，改革的重点是中等教育，提出加深核心课程的难度，采用发现法指导学生学习，同时加强技术教育和师范教育。1958 年 9 月国会通过了《国防教育法》。其中心内容是由联邦政府增拨大量教育经费，加强普通公立学校的数学、科学和外语教学，加强现代技术教育，资助高等学校的教学与科研，奖励科学研究，建立"国防奖学金"，培养第一流的科技人才，以增强国防能力。

2) 20 世纪 60 年代促进教育机会平等运动

尽管 1954 年美国最高法院决定要在学校废止种族隔离，但是许多学区仍然反对黑人儿童与白人儿童一起就学，马丁·路德·金领导的黑人人权运动促使美国国会于 1965 年通过了《初、中等教育法案》，通过立法大力资助弱势群体。社会改良派主张教育的主要目的变为消除贫困和种族歧视，新科学和数学课的讨论让位于补偿性教育和基础课程的提议。这些课程上的变化为贫困儿童提供了平等的受教育途径，以促进他们基本技能的发展。

3) 生计教育计划与"恢复基础"运动

1971 年美国联邦教育总署署长西德尼·马兰提出了《生计教育计划》，也称为"马兰计划"。生计教育并不是特殊的职业教育和职业指导，而是使普通学校中的学生学习职业上的知识技能，了解职业生活。

20 世纪 70 年代中期，受石油危机的影响，教育投入大幅减少，美国学校教育质量每况愈下，已低于"卫星冲击"之前。公众对学校的信任降到最低水平，各界强烈呼吁改进教育，要求"恢复基础"，重视基础知识和基本技能的教学。到 1978 年，有 40 个州制定了"最低限度能力标准"，规定了学生升级和毕业时应达到的水准。

2. 20 世纪 80 年代的改革——学校重建运动

20 世纪 80 年代初期，美国已经在与苏联的激烈竞争中呈现出获胜的迹象，但日本和德

国的快速崛起对美国构成新的挑战。当时，日本的 GDP 已经接近美国的 2/3，到处收购美国的企业，德国的 GDP 已经达到美国的 1/3 以上，美国社会感到一种新的危机。

1983 年 4 月由美国高质量教育委员会发表了题为"国家处于危机之中：教育改革势在必行"的重要报告，奏响了教育改革的序曲。各州纷纷制定较高的毕业要求，统一课程管理，增加对教师和学生双方的考核，提升对教师的资格要求。全国各学区进一步强调计算机知识、家庭作业和基本技能；制定完成学业的最低标准；延长在校学习时间和学年长度。这次改革主要包括以下几个方面：

第一，改进中小学的教育质量：调整课程结构，提高毕业标准，各州纷纷增加了必修课的比例；增加学习日，延长学习时间；加强道德教育，整顿校纪校风；重视创造力的培养。开设思维技法课、创造技法课和创造活动课程。

第二，改革师范教育：建立全国性教师资格审查机构，以制定全国统一的、高质量的教师资格标准；要求所有教师必须经过研究生阶段的培训；建立教育成绩奖励制度，奖金的发放以学生的成绩为准。

第三是高等教育的改革：重新审定各级学位标准；大力提高课程质量，提高对能力和技能的要求——加强管理，使学生把时间、精力和金钱有效地用于学习，并致力于达到标准；密切大学和中学的联系；加强本科教育的主要任务是教学而不是科研；注重本科阶段的综合化核心课程的学习；所有大学应建立与"科研名教授"同等的"教学名教授"称号，给予教学效果显著的教师以特殊地位和待遇；评定学业成绩应有一定的标准。

1988 年公布的《改革中的美国教育》报告认为自公布了《国家处于危机之中》报告的 5 年来，美国教育取得了进步，开始恢复到合理的水平，学生们学习了更多的基础课，但各个层次的改革进展仍旧缓慢。

3. 面向 21 世纪的教育改革

1)　《2061 计划》

1985 年哈雷彗星临近地球，引发人们的强烈兴趣。为了使美国当时的儿童——21 世纪的主人，能适应 2061 年彗星再次临近地球的那个时期科学技术和社会生活的急剧变化，美国促进科学协会联合美国科学院、联邦教育部等 12 个机构借机推出《2061 计划》。这是一份关于科学、数学和技术知识目标的研究报告。认为改革的重点不是放在天才学生或哪门特定的科学科目上，而是为使所有青少年儿童都得到基本的科学(包括物理、化学、生物等自然科学以及社会科学)、数学和技术教育，使他们生活得多姿多彩并富有成果；这种教育应该适应科学知识和技术力量的急剧增长。《2061 计划》作为一项面向 21 世纪、致力于科学知识普及的中小学课程改革工程，深深地影响了美国基础教育课程和教学改革。

2)　教育选择与国家标准运动

20 世纪 90 年代，尽管美国学生的学术能力测验(SAT)成绩逐渐稳定，但教育改革和学校重建运动并没有因此而停止，人们开始强调文化的多样性，联邦政府在建立统一国家标准的同时，鼓励学校进行选择成为 90 年代教育改革的突出特点。

1991 年老布什总统签发了教育改革文件——《美国 2000：教育战略》。其宗旨是改革美国的中小学教育模式，不拘一格地创办全球第一流的中小学，从根本上提高全体美国人的知识和技能水平，使美国在 21 世纪保持世界头号强国的地位。主要内容包括：在 1996

年办成至少 535 所"新型美国学校",向每一所样板学校拨款 100 万美元;确定全国性的教育大纲,建立全国统考制度,统考对象是 4 年级、8 年级和 12 年级学生,统考科目是英语、历史、地理、数学和科学(包括物理、化学、生物和天文),考试由学生自愿报名参加,但是联邦政府将要求大学和雇主在招生和雇工时考虑学生的统考成绩;建立"学校报告卡"制度,即由学校定期向家长报告学生的学习成绩以及学校落实全国教育目标的进度等;改变划地区就近上学的政策,允许家长自行选择学校,公立、私立、教会学校皆可,政府仍将按原来的做法对学生提供资助;对教育和学习成绩突出的教师和学生颁发总统奖金,对优秀教师和在条件恶劣地区工作的教师实行高薪政策,对先进学校实行奖励办法;为扩大优秀教师和校长来源,允许并且从物质上帮助非教育专业毕业但热心教育事业的各类人才转入学校工作。

1994 年克林顿总统提请国会通过了《2000 年目标:美国教育法》,提出了一个全国性的教育改革计划,包括国家教育目标,全国教育的领导、标准和评价,州和地方教育体系的改进,国家技能标准委员会及其成员、经费和职责等部分。主要内容包括:①国家将制定教育标准。②一流的学校必须有一流的教师。将拨专款建立全国中小学教师教学质量审查和认定机构,建立优秀教师奖励制度。③必须作出更大努力,帮助所有儿童提高阅读能力。通过雇用阅读专家、动员大学生参与社区服务、建立公民自愿参加的家庭教师队伍,确保每一个儿童在上完三年级之后都能够独立地读书写字。同时对家长提出了挑战——他们必须每天晚上都同孩子们一起读书写字。④重视儿童的早期教育。⑤每个州都应该给予家长为其子女选择合适的公立学校的权利。家长们的选择将促进学校的竞争和革新,从而使公立学校办得更好。还应该允许更多的家长和教师有可能选择"特许学校",计划 21 世纪将帮助美国创办 3000 所特许学校。⑥学校必须对学生进行品德教育。必须继续加强训令和纪律,支持社区推行校服,采用宵禁以抑制逃学,开除班级中爱捣乱的学生;校园内绝不允许枪杀和吸毒。政府要保证学校是安全的、有纪律性的、没有毒品并且洋溢着美国价值观的。⑦更新和改善校舍与设备。联邦政府决定增加拨款 50 亿美元,以促进各州在 4 年内筹集 200 亿美元来改善学校建筑。⑧美国必须普及 13 年和 14 年的教育,其中包括不少于 2 年的大学教育。⑨在 21 世纪,必须扩大人们一生中学习的机会。让所有的人,不管年纪大小,都必须有机会学习新技能,使通往大学的道路能够成为他们创造更美好未来的通途。⑩必须把信息、时代的力量带进所有学校。克林顿提出,到 2000 年,美国所有的学校和图书馆都要进入信息网络。目前美国 65%的中小学校已经与国际互联网络联通,平均 10个中小学生拥有一台教学用微机,平均 1/3 的家庭都备有孩子用的微机。还必须建立第二代互联网络,美国主要的大学和国家实验室就能以更快的速度进行联络,共同研究出成果;各个家庭的计算机都将成为实验学科的教师和各种文化的联系者。

五、21 世纪美国的教育改革阶段

从老布什开始,美国近几届总统都号称自己是教育总统,把教育改革作为其国内改革的重要领域,试图通过教育改革保持美国的领先地位,应对"金砖国家"快速发展的挑战。

1. 小布什的《不让一个孩子掉队》

2001 年 1 月 20 日,小布什总统提出了他的教育改革方案:《不让一个孩子掉队》(No Child

Left Behind)，这也是布什上任后的第一份立法动议。所涉及的改革方面都是历届政府教育视野中的焦点，但本届政府在加强联邦政府对教育的作用以及加大对教育改革计划资助力度方面显得更为突出，显示了政府对教育改革的坚强决心，同时也清楚地表明了新世纪美国教育改革与发展的方向：不让一个孩子掉队，从而实现中小学教育的整体优异。

教育改革包括以下几个主要事项：

(1) 缩小成绩差距，州、学区和学校必须负责保证所有学生，包括处境不利学生达到较高的学业标准。各州必须建立一套奖罚制度以使学区和学校在提高学业成绩方面承担起责任。

(2) 把阅读放在首位来提高读写能力，"阅读第一"(Reading First)项目下可以获得资助。

(3) 增加教学技术投入，增加灵活性，拟建立一种对肩负改革和责任制的州和区予以特许选择的制度，减少官僚主义。

(4) 对缩小学业差距进行奖励，如果某州未能达到业绩目标以及未能展示学业成绩的成果，那么，教育部长将有权减少该州从联邦得到的行政开支经费。

(5) 帮助家长作出明智选择，学校对家长的报告制度。家长可以通过查询一所学校的各类学生群体的学生成绩报告卡，来了解自己孩子的情况以作出明智的选择。拟向特许学校提供启动资金、设备以建立更为安全的21世纪的学校。

(6) 保护教师，拟赋予教师更大的权力，以解决课堂暴力问题或做好问题学生的工作。

(7) 改进学校安全。增加对学校的资助，以促进校内外的安全以及毒品预防工作。在对校外项目给予资助金时，将允许州政府对宗教组织予以与其他非政府组织同等的考虑。拟向校内犯罪的受害人或陷入持续危险状态的学校的学生提供安全的选择。州政府必须向家长和公众报告学校的安全状况。

(8) 加强品格教育。附加经费将用于向州和区提供品格教育资助金，其目的旨在培训教师掌握将品格培养的内容和活动融入课堂的方法。

2002年，《不让一个孩子掉队》法案开始实施，该法案要求公立学校对学生的成绩承担责任，但是把评估标准的制订权留给了各州。旨在衡量公立学校的教学水平，对不达标的学校予以处罚。最近发表的美国教育系统年度报告指出，《不让一个孩子掉队》法案实施以来，绝大部分就读于美国公立学校的学生学习成绩提高了，不合格学校的数量也在减少。

2007年1月23日晚布什总统发表了国情咨文讲话。在教育方面，着重强调落实《不让一个孩子掉队法》，指出自2002年以来，美国学生的学业成就得到了很大提高，9岁儿童在阅读上取得的进步是过去28年的总和。

2007年，美国在教育领域通过增加教育的灵活性和改革薄弱学校，继续强化《不让一个孩子掉队法》。具体内容包括以下几项。

(1) 提高学业要求标准，加强学生成绩信息收集。各州必须继续向家长提供学生成绩报告，并促使学校担负起提高所有学生学业成就的责任。

(2) 增加学生学业成就的信息透明度，要求各州和国家教育进步评价协会(NAEP)同时提供学生学业能力的各种信息，并由教育部支持进行跨州比较分析。

(3) 赋予家长选择权，刺激学校改革。美国将拨专款改革薄弱学校，为扭转薄弱学校困难局面提供技术支持。在改革中给予各州和各学区更多的灵活性。此外，建立更多高质量特许学校、增加学生获得辅导的机会以及给家长更多信息，将赋予家长对孩子教育的选择权。

(4) 通过建立教师激励基金，对有效提高学生学业成绩和主动到师资短缺学校工作的教师进行奖励，以缩小学生学业成就的差距。

(5) 国情咨文还强调从小学和初中开始，就要加强数学教学。为低收入家庭学生提供奖学金和其他帮助，鼓励他们认真、按时完成高中学业。

2. 奥巴马的教育政策

2009 年 1 月 20 日入主白宫后，奥巴马立即在白宫官方网站公布了教育改革大政方针，既有延续《不让一个孩子掉队法》的内容，又增加了本届政府新的教育主张，如"0 岁至-5 岁教育计划""2009 美国复苏与再投资计划"，从加大教育投入、加强儿童早期教育、提升教师质量、提高教育质量、加强教育问责、扩大教育公平、加强高等教育等方面进行改革。其政策要点包括：

(1) 提高课程标准，延长课时以提高教育质量。在中小学教育领域他主张向亚洲国家特别是中国和日本学习，如增加学时、加大课程难度等。各州提高课程标准，美国八年级学生的课程标准应该比其他发达国家领先两年，并将此视为应对经济下滑的一剂良药。

(2) 力争使美国所有保证过的教育经费兑现，弥补《不让一个孩子掉队法》的资金缺口。联邦教育年度支出将增加 180 亿美元，同时努力使美国在教育研究和发展上的投入翻倍。

(3) 加强儿童早期教育，加大早期教育投入。推出"0 岁至 5 岁教育计划"，使各州在创建和扩大儿童托管与教育方面展开竞争，鼓励各州自愿普及幼儿教育，扩展非营利性的幼儿教育项目，提供可支持得起的高质量服务。

(4) 加大政府资助力量，增加特许公立学校的数量。认同家长为子女择校的权利，承诺创办一批可供选择的公立特许学校，对特许学校的财政投入翻倍，并且支持关闭表现不佳的特许学校。与此同时，奥巴马要求父母肩负起教育子女的责任，确保孩子得到良好的家庭教育和学校教育。

(5) 打破教师"大锅饭"，在教师薪酬上引入激励机制，奖励优秀教师，逐步淘汰滥竽充数的无能教师。推行教师绩效工资，教师的绩效将通过同行评议、学生的考试成绩、课堂评估或其他途径确定。不能胜任工作的教师将被替换，而帮助学生提高学业成就的教师将获得更多奖励。

(6) 大力吸引优秀人才到中小学从教，帮助学校每年招聘 3 万名教师。同时，创建面向大学毕业生的"教师服务奖学金"，在师资极度匮乏的学科领域或地区任教满 4 年的大学生，可获得相当于研究生两年学费的资助。

(7) 高等教育应保持低学费，使中低收入家庭的学生能上得起大学，支持提高奖学金金额并简化学生助学贷款申请程序，受资助的大学生每年从事 100 小时无偿社区服务，可享受一定的退税优惠。奥巴马的目标是 2020 年前美国大学毕业生比率在全球达到最高。

奥巴马要求美国学生更加勤奋努力地学习。他说，无论学校如何创新、教师如何优秀，除非学生自己承担起学习责任，否则美国不会成功。这意味着准时上学、专心听讲、远离麻烦，以及延长学习时间。

2009 年 7 月，奥巴马政府宣布了《力争上游》(Race to the Top)计划，其改革宗旨是保证和督促美国社会不断自我检讨，关注教育的重要性，关注教育的现代性和竞争力。通过竞争性赠款的形式鼓励各州提高基础教育质量，并把拥有优质教师和校长作为获得赠款的重要条件之一。

2010 年 3 月美国联邦教育部通过的《改革蓝图——对〈初等与中等教育法〉的重新授权》，通过改革教学内容、评估体系、学生发展等方面，修改完善《不让一个孩子落后法》，致力于解决基础教育公平问题。

从 2012 年开始，美国进入少数民族为多数的社会(51%为非白人)，新移民的教育问题引起关注。一些中小学不能为大学提供良好的生源，以标准考试为教育评判的制度也不能为就业市场提供有思想、有创意、有能力的生力军。2009 年，盖茨(Bill Gates)等人投入了 1 亿多美金推动了从学前班到高中毕业(K-12)的《共同核心国家标准》(Common Core State Standards，以下简称《标准》)的制定，力图为基础教育提供一个清晰一致的共同核心标准。2010 年 8 月《标准》首先在加州出台，目前已经有 45 个州使用。《标准》包括两个基本改革：第一，科目的覆盖面减少但加深；第二，增加创新和思考，减少单纯的记忆和标准化考试预备。其主要目的是教育引入现代高科技，帮助中小学生更好地做好升大学和就业的准备，并在经济全球化的过程中保证美国学生的竞争力。目标通过以下 6 项具体举措来实现，即强调逻辑思维和合作精神；加深教育的要求和难度；加强对包括文学、科学等不同领域的真实、复杂的文字的理解能力；加强现代信息技术教育，包括计算机的使用，iPad 的使用，网络搜索等；以"智能平衡评价系统(SBAC)"取代"标准化考试和成绩报告系统(STAR)"，在 SBAC 中将包括对写作与合作能力的考查；提高学生的写作能力，在写作中体现审辩式思维。

2015 年 12 月 10 日，奥巴马签署了《每个学生都成功法》(Every Student Succeeds Act)法案，取代了布什总统时代提出的"不让一个孩子掉队法"，删除了取决于学生成绩的奖惩措施，为全美公立学校确立了新责任路线：一方面要保持和提升美国教育的竞争力；另一方面，根据不同地方、社区、学校的具体情况采取更加灵活、多样的对策，给予各民族学生更多的机会。

3. 特朗普的教育主张

2017 年 1 月特朗普就任美国总统，从现有的信息看其教育主张，集中在大力发展特许学校、支持贫困学生择校、弱化联邦教育部和《共同核心国家标准》的影响力等方面。特朗普政府认为学生的选择也会加速学校间的竞争，从而提高整体的教学质量。因此将大力支持特许学校及磁校，有限度地支持学校和学生的双向选择，给有潜力的学生竞争机会，给学校发展自己的教育理念和模式的机会；重新调整现有教育资金的使用优先级，立即投入 200 亿美元到择校项目中，各州政府可随学生去向自主决定将资金投入公立学校或私立学校，为 110 万贫困儿童提供自由择校的机会。此外，提出给予收入低于 50 万美元家庭的托儿服务的税务减免计划，并给"低收入"家庭提供额外的托儿相关的所得税回扣；以减少联邦税费的方式保证大学减免学费和学生债务，保证学生获得两年制或四年制大学的入学机会，或提供门槛更低、费用更低，也更易完成的职业教育。

纵观美国新世纪的教育改革，还是围绕着促进每一个孩子的发展、保证美国学生的竞争力这个战略总目标，在州及地方全体学生、教师、家长以及学校和社区的共同努力下，美国学生在接受丰富多彩以及全面发展的教育的同时，提高其阅读、数学和科学成绩。为此，美国政府不断增加教育经费投入，为教育改革的实施创造条件，调整预算和规划方法，创建卓越绩效和问责制度；努力提高教师和校长的素质，确保每个学校的每间教室都有高素质的教师；实施阅读优先，鼓励对阅读困难者进行早期确认和干预；加强品德教育，确保学校安全。

第二节　美国的现行教育

一、教育行政制度

美国的教育行政是典型的地方分权制。根据美国宪法"保留条款"，教育权掌握在各州手里，实行地方分权制，形成了以州为主体，州、地方、联邦共同负责的教育行政体制，州负有主要责任，地方承担具体责任，联邦具有广泛影响。这种制度一直延续至今。

1. 联邦教育行政

美国联邦教育行政机构主要是联邦教育部，没有权力直接过问地方的教育行政管理和学校的事务，更多的是援助的职能，由教育部长全权负责，其职权是负责分配联邦对各级教育下拨教育经费，统管以前分散在各部门的一部分联邦教育事务。其宗旨是保证全体公民有享受平等教育的机会，支持各州和地方为满足教育需要所做出的努力，鼓励更多的公民、家长和学生参加到联邦政府的教育计划中来，通过研究工作、评价工作和互通情报工作促进教育质量的提高。其下设14个职能机构。目前，联邦主要是通过教育立法、教育经费支持、课程标准制定来影响地方教育。

教育部还设有若干顾问委员会，各顾问委员会的主要职责是向教育部提供制定、实施、检测评价、修改有关教育计划决策的建议，并且每年要向部长和国会提交年度报告、总结和建议汇编。一旦顾问委员会完成了其使命或已无存在的必要，即可撤销。

事实上，美国联邦政府涉及教育事务并不仅仅局限于教育部门，还有9个部门和27个独立的联邦机构通过制定和贯彻全国性教育法、增加与地方合作项目、增加对地方教育的拨款等措施把联邦的教育政策和科技政策渗透到各州，加强对各州教育的实际控制。

2. 州教育行政

州政府的教育责权来自于州宪法，也来自于州立法机关和法院。它与联邦教育部没有直接的隶属关系。州教育行政是独立的。州教育委员会是州教育决策机关，其成员通常有5～9人，2/3的州由州长任命，有的州是选举或推选，任期为3～15年不等。它的职责是：对全州公立学校系统进行监督；依据有关法令确定州教育政策；聘任州教育厅长及其他工作；批准由州教育厅长制定的预算；提供教育咨询服务和教育资料；就本州的教育问题向州长和立法机关提出建议等。在大多数州另设高等教育委员会管理州立高等学校。

州教育厅是州教育委员会的执行机构。州教育厅设厅长一人，副厅长若干人。州教育厅主要有四个方面的职能：制定各项规章制度并督导地方遵照实施，经营州教育事业的实际业务，掌握财务，制定州教育事业发展的目标和规划、研究和开展评价活动。实际上，州议会、州长、州法院均未放松对教育事业的控制，而州长起着重要的作用。

3．地方教育行政

美国各州决定教育行政的基本方针，而把大部分实际管理权委托给学区来行使。学区是美国管理学校最基本的教育行政单位，学区教育委员会是地方教育决策机关，负责制定办学方针。目前美国有半数以上的州，在州教育委员会和学区教育委员会之间又出现了中间学区，负责协调本辖区内的基层学区的工作。

美国的学区划分不一定与行政区划一致，而且不从属于一般行政系统，学区原则上是按学生入学地区来划分的，大小不一。全美国共有 15500 个大小不等的学区，有的学区甚至没有自己的学校。基层学区设有民选的教育委员会，人数在 3～15 人，任期 3～5 年，负责本学区内的教育事务，聘任学监主持日常工作。学区教育委员会的职责是：制定教育计划，编制教育预算，征收教育税，管理教职员的人事，管理、维修校舍，购买教材教具，为学生提供交通工具等。

学区以下是就学片。根据地理、行政、社会、政治等各种因素，由学区教育委员会与行政部门共同划定，原则是根据学生家庭与学校的距离、学生安全不受危害、不致引起种族隔离等条件使学生就近入学，但近年来各州基本上允许学生家长自行择校。

二、教育经费

1．教育经费的来源

美国教育经费的来源多种多样，主要是政府拨款和自筹资金两部分。政府拨款是指联邦、州和市地三级政府共同承担和分担教育经费。

政府的教育拨款大多来自政府预算，即政府日常收入所依赖的各项税收，主要包括个人所得税、消费税和财产税。个人所得税是联邦收入的主要基础，以联邦资助的形式，提供给各州和地方，当然也包括对州和地方学区的联邦资助，但其数量极少，一般联邦将 4.4% 的个人所得税投资于教育。消费税是州支持教育的主要经费来源，通常 1/3 用于投资教育。财产税是地方政府支持教育的主要经费来源，包括土地、房屋、仪器等不动产和股票、债券、机器、家畜、汽车、农作物等动产，学校从地方税收收入中获得的教育资金 95% 以上是由财产税提供。此外，教育税和彩票收入也是州政府教育资金的重要来源。彩票收入分配到教育中的比例不等，有的州可以达到 30% 以上。

学校自筹教育资金主要有教育捐赠、校企联合收入、外国留学生学费收入等。在财政预算紧缩的情况下，私人对学区的捐款已成为教育发展的一项重要资金来源。特殊服务合作、班级合作、教育发展体系合作、管理合作、政策合作等校企合作成为学校教育经费增长的重要渠道。不仅高校吸引了大量的外国留学生，美国中小学过去 20 年里招收的外国学生人数也增加了 3 倍，带来了可观的经济收入。

美国目前私立中小学校占总数的 24%，拥有 700 多万在校生，占适龄少年总数的 12% 左右，70% 以上的私立学校附属于宗教团体(如基督教教会或天主教教会)。私立学校的经费则包括学费、捐赠和基金资助三大途径。私立学校的所有学生都必须每年付学费，小学一般是每年 1.2 万美元，初中为每年 1.4 万美元，高中为每年 2 万美元。私人对学区的捐款已成为教育发展的一项重要资金来源，捐献者一般是学生家长或以前的毕业生，所以各个学校都把校友会看作很重要的资源。有教会背景的私立学校常有宗教方面的基金会提供资助。

高校的经费则主要包括政府财政拨款、学杂费收入(学杂费在私立高校收入里的比重居于首位)、社会捐赠(有的大学近一半的经费来源于捐赠,大学本身有自己的基金会负责管理捐赠资金)、科研与专利销售服务等产业收入方面。

2. 教育经费的支出与分配

美国是世界上教育投入最多的国家,一国的教育经费甚至超过了整个非洲的教育经费,教育在国家财政支出中的比例仅次于国防与国际关系。教育经费占 GDP 总额的 6%左右。联邦、州、学区教育经费分摊的比例大体为 6%、50%、44%,各州差异很大,个别州(如夏威夷、佛蒙特)的州政府承担 80%的经费。

在美国全部教育经费中,小学和中学教育经费占 60%,高等教育占 40%。中小学生每人的教育投入为 9800 美元,纽约州则达到 1.4 万美元。大学生的人均教育投入,则达到了2.4 万美元。

联邦政府只是对教育资金相对说来缺口较大的少数地区和城市,按照公正的原则,提供少量的财政补贴,主要用于低收入家庭儿童中小学项目、学校图书馆、课本与教材、课外教育中心与服务、支持州教育改革、开展教育研究和提高教师技能。

州和地方政府支出中教育经费占绝对优先地位,教育支出占地方政府总收入的 40%,包括学校管理人员与教师的工资、教材和教学设施。州教育拨款主要考虑的两个因素,即学区的学生数和学区的富裕程度。前者统计学区所有 12 个年级平均每天学生数,对小学、初中和高中再分别乘上不同的系数,后者以当地不动产价格和个人收入作为测算依据。此外,其他一些数据可以作为辅助判断标准,如申请午餐补助的贫困学生人数等。

学区负责学生的交通和午餐、学校建筑设施的建设、维护与保养,日常办公费用。

三、现行学制

按照法律规定,美国公民不分性别、种族、宗教信仰都有平等的受教育机会,这是区别于欧洲国家学制的一个显著特点,即单轨制。美国没有全国统一的学制,初等教育和中等教育统一为 12 年。现行学制主要是 6-3-3 学制,也有 8-4 和 4-4-4 学制,后两者一般与初中或高中直接挂通,高等教育 4 年,加上研究生院,总计学程为 20 年左右。义务教育的年限各州不同,多为 12 年,个别州法律规定是 8 年,目前正向普及 14 年的义务教育发展。

(一)学前教育

美国学前教育机构种类繁多,主要有幼儿园、保育学校、日托中心三种。学前教育的目的是为了促进儿童的身体、认识、情感和社会性等方面发展,但全国并没有统一的提法。

幼儿园招收 5 岁幼儿学习一年,一般附设于公立学校,与小学一年级衔接。近年来美国教育界尝试把幼儿园至高中 12 年级纳入统一的公立学校系统,建立"K-12"机制。幼儿园以游戏、讲故事、音乐与律动、美术与手工活动为主,侧重幼儿语言、社交能力及创造性的培养。

保育学校招收 2.5~5 岁儿童,多为私立,半日制为主,根据保教结合的原则,通过游戏、音乐、美术、律动等活动,增进幼儿的健康,促进儿童智力、情感和社会性的发展。

日托中心招收 3 个月至 5 岁以下的儿童,既招收普通儿童,又招收特殊儿童,占全国早期幼教机构的 50%以上,类型多样,全日制与半日制均有。

(二)初等教育

美国初等教育由小学负责实施。小学中公立学校占76%左右,私立学校规模不断扩大,近年来,接受政府资助的特许学校迅速发展起来。小学以六年制小学为主,也有四年制、八年制的小学(多为传统的私立小学)。小学的入学年龄各州不同,一般为 6 岁。小学从 9 月开始新的学年,到次年 6 月结束,上课天数一般是根据州的规则由学区决定,有些州的小学没有明确的学期制度,每天在校约 8 小时(包括午餐和休息时间),上课大约 6 小时,课堂教学约占一半时间。

知识拓展:特许学校

美国特许学校最早出现在 1991 年,是一种政府立法通过,由州或市政府与一些团体、企业及包括教育工作者、家长、社区领导等在内的个人签订合同、互相承诺的学校。私人经营,公家负担经费(与公立学校一样接受州生均费用),不受例行性教育行政规定约束(不受学区教育局的管辖),在聘用教师、经费使用、课程设置、校历安排等方面享有很高的自治权,为例外特别许可的学校,所以称之为"特许"学校。

政府设立特许学校的目的是通过竞争压力,刺激一般公立学校提升学校经营及教学质量。私立学校学费昂贵,多数家庭难以负担,而公立学校缺乏内外部的竞争,没有压力,使许多公立学校毫无生气,导致家长和社会的不满。特许学校的出现,打破了中小学基本上是公立学校独家经营的局面。

特许学校有新建的,也有从公立或私立学校转变来的,学生来自家长主动选择而非学区分配,与政府之间是一种契约的关系,合同期一般为 3~5 年,有的为 15 年。多数属于教育革新的实验学校(有些研究者将特许学校称为政府管制下的市场化改革)。许多法律对特许学校的申请人资格、特许学校的数量和招生人数施加了严格的控制,还对特许学校的自主权做出了许多的限定。学校必须在契约规定期间保证达成双方认可的、以改进学校教学现状为主的经营目标,否则也被关闭,已经有 3%以上的特许学校被关闭。

特许学校学校规模小,多数招生低于 200 人,1/3 甚至低于 100 人。各民族学生均有,是一种大众性的新型选择学校。

美国的特许学校一方面具备公立学校公平、公正、低学费的优点,另一方面又有私立学校重视经营绩效的优点,同时也可以激发各种创新的教育实验。从目前运作情况来看,多数家长和学生对特许学校比较满意。但批评者认为,开办者完全可以将特许学校外包给一些营利性或非营利性的组织来管理,在美国也确实存在许多以营利为目的的教育服务公司(比如美国的爱迪生公司)经营和管理特许学校,以营利为目的来经营特许学校的组织,必然以最低的成本获取最大的效益为准则,那么,一些与提高学生测试分数无直接关系的项目就会被大幅削减,比如社区教育、民主观念以及和公民观念和行为方式等价值教育,许多教育服务公司还可能将办学资金用于其他与教育无关的商业活动。

1. 教育宗旨

美国没有任何正式的、全国统一的教育宗旨。美国全国教育协会的"视导和课程编制学会"曾把小学教育宗旨概括为六条，具有广泛影响。这六条是："增进儿童的健康和发展儿童的体格；增进儿童的心理健康和发展儿童的人格；发展儿童对社会和科学世界的认识；发展儿童有效地参与民主社会的技能；发展儿童的民主生活价值观；发展儿童的创造性能力。"在这样的教育宗旨的指导下，美国小学开展了丰富多彩的教育活动。

2. 课程

美国小学现行的课程分为四类：分科课程、综合课程、核心课程、活动课程。

(1) 分科课程是按小学不同阶段的教学目标和不同学科的性质预先设定的，如算术、美术、音乐、体育、卫生、劳作、外语、计算机等。

(2) 综合课程是把两个或两个以上内容相关的科目结合起来，组成一个比较广阔的学习领域，如：把阅读、说话、拼写、书法、作文合成语文，把自然常识、天文知识合成科学，把历史、地理、政治、社会学、心理学等科目合成社会。

(3) 核心课程是以人类的基本活动为核心组织起来的课程，以小学各年级的特点为依据。人类的基本活动包括保卫人类及其物质资源，商品生产、分配和消费，运输、交通和教育，娱乐、组织和管理，审美和精神生活，创造新的工具和技术等。

(4) 活动课程是在杜威实用主义教育思想指导下，以儿童为中心设计的学校课程，以儿童的基本动机作为课程的出发点，包括：社会动机、建设动机、探索动机、表演动机。目前仍有1/3的美国小学采用活动课程。

通常，小学开设的课程一般有：语文(阅读、说话、拼写、书法)，数学(主要是算术)，社会(把历史、地理、政治、社会学、心理学等科目综合在一起)，科学(主要是自然常识)，美术和应用艺术，音乐，体育，卫生和劳作等。

在美国语言教学中，阅读和写作是其中两个最主要的部分。美国初等学校1～4年级的学生，每天都要集中2个小时左右来进行阅读和写作的学习，学习往往在阅读作业室和写作作业室中进行。另外，学校还会分散安排15分钟到40分钟不等的时间用于词汇拼写、大声朗诵、书本讨论等英语学习活动。

美国小学数学教学的目的在于培养学生算术计算的技能和解决实际问题的能力。在数学教学方法上注重利用具体的实物来帮助儿童学习抽象的数学，甚至于又出现用手指计数的方法来帮助儿童学习数学。

3. 道德教育

美国小学特别重视德育工作，道德教育是小学教育的重要内容。小学德育通常包括以下几方面内容：行为规范教育、道德品质教育、公民教育、纪律教育。

(1) 行为规范教育是美国小学道德教育的重要内容。不同地区、不同民族、不同学校的道德规范不尽相同，但自律、诚实、信赖、勇于认错、不侵犯他人权利、有礼貌、爱护他人财物、遵守法律等人类共同追求的优良品德始终是共同的内容，通过口号、信条、誓言、准则等形式让学生了解并严格遵守，一些学校还制定了具有特色的学校守则和班级守则，甚至对学生休息也做了明确要求，接受校方的一切规章和管理制度是许多学校学生注册的先决条件。

(2) 美国小学通过专门的课程对学生进行道德品质教育，特别强调价值观教育。借助于班会、讨论座谈、角色游戏、讲故事等形式，要求学生拥有的价值观包括：诚实、真诚、善良、勇敢、容忍、自尊、助人、机会均等、言论自由、选择自由、公民权利与义务等。在教育过程中比较重视教师的态度和榜样作用，善于借用学生身边的真实素材，而且不刻意追求榜样人物的完美性，多种多样间接渗透的教育方法收到了良好的效果。

(3) 培养社会良好公民是美国教育的目的，公民教育始终是美国各级各类学校教育的重要内容。爱国主义教育是美国学校公民教育的核心部分。美国小学爱国主义教育形式多样，潜移默化。一般学校校园都要悬挂国旗和所在州的州旗，教室也悬挂国旗，唱国歌时要求右手放在胸前；还通过组织学生参加各种社会活动，参观、访问、旅游，让学生了解美国历史上的重大事件、美国的文化和各民族的传统，很少讲大道理，却直观、形象地从小培养孩子的民族自豪感。

(4) 纪律教育贯穿小学教育的始终。儿童一入学，校方就将学校的纪律和校规向儿童和家长交代清楚，以便保证课堂纪律和校园秩序。

4. 教学组织形式与教学方法

美国教育的多样性特点突出表现在教学组织形式与教学方法上。

1) 教学组织形式

(1) 小学的教学组织形式从纵向上可以分为分级制、不分级制和多级制。①分级制是根据学生的年龄划分年级，每个年级都有自己的学习任务和内容，方便管理；②不分级制指按学生的学业成绩或学习能力而不是按年龄分组组织教学，学生之间的水平差异缩小了，有利于提高学习效果，但管理复杂；③多级制也称弹性升级制，在保留年级的同时，允许学生跨年级学习不同的学科，美国小学的班级授课制并不严格，学籍管理比较灵活，允许学生跳级，这可以使他的某些才能得到发挥，又不致因某些学科跟不上而丧失学习信心。如一个 9 岁的学生语言能力较强，他的数学可以随正常的三年级一起上，而美语则可以随五年级上，外语又可以在四年级上，三种形式各有优缺点。

(2) 小学的教学组织形式从横向上看则有包班制、科任制、双重进度制和小队教学。①包班制是美国规模略小的小学及中低年级比较流行的一种形式，即由一名老师负责一个班级的全部科目的教学，教师整天与固定的学生在一起以更好地了解学生，并根据学生的实际情况灵活地调整课表，为学生提供整体性的学习计划。②在较大的学校及高年级通常采用科任制，即由一名教师专门负责某一门学科的教学工作，以保证学科教学的质量。③双重进度制是包班制和科任制的综合，通常由一名教师指导学生学习语言技能、阅读和社会研究，另外由数名教师分别教授数学、科学、艺术、音乐、体育、外语等课程，从而既可以从多名老师那里获取多方面的知识技能，又能长期与一名老师接触，增进彼此之间深刻的了解。④小队教学又称协同教学，一般是由两名或两名以上在教学上有默契的教师组成小队，根据一组学生的特殊要求，采用灵活的教学计划和分组方法，分工协作，共同施教。

2) 教学方法

在教学方法上，美国绝对是世界上最多样化的国家。除了早期的讲授法、讨论法、问答法、演示法、实验法、练习法等基本方法外，美国教育家们还从美国政治、经济、科技、社会发展的需要和学生的兴趣、动机等个性差异出发，注重个别化教学法的改革，以新的教育理论、心理学理论及其他相关学科新的研究成果为依据，创立了许多符合时代要求的新教学方法。这些方法中有在某种特定教学组织形式下采用的方法，如帕克汗特的道尔顿制教学法、沃什伯恩(旧译华虚朋)的文纳特卡制教学法，更多的是针对前一时期僵硬教学方法进行改革而提出来的方法，如杜威的问题教学法、克伯屈的设计教学法、斯金纳的程序教学法、布鲁纳的发现教学法、布卢姆的掌握学习教学法、奥苏贝尔的意义接受学习教学法、罗杰斯的非指导性教学法、兰本达的探究——研讨教学法、塔巴的归纳思维教学法、小组协同教学法、个别规定教学法、批判性思维教学法、创造教育的教学方法等。

需要说明的几点是，一是美国教学方法的出现，心理学家的贡献特别突出，将心理学的研究成果运用于教学方法的研究与改革是美国教学方法研究与改革取得重大突破的一个重要因素；二是教学方法的改革与产生往往与课程、教材的改革联系在一起的；三是教学方法的研究非常重视理论研究与实验研究的结合。

无论采用哪一种教学方法，美国小学教学中都比较注重学生的个性，不强调以统一模式"铸造"学生，注重培养组织、演说、社交能力，而不是包揽学生一切事务，教学管理气氛轻松，众多教学科目教师只负责组织，教师布置任务后具体的工作由孩子凭想象独立完成。除算术、英语、科学等课程外，其他课程均以活动形式进行，如游戏、绘画、手工制作、植物栽培、表演等，给人一种"玩"的印象。针对孩子爱玩的天性，学校经常组织学生外出参观、旅游，使他们接触自然、认识自然、了解社会。美国的风景名胜区、博物馆、展览馆等历史和文化设施均对学生参观优惠，甚至免费开放。

由于美国小学教材内容不深，作业量少，生动有趣，与生活、生产联系密切，形式大都符合孩子的心理，完成的要求限制较少，有助于开启孩子们的想象力、创造力，评语以鼓励性为主，师生关系相对平等、融洽。

5. 学校管理

美国小学的管理是在法律的约束和保证下进行的，几乎所有的教育领域都有相关的法律规定。义务教育阶段儿童必须上学，否则家长会被起诉。低收入家庭的儿童、无人照管的儿童都将得到地方教育机构的援助。对残疾儿童各州要提供免费的、适合的、个别化的教育，并要配备完善的辅助设施，以确保残疾儿童从教育意义上受益于该类教学。

美国的学校实行学区理事会(教育委员会)领导下的校长负责制。

学区理事会(教育委员会)包括地方的各界人士，大多由选举产生，也有任命的，是各地学校教育的决策与评估性机构，其合法权利有保障，其他机构对教育委员会的行为不能行使任何否决权。定期召开会议，讨论学校的问题并向社区公布，包括建立学校、课程设置、校长和教师聘任、教学问题、各类学生培养等。

教育委员会的执行机构为学区办公室，设学监，直接对学校实施行政领导。学区学监是教育委员会的主要行政领导，也是小学校长的行政领导，同时还是学区教育事务的督导长、联系学校与学区教委的中间人，所以学监是美国学校管理的重要角色，负责学区教育的规划、开发和视导，需要参加学区教育委员会的所有会议，对所有问题提出建议，执行委员会的政策和条例，提名校长和学校所有人员的人选。

校长是小学的行政首长，向学监负责，执行学区理事会(教育委员会)的有关决议及管理学校日常行政事务。一般一所小学只设一名校长，下设秘书或管理助理。小学校长都有硕士学位，受过学科专业知识的系统教育和学校管理知识的专业培训。学校如果需要聘请校长，由学监发布公告，具备条件的人可以提出申请，经学区理事会讨论通过后任命。

目前越来越多的美国学校雇用公民顾问委员会参与学校的管理。公民顾问委员会成员包括社区的主要领导成员、公益人士、家长代表等，规模多为 15～45 人，他们可以参与学校长期发展规划的制定，对课程的修改和重要的人事、组织变动提供建议和意见，协助学校食堂建设、操场管理等。美国公立小学的课本一律由学校免费提供，但书本不是属于学生所有，学期结束后须归还，留待下学期的学生使用。公立小学为学生提供午餐，学生家长也可以自由决定是否让子女用学校的午餐。不喜欢集体午餐的家长可以为子女准备午餐。

美国小学一般不大重视天才儿童的教育，认为初等教育是公民教育，是为了培养合格的公民。因此，校长管理职责中的重要任务之一，就是采取相应的措施，对于因各种原因而可能不合格的儿童予以关注。学校中还有自愿辅导员，为学生提供个别或小组辅导。

美国小学在教学管理上采取一律升级制，各州组织统一考试确定最低学历标准，以学生平时的学力检查和学力适应性测验的资料作为升学的依据。教学语言以美语为教学语言，同时为不同民族的学生提供本民族语言学习。

美国现行学制如图 5-1 所示。

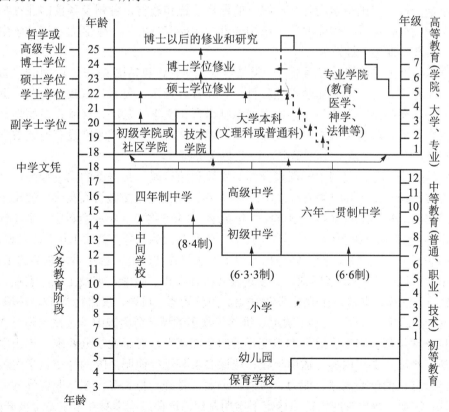

图 5-1 美国现行学制图

(三)中等教育

美国中等教育已基本普及，凡受过小学教育，一般年满 12 岁的儿童，即可进入各种中学。中学有四年、六年和三三制三种，公立中学占 90%。三三制中学指初中和高中各 3 年，这类中学高中阶段设有为升学做准备的学术课程、为就业做准备的职业课程和学习基础知识的普通课程。六年制中学把初中和高中合二为一，前 3 年实施普通教育，后 3 年实施分科教育，即学生分别选修学术课程、职业课程或普通课程。四年制中学意味着该学区小学实行的是八年制，这类中学既有实施普通教育的普通中学，也有实施专科教育的专科学校和实施特殊教育的特殊学校。教学多采用分级制，也没有分文理科班之说。

1. 教育宗旨

美国中学的教育宗旨表述不一，影响最大的仍然是 1918 年中等教育改组委员会提出的七大原则：保持身心健康；掌握学习基本技能；成为家庭有效成员；掌握就业知识和技能；胜任公民职责；善于利用闲暇时间；具有道德品质。一般围绕教学、指导和服务三项任务开展教育。

2. 课程选择

美国中学教学以学生为中心，围绕课程选择、学分考核、能力培养、资质认证等环节有序展开。

与小学一样，美国中学没有全国统一的课程设置和教材，各州及各校的课程都必须是使学生全面发展，课程知识面要广，结构要合理，能充分发挥学生潜力，调动学生学习积极性、主动性，促进个性发展。

从学术标准上看，课程有两类：一类是学术性科目，包括语文(美语)、外语、数学、理科、社会学科等；另一类是非学术性科目，如体育、音乐、美术、家政、工艺、卫生等。每一课程并不单指某一学科，比如语文就包括语言、文学、语法、修辞、新闻学、戏剧学等多种内容，而文学有美国文学、英国文学、世界文学等，数学通常设有普通数学、混合数学、代数、几何、三角、经济数学、商业数学等科目。

从实施要求上看，美国中学课程分为必修课和选修课。必修课的比重较高，"卫星事件"后美国已经开始重视中学的必修课，1983 年"全国高质量教育委员会"提出了高中基本必修的建议：4 年语文(每年一学分)、3 年数学、3 年科学、3 年社会科学、半年计算机和 2 年外语。其他必修课因校而异，许多学校规定体育与卫生 1 年、美术 1 年、技术教育 1 年。近年来必修课更加受重视，所占学分也比较多。选修课比较多，约占学分总数的 1/4～2/5，大部分中学可以开出 100 多门课，大多讲授实用性知识、技能，涉及工业、农业、林业、商业、经济、法律、文秘、外语(主要为法语、西班牙语、日语、汉语)、家政、环境、通信、驾驶、制造、建筑、财会、时装、食品、维修等众多领域，全美国中学选修课超过 2000 种。通常学校每学年都会向学生提供本年度开设的全部课表，对毕业学分要求、年级学分要求课程性质、难度、课程内容、适用年级、选课要求等进行简明清晰的介绍。学生根据学分要求并结合自己的学业成绩、能力、潜力、志向、爱好、特长等，在专职咨询教师辅导下自主选课、注册，每学期结束前应选定下学期课程。选课过程本身对学生是个很好的锻炼，初中生大都按一般要求选课，高中生则充分考虑学业负担、学业成绩、自身发展规划等因素，选择十分慎重。

另外为了应付许多社会问题，高中常增设一些应急课程，如性教育、安全教育、消费者教育、防范毒品教育、全球教育等。

3. 学分与评价

美国中学 9 年级开始采用学分制，学校只规定每个年级最低毕业学分要求，对课程种类、难度无统一要求，学生在学业上享有最大限度的自主权、主动权，各层次学生均可按自身条件，各取所需，各得其所。平时成绩、作业情况、出勤率和考试成绩共同构成学业成绩，学业成绩与课程难度综合形成学分值，类似于跳水比赛中对动作难度与动作质量的综合评判。完成上一年级学分才能进入下一年级，修满全部学分准予毕业，学生在 4 年内完成高中规定的学分，一般美国高中学生需要完成必修课 16～20 学分，选修课 2～7 学分才能毕业，如果想申请进入名牌大学及申请奖学金，就必须积极参加社会活动，选择高等级课程、多修学分，获得"优秀毕业生证书"，有的州需要达到 45 学分以上。如学生提前修满学分可提前毕业，申请进入大学或在校选修大学课程。

美国中学教学上大量应用现代化教学手段，鼓励学生自由阐述观点。课堂教学大多以学生为中心展开，方式多为讨论式，教师、学生相互提问，共同探讨。课外作业及考试内容除一般习题外，还要求学生撰写论文。学生课内、课外所花时间比例大体为 1∶1，优秀学生课外比例更大。学生总体负担适度。除学业成绩外，学校十分注重通过各种活动培养学生的实际能力，包括领导能力、组织能力、社交能力、独创能力、个人特长和发展潜力。名牌大学录取学生标准中，考试成绩、课外活动与特长、申请文书、推荐面试约各占 1/4，每年一度的全国中学生总统奖要求候选人在学业、艺术、领导、对学校及社区活动的贡献、在科学领域的贡献等方面取得杰出成绩。

4. 服务与指导

美国绝大多数中学设有咨询服务机构。美国绝大多数州法律规定中学教师必须拥有硕士学位，中学一般没有固定学生班和班主任，但配备专职的辅导员，通过个别交流的形式，对学生选修课程、选择高校、选择职业以及个人关心的生活、家庭、社会、心理、生理等各方面问题进行指导、劝告，为学生提供相关的信息，调解学生与同伴或家长之间的冲突。

美国中学为学生提供多种服务，包括活动指导、饮食与保健、安全卫生、图书信息、交通运输等。学生可以在遵守学校规章的前提下自愿组织、参与各种社团活动，多集中在体育运动、演讲主持、演戏、舞蹈、校刊出版、社交俱乐部等方面。

5. 中学管理

中学管理以校规为准，依法治校。各中学均制订学生在校行为规范并印制成册，分发给学校教职员工、学生、家长，人手一册。行为规范既涉及学生在校的学习活动，如选课注册、考勤请假、学分要求、课堂学习、作业、实践活动、成绩评定等，又涉及学生在校期间的生活行为，事无巨细都有明确规定，如公共物品使用与保护、餐厅就餐、校内停车规则，男女生发式衣着等，并详细列出违纪程度与相应处罚。对美国社会中泛滥成灾的帮伙暴力、酗酒吸毒、性骚扰等社会问题，校规中更是严令禁止。当然，校规也具体介绍了学生在各方面享有的各种权利，以及维护自身权利的渠道、措施。

许多中学设有学校管理委员会，由校长和教师、员工、家长、学生及社区代表组成，协商学校发展规划，共议校内大事，体现民主办学。

(四)职业技术教育

美国历来重视职业教育,早在 18 世纪末便出现了农业职业教育。自《史密斯-休士法》颁布后,联邦职业教育蓬勃发展起来。1962—1970 年美国国会先后通过四次加强职业教育的法案,使职业教育更加迅速地发展起来。

美国的职业教育极为复杂,按层次分为中级和高级两大类。

(1) 中等层次的职业教育是在公立中学实施的,包括综合中学的高中职业科、职业高中、地区职业教育中心,目前有近千万中学生在 16000 多所公立中学中接受职业课学习。主要培养熟练工人和初级从业人员,学生通常用一半的时间学习普通课程,基础理论课宽而浅,另一半时间学习职业课程,为就业做准备。这类学校强调要使学生掌握实际技能,具有就业上和实际生活中所必需的实践能力、动手能力和操作能力。

(2) 高级职业教育一般由社区学院或地区职业学校实施。中学毕业后很大一部分学生将在两年制社区学院继续受教育,社区学院开设两类课程:一类是为四年制普通学位课程的头二年,为去普通大学上三、四年级做准备;另一类是根据经济状况所确立为就业进行技术准备的课程。修业合格授副学士学位或证书。社区学院侧重于职业训练,被公认为最成功的中学后学术和职教的模式之一。近年来学院的招生对象已经拓展为当地所有 18 岁以上的公民。

无论中学还是初级学院,都是从职业教育和普通教育并重为目的,课程设置也是满足就业与升学的双重需要,保证职教与普教的相互完善,消除职业教育低人一等的观念,调节学生毕业后就业和继续深造的选择。

美国职业技术教育的内容各州不尽相同,有关就业部门大致分为 11 个大类、250 多个项目。就读学生较多的依次为:家政、贸易与工业、办公室工作、就业指导、工艺,农业、产品销售这几类,服务行业的比例较多。各类职业教育的课程有 400 多门。

为保证学校始终坚持办学标准,各州教育管理委员会定期对学校校舍、设备、师资及课程设置等基本条件进行检查,只有在经过评估的学校中就读的学生才有资格得到州和联邦政府的资助。美国对职业教育师资的要求比较严格,要求具备高学历和一定的实际经验。职业教育教学过程强调面向岗位工作的需要,在做中学,在学中做,边做边学,校外实习强调顶班劳动和实际操作,强调真刀真枪地解决实际问题,使学生的理论知识、实践活动融会贯通,极大提高了毕业生上岗的适应能力。

美国职业教育的社会化程度较高。职业培训普遍有工商界参与。企业可以参与学校职业教育课程计划的制订,借助一定的合作项目,组织职业教育培训;或直接购买培训,即给予经费补偿或特定培训项目,公司与学校根据合同确定提供培训,并按协议收付费用;出资帮助学校建实验室,送新产品到学校测试,为学校推荐毕业生设计题目,推荐工程师为学校的兼职教师,安排学生在实际工作岗位实习;学校教师可以到工厂去熟悉生产第一线的情况,承担应用型研究课题,取得成果应用于生产实际;企业可以从实习过的毕业生中选择补充自己的技术骨干。

(五)高等教育

作为世界强国,美国拥有最发达的高等教育、最庞大的世界一流大学群体。秉持"教育是社会自由的保证"等理念，美国将教育视为国家和社会的支柱，在政府、政党、民众的支持下，完善、多元、进取的高等教育生命力旺盛，保证其高等教育蓬勃发展，创新人才层出不穷，综合国力长盛不衰。

1. 学校结构层次

美国拥有较为完善的高等教育体系，数量多、层次多、类型多、形式多。全美国高等院校共有4000多所，在校学生达两千多万人，18～24岁的适龄青年一半以上得以接受高等教育(包括多种形式的短期高等教育和成人高等教育)。

从经费来源看，公立大学与私立大学并存，私立学校占一半以上，其中不乏像耶鲁大学这样的著名学府，但注册学生数占1/5左右，一般来说，私立学校收费比公立学校贵一些，判断学校的好坏不能只看私立或公立这个角度，应该了解它的师资、课程及其历史等情况。营利性私立大学和非营利性私立大学界限也很清楚。

从层次类型来看，可分为三类：第一类为以培养研究生和进行科学研究为主的研究型大学，多为名牌大学；第二类是以培养一般科技人才、学术人才和专业人才为主的四年制教学型大学，兼有研究生教育；第三类是以培养家政、护理、工程技术和商业会计等方面的实用人才为主的社区学院，学生可就业，可升学，不收费或低收费。研究生、本科生、专科生不同层次教育同步发展。研究型大学有130所左右，更多的是教学型大学和社区学院。

从历史的角度看，美国不同的高校在社会发展中扮演的角色不同，各有特色，各具价值。美国非常重视各类大学的定位，政府对公立大学一般也都有明确的定位要求，甚至通过立法来加以规定。许多高校在建校的初期就确定了清晰的定位，在不同学校之间，形成分工明确、竞争有序、合作共赢的高等教育体系，从而避免不同学校之间的同质化发展，避免因为学校领导的变换对学校造成的冲击，避免盲目扩充、一哄而起、杂而乱、大而全现象的发生。在人才培养目标、专业课程设置等方面体现个性化办学，教职工、学生共同围绕学校目标定位，打造自己的学校文化和社会品牌形象。

2. 教育宗旨

关于美国高等教育的宗旨也是众说纷纭，一般认为包括三个方面：一是为每个人以及他人和社会的利益，帮助他们把能力发挥到最大程度；二是通过研究及学术成就扩展人类的知识和幸福；三是通过相应的和适宜的服务，满足社会的需要。这三大目标形成了美国高等院校教学、科研、服务三大任务。

3. 教学

在教学方面，美国高等学校实行学分制，在两学期制的学校(每学期15～16周)，每周完成1小时的讲授或2～3小时的实习作业，考核合格算一学分，一学期一般要15～16个学分，毕业则需要修满120～128个学分。耶鲁大学的学生至少要拿够36门课的学分，并在四个学术领域要各选三门课才能毕业。本科生教育主要是通才教育，重视基础教育，强调拓宽知识面，大学一、二年级无论专业性质如何都必须学习大学普通教育课程。但专业与课程设置定期(五年左右)根据社会需求进行调整。研究生教育入学选拔严格，以系作为培养主体集中实施，强调基础理论宽厚，重视理论联系实际能力的培养，需要修满30个以上的学分并完成一份论文。

教学上崇尚学术自由，不断进行课程改革。教学目标不仅在于向学生传授新知识，而且注重学生能力培养，不是鼓励学生死记硬背，而是鼓励学生对已被普遍接受的观念提出异议，对所学的东西进行综合分析，解决新的不熟悉的问题。既培养科技人才，又培养企业管理者、政府官员。教师在每学期开始时给学生布置大量的阅读书目和材料，培养学生自学和学术研究能力。在本科生阶段学生每周有两三次大课，然后自己阅读资料，参加小组讨论，独立完成老师布置的任务。学生在讨论会上的表现，便是教师评价学生学习成绩的一个重要依据。重视课前准备，教授讲课较少，注重课外辅导，引导大学生进行科学研究，鼓励和组织本科生参与科研工作，使他们尽早得到从事科研的训练，了解和初步掌握科学研究的方法。

在本科教育的各个阶段，写作都是受重视的一门课程。教授在讲授时，经常指定一些论题让学生练习写作。对于高年级学生，教授则要求学生提出自己的论题，并在图书馆或实验室进行独立研究。

大学教学现代化程度比较高，注重课堂教学效果。多采用多种形式的电子计算机辅助教学，多频道闭路电视教学系统，利用教育卫星和微波通信系统。

美国高校的学期划分也是多种多样，约 6%的大学采用学期制，9 月初新学年开始，分两个学期，每学期制 15～16 个学习周。部分学校采用学季制，分三个学季，每学季 10～11 个学习周，9 月中至 12 月初为第一学季，1～3 月为第二季，4 月初至 6 月中为第三季。少数学校使用 4－14 校历制，即第一学期(9 月开学)和第二学期(2 月开学)各 4 个月，其间在 1 月份有一个长达 1 个月的过渡性学期，学生在这个学期可以只修一门课。还有将 1 年分为 3 个等长学期的，开学时间分别是 8 月、1 月和 4 月。

4. 招生与学位授予

美国的知名大学每年面临大量优秀学生的入学申请，学校通常根据学生的中学学业成绩、品格、能力素质等方面进行审查。排名越靠前的学校，挑选人才时越看重素质。一个学生拥有积极向上的人生态度、服务社会的精神，责任、荣誉、正直、诚实的品格，活动中体现出的富有个性的品质和能力往往会得到更多的机会。

地方学院通常是地方政府兴办的。因为学生对象主要是本地居民，学校往往没有学生宿舍。二年制学校收的学费比较低，招生要求也不高，所开课程适应不同学生的需要，使众多的美国青年有机会接受高等教育。这是美国中学毕业后能有半数以上进入高等院校的原因之一。四年制学院和大学入学要求比两年制的高。

近几十年美国大学积极发展外国留学生教育，2016 年外国留学生已经超过 100 万，其中来自中国的留学生最多，占 31%多。

根据课程修业程度，美国高等教育的学位授予包括准学士学位、学士学位、硕士学位、博士学位。

准学士学位也被称为副学士学位、协士学位，是在地方和初级学院完成两年相关课程后获得的资质证明，代表完成了两年大学学业考试合格。包括两种不同目的的课程：一是教学课程内容与四年制学院相似，学生所获得的学分都可以转入四年制学院；二是职业教育课程，目的是使学生掌握实用的职业技能，无须攻读学士学位就能从事技术工作。目前有

1200 多所大学授予这一等级学位。

学士学位是全日制本科院校在学生完成四年大学学业，考试合格，掌握了多种学科的广泛的、一般性知识的基础上，并在其中某一具体领域里掌握了具有一定深度的专业知识后授予的资质证明。通常前两年学习基础学科，后两年学习专业学科，在四年内修满 120 学分才能获得学士学位。

硕士学位是专业学院对获得学士学位的学生实施高水平专业教育后的资质授予，硕士学位课程通常为 2～3 年，分为学术性硕士和专业学位硕士两种。课程包括一系列相关的课程和学位论文(或是与之相关的一个有创造性的项目)。硕士学位课程包括预先计划好的、连贯的课堂讲授，专题讲座，讨论、个人学习或调研。学生通过在图书馆里研究原始材料，在实验室做实验，参加创造性的学术活动，学生要完成一篇学位论文，有的要提交毕业作品。超过 1500 多所大学可以授予硕士学位，由于硕士学位与教育专业的关系日益密切，近年有半数的硕士学位被授予教育专业的学生。

博士学位通常是对获取硕士学位的学生，经过 2～5 年的更加深入的学习，完成课程，通过专业领域的综合性考试，形成自由探索和表述自己的观点、创造重大学术成果的能力及批判评估本专业领域最前沿知识的争论问题能力后授予的最高学位。美国博士学位要求必须修至少两年的专业课程，掌握法语、德语、俄语中的两门外语，为达到课程要求，学生须与富有教学和科研经验的教授紧密合作，提交专著性博士论文，答辩通过才能获得学位。取得博士学位的学生常被引导从事大专院校的教学这一传统职业，或任职于社会、政府、商业和工业部门。300 多所大学可以授予博士学位。

5. 科研与服务

美国高等学校不仅是高级人才培养的基地，而且是科学研究甚至尖端科学研究的重要基地。尤其是联邦政府对科研的重视和支持使美国大学特别是研究密集型大学成为全世界科学研究的中心，为美国创新型人才培养和社会创新能力发展提供了重要保证。

美国的科研工作主要集中在 125 所研究型大学，顶尖的前 40 名大学的研究经费占全国高等院校研究经费的一半以上。大学的研究机构大体上可分为 4 类：一是教学与研究相结合的各院系实验室，全美国有 6000 多个；二是拥有众多专职研究人员的独立研究所，主要进行尖端基础理论研究，全美国有 5000 多个；三是政府在大学中设立的各种研究中心，政府拥有、管理并提供经费；四是企业与大学合作设立的研究机构，企业资助，大学转让技术。

美国高等教育具有以下几个特色。

(1) 重视科研，把科研放在与教学同等重要的地位是美国高等教育的一个特色。传授真理与发现真理是美国大学的使命之一，大部分美国高校都建立了与教学单位平行的规模不等的研究中心，把人才培养与科学研究有机地结合起来。特别是研究生教育科研一体化培养模式，使研究生逐渐成为大学科研的骨干，强化了大学科研发展的内在动力，以人为本的科研管理模式推进了大学科学研究的有序运行，美国联邦政府和私营基金会资助大学研究的经费不断增加，构成了大学科学研究的重要保障。

(2) 重视基础研究，并积极开展跨学科的研究是美国高等教育的另一个特色。美国高校承担了国家基础研究 60%的任务，联邦政府用于基础研究的实验室全部设在大学中，并接受了用于基础研究的全部专项经费。第二次世界大战后重视跨学科的研究，不仅取得了丰富的成果，而且确保了美国在主要领域的领先地位。

（3）科研与服务相结合也是美国高校科研的特色。发现真理与运用真理是美国大学的另一个使命，美国高校较高的科研水平得益于"服务社会"办学理念的成功。服务社会的办学理念在美国高校逐渐占据了与教学科研同等重要的地位。《贝赫-多尔法案》就指出："同意由包括大学在内的非营利性机构拥有由联邦政府资助项目所形成的专利权，并鼓励大学将其商业化，且大学和发明者可以从技术转化的收益中受益。"大学和社会服务的渠道与形式包括：设置对口专业，提供设施和人员；举办成人教育、组织学生开展社区实践；为不同层次政府部门、企业、社团提供培训和咨询服务；与企业合作开展研究、向企业转化科技成果等。这种服务对当地或周围企业，经济与社会文化发展起到了积极的促进作用，同时得到社会较好的回馈，如各类企业的捐助与资金的注入、大量的企业咨询和课题以及合作研究、社会地位的显著提升等，明显地改善了学校教学与科研的条件，大大增强了科研实力，形成了一个良性循环的局面。美国高校科研成果的产出、科研成果转化率、科研成果的成熟度和可行性以及科研成果对经济增长的贡献都达到了很高的水平。为了更好地发挥为社会生产服务，加强学校适应市场经济需求的竞争力，充分利用外部的资源加快学校的发展，美国高校越来越重视加强与产业界的密切联系和实质性的合作，取得了较大的成功。大学科技园就是其代表。如美国斯坦福大学科技园。斯坦福大学位于"硅谷"的中心地带，"硅谷"每年销售额中的 50% 都是由与斯坦福大学有关的企业创造的，已形成了有几百万雇员、绵延 150 公里的高科技产业带。其中，电子集成电路产品约占世界总产量的 25%，年产值达 440 亿美元。

6. 师资

学生和教师成为学校主体是学校发展的核心。高校的发展壮大，终究离不开优秀人才。没有卓越的老师、优秀的学生，高校的基础设施再齐全、硬件设备再完善，都不能培育出杰出的人才，也就无法完成高校育人的使命。美国高校始终以教师和学生作为中心开展工作。美国高等院校师资力雄厚、学历高，教师要在四年制高等学校任教通常必须获得博士学位，并在教学方法和教学内容上适应专业需要。美国的 330 多名诺贝尔获奖者中有 2/3 集中在高校。

管理制度始终以学生和教师为主体，围绕"大学自治、学术自由、学者独立"而制定。美国大学的终身教职是美国高等教育中的一个重要制度。终身教授拥有 80% 的教育经费。这一制度保证了教授的学术、社会地位，使得教授心无旁骛，安心研究学问、潜心授课育人；为教师提供宽松、自由的学术氛围，尽可能摒弃外来因素或其他社会力量的干预，真正让高校成为纯粹的学术园地和育人园地。教授评议会和学术委员会在课程设置、教学要求、学生学业成绩评价和学位授予上拥有决定性的权力，在新教师的聘任、教师工作评价与晋升、终身教授岗位的授予以及教师解聘上，教授评议会和学术委员会也有较大的权力，并影响对行政管理人员的选拔和评价。

7. 高等教育管理

美国高等院校数量庞大，各大学在培养目标、专业设置、考试项目、录取分数、收报名费等方面都有自己的特点。但通常都是依靠科学完备的管理制度保证高校的良性运转。

美国高校办学经费来源多元化的特点决定联邦政府和州政府对高等教育管理的职权有限，主要是通过由学校董事会、校长、教授评议会三方组成的权力制衡结构实现高效管理，属于典型的教授治学，校长治校。

各层级职责分明，各司其职，在职责范围内独立行使职权、创造性地开展工作，使得整个学校充满活力。董事会是美国大学的最高权力机构和决策机构，享有裁决全校事务的全权。私立大学由主办大学的机构遴选的校董会掌管行政权，公立大学董事会成员主要由企业界、政府部门或所在社区的代表构成(美国高校董事会一般被称为校外人士董事会)，主要职责是审批学校的政策方针、确定办学方向、甄选大学校长、考核与监督大学校长、筹措办学经费、监督大学运营、发行大学债券，出让学校专利，加强社会募捐、确保大学财务安全，但并不直接掌管校务。校长具体负责大学的管理事务，是大学运营管理的中心，但是校长要对董事会负责，执行校董事会决议，并接受董事会的问询和质询。校长的选拔、任免以及报酬确定由董事会决定。教授评议会决定教师的选聘与晋升、课程的开设、颁发学位、终身教授的授予、开展学术活动，可以对校长权力进行制约，保护所有教师利益。

以自我评估和同行评估为基础的高等教育认证制度是美国高校自我管理的重要手段之一。学校要定期接受审查，符合要求的才取得被认可的资格。美国对高等院校的评估分成六大区域进行，各区成立地方性的院校协会，对该区的学校进行评估。审查的内容通常包括学校的师资、课程、教学质量、设备、管理等各个方面的情况，经过较为全面的审查后决定某一学校是否被认可。对某些专业的课程要经过独立的专业评估团体审查和认可，医学、法律、牙医等，完成被认可的专业课程是领取执照许可的先决条件。所有获得认证的院校和专业名单要向公众公布。

各高校鼓励学生投身学校管理，注意倾听学生们的感受和需要，注重使学生获得新知识，培养学生的分析能力和独创精神，通过奖学金、助学金、低息贷款等多种途径为大学生提供经济资助，安排学生参加联邦政府勤工俭学计划、学校内外兼职工作。

知识拓展：世界最佳大学排行

英国高等教育调查公司 QS 公布 2013—2014 年世界最佳大学排行榜，前十名均为美英高校。美国麻省理工学院位居首位，美国哈佛大学和英国剑桥大学分别列第2、3位。榜单中排名最高的亚洲大学为新加坡国立大学，位列第24位。中国香港地区的三所高校，香港大学、香港科技大学、香港中文大学分别列第 26、34、39 位，北京大学和清华大学分别列第 46 位和第 48 位。在榜单前 20 名中，美国的大学共有 11 所，英国为 6 所；在前 100 名中，美国的大学略少于 1/3，英国为 19 所；在前 200 名中，美国占 1/4，英国为 30 所。加拿大多伦多大学挺进前 20，位居 17。尽管排名前 20 位的大学中依然没有亚洲地区高等学府的身影，但在排名前 400 的大学中，亚洲地区学府占据 62 席，而且其中七成的排名比 2007 年时有所上升。新加坡国立大学在亚洲地区的大学中排名最靠前，位列排行榜第 24 名。中国香港大学列第 26 名。

(六)师范教育

美国培养中小学教师的任务由文理学院、综合大学和师范学院承担。承担师资培养任务的文理学院和综合大学则达 1400 所，内设教育学院或教育系，师范学院不足 10 所。至于高等院校的教师，要由综合大学的研究生院来培养。

美国师范教育的宗旨，在于使中小学师资具有：广博扎实的文理基础知识，较高的文化修养；深刻的学科专业知识，较高的学术水平；高尚的道德品质、理智的行为和坚定的专业信念；教育和教学的基本理论、方法和技能，具备实际教学能力；健全的体魄。有些院校还把了解和热爱儿童、善于和乐于与他人合作和交往、具有民主观念和献身精神、行为文明和举止端庄以及有效的口头和书面表达能力等包括在宗旨之中。

美国在培养中小学教师方面实行 2+2、2+3、4+1 等多种学制，即大学生学习 2 到 4 年的普通文化课，再报考教育学院或教育系，接受 1 到 4 年的师范教育。课程包括普通文化课、各种学科专业课和教育专业课。其中，普通文化课程包括美语、社会科学、人文科学、数学和自然科学、保健和体育等方面的内容，占全部课程的 40%左右；学科专业课程是按照师范生毕业后任教学科而设置的，占全部课程的 40%左右；教育专业课程，包括基础教育理论课程(如教育基础、教育导论、教育史、初等或中等教育原理等)，教育方法与技能课程(如教育心理学、发展心理学、教育评价与测量、教材教法、普通教学法、视听教育等)，以及教育实践活动(通常由临床实践、现场实践和教育实习几部分组成)。占全部课程 20%左右。教育实习在教育专业课程中地位突出，其学分数占这类课程学分总数的 1/3 以上。师范教育实行学分制，需修满 120～130 学分才能毕业。

教师资格证书是美国从事教育工作者所不可或缺的证件。在美国任何一所学校，只能聘任持有效证书的教师，否则就要负法律责任；同样，任何一位应聘的教师必须持有效证书才能任教，否则也要负法律责任。在申请教师资格证书时，除须完成规定的必修课程外，通常还须经过州一级有关机构的测试，以考核申请者的专业能力。测试和评估的内容包括：教案的编制，包括教案的准备与实施；评估能力；个别差异的认识；对多元文化的认识；对青少年的了解；课堂管理；对教育政策及过程的认识。

在职进修是师范教育的有机组成部分，受到同样的重视。由高等学校和专门的教师进修机构共同实施，承担教师进修任务的高校占高校总数 80%。在职进修的组织和形式是很多的，主要有：暑期学校(假期学校)、大学进修部(大学研修部)、教师讲习所(教师研习会)、教师读书会等。

奥巴马政府的《共同核心州立标准》对教师的专业技能与专业素养提出了更高的要求，强调增强教师参与专业发展的深度，保证教师有足够的时间与精力参与专业发展项目，提高专业学习的持续性；学校与同事要支持教师在教学实践中采用新的教学技能，消除新教学方法实施过程中所带来的各种不适与消极情绪；除了为一般的课堂教学提供一些框架上的指导外，还要为教师专业发展项目提供富有针对性的学习内容；引导教师主动参与理论与概念的意义建构，帮助教师更好地理解新的教学理念，体会新教学理念的特点和精华，使得之后概念的运用更加得心应手；培训人员在教师进行实际的教学之前需要与教师进行深层次的交流，了解教师对于新教学理念的理解和看法，帮助教师调整认识；交流之后对实际教学进行观测，对教师的教学过程进行总结和反馈；建立专业共同体或学习社区等交流平台，帮助教师进行理论检验与实践交流。

(七)特殊教育

美国特殊教育的宗旨是使所有有缺陷学生在最少受限制的环境中受教育，成为能对社会做出贡献的公民。其教育对象是特殊儿童。

美国特殊教育有完整的体系，主要分为以下几类：

(1) 对于各类有缺陷儿童分别设有适合他们情况的教育机构或服务设施；

(2) 为盲、聋、智力落后等缺陷儿童的教育自成体系，从幼儿园直到大学或研究生院；

(3) 在普通学校单独开设班级，或与普通儿童在同一个班级中受教育；

除上述全日制特殊教育外，还开展部分时间制特殊教育。此外，还设有许多特殊儿童中心、特殊教育巡回教师、短训班、咨询处等，开展多种形式的特殊教育。

第三节 美国教育的经验与启示

"二战"后，美国越来越重视教育，把教育当作推动社会进步和发展的基础，教育逐步处于世界领先地位，并成为世界各国学习的对象。概括起来，美国教育表现出这样一些特点。

一、教育的多元化

美国作为移民为主的国家，它的民族构成十分复杂，各民族有着不同的社会背景、宗教信仰、生活习惯、语言文化，美国的文化成分异常丰富，可以说，世界主要民族的文化基因在美国都得以保存、发展、壮大。在教育上，美国积极吸取各国教育的成功经验，保存各民族传统文化价值观念，多元文化成为美国教育的一个突出特色。具体的，这种多元化表现在学制、课程内容、教学方法、教学组织形式、学生构成等方面。

从学生民族构成上看，不同种族、不同民族、不同肤色乃至不同国籍的学生可以在同一所学校就读，目的是使这些学生迅速、有效地归化美国，成为这个统一国家的公民。

从学制上看，以 6-3-3 学制为主，但考虑不同地区的传统，仍然保留 8-4 学制、4-4-4 学制，教育在一定程度上尊重地方的意愿。

从教育内容上看，提倡学术自由，不盲目崇拜权威，鼓励各种新观点、新理论的推出，中学开始的学分制与选课制，课程设置既有学科课程，又有活动课程，为不同个性的学生提供了多样的选择机会。

从教学组织形式和教学方法上更是呈现多样化的特点。传统的班级上课制与文纳特卡制、道尔顿制、设计教学法并存，教育理论家们先后提出了有意义学习理论、掌握学习理论、发现教学法与程序教学法等，其结果是学生的个性突出。

二、重视教育

美国是真正重视教育的国家，教育投入大，普及义务教育年限长，教师越来越受重视。美国是世界上教育投入最多的国家，不仅是教育投入的绝对数量多，教育投入占财政支出的比例也比较高，在地方公共支出中教育所占的权重最为突出，占据第一位，达到 35%，而且教育款项直接划拨到专用账户，保证了教育经费的专款专用。一个多世纪以来，企业、社会团体和个人对教育的捐款很多，类似比尔·盖茨、索罗斯这样的顶级富翁将个人财富大量捐赠到教育上，支持了教育的持续快速发展。作为一个人口大国，学龄人口基数比较大，仍然能够向普及 14 年义务教育努力，可见全社会对教育的重视程度。

美国中小学的教师社会地位中等偏上，属于社会的中产阶级，工资一般高于普通企业职员工资额，也高于政府工作人员平均年薪，据美国联邦政府国家教育统计中心公布的资料显示，2011—2012 学年，公立中小学全职教师的平均基本工资为 53 100 美元。教师的工资起点基本由该教师的学历来决定，区域差别较大，学士、硕士和博士学位的教师起点工资不一样，随任教的年限逐年递增工资总额。表面上看教师的收入并不是太高，但教师有两个长假，全年工作只有 180 多天，而且，近年来教师收入呈现不断增长的趋势。

三、教育发达

美国教育的现代化程度高，教育的思想理念领先，课程内容不断更新，现代化的教育技术手段应用到教育领域较快；虽然没有"政治"学科的强化，但爱国主义教育仍成功，选择以国家利益至上的青年人比例高。

从高等教育的结果看，美国教育在世界上具有领导地位，据 US News 2015 年统计，在全球百名大学的榜单中，美国大学有 50 所入选，占据半壁江山，2016 年 QS 世界大学排名前 20 美国占据 11 席。中科院 2010 年的统计认为，在科研生产力、科研影响力、科研创新力、科研发展力 4 个一级指标中，美国的得分都位居首位，前 10 所大学中美国就有 9 所。

在美国教师学历高、素养高，获取教师资格较难，中学教师基本具有硕士学位，10%的中小学教师具有博士学位。

四、浓厚的实用主义倾向

美国教育市场化程度比较高，反映经济发展对教育的需求。社会上需要什么样的人就办什么学校，设什么专业，原有专业可根据形式的变化，随时调整。什么样的形式便于调动学生学习的积极性，有利于培养人才，就采取什么样的形式，从上幼儿园开始，就接受市场和职业观点的熏陶，强调动手操作能力的培养，宣扬重利轻名追逐实际的价值观。

校内凡能企业化的部门一律企业化经营，最大程度实现教育投资的效率。中学的"教学、指导、服务"三大任务和大学"教学、科研、服务"三项任务具有实际应用价值，与学生生活和社会、经济发展联系密切。

美国实际上是精英教育的代表。高薪吸引世界顶级人才到美国学校任教，在各个阶段为学业优秀的学生设立高额奖学金，比如总统奖学金，哈佛大学的全额奖学金高达 5.5 万美元。无论你的出身如何，家庭的社会地位如何，只要够优秀，政府为你完成学业提供保障。

五、教育民主与教育公平的充分体现

保证民主的公费教育和从此延伸出的精英教育是美国教育的根本。美国建国元老杰弗逊提出了为实现民主而提供免费教育的想法。民主就是使有才者不愁无立身之道和施展才能的机会，使不同身份、不同经济地位的人都有发展的机会，都有贡献于社会的机会。学校的任务是保证学生能够作出自己的选择，按自己的兴趣得以充分的发展。

美国教育的民主首先表现在学制上，美国实行单轨制，不同种族、民族、不同社会地位家庭的学生在同一类学校中接受教育，中学阶段普通教育与职业教育兼顾，对于少数民族的学生，学校需要为其配备本民族语言的教师。

其次，美国教育的民主表现在管理制度上，联邦政府不能干涉地方办教育，各州根据本地区的传统和实际情况规划教育、发展教育；州与学区教育理事会成员多为选举产生，大学管理董事会、校长、教授评议会相互制衡。

再次，教育的民主体现在学校教育的内部管理上，学校保证教师的利益，虽然学校不养闲人，当教师富余时，不以校长或学校理事会成员个人好恶决定去职人选，而是考虑进入社区从事教职的时间与能力因素；教师拥有较大的专业权利，从教材的选择到教学方法的采用都是由教师决定；教师对学生一视同仁，不允许歧视任何学生，必须给学生相同的机会；不允许剥夺、限制学生自由表达自己的观点，鼓励学生追求个性；公共教育经费必须用在学生身上；允许学校家长根据学校的安全状况和教学质量为孩子择校。

六、地方分权，调动各方发展教育的积极性

美国教育行政权下放到州，以州为主，联邦政府没有法定的教育行政权力，各州对教育具有决定权，开办什么学校、选择哪些教材、如何聘用教师等，均是各州和地方的事，调动了各地兴办教育的积极性，有利于因地制宜地发展教育。地缘性的特点吸引私人及企业对教育不断捐助，推动了教育的发展。

七、持续教育改革推动教育进步

美国是一个危机意识比较强的国家，也是一个善于反思的国家。近50年来，美国领导着世界教育改革与发展的方向。每一次社会进步或社会危机出现都会促使其积极反思，生产方式与经济条件的变化、家庭生活方式的变化、科学技术的发展(特别是知识激增和快速更新、信息技术的快速发展)，并率先通过教育改革适应社会发展的需要，增强综合国力，保持其世界领先的优势。教育预测成果显著，20世纪90年代以来，教育改革成为历任政府国内改革的重要内容之一。

应当看到，美国教育改革的特点也不断改变，从以往的宏观改革发展成为微观领域的学校内部整体改革，从零散的改革方案发展成为系统的结构重建。变化不仅可以带来新的教育观点和新的教育概念，也可以带来观点的循环发展，有些教育观点或思想流行一阵后，失去了大众的支持，然而，一段时间后又重新会受到人们的重视，但并不是以往思想的照搬，而是有了新的认识，赋予新的理解。

当然，美国教育也存在一些问题，需要引起我们的注意：

一是宏观调控不力，教育发展的不均衡。美国实行地方分权的教育行政体制，各州负责本区域的教育，但高度分散也有不利的一面，各州的人口构成、文化传统、经济发展水平差异较大，对教育的认识、投入也有较大差异，教育发展不平衡，不利于统一要求，造成各州之间教育质量参差不齐。而且即便是有价值的研究成果，在各州推广也比较困难。

进入 20 世纪 90 年代以来，联邦政府对教育的干预越来越深入和广泛，立法和教育拨款是联邦政府对各州教育施加影响的重要手段。可见，国家的直接干预逐渐成为推动教育改革的重要力量，这也成为以地方分权为标志的美国教育的新现象。

二是教育上的"自由"导致整体教育质量难以保证。美国中学的学分制和选课制度，在考虑了学生不同需求的同时也留有问题，学生往往选择难度较小的课程，降低了教育的质量，许多学生中学学业成绩平平，10%左右的高中生不能完成学业，有三分之一到一半的学生需要进入大学补课，近半数学生难以在大学内获得学位。在国际经合组织举行的 32 个国家 15 周岁学生考试中，美国学生的成绩维持在平均水平。

三是校园环境恶化。美国的社会制度决定了一半以上的学生能轻易获得枪支和毒品，学生酗酒、吸毒、盗窃、欺侮、抢劫、性骚扰现象时有发生，每年都有严重的校园恶性枪支事件，学生犯罪的年龄在下降。城市学校学生旷课的比例一度达到40%，性观念迷乱，未婚少女妈妈的比例过高，成为社会的不和谐音符。

本 章 小 结

美国是世界头号强国，美国教育的发展历史如同国家的发展史。本章介绍了三个方面的问题，即美国教育的演进、美国的现行教育制度、美国教育的经验及对我们的启示。

美国教育的发展经历了"二战"前移植、初步成型、学习欧洲教育经验等阶段，"二战"后 50 年代末的改革使得美国教育逐步处于世界领先水平，特别是近 30 年，为适应社会发展和人才需求，美国教育进行了重要变革，并深刻地影响了世界教育的发展。

美国现行的教育行政体制是地方分权制，州对教育负主要责任，学区具体管理。美国实行单轨制，以 6-3-3 制为主。尽管学制多样，但统一为从 1 年级到 12 年级的义务教育。小学开始重视公民素养教育，其课程设置、教学组织形式、教学方法等呈现出多元化的特点；中学围绕教学、指导、服务三项任务进行，高中开始实行学分制，大学围绕教学、科研、服务三大任务展开，注重培养学生的能力，科研成果转化为现实生产力比较成功。职业教育、师范教育具有自己的特色。

美国重视教育，多元、民主、实用、发达的教育是以地方为主体全社会共同努力的结果，不断地进行教育改革，吸取世界各国教育经验是美国教育走向成功的法宝。

【推荐阅读】

[1] Wayne J.Urban, Jennings L.Wagoner, Jr. 美国教育：一部历史档案[M]. 周晟. 谢爱磊, 译. 北京：中国人民大学出版社，2009.

[2] [美] 乔尔·斯普林. 美国教育[M]. 张驰，张斌贤，译. 合肥：安徽教育出版社，2010.1.

[3] 王定华. 透视美国教育[M]. 北京：北京大学出版社，2012.

[4] 魏嘉琪. 美国中学生报告[M]. 北京：作家出版社，2002.

思考与练习

一、名词解释

1. 赠地学院
2. 发现法
3. 《2061 计划》
4. 《不让一个孩子掉队法》
5. 特许学校
6. 学区

二、简答题

1. 简述美国的教育行政体制。
2. 简述奥巴马教育改革的主要举措。
3. 简述美国小学课程。
4. 简述美国 20 世纪 90 年代以来教育改革的主要内容。
5. 简述美国小学道德教育的内容与途径。
6. 简述美国教师教育的内容与过程。

三、论述题

1. 试述美国教育给我们的启示。
2. 试述美国大学科研的特点。
3. 试述美国的学制结构。

没有独立气魄的人，总是依赖成性，为非作歹。

——日本近代教育之父福泽谕吉

第六章 日本教育

本章学习目标

➢ 了解日本教育发展的历史及对现代教育的贡献。
➢ 掌握日本现行的教育行政体制与学制。
➢ 掌握日本学校教育的特点。
➢ 借鉴日本教育的成功经验，推动我国教育的改革。

核心概念

产学结合 生存教育 特别活动 综合学习时间 教头 《学习指导纲要》

学习指导

本章的学习重点是日本现行的教育制度，包括教育行政制度；其次，要从日本教育的演进历程把握日本对教育的重视；再次，应该归纳日本现行教育制度的特点，认真思考日本学校教育对我国教育发展的启示。

拓展阅读：日本基本国情

日本位于亚洲东北部，是西太平洋中的一个岛国。其领土同我国大陆最近处仅相隔 400 余海里，同台湾岛更仅相隔 100 多海里，因而被称作我国的"一衣带水"的邻国。国土主要由本州、北海道、九州和四国四个岛屿构成，另外还有许多小岛，海岸线在 100 米以上的岛屿有 6852 个，号称万岛之国，总面积约为 37.8 万平方公里，居世界第 60 位。

日本主要民族为和族，北海道有 2.4 万阿依努族人，通用日语，2016 年人口 1.27 亿，世界第 10 位，人口密度较大，城市人口近两年达 80%，半数人集中在三大城市圈，是世界上人均寿命最长的国家，但高龄化和少子化问题严重，且人口呈负增长，劳动力成本高，福利体系负担重。日本是个多宗教国家，本土宗教为神道教，同时信仰佛教、基督教等宗教。

日本土地资源贫乏，石油、煤炭、天然气极少，但渔业和林业资源丰富，森林占三分之二，森林覆盖率世界最高，植物种类丰富，同时，日本又是个多火山、自然灾害较多的国家。

日本47个省级地方政府的称为都道府县，"都"指东京都，"道"指北海道，"府"指京都府、大阪府，余下的43个为"县"。它们在法律地位、政治体制、行政权限上没有多大区别。政治上采用立法权由国会，司法权由法院，行政权由内阁分控的三权分立制度。

日本国民教育发达，基本普及了高中教育，人口素质居世界前列，有12项文化遗产、4项自然遗产被记录在联合国世界遗产目录。

日本科技发达，已经荣获了25个诺贝尔奖项，科技研发能力居世界前列，应用科学、机械及医学领域尤为突出。电子电器、手机通信、汽车、机械、工业机器人、光学、化学、半导体和金属等领域均居世界领先水平。工业用机器人产量占世界一半以上。

日本是世界第三经济大国，主要工业部门有钢铁、汽车、造船、电子电器、化工、纺织等，第三产业特别是银行业、金融业、航运业、保险业及商业服务业对GDP贡献最大，而且处于世界领导地位。2016年人均GDP为3.8万美元(中国人均GDP约8200美元)，日本是世界第四大出口国和进口国，也是世界最大债权国。

第一节　日本教育的演进

教育在日本国家发展中始终居于极为重要的地位。近代伊始，明治政府便将教育定位为国家的大本大略，视为"国家前途之根本"。在甲午战争、全面侵华至挑起太平洋战争前夕，日本政府均尤为重视教育发展，认为"确立国防国家体制……其根源当然一俟教育之力"。战后初期，面对战败的废墟，日本政府宣布：实现新的建国理想"根本上有待于教育的力量"。20世纪80年代以后，日本政府又将教育定位为"经济、社会、文化发展的原动力，所以社会体系的基础"。进入21世纪，日本政府进一步确立了"教育立国"的国家战略。在近现代的亚洲乃至世界，日本是最重视教育、并将教育的作用发挥到"极致"的国家。

一、明治维新(1868)前的教育

江户时代，幕府、藩创办了直辖学校——昌平坂学问所、藩校，私人创办了寺子屋和乡学等级多种学校。

幕府直辖学校专为幕府家臣子弟设置，主要培养辅佐幕政的官吏和实务人才。德川幕府时期共有20余所幕府直辖学校。其中最重要、最早成立的是昌平坂学问所。该校始建于1630年，是幕府儒学教头林罗山在幕府封赐地所建的学问所，1691年收归幕府直辖，改称昌平坂学问所，是德川幕府儒学教育的最高学府。主要讲授经义(四书、五经、三礼)、史学(《左传》《史记》《两汉书》《通鉴纲要》)、诗文、皇邦典故等内容。

藩校由各藩为本藩武士子弟而设，主要培养藩政统治所需的人才，由各藩独立经营管理。绝大部分藩都设有藩校。教学内容在各个时期有所不同：德川前期主要模仿昌平坂学问所，教授以"四书五经"为主的儒学，外加武艺；1680年开始加入实学内容，末期开设新课，或建立各种专门藩校，呈现出多样化发展的势头。

私塾由民间学者或幕府直辖学校及藩校教师在私宅设立，专门教授某一方面的学问，教授的内容因教师的专长和爱好而异，有儒学、国学、洋学和医学等。教学尊重学生个人的要求，不采取统一形式，各私塾的培养目标也不同。

学习院是皇族的专门教育机构，教学内容主要为《论语》《御注孝经》《大学》《孟子》《中庸》《书经》《诗经》《尚书》《易经》《春秋》等。

寺子屋是专门为平民子弟开设的初等教育机构，早期主要接收町人阶层的子弟入学，入学年龄多为 5～7 岁，在学年限为 3～4 年以上，后来开始扩大到农村及其他行业。寺子屋的规模大小不一，一般 20～50 人，江户、大阪等大城市中有的达到 100 人以上。寺子屋的教育内容并不统一，一般主要讲授读、写、算(珠算和笔算)，寺子屋的经营管理者和教师以及开设者大多数是农、工、商或医生等平民百姓，也有部分武士、神官和僧侣等，不受幕府和藩的限制。

乡校主要是为农民子弟设立的教育机构，要受到藩的监督，只招收平民子弟入学，入学年龄为 7～8 岁。主要教授日常生活所必需的读、写、算知识，并讲解浅显的儒学伦理、讲释及读写法令布告等，其特点是重视道德教育。

这一时期的日本教育，教育行政分散，没有统一的中央教育行政管理机构，不对各类学校进行统一的行政管理，也没有统一的教师制度、统一的教学课程及教科书要求，各自为政；教育明显带有阶级、等级色彩，幕府直辖学校、藩校、私塾、学习院专为统治阶级设立，而不允许平民入学；教育内容上缺少自身的内容，中国的儒学，尤其是朱子理学占统治地位，重视武艺、武学，明治前重视西式军事教育；教育方法上以个别教育为主；不同地区、不同性别教育的普及程度不同，女子的教育普及程度远不如男子。

二、明治维新到"二战"时期的教育(19 世纪 60 年代—20 世纪中叶)

随着日本被当时并非强大的美国打败，一系列丧权辱国条约的签订，1868 年日本进入明治维新时代。改革主要体现在三大领域：殖产兴业以发展经济，富国强兵以发展军事，文明开化以发展教育，明治维新标志着日本由封建社会转向资本主义社会。

日本近代教育的建立与发展是学习西方国家教育模式的结果，明治维新时期日本先后派人考察了欧美教育，并模仿欧洲国家的教育建立现代教育制度。

1871 年，日本设立中央层面的教育管理机构——文部省，1872 年 9 月，文部省颁布了第一个有目的、有计划的教育改革的文件——《学制》，《学制》不仅涉及教育制度，且涉及教育体制、教育方针和政策、教育内容和考试。《学制》主要吸收了法国教育制度的特点，具有高度的划一性和强制性。根据规定，教育统归文部省管辖，全国设八大学区，每个大学区设一所大学；一个大学区划分 32 个中学区，每个中学区设一所中学；一个中学区划分 210 个小学区，每个小学区设一所小学。

1879 年(明治 12 年)颁布了《教育令》。要求每人每年学 4 个月，学 4 年共 16 个月就可以算完成了义务教育。办学校的审批权只报知事、县令即可。1880 年，明治政府认为 1879 年的《教育令》过于自由化，小学校数骤减，学生入学率降低。首任文部大臣森行礼于 1886 年先后制定了《帝国大学令》《师范学校令》《小学校令》《中学校令》和《学位令》，以立法的形式，规范了日本的教育体系。这些法令被统称为《学校令》。教育立法在法制上奠定了战前日本教育制度的基础。根据《学校令》，日本建立起以小学为基础的连贯的学校系统，形成了分别面向精英人才和平民大众的双重结构的全国教育制度。

知识拓展：《学制》

学制是日本近代史上第一个由中央政府颁布并切实推行的教育立法，学制公布于 1872 年 9 月 5 日，共 109 章分为"大中小学区""学校""教员""学生及考试""海外留学生规则""学费"六部分。继而明治政府于 1873 年 3 月 18 日，公布《学制二编海外留学生规则神官僧侣学校之事》，同年 4 月 17 日，公布《学制追加贷费生规则》，同月 28 日公布《学制二编追加》(有关外国语、兽医、商业、农业、工业、矿山、诸艺、理学、医学、法学等专门学校的规定)，上述文件共计 213 章，统称为"学制"。《学制》之前，日本政府实施了以"皇道"为教育最终目的与核心内容、且试图将其"神"化的"皇道主义"教育政策。

1890 年天皇降诏《教育敕语》，明确教育的方针在于尊王爱国，确立了军国主义的国家主义伦理。

1917 年设立临时教育会议，对整个教育制度进行检讨。1918 年新《大学令》颁布，公立大学、私立大学和尊师单科大学开始得到承认，高等教育进入大扩充时期。

与此同时，日本政府大力加强学校军事教育。1917 年 12 月，临时教育会议向首相提出《振兴军事体操的建议》，建议在学校教育中实施军事体操训练，为了尽早培养各种"军务之素养"。该建议于同月被批准通过，表明日本政府内部在推进学校军事教育方面达成了共识，并提出了具体的实施方案：通过加强对小学教师的军事训练来加强对初等教育的军事渗透，将中等学校以上在校生的缓期征兵改为延期入伍，中等、高等教育领域的学生在校期间原则上已经成为军人了，职业教育中也加强了军事成分，日本政府还开始有组织地对社会青年实施军事训练。

20 世纪 30 年代，日本军人政府开始疯狂推行军国主义教育，以"捍卫国体"、宣扬皇国精神为方针，开展战时的教育改革。这一时期学校教育成为侵略战争的工具。

明治维新初期改革教育的本意是将日本传统的封建教育改变为近代化的资本主义民主教育，但传统的封建思想在"王政复古"，建立近代天皇制以后不仅没有削弱，反而得到加强。随着全局的军国主义路线的形成，学校中的军国主义教育也逐渐形成和加强。1890 年天皇降诏《教育敕语》，明确教育的方针在于尊王爱国，确立了军国主义的国家主义伦理。

1937 年日本挑起全面的侵华战争后，在文部省设立了教育局，负责在学校教育中进行军国主义教育。对大学教授的著述进行检查、揭发，对学生实行思想监控。在学校教育中，反对"偏重智育"，要求用皇道精神，培养皇国国民忠君爱国，深明建设"大东亚新秩序"的"大义"。由文部省思想局 (教育局的前身)编写的《国体之本义》(1937 年 5 月发行)和文部省教育局编写的《臣民之道》(1941 年发行)成为学校教育的指南。学校教育中虽然也有自然科学，但要求讲授研究"对国运发展有贡献的科学""对战争有用的科学"。甚至提出建立"日本的科学""皇道的科学"这类反科学的口号。

这个时期教育的特点：一是国民学校的培养目标是为天皇培养忠顺的臣民；二是"国民科"("国民科"由修身、国语、国家历史、地理 4 科目)作为首要学科，代替过去的修身；三是为了突出"国民科"，课程进行了"合并"；四是科学学科只留下了"理数科"("理科"由算术和理科)。

三、"二战"后的教育制度变革

1. 战后初期的教育改造

日本"二战"后进行的第一项改革就是教育改革。根据美国教育使节团所提交的报告的建议，1946 年 5 月文部省发布了《新日本建设的教育方针》，翌年又颁布了更为详尽的"新学制实施方针"，对新学制的基础教育课程作了规定，逐渐建立了新的战后学校课程体系。新课程体系全面整合原来的修身、国语、国史、地理、算术、理科、体育、体操、武道、音乐、习字、图画、工作、裁缝(女生)等旧课程，其中把修身、国语、国史、地理四门课程整合为一个领域称作国民科。在美国占领军的强烈影响下，日本于 1947 年颁布《教育基本法》和《学校教育法》，又于 1948 年废除《教育敕语》，以新的教育思想来替代忠君尊皇的教育说教，突出教育的民主化和地方分权，教育改革与政治、经济、妇女解放等改革并举，改革措施包括：

(1) 打破中央集权教育体制，建立教育委员会，委员由当地居民选举产生，使地方教育行政管理能够相对地独立于中央政府。

(2) 根据教育机会均等的原则，鼓励男女生同校，取缔男女生分校。将战前的"六五三三制"改为"六三三四制"。实行初中教育的普及化与初中教育的单轨制，使义务教育由 6 年延长至 9 年。

(3) 制定大学的设置基准与研究生院基准，改组旧制高等教育机构，建立新制大学。

(4) 实施教员培养与任用的开放制度，实行教员资格证书制度，提倡教师在职进修。

(5) 把教科书国定制改为文部省审定制，即民间各教科书出版公司通过竞争，编辑出版教科书，然后由文部省内的有关委员会审定，合格的教科书目录送交地方教育委员会，供地方教育委员会和学校选择。

(6) 健全和完善社会教育制度、体系与设施，建立大量的公民馆、图书馆、博物馆、青年活动中心、儿童文化科学中心等社会教育设施。

战后初期的改革排除了军国主义和国家主义，引进了美国的教育制度和教育思想，通过教育立法，使战后日本教育步入了民主化和法制化的轨道。

20 世纪 50 年代中期到 20 世纪 70 年代初，是日本现代史上经济高速发展时期，也是日本教育发展的黄金时期，是围绕经济发展变革教育的时期。

2. 20 世纪 50、60 年代的教育改革

1957 年，日本政府在公布的《新长期经济计划》(1958—1960)中，在战后首次把教育政策和发展规划编入"国民经济计划"。1960 年内阁制定《国民收入倍增计划》，教育被作为实现目标的重要一环。1965 年的《中期经济计划》和 1967 年的《经济、社会发展计划》都反复强调了教育对经济发展的重要意义。并在"教育投资"和"人力资本理论"的影响下，把普及中等教育、增设工业高中、充实科技教育、加强职业教育和训练、发展企业内教育、改革高等教育结构、扩大理工科大学、增加教育经费，作为改革的主要内容。20 世纪 60 年代的改革和发展，使日本的教育具有了浓厚的经济主义色彩。1973 年的石油危机，对建立在重化工业基础上的日本经济造成严重冲击。20 世纪 70 年代，日本的经济结构和就

业结构发生变化，由劳动密集型转向知识密集型，强调科技在经济发展中的作用。为适应变化，1971 年日本中央教育审议会发表《关于今后学校教育的综合扩充和整顿的基本政策》，提出了改善整个教育制度的构想，强调教育要适应人的能力的多样化和个性化，试办新学制，改革高教结构，加强国家对教育的控制。

四、20 世纪 80、90 年代的教育改革

20 世纪 80 年代以来，新科技革命的浪潮席卷全球，国际科技、经济、贸易竞争日趋激烈，教育改革成为全球性现象。日本也掀起自明治维新以来的所谓第三次教改浪潮。进入 20 世纪 80 年代后，世界全球化和信息化的惊涛骇浪也袭击着日本，日本教育面临着信息化和国际化的挑战。为了能大刀阔斧地对教育进行改革，日本在 1984 年成立了直接隶属于总理的咨询委员会——临时教育审议会，由各界人士组成的这一审议会对日本教育进行专题研究和审议。

1. 教育改革目标

临教审在 3 年时间里，先后发表四份教改报告，规定了今后日本教育发展的方向和改革的基本思想，提出了面向 21 世纪的三项教育目标：

其一，广阔的胸怀、强健的身体和丰富的创造力；

其二，自由、自律和公共的精神；

其三，世界中的日本人。报告把重视个性的原则、向终身学习体系过渡和与变化相适应作为推动这次教改的基本思想。

2. 教育改革的原则

(1) 重视个性的原则，强调在教育中注意尊重个性、尊重自由和培养学生自律与自我负责的精神。

(2) 向终身学习体系过渡，建立以向终身学习体系过渡为核心的新教育体系，进而实现终身学习的社会。

(3) 国际化原则，日本在世界的各个领域都不能孤立存在，必须承担一定的义务和责任，并和各国保持相互依赖的关系状况的改善，作用更为显著。在日本持有教师资格证的人很多，但真正能从事教师这一工作的人极少。

(4) 信息化原则，一是大幅度扩充教育者和受教育者之间的双向信息交流，形成以信息网络为中心的新的学习空间，同时，要求学生切实掌握包括"读写算"在内的基础知识和基本技能；二是处理好教育和信息化的关系，把信息化的成果有效地运用于教育、科研和文化活动之中。

(5) 多样化原则，要实行学校制度的多样化、类别化和开放化；要改革教育内容，纠正偏重智育的教育，重视创造力、思考力和判断力的培养，重视德育和体育；要扩大中学阶段的选修课；高等教育要实现学科和课程的多样化和内容的灵活化，创设国立、公立大学都可利用的共同考试。

3. 教育改革的具体措施

(1) 完善终身学习体制，其中包括制定《终身学习振兴法》，重新审定与社会教育有

关的法令，使之符合终身学习的要求，充实、改善成人体育、文化学习的场所和内容。

(2) 改革初等、中等教育，包括充实、改善道德教育在内的课程设置。

(3) 改革高等教育，使高等教育开放化，重新改组大学审议会，重新制定"大学设置基准"，从 1990 年开始实行新的大学入学考试制度，对大学教师实行任期制。

(4) 振兴学术，推进基础研究，充实研究生院，增加科学研究补助金，增设大学共同利用的研究机构，整建"官产学"协作流动科研体制，健全学术信息体系，以国内外青年研究人员为对象招聘培养研究人员。

(5) 适应教育国际化的要求，加强教员和学术的交流，改进留学生制度，扩大招收外国留学生，改革接收归侨子女教育体制。

(6) 为适应信息化而进行改革，树立信息道德，提高对信息价值的认识；建立信息化社会性系统，即能够利用所有信息技术的新的学习系统，这就要为真正培养运用信息能力而探讨教育内容和方法，研究、开发最佳教材，培训能够联合运用教学机器与教材的教师；完善信息环境，以便建立理想的信息社会。

(7) 改革教育行政和教育财政。

(8) 建立教育改革推进体制。

(9) 扶植私学，通过"公私协作的方式"即民办公助方式、税制上的优惠、育英奖学金等在经费上予以补助，重视并积极支持私立学校中具有特色的教育研究项目。

4. "生存能力培养"教育

1997 年，文部省又制定了全面的《教育改革计划》，提出了教育改革的具体目标和时间表。日本内阁也召集"教育国民会议"，探讨 21 世纪日本的教育发展方向和改革方针。在基础教育领域，针对存在的学生学习负担过重、社会公德心淡薄、"考试战争"、教育内容陈旧等问题，提出了"在轻松的教育环境中培养学生在未来社会的生存能力"的改革目标。

(1) 注重学生生存能力的培养。培养学生的生存能力，即自立、自律、爱心、强体被确定为日本 21 世纪教育的最高目标。发挥家庭和社会教育的功能，增加学生的生活体验、社会体验和自然体验，营造宽松的学习环境，注重学生的个性发展和改革传统教学方式等措施。

(2) 改革教育制度，缓解过度的考试竞争，为学生创造轻松的学习和成长环境。导入初高中一贯制，取消初中升学考试，减轻学生的升学考试负担，使学生能在轻松的环境中安心学习；逐步在中小学实行完全的每周五日学习制，以减少课时，切实减轻学生的负担。

(3) 改革教学课程和教学内容。中学压缩了必修课程，使课程更富弹性，新设"综合学习课"，学校可以根据需要自行设定学习内容；增派外国教师，以加强外语教育；大力推进信息教育等。新课程从重点培养学生掌握基础知识和基本能力出发，精选教学内容，注重培养学生的综合素质。

(4) 改革高中及大学的入学考试的选拔制度，防止过度的升学竞争。高中入学更加重视学生平时的学习和表现，采取多样的评价和选拔方法，同时推广初高中一贯制，缓和升学竞争。大学入学选拔上弱化传统的考试方法，采取诸如小论文、面试、推荐等多种形式的选拔方法，对学生的特长、能力、适应性给予适当的评价，并将其作为选拔的条件。

(5) 由过去重视形式上的教育平等，转向尊重和发展学生个性。承认和尊重学生的差异，使他们受到相应的教育，培养其开拓精神，使他们能够在急速发展的国际化、信息化时代发挥自己的个性和创造力。

(6) 提高教师的素质和能力，提高教师的改革意识，提高他们在品德教养和专业基础知识上的指导能力。文部省要求在教师的培养、任用和进修各个环节进行改革。培养师资的学校要在包括教育咨询在内的师范课程的教学方法、教育实习的时间与内容、利用研究生课培养师资等方面的改革上狠下工夫，教师的进修要多样化。教师的任用要改革评价方法，如加强大幅度与实际技能的考试，将那些具有人格魅力、使命感、较强教育实践能力的优秀人才选拔到教师队伍中来。而对那些不称职的教师则调离(再进修)教学第一线或免职，确保教师队伍的高质量。

五、21 世纪日本的教育改革

进入 21 世纪，随着世界知识经济的发展和教育国际化的推进，日本教育也在不断的进行改革，以适应社会发展的需要。其中特别突出的教育改革包括：

1. 《教育基本法》的修改

2006 年 12 月 15 日，日本国会批准修改 1947 年《教育基本法》，同月 22 日公布实施新《教育基本法》。

新法的修改主要体现了三项原则：第一，培养生于新时代的日本人，着眼于科技发展、全球化、环境及资源问题、男女共同参与、终身学习等；第二，尊重、发展应传给下一代的传统与文化，包括自然、传统、文化、家庭、乡土、国家、宗教教合等；第三，要求制定教育振兴基本计划，加入了符合时代发展的新教育理念，并增加了"传统""爱国"等内容，同时还增加了对教育行政的规定。

2006 年《教育基本法》的内容包括四章、十八条：第一章教育目的及理念，分别为教育目的、教育目标、终身学习、教育机会均等；第二章教育的基本内容，涵盖义务教育、学校教育、大学、私立学校、教师、家庭教育、幼儿教育、社会教育、学校与家庭及当地居民互相合作、政治教育、宗教教育等；第三章教育行政，涉及教育行政、教育振兴基本计划；第四章法令，即制定实施法条款所必要的法令。

2. 教育行政的"重构"

2001 年 1 月，文部省与科学技术厅合并改编为文部科学省，旨在综合推行教育、科学技术与学术、文化体育等各种政策。文部科学省的成立是中央教育行政的机构性改革，它为经济行政、科技行政参与教育行政提供了制度保障。文部科学省成立后，进一步加强了教育计划制定功能，如 2001 年 1 月制定"21 世纪教育新生计划"2001 年修改制定了与教育改革相关的六项法律，2002 年 8 月发表"人的能力战略构想"，2004 年 4 月组织"未来教育恳谈会"等。日本政府还改革了文部科学省下设的"中央教育审议会"，加强了其对教育问题的调查审议功能，该审议会主要是根据内阁既定的教育改革方针"进行具体的制度设计"，制定具体的教育政策措施。

地方教育行政的改革主要表现在两个方面：一是加强了国家对地方教育行政的控制。

2006 年《教育基本法》新规定："地方政府为了振兴当地教育，必须综合制定实施教育政策，中央政府及地方政府必须采取必要的财政措施，确保顺利持续地实施教育"。这是以法律形式规定了地方政府实施教育行政的义务，表明国家对地方行政控制程度的加强。二是加强了外部对地方教育行政的参与。日本政府提倡"建设值得信赖的学校"，实施"学校评议员制度"，"家长"或"当地居民"被委任为"学校评议员"，在教育委员会上根据校长的要求陈述有关学校运营的意见；2004 年度开始实施"学校运营协议会制度"，协议会委员由教育委员会从家长及当地居民中任命，"家长与当地居民拥有一定权限与责任参与学校运营"，具体包括批准校长制定的学校运营基本方针、参与学校教职员的人事任用等；另外，日本政府还鼓励学校积极实施"外部评价"，2005 年度有 51.5% 的公立学校实行了由评价委员会(由学校评议员、家长教师联合会的家长代表、当地居民、"有识之士"等外部评价者组成)进行的外部评价，文部科学省从 2006 年度开始进一步在全国公立中小学推进第三者评价。上述学校运营方式的新变化，可以使学校更好地适应社会要求，但同时也为外部力量干涉教育领域提供了制度保障。

3. 学校教育制度的结构改革

2004 年 7 月日本政府批准《国立大学法人法》相关 6 法案，推行高等教育领域的国立大学法人化改革，国立大学、公立大学、国立高等专门学校自 2004 年起相继成为法人；2006 年修改《义务教育费国库负担法》，将中央政府负担义务教育教师工资的比例由 1/2 减为 1/3；2007 年 6 月修改"教育三法"(《学校教育法》《地方教育行政组织及运营法》《教育职员资格证法及教育公务员特例法》)，在继续推行"中高一贯制"的同时，开始在义务教育领域实施"择校制"与"小中一贯制"，并在义务教育经费分担制度、中小学课程改革、中小学的职业教育方面实施较大力度的改革。

20 世纪 90 年代末期日本政府的"财政结构改革"要求改革中央与地方共同分担作用与负担费用。从 2004 年度开始实行义务教育国库担负的"总额裁量制"。此前中央政府负担金额中详细规定了工资、津贴等各项费用的细目，各项目间的款项不得相互挪用，而"总额裁量制"只规定国库补助金的总额，其间的具体细目可自由使用。

进入新世纪，日本政府实施了新一轮的课程改革。2005 年 4 月，文部科学大臣向中央教育审议会咨询如何修改学习指导要领。中央教育审议会遂开始调查审议，准备全面修改学习指导要领。2008 年 1 月，审议会向文部科学大臣提交了报告《关于幼儿园、小学、初中、高中及特别支援学校学习指导要领的改善》。文部科学省根据上述建议开始制定新的学习指导要领，并于 2008 年公布新的学习指导要领，2009 年 4 月，小学及初中开始部分实施新学习指导要领。

此次课程改革包括 7 项基本原则，贯彻新修改的《教育基本法》、普及"生存力"理念、学习基础与基本的知识技能、培养思考力、判断力和表现力、确保培养学力所必要的授课时间、提高学习欲望与确立学习习惯、加强指导培养丰富的心灵与健康的身体。具体包括 7 项改革内容：加强语言活动、数理教育、传统与文化教育、道德教育、体验活动、小学阶段的外语活动、从应对社会变化的角度横向改革课程。

中小学教育领域"科技"与"职业"比重的增加是新世纪日本教育改革的一个亮点。日本政府认为：随着知识基础社会的到来，科学技术的世界竞争将更加激烈、培养承载下一代的科技人才也必不可少。在科技成果应用于社会各个角落的今天，提高每个国民的科学基础素养极为重要，因此，加强作为科学技术基础的数理教育是一个紧急的课题。基于上述认识，2008 年的课程改革中、初等中等学校均增加了数学与理科的授课时间，如小学 1～6 年级数学共增加 142 课时，3～6 年级理科共增加 55 课时，在各门课程中，数学增加的课时量最多；初中数学共增加 70 课时，理科增加 95 课时，课时的增加幅度仅次于外语。

日本政府还高度重视初等、中等教育的职业教育。文部科学省从 2004 年度开始召开论坛，专门讨论实施"职业教育推进地区指定事业"，主要是调查研究小学、初中、高中一贯推行职业教育的组织性、系统性的指导内容与方法，并创造整个社会都推进职业教育的氛围。

知识拓展：新世纪以来日本基础教育课程改革

以培养适应现代社会的"生存能力"为课程改革的目标。2002 年日本实施新的《学习指导要领》强调培养学生的"生存能力"，2008 年将培养学生的"生存能力"定为日本义务教育的基本目标。新《学习指导要领》对一些高深艰难的课程内容做了适当的删减，将一些更能体现培养学生生存力的课程摆在了重要位置。如小学阶段注重培养学生的英语会话能力，初中阶段将信息技术和外语作为必修课，高中阶段还增设"信息"和融合环境、福利、健康、信息、国际理解等方面的"综合学习课"。小学阶段每学年的综合学习时间课时安排为 105～110，初中综合学习时间课时安排为 70～130。

为了适应现代社会的"生存能力"，日本基础教育课程改革如下：

(1) 精简和删除课程内容。日本采取"严选教育内容"的做法，对中小学的课程做了全面的调整，将全部教育内容削减 30%，将一些难度较大的放到了高年级，从小学三年级起设综合学习时间，开展超越科目范围的横向综合教育。初中阶段，增加了选修课的节数，在高中阶段要求减轻学生负担，规定减少必修课的时数，增加选修课的时数，降低毕业要求，将原来毕业要求不低于 80 学分的标准降为 74 学分。但对课程标准要求降低，以及中小学课时的减少，使日本新世纪初期的课程改革遭到社会质疑。

(2) 课程设置多样化、个性化、弹性化。将小学的课程分为"各个学科"、道德教育和特别活动三大领域，各科根据自己课程的特点，建立了独具特色的课程体系。另外，日本高中还设置了一些与学科课程相联系的职业类课程，如"人间福祉"除设置学术性课程外，还设置了家庭综合、基础看护、儿童心理等科目；"综合科"设置情报、簿记、文书、伦理数学演习、艺术探究等专门课程；"京都国际科"则设置了英语理解、英语表现、国际理解、综合英语、国际政经等课程。

(3) 课程结构重视均衡性与综合型。各学科、道德教育以及特别活动为日本基础教育课程的三大领域，后来又增设了综合学习时间，变为"四领域"。各个学科涵盖了目前日本各学校设置的学科课程，如国语、社会、数学、理科、外国语等。以文部省 2002 年版的《幼儿园、小学、初中学习指导要领案》为例，道德课和特别活动在日本中小学的课时数为 34～35，占课时总数的比例为 7.1%～8.7%。还强调对非学术性课程也应当予以重视。

(4) 课程实施富于弹性化。本着强调统一标准和发展地方、学校课程相结合的原则，日本的课程实施显示出很大的灵活性。日本鼓励各个学校和地区设计富有特色的地方课程，积极发挥地方和学校的课程自主权，特别是在选修课的设置和综合学习的内容方面，更是要发挥地方自主的权利，开发一些反映当地特色的地方课程，并且根据需要灵活配备课时。

日本新一轮基础教育课程也存在一定的问题：其一是宽松教育"理念与"学力下降"现实的冲突；其二是教师难以把握新课程；其三是教材编写右倾化的倾向严重。

4. 教育振兴基本计划

2008 年 7 月制定了作为中长期发展规划(今后十年日本的发展目标)的《教育振兴基本计划》，号召全社会重视教育，致力于教育的振兴。

教育振兴基本计划在明确今后十年日本教育发展目标的基础上，还提出了今后五年中期发展的四个基本方向：第一，调动全社会力量促进教育发展；第二，尊重个性、提高能力，奠定作为个人和社会成员的生存能力基础；第三，培养兼备教养与丰富专业知识的人才，为社会发展做出贡献；第四，确保学生安全、安心学习，营造高质量的学习环境。根据上述四个基本方向，教育振兴基本计划中制定了以下九项具体措施，其中主要措施如下：

(1) 确保扎实的学力。严格执行新学习指导要领，确定教师定员指标，改善教学条件。

(2) 培养丰富的情感和健康的体魄。确定合适的德育教材，有效利用国家专项财政补贴，继承和发展传统文化，恢复学生体力并争取达到世纪年代的体能水平，开展丰富多样的中小学校外活动，推进读书活动，开展学校心理咨询和社会服务。

(3) 创造个性化指导的教育环境。推进奖励性教师工资机制，合理配置教职员工，充分利用外部教育人才。

(4) 推进有特殊需要儿童的教育。制定特殊儿童个别指导计划，提供就学援助。

(5) 建立区域性儿童教育机制。实施家庭教育综合援助计划，建立社区支援中学机制，建立小学课后活动体验中心。

(6) 推进专业教育、职业教育，提供终身可多次选择的学习机会。促进高中职业教育的多样化，促进大学、短期大学和高等专科学校实践性职业教育的深入开展，促进大学与企业的合作以及社会人士走进大学。

(7) 强化大学教育能力，保证高等教育质量。引入本课课程评价机制，促进日本的教育政策与教育改革力、公立和私立大学之间的相互合作。

(8) 建立一流的教育研究基地，推进大学的国际化。重点建设一个世界最高水平的研究基地，推进"接受万留学生计划"。

(9) 建立安全、安心的教育环境，保证教育机会的均等化。对校舍进行抗震加固，加强饮食教育，振兴私立学校的教育研究，保证教育机会均等。

第二节　日本现行教育

一、教育行政

日本的教育行政按照《教育基本法》，依据民主政治的原则和地方自治的原则建构，教育行政制度属于中央与地方合作型，实行中央指导下的地方分权制。中央的教育权力归文部科学省掌管，地方的教育事务则由各都、道、府、县和下一级的市、町、村的教育委员会主管。

1. 中央教育行政机构

在《日本国宪法》第六十五条中规定"教育行政权属于内阁",作为内阁成员的文部科学大臣直接接受内阁总理大臣的领导,一切有关教育的法案、立法、教育行政管理情况要对内阁总理大臣负责并接受他的监督。此外,日本的国会设有教育常务委员会,是制定日本教育政策的最高决策机构,负责审查、审批国家教育政策和制定批准教育法令法规。

日本现行的中央教育行政机构是文部科学省,为日本内阁组成部分,其最高领导是文部科学大臣。日本政府机构中主管文教事业的"文部省"是 1871 年设置的,2001 年 1 月,文部省与科学技术厅合并改编为文部科学省,下设文部大臣办公室:"大臣官房""终身学习局""初等中学教育局""教育助成局""高等教育局""学术国际局""体育局"和直属"文化厅"。

中央教育审议会作为文部大臣的教育咨询机构设在文部省内,承担调查教育问题、起草教育政策法规、确定立法和教育发展规划的机构。

文部省科学的具体职能权限包括:

(1) 为发展学校教育、学术文化事业,就与教育有关的方面进行调查研究,制定出预测与实施规划;

(2) 就各级各类学校与教育机构的设施设备、物质与人员配备、教学内容等方面规定标准;

(3) 向各级教育委员会、地方行政机关及其他教育、文化与科学研究所提出指示与建议;

(4) 指导与帮助地方教育委员会的工作,如开设教育辅助设施、提供科普教育、技术教育资料的费用等;

(5) 审定中小学教科书,管理义务教育学校所用教科书的免费发放等事项;

(6) 对新设学校、教职员人事任免、审批权和对县一级教育委员会教育长的任命的承认权;

(7) 执行教育预算、支配教育经费等。

文部大臣还直接主管"国立学校"和若干附属机构。"国立学校"包括全国的 87 所国立大学,10 所国立短期大学、55 所国立高等专门学校、43 所国立研究所等。附属的机构则包括国立教育政策研究所、国立特殊教育综合研究所、国立科学博物馆、国立青年之家、国立少年自然之家、国立妇女教育会馆、联合国教科文日本委员会、日本学士院等。

2. 地方教育行政机构

日本的地方教育由地方公共团体实行自治,分为两级,即都、道、府、县和市、町、村。都、道、府、县专门机构负责处理各种私立学校和都、道、府、县以及市立大学。教育的行政机关为教育委员会,都、道、府、县教育委员会由 5 名委员组成,委员不允许由清一色的政党成员担任,下设事务局,管理除大学以外的所属学校及其他教育机构。地方设立的大学及其他高等教育机构和私立学校由地方政府管理,教育委员会的主要职责是发展基础教育,在人事、经费、设施设备、教育教学、课程内容和教师进修等方面对其所辖学校负责。

教育委员会行政主管为教育长,教育委员会里的教育长从教育委员会的委员中推选出并由上级教育委员会审批认可，任期 4 年，可以连选连任。教育长的任务是在教育委员会全体委员协调合作下掌管教育委员会权限范围内的一切事务。教育委员会的职责权限是在教育长率领下，负责除大学、私立学校及教育财政等以外的该地区内其他一切教育行政事务，如学校的设置、管理或撤销学校财产的管理；教职员的人事任免与奖惩，学生学籍管理；教学课程教材、课本及教具的配备及更新；校舍维修；对学生的学习与职业指导、对教师的进修、福利以及学校卫生与学校伙食的管理指导等。事务局还应配备"指导主事"、事务职员、技术职员以及其他职员。"指导主事"必须由有教学经验者担任，由上级教育委员会任命。

文部省对地方教育行政的管辖主要是指导、建议，而不是对它的领导和监督。但地方教育行政必须贯彻文部省发布的一切法令、法规、通告和通令。

市、町、村教育委员会可由 3 名委员组成，教育长的任命须得到都道府县教育委员会的认可，都道府县教育长的任命须得到文部大臣的认可。也管理除大学以外的市、镇、村立学校及其他教育机构。

3. 日本的教育经费

日本是重视教育的国家，从明治维新开始教育经费不断地增加，日本的教育经费，通常分为两大类：

一是"公费"，亦称公共教育费，它是国家(中央政府)、地方(地方自治体)从一般财政资金中支出的教育费，占全部教育经费的 2/3，公共教育费在总行政费中所占的比率通常在18%～22%，在国民收入中所占的比率为 7%～8%。达到发达国家水平。为发挥中央、地方两个积极性，日本不断调整教育负担结构，合理分担公共教育费。总的趋势是国家呈渐增、地方呈渐减的态势；在地方负担的教育经费中，都道府县渐增、市镇村明显减少。

二是"私费"，它是由学生家长(父母)和私立学校等私人团体支出的教育费，占 1/3 左右。日本采取积极鼓励私人办学和国家补助的政策，除义务教育阶段的小学和初中绝大多数是国立和公立外，幼儿园的 60%、高中的 1/4、短期大学的 80%、大学的近 75%、专修学校和各种学校的 90%均为私立。这些学校的经费主要靠自筹资金和学生的学费。政府根据"私立学校振兴补助法"对财团、教会、企业和个人办学的经常费用予以补助。此外，还通过私立学校振兴财团向私立学校予以长期低息贷款。学生家长支出的学校教育费，除学费之外还有教材费、学习用品费、俱乐部活动费、走读费、供餐费、修学旅行费、参观费、班费、学生会费、保健费等。家庭教育费的主要支出是学习辅导费、图书费和课外活动用品费。从总体上看，日本的学生家长支出的教育费比例较高。家庭负担的教育费较重。

在教育的经费上，日本重视基础教育和义务教育的投资，科学合理地调整教育经费分配结构，日本政府坚持把教育经费的 50%以上投向义务教育。国家对义务教育经费的支出占义务教育经费支出的 28%，地方为 69.9%，剩下 2.2%的经费来自学校法人。

2004 年以来，日本中央财政、都道府县以及市町村财政三方对义务教育经费负担的比例一般为 3∶4∶3，中央和地方财政的义务教育经费分担具体如下。

中央财政负担项目包括：义务教育阶段学生全部教科书经费；国立义务教育阶段学生的全部经费、地方公立学校教职员工资、福利保障的 1/2(公立教育学校编内教职员，担负对象包括校长、教师、事务职员和营养师)；地方公立学校新建或扩建校舍、室内运动场经费的 1/2；地方公立学校校舍危房改造经费的 1/3；地方公立受灾学校校舍建设的 2/3；偏僻地区地方公立学校公用经费的 1/2；地方公立学校经济困难学生补助费的 1/2(学生人头补助和特殊补助)。

都道府县财政负担主要为：地方公立学校教职员工资、福利保障的 1/2；地方公立学校校舍危房改造经费的 1/3；地方公立义务教育学校教职工"偏远地区津贴"，该津贴的月额应该在工资和抚养津贴月额两项津贴总额的 25%之内；为公立义务教育学校的教师提供充分的进修机会以及所需费用。

市町村财政负担的教育经费包括则为：地方公立学校新建或扩建校舍、室内运动场经费的 1/2；地方公立学校校舍危房改造经费的 1/3；地方公立学校经济困难学生补助费的 1/2；地方公立学校的公用经费，包括教材、设备购买和维护、在编教职员以外的人事费用以及学校运营费用(教材的经费国家会有一定程度的补助)等。

义务教育最主要的支付项目是支付国立和公立义务教育学校教师的工资，几乎占文部省教育经费全部预算的 1/2。"文教设施费"要用于负担义务教育的公立学校校舍、设备的整修，国立学校的文教设施费来源于"国立学校特别会计转账"，"教育振兴资助金队"项目包括：义务教育教科书费、学校教育振兴费、生涯学习振兴费、私立学校资助金和体育振兴费。其中义务教育教科书费和学校教育振兴费直接与义务教育直接相关，前者为全国所有接受义务教育的学生无偿提供教科书的费用，后者用于教职员工进修、促进幼儿园教育发展以及对需要特殊照顾的儿童的入学补助等费用支出。

二、日本现行的学制

目前，日本采用的是以九年义务教育为基础的六三二四制学校教育制度，义务教育基本普及，中等教育升学率较高，高等教育也早就进入了普及化阶段。随着终身学习体系的确立和发展，日本的教育结构进一步完善，随着发展水平不断提高，逐步巩固了其世界教育大国的地位。

日本《学校教育法》规定，正式的学校教育机构主要包括以下 10 种，即幼儿园、小学、初中、中等教育学校、高中、高等专门学校、大学、盲人学校、聋哑学校和养护学校。

(一)学前教育

日本的学前教育机构有两种：一是幼儿园，属于学校教育制度的组成部分，招收 3～5 岁幼儿，由文部省领导；另一种是保育所，属于福利机构，招收从出生到 5 岁的幼儿，由厚生省领导。

学前教育的目标是培养健康、安全、幸福的生活所需要的日常习惯，并使其身体的各种机能得到和谐的发展；让幼儿在幼儿园内体验集体生活，培养幼儿初步具有喜欢过集体生活和团结互助、自主、自律的精神；培养幼儿正确理解和对待其周围的社会生活现象的萌芽观念；指导幼儿正确地使用语言，培养他们对童话、连环画等的兴趣；通过音乐、游戏、连环画等方法，培养幼儿对创作表现发生兴趣。幼儿园的教育内容分为健康、人际关系、环境、语言和表现 5 个领域。

(二)初等教育

日本实施初等教育的机构是单一的六年制小学,儿童在年满 6 周岁后的第一年 4 月,按划分的学区入学,不能越区就读(1997 年 1 月起,文部省放宽了对中小学学区的规则,采取了富有弹性的灵活政策,允许部分学生跨学区就读,满足了部分家长和孩子的愿望),12 周岁毕业,属于义务教育阶段。在日本,小学是以进行初等普通教育为目标的义务教育学校,除部分国立大学的附属学校和私立学校外,一般由市町村设立,学校的管理和经费均由其设置者负责。新学年从 4 月份开学,多数小学采用三学期体制,三学期之间分别为暑假、寒假和春假。

日本现行学制如图 6-1 所示。

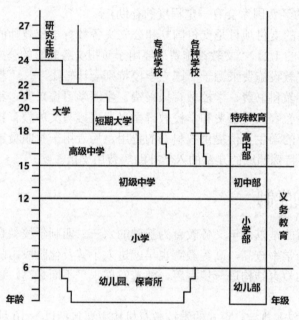

图 6-1   日本现行学制图

1. 教育目的

日本小学教育目的是适应儿童的身心发展,实施初等普通教育。具体为:学校内外的社会生活的经验为基础,使学生正确理解人与人之间的相互关系;引导学生正确理解乡土和国家的现状与传统,并进而培养国际协作精神;使学生具有日常生活所必需的衣、食、住和产业等方面的基础知识,并掌握基本技能;使学生能正确理解日常生活所必需的国语,并形成使用国语的能力;使学生能正确理解日常生活所必需的数量关系,并形成处理数量关系的能力;培养学生科学地观察和处理日常生活中自然现象的能力;培养学生健康、安全和幸福生活所必需的习惯,并力求使学生的身心得到和谐发展;使学生基本了解能够使生活明朗、丰富的音乐、美术和文艺等,并形成相应的技能。

2. 课程内容

日本小学教育内容由文部科学省通过制定《学习指导要领》和审定教科书的制度来统一规定。小学的教育课程由各学科、道德和特别活动三部分组成。

教学科目包括国语、社会、算数、理科、音乐、图画、家政、体育，文部省对这些科目有详细具体的规定。

日本小学道德教育的目的在于培养学生尊重他人，重视生命，为创造民主社会和国家的发展而努力，为促进国际和平做贡献。其内容包括：认识自己本身；理解他人；了解自然，具有高尚的情操；自己与团体、社会的关系。道德教育渗透在全部教育活动中。

特别活动是指班级、年级和学校组织的各种活动，如班会、俱乐部活动、班级指导、学校组织的节日庆祝活动、文体活动、野游和生产劳动等。开展这些活动，旨在使学生身心协调发展，培养个性，使学生深刻感到自己是集体的一员，有互助精神。

3. 学校管理

日本的中小学基本上实行以校长为中心，全体教师参与、分担校务、共同经营管理学校的组织运营体制。这种体制对学校管理民主化、科学化，对形成和谐的人际环境和良好的师生关系，对提高教育质量起到了十分重要的作用。

校长在学校中具有高度权威、拥有法的权限和责任，具有统摄学校经营事务的职权，对学校依据自身特点制定经营方针、重点，开展自主的经营活动起领导、指导作用。教头相当于副校长，具有教育、管理、代表、代替、代理等五种职能人。

校长对教育的管理主要是通过对所属职员的间接监督进行。通常学校会依法设立中层管理职位，让担任此职位的职员在校长的领导下，组织指导其他职员进行相关的教育活动及事务管理。

学校中的各种职位，如教务主任、研究主任、学生指导主任、保健指导主任、年级或班级主任，教科主任、总务主任、事务主任等，均由教师兼任，需要具有教师资格。

日本的中小学校经营总是以一定的教育法律法规为依据来进行。各中小学基本上依据《学校教育法》《学校教育法施行规则》等国家教育法规及地方教育委员会制定的《学校管理规则》等地方教育规章制度经营和管理学校。

4. 师资管理

日本教师具有"三高"的特征：一是社会地位高，日本的小学教师曾是地方公务员，不管乘车还是购物，都有人主动热情地帮助；二是工资高，有相关的法律确保"教师增薪"，现在日本小学初级教师的收入超过公务员16%，一个40岁大学毕业的教师，平均每月的薪酬为41万日元；三是师资水平高，这一点就反映在对教师资格的严格把关上，平均每名教师每天的工作时间长达10小时。

日本的教师培养制度，采取国、公、私立任何大学都可以培养的"开放制政策"。日本小学教师培养课程，即小学教育"一种许可证"课程，由一般教养科目、有关教科专门科目和有关教职专门科目三个部分组成。

应聘中小学的老师，要通过3次考试才能被录取。第一关是笔试，考核社会常识和所申请专业的相关知识；第二关是小论文和面试，小论文要求针对学校教育进行评论，而面试还要再分两个步骤，先参加一轮集体讨论，然后才能争取到单人面试的机会；第三关就是测试实际技能，如小学老师要考体育和音乐等方面的才艺，而中学老师则要考核专业技能，如应聘英语教师者，要具备相当的口语水平才有机会脱颖而出。

初任教师进修制度，就是指新任教师在任用后一年之内有义务在指导教师指导下，从事教育实务以及其他进修活动。新任教师必须在指导教师以及其他有关人员的指导协助之下担任教学，同时还要在教育研习中心等机构，参与有计划有组织的研习活动。在进修过程中，新任教师必须从事实际的教学活动，研究课程与教材内容，参与学生的指导活动，担任学校事务，并参加社会教育活动，以此提高其实践指导能力，并充实教师所必须具备的知识及能力。此外，新教师也应该体验学校外企业界的事务，了解国内外现状，借以增长知识与见闻。

日本实行教师定期流动制，法律规定一名教师连续在一所学校工作不得超过 6 年，对流动到偏远地区的教师给予各种津贴，如偏远地区津贴、单身赴任津贴、寒冷津贴等，且流动公开、透明，形成了制度化和程序化，由政府直接组织，确保教师合理转换。

(三)中等教育

根据《学校教育法》的规定，日本实行中等教育的主要机构包括初中、高中和中等教育学校，以及职业技术教育机构与特殊教育机构。日本的中等教育分初中和高中两个阶段，初中属于义务教育的完成阶段。

1. 教育目标

日本初中的学制为三年，目标为培养学生作为国家与社会的一员所必须具备的资质；教授社会所需职业的基础知识与技能，培养劳动的态度以及根据个性选择出路的能力；促进校内外的社会活动，正确引导学生的情感，培养公正的判断能力。

2. 教育内容

日本初中的教育内容由各学科课程、道德和特别活动构成。教学内容包括必修课和选修课。必修课包括国语、社会、数学、理科、音乐、美术、保健体育、技术与家庭等 8 门。选修课的种类在第一学年主要是外语；第二学年为音乐、美术、保健体育、技术与家庭以及外语；第三学年除在必修的八门课程中选择外，还有外语等。

日本高中阶段的教育属于非义务教育阶段，具体分为全日制、定时制和函授制三种。目标为：进一步发展和扩充初中教育的成果，培养学生成为对国家与社会有作为的建设者所必需的素质；使学生能自觉地根据社会的需要和个人的特点，选择将来的出路，提高普通教养，掌握专业技能；形成对社会有深刻的理解和健全的批判能力，形成个性。全日制修业年限为三年，定时制和函授制为三年以上。定时制课程有白天上课和夜校两种形式，夜校占大多数。

职业技术教育在日本的学校教育中占有很重要的地位，培养出大批优秀的技术人才和熟练劳动力，促进了日本经济的高速发展。在日本，除了幼儿园和小学以外，各级各类学校都设置职业技术学科，对学生进行职业技术方面的教育。日本已经形成多层次、多类型的比较完整的职业技术教育网，有学校、企业和社会办的几大类职业技术教育；有职前教育、在职教育、转业教育，水平高低不同、时间长短不一、灵活多样、互为补充、互相促进。

(四)高等教育

日本高等教育机构已经形成多层次、多类型的结构，按照资金来源的不同可分为国立、公立和私立三大类；按照其办学形式，大致可分为高等专门学校、专修学校、短期大学、普通大学、研究生院五种。2009 年，高等专门学校共有 64 所，学生 5.5 万人；专修学校共有 3348 所，学生 62.5 万人；短期大学共有 406 所，学生 1.61 万人；普通大学共有 773 所，学生 311.5 万人，其中大学生 285.5 万人，研究生 26 万人。从各学校的招生人数看，普通大学招生人数最多，高等专门学校招生人数最少；从与往年的比较看，普通大学的学生和研究生人数有所增加，而高等专门学校、专修学校及短期大学的人数则均有所减少，这意味着在高等教育阶段，学生越来越倾向于接受高水平的教育；从学生的性别看，在普通大学、研究生院和高等专门学校，男生的人数远远多于女生，而在专修学校和短期大学则是女生人数多于男生，其中短期大学女生的人数多达男生的 4 倍。

1. 学术水平

从学术水平上看，日本的高等教育是三级结构：第一级结构是短期大学和高等专门学校，只能实施大学专科教育，学制 2～3 年，颁发专科毕业证书，不能授予学位；第二级结构是 4 年制大学，有学士学位授予权。本科一般 4 年，医科 6 年(含牙医、兽医，毕业后可直接报考 4 年制博士研究生课程)；第三级结构是研究生院，包括设置在学部的研究科和研究生院大学。"大学院"是实施研究生教育的机构，有硕士(学制 2 年)、博士(学制 3 年)学位授予权。有些学校硕士课程和博士课程分别设立，有些学校是合在一起设立，分博士课程前期 2 年，博士课程后期 3 年，前期课程 2 年也视为硕士课程。日本的高等教育机构大多用日语授课，少数课程用英语授课。进入日本的高等教育机构学习，要求日语国际能力考试至少达到二级。

在日本的高等教育专业中，比例最高的为法律、经济专业，其次为工学专业，再次为人文艺术专业。

2. 教育内容

在教育内容方面，日本政府特别重视高等教育新兴领域的发展。进入新世纪以来，一些高校纷纷设立了新的学科，如信息运用能力教育、身心健康教育、环境教育、知识产权教育、制造业技术人才教育、服务与技术创新教育、医疗人才教育等。同时，日本政府也加大了对新兴学科的财政投入力度，其资助领域扩大到生命科学、化学与材料科学、社会科学、机械、土木建筑、信息、电子电气、边缘科学、复合技术以及人文科学等新兴领域。另外，各高校纷纷增加了职业内容的教育。日本专科学校教育的主要特色，就是在提供大学教育的同时，还提供专门教育，为实践性教育的充实做出了巨大贡献。

3. 教育改革

鉴于学术研究的高水平化、跨学科化和国际化、升学率的提高及学生的多样化、希望终身学习的人增加以及培养适应新型产业人才的需求，日本高等教育也在不断进行改革。日本大学改革主要朝着三个方向在进行：首先，强化大学的教育机能，发挥各个大学的特色和个性，重新组织教育内容，开展富有魅力的教学，以培养能适应时代变化的具有丰富创造性的人才；其次，充实强化研究生院，以促进国际水准的科学研究，并培养出优秀的研究者和具有高水平专业能力的技术人员；再次，进一步灵活开放以大学为中心的高等教育机构，提供丰富的终身学习机会。

为建设在国际竞争中"充满个性的大学"，21 世纪初日本高等教育进行了四个方面的改革：

第一，重视培养学生的课题探索能力，提高教育研究的质量。

本科教育阶段要在重视培养学生的课题探索能力的同时，培养学生将来作为专业人才的基础能力。实施认真负责的教学管理和严格的成绩评价，保证毕业生的质量，同时通过教师和学生对整个教育活动和各个教师的教育活动进行评价来改进教育质量。在充实外语教育、促进海外留学的同时，加深学生对本国历史和文化的理解、对国际社会重要课题的认识，并通过各种训练培养他们表达自己主张的能力。

培养研究者的研究生院要努力建成卓越的教育研究据点，有关的经费也应该实行有重点的倾斜分配，而培养高级专业人才的研究生院应该在课程、教员资格以及修学条件等方面都有所不同，要重视与社会实践紧密联系。

第二，教育研究系统柔性化，确保大学的自律性。

为了能适应学生多样化的学习需要，促进学生主动学习，本科教育阶段可以采取不满四年就可以毕业的例外措施，扩大秋季入学和学分互换，创设学分累积加算制度，而研究生教育阶段则可以按照社会学生的实际情况，在制度上确认"1年制硕士课程"和"长期在学硕士课程"。政府方在大学的行政、财政管理方面有更多宽松的政策，大学不断加强同社区和产业界的合作和交流，进行共同研究，共同开发教育计划。

第三，在学校的组织管理方面，建立负责任的决策和实施体制。

当今大学的教育研究日趋边缘化、综合化，大学与社会的关系也比以往更为密切化，这些变化都促使大学建立一种新的更为开放和积极的自主自律的组织管理体制。在这种体制下，一方面要明确学校内审议机构和执行机构的工作应如何分工和合作；另一方面要积极听取社会上的意见，明确大学对社会的责任。另外，为了方便有关人员了解大学情况，大学有责任向社会公布有关信息(如关于学习机会、关于学生的知识能力水平、关于毕业生出路、关于大学研究课题、关于大学的财务状况等方面的信息)。

第四，建立多元化的评价系统，促进大学的个性化和教育研究质量的不断改善。

在进一步充实大学的自检、自评的同时，致力于建立站在客观立场上进行评价的组织即所谓"第三方评价系统"。这种评价组织应该在对大学进行透明度比较高的评价的同时，收集、提供大学的评价情报，并对评价的有效性进行调查研究，及时向各个大学反馈评价的结果，促进大学教育研究活动的个性化和质量的提高。在客观细致的评价的基础上，各资源分配机关还可以进行更为客观和公开的适当的资源分配。

知识拓展：日本最知名的大学

日本的大学很多在国际上地位很高。其中，东京大学是一所世界名牌大学，世界排名前15，理科和工科在世界上处于领先地位，与哈佛、麻省不相上下，物理和化学世界排名第一，工学基本都排在1到3的位置，是日本尖端技术的代表；京都大学世界排名前30，属于超一流大学；这所大学几乎没什么不强的专业；东北大学世界排名60，医学、工学、理学闻名；大阪大学是世界排名前100位的一流大学；庆应大学是一所名牌私立大学，类比英国牛津大学，文科和理工科实力平均，生物、政治、商学等专业水平极高；早稻田大学是日本最有名的私立大学，日本的很多首相都毕业于此大学；东京医科齿科大学在医学类排名第一，据说从这所大学毕业的学生，年收入一般都能超过3000万日元；一桥大学在日本文科排名第一，没有理工科专业，以商学研究闻名，日本三大门户网站的"乐天"公司老板就是这所大学毕业的；东京工业大学是以理工科著称的学校，可以类比于美国的麻省理工，其实力可见一斑；筑波大学是一个以高新科技研究为主体的学校，坐落在筑波学园都市。在体育科技研究上处于世界领先地位。

(五)职业技术教育

职业技术教育在日本的教育体系中占有极其重要的地位。深受国家、社会和企业的重视，根据《产业教育振兴法》，由三方面构成，即学校、企业和社会，实行产学结合，政府给予经费补助。

涉及职业教育的学校从初中后开始，包括职业高中和综合高中的职业科、高等专门学校、短期大学、专修学校和各种学校，系统庞大。高度发达的企业内教育是日本职业教育的一大特色。日本的大型企业多数设有独立的教育机构，主要实施岗前培训、转岗培训和晋升培训，有严密的系统性和供需统一性。中小企业多设立联合的职业技术教育机构。政府、企业和民间机构也开展"养成教育""能力再开发训练"等职业培训和讲座。

(六)特殊教育

特殊教育学校专门为身体有残疾的孩子而设立。主要有盲人学校、聋哑学校和养护学校三种类型。根据《学校教育法》的规定，这些学校必须按照教育对象的年龄相应地设置幼儿部、小学部，有条件的地区和学校还应设立中学部和高中部。

第三节 日本教育给我们的启示

作为世界发达国家的一员，日本教育具有鲜明的特色，对发展中的中国具有积极的借鉴意义。

一、非常重视教育

日本对教育的重视表现在三个方面：一是把教育发展作为立国之本的战略高度；二是教育经费投入大；三是重视教育从业人员的地位、待遇和素养。

从宏观上，明治维新开始日本就把发展教育当作强国的三大对策之一，举国上下非常重视发展教育。各级政府都把教育事业作为奠基工程，政府机关、事业单位、团体、企业、家庭等，都十分重视和支持发展教育事业，视教育为全社会的大事。之后的各个时期，日本政府始终视教育为立国之本，把教育放在与国家发展并重的地位，从国家战略高度重视和推进教育发展。当时发展教育缺少资金，中国甲午战争的赔款相当一部分被用在了教育上，"二战"后第一项改革也是教育改革，战后初期，在经济萧条的困境下，毅然决定实行9年义务教育，为日本富国富民奠定了根基，迅速复苏和发展国民经济。每每遇到社会和经济发展的重要节点，全社会都会将教育的发展与国家、社会的整体进步相联系。1990年日本高等教育入学率年达到53.7%，实现了高等教育的普及化。义务教育培养了高素质的劳动力，职业教育提供了专业技术人才，高等教育提供了高层管理和科技人才，教育发展使日本科研人员迅速增加，教育水平提高确保了高效率、高水平的科研产出，科技发展使日本技术贸易呈现顺差扩大的趋势。

教育是投入大、见效慢的事业，日本政府和社会各界始终重视对教育的经济投入，教育经费占政府财政的比例、占 GDP 的比例都要达到发达国家的水平，包括私立学校在内的各级种类学校都能得到政府的教育补助。日本政府鼓励私人办学，并依法实施教育投资，有关教育财政的法规有《地方财政法》《义务教育费国库负担法》《市町村立学校教职员工工资负担法》等，不仅保证了教育投资的顺利进行，而且保证了教育经费的合理分担与分配，中央政府和地方政府共同承担教育费用，及时调整教育投资的重点。20 世纪 60 年代后期，日本在普及义务教育的基础上，把教育投资的重点转向了后期中等教育和高等教育，高等教育费从 1960 年的 13.1% 上升至 1986 年的 20.1%。

在日本，教师的职业声望非常高，受到政府与全社会的尊敬，待遇要比公务员高许多，社会地位也比较高，从业人员的这种待遇吸引很多优秀青年加入教师这一行业，教师招聘竞争特别激烈，教师为保住自己的岗位也是不断学习，努力提升自身的素养，从而形成一种良性循环，保证了教育的高质量。

通过严格的教师遴选制、培训制与定期流动制，教师必须持有与小学、初中或高中相应的教师许可证。教师许可证是由都道府县(相当于我国省级行政单位)教育委员会授予的。授予对象必须是在文部科学省承认的大学里修满一定学分的毕业生。公立学校的教师聘任由都道府县或指定的市教育委员会通过有关聘任选拔考试从持有教师许可证的人员中筛选。聘任选拔考试一般包括笔试、面试、实际技能、论文、适应性考查等。

教师定期流动，按流动地域可以分为两种情况：一是在同一市、町、村之间流动；二是跨县一级行政区域流动。前者所占比重很大。对提高教师素质和工作热情、积累丰富经验以及合理配置人力资源、保持学校之间的发展水平均衡等起到了很大的作用，特别是对偏僻地区薄弱学校，每位教师都是由教委经过严格的考核筛选后再进入到教师进修中心再教育才能从事教师的工作。所以尽管从事教师工作后没有像我们中国这样的各种考核，而每位教师都很珍惜这份工作，竭尽全力去教育好学生。如果有的教师不称职，就对其进行转岗，转去做公务员。教师从业五年和十年必须进行再教育。

中国应借鉴日本教育立国、教育先行的理念，把教育摆在优先发展的战略地位，完善中国特色社会主义现代化的教育体系。基本普及学前教育，巩固提高九年义务教育水平，重点推进义务教育均衡发展，加快普及高中阶段教育。把职业教育放在更加突出的位置，大力发展面向农村的职业教育。全面提高高等教育质量，加快创建世界一流大学和高水平大学。

二、教育的法制化程度高

日本学习欧美发达国家，法制先行，在教育发展中高度重视教育的法制建设，日本从明治维新时代就注重利用立法来规范国家和民众的相应责任，已经确立了一套全国统一的、非常完善的、细密配套的教育法规，其法制遍及不同领域、不同专业，已达到"无事不法"的程度，几乎每年都有新的教育法律颁布，确保了教育事业的发展。

日本教育立法充分体现了与时俱进的特点，配合社会与经济的发展变化，颁布适应新时期教育发展的相关法律。如 1990 年颁布了《终身教育基本法》，为建立终身学习体制提供了法律依据，2001 年颁布了《基本法》，保证了信息化教育的顺利开展。日本的教育立法十分注重程序的严格性和过程的规范性，其教育法规具有很强的权威性，出台之后实施均非常顺利，这一点非常值得我国借鉴。

同时，日本教育执法力度大，早期普及义务教育时的强制措施以及现在的教育行政体制都体现了这一点。地方政府如果不能保证学生学习的条件，将追究相关法律责任，家长不能及时将孩子送到学校上学也会受到法律制裁，学校中老师要保护学生的隐私，违反规定会受到相应的处罚。

日本的经验表明，教育法制建设是教育事业发展的支柱。我国由于教育法律法规体系的薄弱和教育政策的频繁变更，致使教育发展波动较大，人为因素较多，应该吸取日本等国家的先进经验，认真总结教育发展的经验教训，尽快建立起一整套教育法律体系，为教育的健康快速发展提供法律保障，创造良好的环境。同时，通过规定各级各类学校的设置标准，统一全国的教育制度，均衡各地的办学条件，促进教育的均衡协调发展。

三、以人为本，重视道德教育，成果斐然

当前，日本教育强调尊重学生，把学生当作独立的人看待，并培养社会责任感，重视对学生进行坚强的意志教育。良好的校园文化是塑造学生素质的关键，尊重学生的尊严、重视学生的个性是德育的突破口。在日本学校里，尽量避免在公众场合挫伤学生的自尊心，避免不具体的表扬和批评，让学生感到尽了自己的最大努力是最主要的，学校的全部卫生(包括校长室和办公室)均由学生清扫，不聘请专职清洁工，卫生也无可挑剔。日本的学生穿统一的校服，学生上下学独立行走，无人接送。校长和教头每天早晨在学校门口迎接学生到校，一些校长能够叫出每一名学生的姓名。

客观地讲，尽管日本政府右倾的态度令周边国家反感，日本普通民众的综合素养却是比较高的，这与日本政府和学校重视道德教育密不可分。其道德教育的特点比较鲜明：

(1) 道德教育具有连续性。日本的道德教育侧重于道德品质的培养和道德行为的塑造，历代统治者都重视道德教育，以维护其长久统治。

(2) 道德教育体系的具有特设性。日本现在除了特别设置的道德教育课程以外，从培养青少年道德涵养的角度来看，有关此类的教育课程还有特别活动、学生指导、生活指导、兴趣爱好组织活动等。

(3) 道德教育内容具有完整性。日本的道德教育主要有个性教育、爱国主义教育、人生观教育、国际化教育以及劳动教育五大方面。

(4) 道德教育途径具有立体性。日本在道德教育上不仅重视内容的合理性，而且重视途径和方法的有效性。道德教育是一个网络化、体系化的"立体工程"，需要多层次、全方位地来进行。因为青少年道德的形成，是在青少年生活的家庭、学校、社会等所有场所有意无意进行的，而不是仅在其中的一个场所进行的。在这个意义上说，为了实现青少年道德品质的形成，家庭、社会、学校应该充分发挥各自的教育功能，在相互配合的基础上，努力发挥教育的效果。

四、善于借鉴他国经验，重视民族传统文化的教育

在日本实现教育现代化的过程中，成功吸收外来文化这一做法发挥了重要作用。日本从本质上不具备固有文化，从开始形成时期就以中国文化为主体，大量而系统地吸收儒家思想，将其作为安邦治国的理论依据，经过统治阶级的提倡，儒家思想成为了日本精神文明的支柱。儒家思想的影响，使日本成为了典型东方文化的国家，明治维新之后日本才开始整理所谓的民族文化。日本虽为东方国家，却深受西方社会的影响。日本如今的西化程度之高，是亚洲任何国家都无法比拟的。吸收外来文化的思想解放运动，成为推动教育现代化的巨大动力。具体表现为：在思想上，接受西方天赋人权的平等观念，提倡平等；在政治上，主张实行西方的议会制，这对普及教育大为有利；在教育上，主张人人享有教育的权利，先学法国，再学美国，又学德国，最后形成自己的教育体系。

当然，日本对东西方思想的大量引进，并不是简单的照搬，而是对其进行适合国情的改造，大胆吸收外来文化并勇于创新，以适应日本社会的需要。日本人池田大作曾说："日本人民在吸收消化外国文明方面，发挥了卓越的天资。众所周知，这种天资的表现方式是随时应变、随机应变、灵活多变的。"在人才使用上，日本强调国内学历优先，信任本国培养的人才。

日本教育虽然也引进外国文化的精华，但非常注重发扬民族特色。现在日本将当地丰富的传统文化作为教育孩子们热爱家乡、热爱祖国的做法值得借鉴。如：书法(从小学一年级到高中全都开设书法课)、阿波舞、蜡染、人形净琉璃表演等。通过学习具体的民族传统技艺，增强国家意识，潜移默化地培养爱国主义情感。

目前，日本加强国际理解教育，试图让日本人了解世界，让世界了解日本；鼓励学生留学，引进大量外籍教师，接收大量外国留学生，在 2008 年又制定了接受留学生 30 万人的新计划，培养世界公民。中小学社会课开设了日本传统文化的教学内容以及日本与世界关系的内容，语文课开设了加深国际理解、培养国际合作意识的内容，外语课要求加强外语的听力、会话等实际应用能力，课外活动要求培养学生的世界意识以及日本人生存于国际社会的意识等；高中课程开设了地理、历史和世界史科目，并将其列为必修课；大学开设了国际关系、国际政治、国际经济、国际文化等课程。

对于我们而言，挖掘中国传统的优秀文化，发挥民族优秀文化在当代的教育价值，对于提高国民素质，构建和谐社会具有重要的意义。中国传统文化的教育价值主要体现为八种精神。对待中国传统文化，要坚持与时俱进，在继承和创新中，构建适应市场经济发展的充满活力的新型文化。

五、教育与社会协调发展

教育与社会协调发展主要表现在以下几个方面：一是根据经济社会发展的需求不断调整教育的结构；二是社会对教育的支持力度较大。

日本将教育和经济发展的需要紧密结合，使两者相互促进，共同发展，充分发挥教育的经济功能。日本教育结构是在日本经济的基础上形成的，并且一直随着经济结构的变化而不断进行调整和改革。基础教育、职业教育与普通高等教育的比例比较合理，这样既可

以在较短时间里迅速提高劳动者素质，为产业结构调整提供相应的人力资源保证，又可以在已经积累的人力资源的基础上，迅速提高高级技术人员的比例，更好地为新兴产业的发展服务，确保经济建设目标的顺利实现。20 世纪五六十年代，日本的教育非常务实，强调培养能扎根国内生产的工业化人才。

日本社会各界对学校教育全力支持，学校开展活动如果需要学生家庭的帮助，家长通常会毫无保留地参与、帮助。而"产学结合"则是因为教育界与企业界合作的典范，大企业与学校共同培养学生，企校双赢，提高了教育的实用性。

六、重视职业教育

明治维新以后，日本谋求殖产兴业以振兴实学，使国民经济迅速发展。职业技术教育立足于国家现代化的需要而得到迅速发展。"二战"后，日本在迅速普及义务教育、大力发展高中教育的同时，特别重视发展职业技术教育。战后初期，日本在初中教育中加入了职教成分，设有工业、商业、水产等课程，使学生毕业后能快速地适应职业需要。日本政府于 1951 年颁布了《产业教育振兴法》，决定大力发展职业教育，强调既要发展普通高中也要振兴职业高中。后来，日本制定了职业技术教育发展规划，发展多种多样的中等职业教育，逐步增设了各种层次的职业教育机构，培养更多高水平的各级各类职业技术专门人才。

为了适应产业发展的需要，文部科学省对教育内容及时做出了调整。首先，增加理科教学内容。长期以来，日本教育一直以文科为重，忽视理科。为了纠正这种倾向，文部省要求大学增设理工专业，增加理工科学生的比例。例如，要求大学增设机械、制造、机电、金属材料等多个专业，为产业的迅速发展培养急需的技术人才。其次，加强在职培训。产业发展不仅需要培养大批的人才，而且需要加强在职人员的职业化和专业化训练。日本大多数企业普遍对新录用的社员进行岗前培训，对在职工人、职员、管理层也进行分门别类的培训。为使培训长期持续下去，很多企业除设立培训中心外，有的以委培的方式让员工到高校进修，有的鼓励员工利用业余时间参加夜校等组织的学习，有的还专门成立了学校，以此来提高全体员工的业务水平和劳动效率。

进入 21 世纪，日本对职业技术教育进行综合调整和重组，呈现出个性化、弹性化、多样化、综合化等特点。日本已经建立起世界上独具特色的职业技术教育体系。这个体系分学校中的职业技术教育、企业内的职业技术教育和公共职业训练三大块。日本职业教育的特色是产学合作模式"毕业证书资格证书"的双证模式。

产学合作是指学校和企业合作，共同进行职业教育，培养适应社会和企业所需的人才。学校的教师可以兼任企业的相关职位，对企业的员工进行理论知识的培训。企业的人员可以受聘于学校，进行授课或指导实验、实习等。学校和企业的有关人员定期或不定期地就职业教育中的问题展开讨论，共同致力于职业教育水平的提高。

日本的专门学校是进行职业教育的高等院校，以"毕业证书、资格证书"为教学模式，学生在学校学习结束后，通过专业的资格考试，即可获得毕业证书以及国家的职业资格证书。专门学校注重培养学生的实际操作能力，与普通大学学生相比，专门学校的学生毕业后就能够参与实际工作，所以其就业率高于普通大学。

日本与德国一样重视职业技术教育，并都取得了可喜的成就，值得中国学习，社会经济发展所需要的人才不足必将制约经济的发展。普通高等教育的快速发展可能引发教育过剩，人才外流。

七、大力支持私立教育，实现教育大规模迅速扩张

在日本，已形成了官民并举振兴私学、健全法制公助私学、社会力量共助私学的格局。2001 年日本各学段私立学校学生数占总数的比例分别为：幼儿园 79%、小学 7.9%、初中 6%、普通高中 29.3%，高等教育私立学校占大多数，4 年制大学为 73%，短期大学为 91%。

私立教育在日本历来受到社会各界的重视。直属总理府的临时教育审议会非常重视占有大学生总数 3/4 的私立大学，强调"振兴私学是国家重要的职责，要不断维持和充实振兴私学的一般性补助费用，大幅度地增加对具有特色事项的补助"，主要采取助成私学事业、长期低息融资和税收制度上的优惠等三项优惠政策。

日本的私立学校起步并非很早，私立大学是 1920 年才正式起步的，随后发展迅速，在校生占总数的比例不断提高，1923 年为 56.7%，1969 年 4 年制大学为 75%，短期大学为 90%，这个比例一直保持至今。在教育经费投入上，日本政府从 20 世纪 70 年代开始逐步加大了对私立高等教育的资助。随着 1975 年《私学振兴助成法》的颁布，私立学校的办学条件得到改善，政府对私立高校的拨款比例持续增长，1980 年上升到 29.5%。私立大学培养的社会英才多于国立大学。在日本的国会议员中，大企业、大新闻机构的负责人中，也是私立大学的毕业生多于国立大学。

八、现代化程度高

日本学校的规模可能没有中国大，但学校与教育相关的设施设备现代化程度普遍比较高，中小学每个班级都安装了电视、投影、计算机、电话等，教师无纸化办公，2010 年日本每所学校的教学用计算机平均为 39.5 台，每所初中平均教学用计算机台数为 49.7 台，高中平均为 125 台，各项教学配套设施完善，每个学校都有一个 400m^2 以上的体育馆、个性化图书馆，设有医务室、配备专职的营养师。

20 世纪 90 年代，日本大学的信息化教学就达到了比较高的水平，信息化教学的主要内容包括以下五点：第一，充分利用互联网和卫星通信技术，开展远程教育；第二，利用校园网，使学生通过计算机，不出寝室或家门，就能按时学习有关课程；第三，教师的教学计划、教材讲义和科研成果等全部在校园网公开，使学生能够随时随地自由利用；第四，面向社会的成人教育和业余学习，充分利用校园网开展教学；第五，根据需要，部分公开讲座，免费向社会开放。

进入 21 世纪，日本积极应对信息化的迅猛发展。初中等教育关注培养青少年对信息和信息技术的主观选择能力和灵活运用能力；提高学校的信息技术基础设施建设，提高学校自身的信息化和网络化水平；学校教育应克服信息化带来的人际关系疏远等负面影响，促进学生身心的全面发展。

九、大力推行教育改革

回顾日本近现代以来教育发展的历史可以看出，在国家发展和变革的重要时期，日本都采取了一些重要的改革措施，推进和发展教育。其中力度最大的教育改革有三次。第一次是明治维新初期，以开放、向西方学习为主旨的教育改革，它为日本普及基础教育，为从封建社会走向现代化文明社会奠定了良好的基础。由于这一时期的教育改革，日本形成了比较完整的欧式学校体系，普及了教育，提高了全体国民的素质。第二次是"二战"后以建设民主和平国家为主旨的教育改革，它为日本走出军国主义的思想统治、实现经济迅速崛起并成为世界经济强国提供了可靠的保证。由于这一时期的教育改革，日本实现了教育的民主化、个性化以及法制化。第三次是始于 20 世纪 90 年代并延续至今的教育改革，它以重视个性、倡导新学力观和自我教育能力为中心，强调构建终身学习社会教育体系，大力培养适应世纪全球化发展需要的各类人才、特别是高层次的优秀人才。日本第三次教育改革的背景，是世纪年代特别是新世纪以来全球化和信息化飞速发展，日本经济社会结构以及传统的教育体制和教育理念都受到了严重的冲击，面临了新的挑战。为此，日本政府早在上世纪中期，就提出了面向世纪的教育改革的基本目标，制定了《世纪教育新生计划》等一系列推动教育改革的方针政策，并修改了教育基本法和学校基本法，为新世纪的日本教育改革揭开了新的一页。

日本政府推行的每一次教育改革，都极大地促进了日本教育的发展，使日本教育一直保持世界领先的水平。纵观日本的教育改革，其主要经验可以总结为如下四点：

第一，每次改革均秉承教育优先发展的原则。近几十年来，日本的各种教育改革理念、方针和措施，均体现了日本始终坚持教育优先发展战略，坚持教育公平原则。这是战后日本教育改革和发展的最主要成果，是民主主义思想在教育领域普及的具体体现。坚持以公平为基础的改革路线，表明了日本政府和国民对教育的信赖、依赖和期待。

第二，坚持教育的公共性，发挥政府的职责作用。日本政府通过教育改革，尤其是通过修订教育基本法，明确界定了政府在教育发展中应承担的责任，包括为教育提供经费、设施、师资等基本条件、制定教育目标和检验教育成果等。

第三，坚持科学决策，合理推进改革。在教育改革过程中，有一支为政府各项政策和措施的出台提供支持的强有力的专家队伍，其中发挥作用最大的是中央教育审议会。中央教育审议会作为文部科学省的咨询机构，长年不断地就国民关心的教育问题开展各种调研，提出各种有针对性的政策建议，既为政府政策的出台提供理论依据，又引导社会各界对教育改革和教育发展的舆论导向。这种咨询机构的严谨工作，使日本政府的决策建立在比较科学合理的基础之上，比较容易地获得了社会各界的理解和支持。2013 年，日本政府又成立了直接为总理大臣提供咨询建议的教育再生委员会，更加表明了其对教育专家作用的高度重视。

第四，坚持国际视野，立足本土行动。日本历来十分注重向他人学习，注重兼容并蓄，在当今全球化迅速发展的情况下更是如此。从上世纪中期开始，欧美各国在教育改革中就强调营造终身学习的社会教育环境，培养学生的个性发展等，在很大程度上影响了日本教育改革的方向。进入中期之后，日本一方面关注美欧发达国家教育改革的新动向，一方面进行自我调整，推行符合日本国情的教育改革。

十、日本教育存在的问题

(1) 过分强调学历，学历化社会弊端颇多。

日本社会素有"学历社会"之称，人们普遍追求名牌学校，追求高学历，大企业、大机关等也愿意任用名牌大学毕业生。重视知识本来是好事，但由于过分偏重学历，导致了异化现象。一是不同学历者在社会上所处的地位不同，学历对于求职择业、晋级升职等都影响极大；二是同样是大学毕业生，只有名牌大学的毕业生能找到理想的工作，获得较多的晋级升职机会，竞争很不公平。据有关调查显示，日本政府部门的官员大都出身于名牌大学，中央各省厅局长以上的高级官员中 50%以上毕业于东京大学，大学的教授席位也基本上由东京大学、京都大学等名牌大学的毕业生所垄断。日本有 50% 以上的大企业的主要工作人员是从 10 多所著名大学的毕业生中招聘的。日本企业家实行终身雇佣制度和年功序列制度，若是名牌大学的毕业生，且有高学历，就意味着能够稳定地获得较好的待遇。家长们为了孩子能上名牌学校，只能让学生卷入到偏重考试竞争、偏重知识教育的怪圈，而青少年的道德教育和个性发展等却被忽视。

(2) 过分划一的教育使学校缺乏特色，学生缺乏个性。

日本的教育体制是效仿法国的集权统一模式建立的，尽管经过美国的改造，国家对教育仍然实行高度统一的管理，政府先后出台了各种教育法规，对各级各类教育和学校加以规范、统管和监控，包括教育发展规划、教育政策、办学标准、教学计划、各学科教学内容及要求等，国家的统一规定各类教育机构必须不折不扣地照办。这种高度统一的规划和管理，在普及义务教育初期以及战后重建时期起过积极的作用，但也使学校教育出现极端平均倾向和忽视青少年个性发展等弊端，影响了教育质量。

(3) 忽视创造力培养，学生学力下降。

日本的基础教育在世界上名列前茅，在国际性学力测验中取得了非常好的成绩，呈逐年下降的趋势，突出表现为两个问题：一是学习能力较强的学生比例逐渐减少，学习能力差的学生比例逐渐增多，与其他国家相比，日本处于中下等的学生比例偏大；二是学生的学习欲望不强，善于观察和思考的学生越来越少。教育达标评价协会对 38 国的初中二年级学生进行了三次国际数学教育调查，在数学测验中，日本由 1981 年的第一名降到 1999 年的第五名。日本学生对数学和自然科学的兴趣，低于国际平均水平 24 个百分点，名列 38 国的倒数第二位。2006 年，OECD 以各国义务教育阶段的周岁的学生为对象，进行了调查，其目的是考察各成员国学生的科学能力、阅读能力和数学能力。调查结果显示，日本学生的科学能力在国际上处于领先地位，阅读能力居于中等水平，数学成绩虽然处于中上水平，但呈现下降趋势。OECD 针对各成员国学生的学习欲望做了调查，在所调查的三个项目中，日本高中生均排名靠后，尤其是课堂中善于思考实验结果的学生比例，排名倒数第二。

(4) 各种校园问题层出不穷。

学校教育中偏重知识传授和考试分数的激烈竞争导致诸多校园问题，最突出的是校内暴力、拒绝上学、心理障碍等问题。校内暴力近年来是有增无减，1993—2008 年小学生增加了 71.6%，中学生增加了 42.2%，少年犯罪率高，且犯罪行为越发凶残、粗暴；不愿上学的学生比例，2008 年小学生提高到 0.32%，中学生提高到学校 2.89%，中学生当中缺勤生不断增多；有学习障碍、多动症自闭症等，需要个别辅导的学生人数，小学生增加了 3.2 倍，中学生增加了 10.6 倍。一些学校为了提高学生的学习成绩以及学习兴趣，已经根据学生的学习成绩划分了小班授课，接受特殊教育的学生人数则不断增加，却没有充足的教师来确保小班授课的实施。

（5）大学生就业率低的问题。

2011 年 2 月，日本文部科学省和厚生劳动省以即将毕业的大四学生为对象，共同实施了大学毕业生就业率调查，其结果是：77.4%的学生找到了工作，签订了就业合同，与上年度同期相比下降了 2.6 个百分点，是 2000 年以来的最低点。可见，日本大学生的就业形势越来越严峻了。

日本的资源比我们少，却依靠发展教育富强起来，值得我们学习。

本 章 小 结

本章介绍了日本教育的演进过程、现行的教育制度以及对我国教育的启示等内容。重点介绍了日本现行的教育行政体制、现行学制及各级各类教育。目前，日本在教育行政上实行中央集权与地方分权相结合的方式。日本现行的学制主要是"6-3-6"制，包括学前教育、初等教育、中等教育和高等教育，学校有国立、公立、私立三类。日本非常重视教育，在教育投入、师资素养与地位、义务教育年限等方面处于世界前列；日本重视道德教育和民族传统文化的教育，强调教育与社会协调发展，教育的法制化、现代化程度较高，并且善于借鉴他国经验，其教育受德国、美国影响较大，特别重视职业教育，支持私立教育，不断推行教育改革，这些都值得我们学习和借鉴。

【推荐阅读】

[1] 臧佩红. 日本近代教育史[M]. 北京：世界知识出版社，2010.

[2] 吴文侃，杨汉清. 比较教育学[M]. 北京：人民教育出版社，1999.

[3] 王玉珊. 日本教育及其在经济发展中的作用研究[M]. 北京：中国社会科学出版社，2012.

[4] 李春生. 比较教育管理[M]. 南京：江苏教育出版社，2008.

[5] 王晓辉. 比较教育政策[M]. 南京：江苏教育出版社，2009.

[6] 王智新，潘立. 日本基础教育[M]. 广州：广东教育出版社，2004.

思 考 题

简答题

1. 日本综合学习时间的设立有何意义？

2. 日本的道德教育有何特点？

3. 解释教头、产学结合。

4. 如何理解日本的生存能力培养？

5. 日本教育给我们什么启示？

对教育没有新的视界，对教师没有新的认识，这将是不可想象的。

——俄罗斯联邦总统普京

第七章　俄罗斯教育

本章学习目标

➢ 熟悉俄罗斯教育的演变进程。
➢ 熟悉俄罗斯教育的制度及其学校教育。
➢ 掌握俄罗斯教育对我们的启示。

核心概念

综合技术教育　分支式学制　特科学校　教育技能大学　赞可夫教育

学习指导

　　本章的学习重点是俄罗斯教育的演进过程。其次，要掌握俄罗斯现行教育制度下各级各类学校的发展特点。最后，认真思考俄罗斯学校教育对我国教育发展的启示。

拓展阅读：俄罗斯的国情

　　俄罗斯联邦(The Russian Federation)，简称俄联邦或俄罗斯，是由22个自治共和国、46个州、9个边疆区、4个自治区、1个自治州、3个联邦直辖市组成的联邦共和立宪制国家。

　　俄罗斯位于欧洲东部和亚洲北部，地跨欧亚两大洲，国土面积为1709.82万平方公里，是世界上面积最大的国家，人口1.44亿人(2015年)。俄罗斯是由193个民族构成的统一多民族国家，俄罗斯人为主体民族，占总人口的81%，主要少数民族有乌克兰、车臣、亚美尼亚、白俄罗斯、哈萨克、阿塞拜疆和日耳曼族等。俄语为官方语言。主要宗教为俄罗斯东正教，其次为伊斯兰教，其他还有天主教、犹太教、佛教和基督教等。首都莫斯科。

　　俄罗斯人的祖先为东斯拉夫人罗斯部族。1721年沙皇彼得一世建立俄罗斯帝国，1917年十月革命后建立了苏维埃俄国。冷战期间苏联成为了世界超级大国，主张通过大力发展军事力量来同美国争夺世界霸权。1991年12月25日苏联解体后，最大加盟国俄罗斯正式独立。在"一超多强"的国际体系中，俄罗斯是有较大影响力的强国，其军工实力雄厚，特别是航空航天技术，居世界前列并拥有世界上最大的核武器库。俄罗斯还是联合国安全理事会五大常任理事国之一，对安理会议案拥有一票否决权。除此以外，俄罗斯还是五个金砖国家之一。

俄罗斯的教育事业是比较发达的。历经几百年，特别是 20 世纪内 80 多年的发展，形成了规模庞大，普及程度较高，各级各类教育基本自成网络、又相互衔接、彼此配套协调，比较完整的教育体系。

永不凋谢的玫瑰

在苏联的一所学校，校园的花房里开出了美丽的玫瑰花，每天都有很多同学前来观看，但都没有人去采摘。

一天清晨，一个四岁的小朋友(就读于该校幼儿园)进入花房，摘下了一朵最大、最漂亮的玫瑰花。当她拿着花走出花房时，迎面走来了该校的校长。校长十分想知道小女孩为什么要摘花，便弯下腰亲切地问："孩子，你可以告诉我你摘下的花是送给谁的吗?"

"送给奶奶的。奶奶生了重病，我告诉她学校里有一朵很大的玫瑰，奶奶不信，我这就摘下来送给她看，希望她早点好起来，等奶奶看完了之后我会把花送回来。"

听完孩子的回答，校长牵着小女孩的手，从花房里又摘下了两朵大玫瑰花，说道："这一朵是奖给你的，你是一个懂事的孩子；这一朵是送给你奶奶的，感谢她养育了你这样的好孩子。"

这位校长是谁呢？他就是伟大的教育家、万世敬仰的育人楷模苏霍姆林斯基。

案例分析：这个案例为我们提供了教育的真谛。在当学生犯错误时，教师应该保持冷静，并和蔼地询问他为什么这么做。因为，学生许多的错误背后，其实往往隐藏着他合乎情理的原因，学生的一些错误行为实际上是他渴望帮助的呼救声。所以只有教师了解了学生犯错的真正原因时，才能理解学生的行为，才能找到一种最为恰当的方式来处理问题，从根本上解决问题。

第一节　俄罗斯教育的演进

由于俄罗斯现代社会经历了帝俄时代、苏联时代和现在的私有化市场经济时代，其教育发展相应地也可大致分为以下三个阶段。

一、帝俄时代的教育

俄罗斯国家由东斯拉夫民族发展而来。882 年，东斯拉夫人建立"基辅罗斯"公国，11—12 世纪期间，基辅罗斯公国出现了最初的学校及儿童教育的手抄文献——宗教道德文集。此后，基辅罗斯进入战乱和衰落期。13—15 世纪，诺夫哥罗德公国成为文化教育的中心，15 世纪末诺夫哥罗德大主教提出建立学校，以培养牧师职位的成年人。与此同时，在15 世纪末莫斯科公国逐渐统一东北俄罗斯大部，一跃成为沙皇王国，奠定了俄罗斯中央集权国家的基础。16 世纪，莫斯科公国的学校数目大大增加，此外在大城市和修道院中还设有少数程度稍高的"文法学校"。16—17 世纪，白俄罗斯和乌克兰为了摆脱民族压迫和宗教统治开办了"兄弟会学校"，这些学校具有广泛的民主性质，大量接收儿童，出现了分班上课的萌芽，有了儿童出勤率和学习成绩的考查办法。1654 年，乌克兰同俄罗斯合并。1632 年，基辅兄弟会学校和基辅修道院学校合二为一，改组为基辅莫吉拉学院。该学院是俄国第一所高等学校，直到 1805 年哈尔科夫大学建成后逐渐变成了神学院。在它的影响下，在哈尔科夫和车尔尼高夫创办了中等学校。到了 17 世纪中后期，先是出现了一些斯拉夫—希腊—拉丁文中学，随后于 1687 年诞生了属于高等教育级别的斯拉夫—希腊—拉丁文学院，直到 1755 年莫斯科大学建立，该学院逐渐变成了神学院。

俄罗斯帝国制度化教育，始于 17 世纪末彼得一世统治时期，这一时期的教育改革主要体现在打破教会垄断和控制学校教育的局面，开办了国立公民学校，即普通初等学校(小学)和国立实科学校；开办了科学院及其附属大学和附中，以培养符合当时需要的俄国学者和人才；创办了各种为建立强大海军、陆军与冶金工业服务的专业学校和军事学校；改革了教会教育。此后，帝俄时代的教育分别经历了叶卡捷琳娜二世、亚历山大一世和尼古拉一世三个主要时期的变革。1786 年叶卡捷琳娜二世签署发布了《俄罗斯帝国国民学校令》，该法令规定在县城设立四级五年制的免费中心国民教育；在县以下城镇设立二级二年制的免费初级国民教育；男孩、女孩平等入学的权利；严格的学生守则和考试制度等。1803 年和 1804 年亚历山大一世分别颁布了《国民教育暂行章程》《大学章程》和《大学所属各级学校章程》，根据这些章程，俄罗斯全国被划分为六个学区，并于 1804 年成立了哈尔科夫大学、卡赞大学、彼得堡师范大学(1819 年改名为综合大学)；另外，大、中小学系统依据统一性(单轨制)的原则建立，即每一级学校都与上下两级学校彼此衔接，升学不必考试，只以前一级的毕业证书为凭。由低至高的学制体系如下：教区学校(一年)、县立学校(二年)、省立中学(四年)、大学。1825 年尼古拉一世继任皇位，实施了一系列倒退的教育政策，如 1828年颁布的《大学所属各级学校规程》，使得各级学校有了等级性、终结性，其学制形成为两个等级，即限制平民教育的封闭系统——教区学校(1~2 年)和县立学校(3 年)和服务于贵族子弟受教育的衔接性系统——家庭教育、中学(7 年)、大学。再如，1845 年和 1852 年尼古拉曾两次以提高学费的方式限制平民子弟的升学权利，并下令不许非贵族出身的经济困难学生免费入学等。尼古拉一世当政的 30 年内，普通学校数量增长缓慢，各省仅仅设立了一些中等或初等的农业、技术、商业学校。

19 世纪 60 年代俄国形成了古典中学和实科中学的双轨制。19 世纪 70—80 年代，地方自治局开展了广泛的办学活动，但由于政府的多方限制，学校数增长不多；虽然教区学校得到了格外的支持，但数量还不到地方学校的一半，教学质量和水平也逊色许多；此外，将所有的中学都改为古典中学，大大降低了非贵族出身的学生的入学比例，同时将实科中学改为普通教育性质的中等学校。20 世纪初俄国建成了复杂的学校系统，但初等教育发展缓慢，中等教育等级森严，高等教育脆弱落后。直至 1917 年十月革命前，沙皇俄国仍然是一个封建和军事专制的帝国。作为一个农业国，其经济发展比其他资本主义国家落后得多，因而它的教育发展缓慢，水平低下。这个时期的教育制度是在俄国教育长期的历史发展中形成的，各级各类教育已初具规模。然而，这个时期的俄国教育带有浓厚的封建色彩，特征是沙皇和教会控制教育大权，实施等级制、双轨制教育制度，军事封建性和宗教性也极为明显。

二、苏联时代的教育

十月革命胜利后，俄国无产阶级夺取了国家政权，建立了世界上第一个社会主义国家。苏维埃政府根据国家政治、经济、文化发展的需要和科学技术发展的需要，根据教育实践的经验和教育理论的研究，在教育制度、教学内容和方法等方面，进行了多次重大的改革。在这个时期，俄罗斯不但摘掉了沙俄时期被冠以的"最不发达的欧洲国家"的帽子，而且通过几十年的探索与变革建立起了世界上独树一帜的发达的国民教育体系。

(一)苏维埃政权建立初期的教育改造

自 1917 年成立苏维埃政权后，俄罗斯进入了历史上前所未有的蓬勃发展时期，进行了一系列教育改革，实现国民教育的世俗化、民主化。

根据 1917 年 11 月 9 日的法令，苏维埃成立了国家教育委员会，以着手拟定建设新国民教育体系的原则。为了保证学校改革的统一性，1917 年 12 月 15 日苏维埃人民委员会颁布了《关于把教育事业从宗教主管部门转交教育人民委员部管理的法令》，1918 年 1 月 21日，又颁布了《关于信仰自由、教会和宗教团体的法令》。两个法令宣布教会与国家分离，学校与教会分离，信仰自由，禁止在学校里讲授宗教课程和举行宗教仪式，使教育世俗化，将所有的教区学校、教会学校和神学院改造为普通学校。1918 年 6 月 5 日，人民委员会发布了《关于把各部门的教学和教育机构转交教育人民委员部管辖的命令》，同年 6 月 26 日发布了《关于国民教育事业的组织办法的指示》，根据这两个条例，最高教育行政机关为国家教育委员会，地方国民教育领导机构为州、县、镇教育厅、局和科，负责地方学校管理任务，同时设立国民教育委员会，作为教育行政的参议和咨询机关。

1918 年 8 月 25 日至 9 月 4 日，第一次全俄教育工作大会召开。会议确定了两级统一的九年制普通教育制度：第一级 5 年，第二级 4 年。1918 年 10 月 16 日公布了两个具有重大历史意义的文件，即《统一劳动学校规程》和《统一劳动学校基本原则》(又称《统一劳动学校宣言》)。学校规程规定 6～17 岁儿童全部进入九年一贯制的统一劳动学校学习(其中 6～8 岁进入幼儿园)；实行免费义务教育；男女合校等；基本原则提出了实施综合技术教育的思想，促成了统一的学校制度的建立。由此，影响了整个 20 世纪苏联教育模式的"统一、衔接"和"综合技术"教育原则就确立起来了。此后的数年中，在苏维埃政权机构的统一领导和组织下，开展了大规模的扫除文盲运动。1919 年 12 月 26 日颁布的《关于扫除俄罗斯苏维埃联邦社会主义共和国国内居民中的文盲》规定在共和国内年龄在 8～15 岁的全体居民，凡不能读和写的，都必须学习识字。1920 年 7 月还成立了全俄扫除文盲非常委员会，在全国各地设立扫盲站，扫盲学校等。

1920 年 12 月 31 日至 1921 年 1 月 4 日，俄共召开了第一次国民教育会议。会议决定建立前 4 年、后 3 年的七年制学校来代替前 5 年、后 4 年的九年制学校。在七年制学校以后是技术学校，即职业学校，修业年限 3 年。1923—1924 年，教育人民委员会颁发了苏维埃学校必须执行的教学大纲，把学校里必须学习的全部知识分为自然、劳动和人类社会知识三个单元。由于受到西方自由教育思想的影响，1927 年的苏联还废止了入学、升学和毕业考试，取消了对学生学业的评定，学校中流行"设计教学法""道尔顿实验教学法"等。

自 1921 年成立了国立莫斯科列宁师范学院，整个 20 世纪 20 年代，苏联陆续建立了一系列的高等师范院校；1925 年设立了研究生部，使得最优秀、最积极的学生有机会进入研究生部进行深造，对于充实高等学校的师资起到了很好的作用；与此同时，1924 年设立了以工农为对象的广播函授大学，1926 年创办工人大学，1928 年在工科大学设立函授教育部等。

经过十几年的改革和发展，教育性质发生根本转变，社会主义教育方针和体系初步确立起来了。

(二)20 世纪 30—40 年代的教育整顿

1930 年 7 月 25 日联共(布)中央通过了《关于普及初等义务教育的决议》。该文件规定了从 1930—1931 年起，对全苏联的 8～10 岁的男女儿童实施不少于四年的小学程度的普及义务教育。对没有达到小学程度的 11～15 岁的男女儿童同样实施义务教育。经过全民努力并在强大而集中的国家机器的推动下，1930—1934 年在全苏联农村地区基本普及四年制小学义务教育；工业城市和工人居住区普及了七年制义务教育，并于 1934 年提出在全国普及七年义务教育的任务。与此同时，扫盲工作也取得显著进展。

1931 年 9 月 5 日联共(布)中央通过并公布的《关于小学和中学的决议》是俄罗斯 30 年代教育大整顿的开始，也是以后一系列改革的基础，它的中心思想就是针对当时学校存在的根本性问题，提出一系列整顿措施，要教给学生系统的各科知识。此后，联共(布)中央在教育大纲和教学制度、教科书、中小学结构、教学工作组织和校内规则、"儿童学"问题等方面陆续出台一系列专门的决策。

关于高等教育的整顿工作，1932 年 9 月 19 日苏联中央执行委员会颁布了《关于高等学校和中等技术学校教学大纲和制度的决议》，决议要求加强现有的综合大学，在没有综合大学的各加盟共和国发展综合大学。其结果扩大了综合大学网，使高等教育规模在短时期内有了很大发展。1936 年 6 月 23 日，苏联人民委员会和联共(布)中央又通过了《关于高等学校的工作和高等学校的领导的决议》，这些文件要求修订教学大纲，保持稳定的教学计划，反映最新科学成就，保证课堂理论与生产实践的联系，生产实习时间应占教学总时数的 30%～40%；统一学年编制和学期划分，将高等技术院校的修业年限由 6～8 年缩为 5～6 年；建立考评、升级制度，开始实行毕业论文(毕业设计)答辩和国家考试制度等。此外，高等教育的调整工作还包括改革管理制度，扩大高校自主权；恢复学位、学衔制度，严格研究生培训制度；发展业余高等教育，在全日制高等学校中开办夜大学和函授教育等。

(三)20 世纪 50—80 年代的教育改革

随着"二战"后国民经济的恢复与发展，至 20 世纪 50 年代中期，以向高等院校输送毕业生为主要目标的中等教育与国民经济结构和产业结构之间出现了尖锐的矛盾。基于这样的背景，国家在 1958 年 12 月 24 日苏联最高苏维埃主席团审议通过了《关于加强学校同生活的联系和进一步发展苏联国民教育制度的法律》(以下简称《法律》)。这项《法律》是由国家最高立法机关直接把教育改革问题提出来，并用法律形式固定下来作为国家法令付诸实施的。苏联现代教育史上首次重大改革从此拉开序幕。改革的目的是加强学校与工农企业的联系，缓解中学教育与社会生产相脱节而生成的诸多危机。改革的内容涉及学校制度、学校类型、各级各类学校的培养目标、学习年限、教育教学内容及其方式方法等许多方面。例如，延长学制，普通学校由过去的十年制改为十一年制；在中学教育中大量增加劳动课程和劳动时间，增加职业培训内容等。在俄罗斯教育发展史上，1958 年教育改革被认为是不成功的改革，主要原因在于中学劳动课程和课时的比重太大，造成科学知识教学质量的大幅度滑坡，降低了高校新生的质量。

20 世纪 60 年代世界各国出现了教育现代化运动，教育进入了大发展、大改革的时期。面对这种形势，1968 年 8 月，苏共中央和苏联部长会议发布了《关于改变兼施生产教学的劳动综合技术普通中学的学习年限的决定》，又揭开了长达 10 年之久的新一轮改革的序幕。《决定》放弃了让普通教育同时承担职业教育任务的不现实的主张，但坚持了对学生进行必要的劳动教育的思路。在重点改革中等普通教育的同时，对职业技术教育和高等教育也进行了不同程度的改革。转变高等教育的培养目标，调整专业设置；改进教学工作，修改教学计划，使文理相互渗透；加强实验室操作和课堂讨论，使讲课与讨论的时间达到 1∶1；加强实践环节，重视教学与实践的联系；提倡问题教学法，改进教学方法；改进招生和分配制度等。

20 世纪 70 年代，苏联社会经济发展水平达到了苏维埃成立以来的最高点，俄罗斯的教育事业也获得了长足发展。1972 年 6 月，根据苏共第二十四次代表大会的决议，苏共中央和苏联部长会议通过了《关于向普及青年中等教育过渡完成和进一步发展普通学校》的决定，提出了实行普及中等教育的各种类型的学校以及完善教育教学过程和改进其质量的途径。1973 年 7 月，苏联最高苏维埃通过了《苏联和各加盟共和国国民教育立法纲要》(以下简称《纲要》)，确定苏联国民教育制度为：学前教育、普通中等教育、校外教育、职业技术教育、中等专业教育、高等教育。同时指出，普通中等学校是进行普通中等教育的基本形式，是对儿童和青年进行教学和教育的统一的劳动综合技术学校。到 1975 年，苏联已基本普及了十年制完全中等义务教育，98%以上的八年制学校毕业生继续升学，毕业生的知识质量也有了明显的提高。但这时的高等学校只能接收 15%的高中毕业生，技术专科学校可接收 21%，其余 64%的中学毕业生必须直接就业。

进入 20 世纪 80 年代后，世界范围内又掀起了新一轮大规模的教育改革浪潮。在这场世界性的波澜壮阔的教育改革运动中，苏联的教育改革声势浩大，改革初期甚至动员了全社会的广泛参与。

1984 年 4 月 10 日和 12 日分别由苏共中央全会和苏联最高苏维埃会议正式通过《普通学校和职业学校改革的基本方针》(草案)，成为 80 年代全苏联教育改革的指导性文件。此次改革的主要内容包括：延长学制(普通中等教育由 10 年延长至 11 年)；提早入学年龄，由 7 岁入学提早至 6 岁；加强普通学校的劳动教育和职业训练；加强职业技术学校的建设，提高职业技术学校的普通教育水平，并把现有的各种职业技术学校改组为统一的中等职业技术学校；加强学校思想工作，把学校的教学与课外活动，把家庭教育与社会教育统一起来，建立一个完整的教育体系；提高教师的社会地位和工资待遇，为在中小学和教育部门工作的教师和教育工作人员(包括学前教育机构和中等专业学校)增加工资 30%～35%；加强教育的教学物质基础，苏联政府许诺每年拨款 110 亿卢布；进一步进行教学改革，提高教学过程的质量。

1987 年 3 月苏共中央全会和苏联最高苏维埃通过了《我国高等和中等教育改革的基本方针》(草案)。至此,苏联对整个教育体系提出了全面改革的意见并予以全面实施。文件提出了改革的目的是大力提高专门人才的培养质量,以适应社会经济发展的战略方针和科技革命的要求。同时又提出了许多有力的措施。

1988 年 2 月,苏共中央全会通过了《关于教育体制改革的决定》,在戈氏的改革新思维的基础上提出了教育改革的新思想。这次改革深入到了教育领域的理论和思想观念,包括学校的发展思想、学校的民主化思想、学校的人道化思想、学校的现实化思想等。应该说,这次改革的取向是符合时代潮流的。在这个决定中,苏联第一次提出了教育优先发展的方针。

1988 年 3 月成立了苏联国家教育委员会,以协调全苏联的教育事业。该委员会主张对学校的教学内容、教学方式采取全新的态度,认为唯有学生的发展,才是衡量教师、学校及整个教育体系质量的尺度,并且提出了许多革新性的口号和设想。

进入 20 世纪 90 年代后,苏联乃至整个东欧的政局发生了急剧的变化。1991 年 12 月 26 日,苏联最高苏维埃举行最后一次会议,宣布苏联作为一个国家实体和国际法主体终止其存在。苏联解体之后,这次改革虽没有完全付诸有效的实施,但这种变革的思想便为各个加盟共和国所承继,也为俄罗斯 90 年代的教育变革取向确定了基调。

三、苏联解体后俄罗斯的教育变革

自 1991 年底苏联解体以来,俄罗斯的政治、经济以及社会意识形态等因素发生了根本性的变化,俄罗斯教育也进入了新的改革时期。俄罗斯政府十分重视教育法制建设:一方面对原有的法规进行了详细的修订,另一方面又制定了一系列新的法规。

1991 年 6 月,叶利钦就任俄罗斯首任总统后颁发了第一号总统令——《关于发展俄罗斯苏维埃社会主义联邦共和国教育的紧急措施》,该法令明确提出必须制定国家教育发展纲要,以确保教育领域发展的优先地位。

1992 年 7 月 10 日,俄罗斯颁布了《俄罗斯联邦教育法》,该法在总体思想上继承了苏联解体前奉行的国家政策,新制定的内容可以概括为三大方面:一是重新构建了国民教育体制的组成部分:把原来的普通教育、中等专业教育、职业技术教育和高等教育四部分重新划分,归并为普通教育和职业教育两大部分;二是确立了多元化的办学模式,鼓励非国立教育机构的建立和发展;三是扩大了教育机构的管理自主权和经营自主权,允许教育机构从事一定范围内的经营性活动及获取补充资金的非经营性活动,使教育参与经济活动引进市场机制有了一定的政策依据。另外,义务教育的年限缩减了两年,即从原来 11 年的完全中等教育改 9 年基础中等教育。这个新规定在实施中受到了普遍的指责和抨击,1996 年 1 月又颁布了《俄罗斯联邦教育法》的补充修订版(又称《新教育法》),重新将义务教育的年限确定为 11 年,并规定如果本国公民是首次接受职业教育的话,均有权利通过竞试入学免费接受教育。此外,新教育法还对教育管理、教育机构的类型、教育领域中的私有化问题、学生辍学年龄、教育工作者的劳动报酬等许多方面进行了增补。

1997 年 7 月俄罗斯联邦政府第 86 号命令通过了《俄罗斯联邦教育发展纲要》正式版本,该纲要是俄罗斯独立以后各种法律、法规、法令的集大成者,它对俄罗斯教育体制发展的现状及存在的基本问题,对教育改革与发展的目标、方针、任务及预期成果,教育体制的管理职能、资源保障等方面的内容做了明确阐述。此外，纲要还指出了教育发展的原则、任务和方针，为新时期国民教育的持续发展提供了全方位的政策依据和明确的目标导向。

1994 年 9 月 13 日，俄罗斯政府颁布了《俄联邦教育领域非国有化非垄断化法》，从而在全国范围内推进教育非国有化的进程。为了进一步强化素质教育在俄罗斯未来教育变革中的重要性，1999 年 10 月俄罗斯联邦教育部颁布《俄罗斯教育系统 1999—2001 年素质教育计划》，该计划规定了在教育系统中健全素质教育组织的目的、任务与方向，提出了与素质教育实践有关的优先采取的措施，并对各级各类学校实施素质教育提出了基本方向。

1999 年又颁布了《俄罗斯联邦民族教育方针》(草案)，该草案确立了 2025 年前教育的发展战略和方向，以及它在国家政策中的地位。2000 年 10 月 4 日，俄罗斯政府通过了一份题为《俄罗斯联邦国家教育学说》的报告。该学说重新确立了教育的基本目的和任务、国家在教育领域的基本任务，并确立起了未来教育发展的基本指导思想。2001 年，俄罗斯联邦国家委员会工作小组在普京总统亲授下拟订《现阶段俄罗斯的教育政策》，对新世纪初教育发展中的问题作了总结，并提出相关的应对策略建议，其中加大教育投资力度和大力推进教育现代化进程是主要的建议内容。2002 年，俄罗斯联邦政府通过了《2010 年前俄罗斯实现教育现代化的构想》，基本反映了普京的社会治理理念，包括普及基础教育、保证公民接受教育的权利、全面提高各级各类学习的教育质量、提高国家管理教育的效益和增加教育财政预算等内容。

总之，苏联解体后，俄罗斯政府在教育领域一直不断地酝酿着改革。从宏观上来看，俄罗斯政府引入市场机制，推行教育的私有化和非国有化，非国立学校纷纷涌现，尽管规模不大，但这些学校都具有自己的特色，教学质量高，社会适应性强；实施教育体制的多元化和自制化还有教育的个性化、人道化、人文化等。进入 21 世纪，俄罗斯教育也在努力开放和发展自己，并与国际接轨。

第二节　俄罗斯教育行政与现行教育

一、俄罗斯教育行政

目前，俄罗斯联邦已经初步形成中央集权与地方分权相结合的教育行政体制。教育管理机构划分为联邦中央、联邦主体、地区和学校四级，每一级都有其明确的教育权限。

(一)联邦中央教育管理机构及其职能

俄罗斯独立初期，联邦中央级教育行政机构主要包括两个平行的教育部门，一个是俄罗斯联邦教育部，另一个是俄罗斯联邦科学、高等学校和技术政策部。俄罗斯联邦教育部主管学前教育、普通中小学教育、职业技术教育、中等专业教育、中等和高等师范教育以及校外教育；俄罗斯联邦科学、高等学校和技术政策部主管综合性大学及师范院校以外的其他高等教育的单位。为了加强对高等教育的领导和管理，1993 年俄罗斯成立了高等教育委员会，专门管理高等教育机构。

2004 年 3 月，普京总统签署法令，对联邦政府机构进行改组，将原来的俄罗斯普通与职业教育部、科学与技术创新部合并，成立了俄罗斯联邦教育与科学部。它履行如下职能：

在教育、科学、科技、创新活动领域，智力产权领域，以及青年政策、品德教育、教育机构里的学习者和受教育者的社会扶持与社会保护领域，制定有关政策并给予规范化的、法律上的协调。它下设四个署：联邦智力产权及专利和商标署、联邦教育和科学领域监察署、联邦科学署和联邦教育署。其中，联邦科学署和联邦教育署是在平行状态下分别管理科学和教育的全国性事务。

(二)联邦主体教育管理机构及其职能

联邦主体教育行政机构的结构和职能的划分是由联邦主体法规确定的。因此，这些机构的名称和组织结构非常多样，一般在各共和国设有教育部，边疆区(州、自治州、自治区)设有教育局等。其主要职能是根据联邦中央的教育要求，结合共和国政治、经济、民族和文化的特点，制定联邦主体教育法规；制定和实施共和国、行政区教育发展计划纲要；编制联邦主体教育经费预算，确立地方教育税；为本共和国的教育体系提供资金和各种物质的支持；负责贯彻落实联邦法规在各共和国和边疆区的实施。

(三)地区教育管理机构及其职能

地区教育行政机构相互之间的名称差异较大，如市镇、乡村教育委员会、市教育处、市政府下属的教育管委会等。一般在各市、区一级设有教育局，主要职能是保证公民实现受义务教育的权利；编制地方教育预算；通过地方教育政策，设立地方教育发展基金，为教育提供地方的财政支持；贯彻落实联邦中央、所属联邦的法规和政策。

(四)学校教育的行政管理

在学校内部管理上，俄罗斯大都继承了苏联的学校管理体制，并在教育的管理上适当地下放权限，明确学校是独立的办学实体的法人地位，确立了学校自治、民主管理内部事务的办学原则。

俄罗斯学校内部管理的主要权限有：学校在法律范围内贯彻执行国家教育政策和教育标准，向它的上级机关负责；学校在教学活动、人事、经济、社会服务、国际校际交流合作等方面享有自主权；学生、家长、教师以及社会各界人士都可通过多方组成的学校委员会参与学校管理。

1999年，俄罗斯联邦颁布了《俄罗斯联邦国立和市立教育机构的内部人事管理和示范细则》，该细则对校长和教师的权利和义务，教师的工作时间和纪律，以及学校各种人事变动等方面的制度作了详细的规范，对于学校内部管理制度的发展起到了积极的作用。

总体来说，俄罗斯的这种中央集权和地方分权相结合的行政管理体制使中央和地方的关系已经达到了权责相对均衡的状态，更好地调动了共和国、所属市区和学校办学的积极性，保障了教育行政管理工作的民主和高效。

二、俄罗斯现行教育

(一)现行的教育体系

俄罗斯政府要求构建适应社会发展需要，能够有效地促进人的个性发展并且与国际惯例及趋势相符的灵活多样的教育体系。

首先，在办学体制上，俄罗斯就出现了三类学校：一是由国家权力和管理机关所办的国立(公立)学校，二是由地方自治机关所办的地方学校，三是由个人或社会组织以及宗教团体办的非国立(即私立)学校。此外还有多方(包括跨国)联合创办的学校。

其次，根据《俄罗斯联邦教育法》的规定，国家保证公民接受普及性、免费性的学前教育、初等普通教育、基础普通教育、中等(完全)普通教育和初等职业教育，以及通过竞试在国立和市立学校免费接收国家教育标准范围内的中等职业、高等职业和大学后职业教育，并均以公民首次接受各该水平教育为限。此外，基础普通教育及其完成之后的国家考核是义务性的。

(二)现行的学制结构

俄罗斯现行学制包括以下几个阶段：学前教育，即幼儿园阶段，招收3~6岁儿童。初等普通教育，即小学教育阶段(一至三或四年级)。儿童6岁或7岁入学，修业4年，毕业后升入不完全中学或完全中学的五年级。不完全中等教育，即基础中等教育阶段(五至九年级)。修业5年，获得不完全中等教育证书，毕业后升入完全中等教育机构(十至十一年级，约占55%)或中等职业教育机构继续学习(约占44%)。完全中等教育阶段，十至十一年级为完全中等教育阶段。修业2年，毕业后可进入高等职业技术学校(约占30%)或高等专业院校(约占30%)继续学习。高等教育阶段，包括不完全高等教育(学制2年，大专)、基础高等教育(学制4~5年，本科)、完全高等教育(学制2~3年，硕士)、研究生教育(学制6年，副博士和博士)。

此外，相对上述的普通教育，还有多层次的职业教育，具体包括初等职业教育、中等职业教育、高等职业教育和高校后职业教育。

(三)现行的考试制度

为了确保高等学校的生源质量，避免招生工作中发生贪污腐败，俄罗斯联邦政府于2001年发布了《国家统一考试实验条例》，决定试行全国统一考试的招生制度，用全国统考代替中学毕业考试和大学入学考试。该考试包括俄语、文献学、外语、数学、科学以及历史等所有核心课程。2002年全国统考科目确定为8个，分为必考和选考：其中，必考科目包括数学和俄语，选考科目为英语、物理、生物、化学、地理和历史等。考生可根据报考学校的专业来选择报考科目。考试题一般分为选择题、简答题和详答题三大类，包括难度不等的试题，既可考核应届毕业生的基础知识，又可以对应届毕业生进行竞争性筛选。自2005年起所有中学毕业生参加统一考试后，需将自己的材料连同考试分数一起投档给自己选择的高校。各高校则将材料录入互联网，学生可以在网上浏览录取信息，并决定上哪所学校就读。

(四)现行的各级学校教育

1. 学前教育

在1992年俄罗斯联邦教育法中，学前教育被列入正规国民教育系列，成为俄罗斯国民教育体系的基础和有机组成部分。其实施的机构主要有托儿所(1~4岁)、幼儿园(4~6岁)以及托儿所—幼儿园(1~6岁)。此外，还有非传统的教育机构，如幼儿园小学联合体、幼儿园小学中学联合体等。这些机构中有的是国家或地方政府所办，也有社会团体、个人或家庭所办的。按教学内容划分，它包括普通幼儿园、补救性幼儿园、观察性和康复性幼儿园、混合型幼儿园、艺术—美学优先发展型幼儿园、体育优先发展型幼儿园等。在俄罗斯，除了大多数私立幼儿园收取一定费用用于自身发展外，国立和公立学前教育机构基本都是免费的。

《俄罗斯教育系统 1999—2001 年素质教育计划》提出："儿童学前阶段是人格培养的重要时期，这正是奠定公民素质的前提，也是培养儿童责任心和能力开发的时期。这一时期还要使儿童逐渐懂得尊重和理解他人，而不在意他人的社会出身、种族、民族归属、语言、性别和信仰。学前教育的任务不仅要给儿童一定的知识，而且要培养他们的性格、品质、生活能力、良好的习惯和行为以及健康的生活方式。"

因此，学前教育的内容主要有游戏、学习、文娱活动和生活技能等，从儿童的身体、品德、审美和文艺各方面进行统合教育。国家幼儿园教学大纲中，开设了一些学习类课程，如"认识周围环境""说话""算数""图画""模仿""手工""唱歌"和"舞蹈"等。自 20 世纪 70 年代末开始将读、写技能训练也列入教学大纲。

在教学上强调根据儿童的生理和发育特点，适当安排活动和课时；注意由浅到深，选择最适宜的教材；充分发挥教师教学的主动性和创造性。尤其强调学前教育的各个方面都要有充分的科学根据，以免给儿童的健康成长和发育造成难以挽回的消极后果。

为了保障学前教育的教育质量，学前教育系统开展了推行国家教育标准的工作。根据俄联邦政府令，学前教育的标准要符合儿童权利国际公约的内容要求，使其成为学前教育构想草案的延续；同时要保证学前教育、基础教育和补充教育的连续性。

2. 普通教育

《俄罗斯联邦教育法》确认，普通教育是连续教育体系的基本环节，它为俄罗斯联邦的所有公民提供同等机会，使他们根据各自的志向、需要和才能及时接受和继续接受教育。

俄罗斯实施普通教育的机构正在向多样化方向发展，一方面是苏联时期的传统学校，主要有普通教育学校、夜课制普通学校等；另一方面则根据科技革命和市场经济发展的需要建立新型的、非传统学校，主要有：普通学校(有一贯制中学，也有小学单立或小学与基础学校联立)。这类学校是普通教育的主体；特科学校，即加深学习某一学科的中小学校。这种学校在实施普通教育计划的同时，加深学习某一学科，如数学学校、物理化学学校、生物学校、计算机学校、外语学校、人文学校、经济学校、艺术学校、体育学校等；文科中学，这是国立普通中等学校，招收初等学校毕业生，学制七年(五至十一年级)，个别文科学校是一贯制学校(一至十一年级)。这种学校的教学质量比较高，入学要求比较严格，规模较小；大学预科学校，这是国立重点中学，招收九年级毕业生，多附设在高等学校，数量较少，其教育标准超过国家确定的平均指标。这类学校主要是为那些表现出天赋才能的学生继续深造提供机会。此外，还有教会学校以及其他非传统的教育机构。俄罗斯实施初等教育的机构是小学，儿童 6 岁入学，学制 4 年，然后升入不完全中学或完全中学的五年级学习。

1993 年 4 月俄罗斯公布了《普通学校基础教学计划》，同年 9 月、10 月又相继出台了《俄罗斯小学教育标准》和《普通学校各科教学标准》。基础教学计划所规定的课程主要有语言与文学、艺术、社会学科、自然学科、数学、体育、工艺学等。计划中的每一类课程都是若干相关学科和整体化课程的组合。

俄罗斯重视课堂教学，强调改善专用教室上课制，提高课堂的教学效果；主张根据课的教学任务、教学内容、学生的特点和教师本身的可能性，优选配合运用各种教学方法。在小学一、二年级的课堂教学中，广泛使用多种简单且适合儿童年龄和理解能力特点的直观教具，授课过程中穿插使用许多儿童在幼儿园已经学会并熟悉的游戏成分，使小学生在轻松愉快的气氛中以游戏的方式接受和掌握学习内容。而且不允许给 6 岁入学的一年级学生布置家庭作业。在三、四、五年级的课堂教学中，分组讨论和竞赛问答的方式得以普遍应用。从七年级开始，高年级的课堂教学过程逐渐增加了讲座、讨论和模拟教学的成分。在各年级都注意培养学生的能力。

3. 俄罗斯职业技术教育

职业教育是相对于普通教育而言的一个大的概念，包括初等、中等、高等和高等后职业教育。各层次的职业教育大纲具有相互衔接性，并同时保证受教育者继续提高职业教育与普通教育的水平。

> 初等职业教育：培养目标是在普通教育的基础上培养社会各领域的熟练工人。培养机构为初等职业技术学校，招收基础学校(九年义务教育)的毕业生，学制 2～3年。开设的普通教育课程以人文学科为主，数、理学科则与职业教育相结合。少数职业技术领域的专业可以招收普通中学(十一年级)毕业生，学制 1 年左右。

> 中等职业教育：培养中级技术员，满足个人在初等普通教育、基础普通教育或中等(完全)普通教育的基础上加深和扩大知识面的需求。培养机构包括中等职业技术学校和中等专业学校。中等职业技术学校，招收普通中学毕业生，学制1～2 年。中等专业学校，招收普通中学和中等职业技术学校毕业生，学制2～3 年；招收基础学校的毕业生，学制为4～5 年。

> 高等职业教育：培养高级技工、工艺较复杂的或复合型职业的技工或技师。培养机构包括高等技术学校和高等技术学院，属于第一级高等教育，即不完全高等教育。高等技术学校招收基础学校毕业生，学制 4 年；招收普通中学、中等职业技术学校的毕业生，学制不少于 2 年；高等技术学院招收基础学校毕业生，学制 5年；招收普通中学、中等职业技术学校毕业生，学制不少于 2 年。其主要培养中级技术员、初级工程师和新兴职业的从业人员。这类学校的毕业生中，有部分人通过考试可进入大学二年级学习。

此外，培养高级专业人才的大学与高校，属于第二级高等教育，即完全高等职业教育。招收普通中学毕业生，学制不少于 4 年；招收具备对口专业的中等职业技术学校和高等职业学校毕业生，可按压缩的大纲(缩短学制)接受高等职业教育。其主要授予本科基础教育和专业基础教育，为学生就业或继续接受第三层次的高等教育做准备。

> 高校后职业教育：高校后职业教育属于第三级高等教育，即研究生教育，主要在高等职业教育机构(高等学校)和科学研究机构中开设的研究生院和研究生部进行。学制不少于两年，学生毕业后授予能胜任某一专业工作的资格证书和硕士学位。

培养具有科研能力的专门人才。

总之,俄罗斯职业教育的特点是将整个教育过程分成几个独立的阶段,每个阶段有自己的招生对象和培养目标,授予完整的职业教育;各阶段间又相互连接,形成一个整体,充分体现了它的灵活性、多功能性和培养方式的多样化。

4. 俄罗斯高等教育

为了培养专业面宽、适应性强的专门人才,俄罗斯高校委员会对现行专业进行重大调整,将375个专业调整合并为76个大专业,称为"专业方向",新的专业方向下都涵盖若干小专业。同时,增设了新专业和一些跨学科的方向,如"环境保护和自然资源合理利用""化学工艺与生物工程"等。俄罗斯的高等院校按专业大致可分为八类:

> 综合大学:在俄罗斯教育体系中占据突出的地位,是俄罗斯高等教育体系中的科研、教学和教学法研究中心,有较好的物资设备,有较强的师资力量,经费也比较充足。

> 高等技术学院:是俄罗斯数量最多的一类院校。它包括多科性的工学院和单科性的专业学院。许多工学院的学生人数超过万人,如圣彼得堡加里宁工学院等。技术院校共开设专业200多种。

> 高等农业院校:主要任务是培养农业高级技师和专家,开设专业30多种。专业有农学、兽医、农业机械、农业经济等。

> 师范院校:主要任务是培养中等院校的师资,设有20多个专业。专业有历史哲学系、数学物理系、自然地理系、外国语系、工艺美术系、音乐教育系和体育师范系。还有一类工程师范学校,专门培养中专、中技教师。

> 医学院校:学制一般为7年,包括多科性的医学院和专门性的医学院(如儿科医学院、药学院等)。

> 文科专业院校(经济和法律学院):包括多科性的院校和专门性的学院。多科性的院校下设多个学院,如管理学院、国民经济学院等;专门性学院开设的专业有财政经济、工程经济、商业经济等。

此外,还有文化艺术院校和体育院校。通常体育院校中设有体育师范系和体育运动系两个主要系。

5. 俄罗斯教师教育

俄罗斯教师教育可分为教师的职前培养和职后培训两个方面。

(1) 教师的职前培养。

俄罗斯正在建立多层次的教师教育结构,主要学校有:

> 中等师范学校:主要培养幼教工作者、小学教师等。招收九年级毕业生,修业4年,同时授予完全中等教育证书;招收十一年级毕业生,修业2年,授予专业教育证书。

> 师范专科学校:是高等师范教育体系的第一阶段,招收十一年级毕业生,修业3年,进行师范教育的基础训练,毕业生可在初中以下的小学及九年一贯制的基础学校任教。

> 师范学院:是高等师范教育体系的第二阶段,是在第一阶段基础上的继续学习,

修业 2 年，给学生以全面的职业培训，毕业生可在各种中等专业学校包括文科中学、私立学校以及师资培训机构中任教。

➢ 师范大学：除设本科教育阶段外，还设有研究院阶段。除招收完全中学毕业生，培养中学教师外，还培训那些虽然有高等学位但是没有教学证书的人。

➢ 综合性大学：是具备培养中学教师职能的非师范教育机构，主要培养中学高年级的学科教师。

俄罗斯职前教育的课程包括自然知识、人文知识、社会经济知识、职业教学、艺术和教育学六大类，共 42 个专业。除了一些基本教师资格专业(物理教师、地理教师、小学教师)之外，每个专业还设立了相应的补充性教师资格，如"体育运动专业教师""体育教学法专家"；也有与补充性师范资格培训相适应的传统专业，如"历史学和法学教师"属"历史学专业"。

近几年，俄罗斯高等师范学校增加了教育理论课程的门类，开设了普通心理学、年龄与教育心理学、家庭心理学和伦理学等几门课程，教育学课程有普通教育学、教育的工作方法、班主任工作、中学的劳动教育体系、中学经济教育方法等。同时，俄罗斯高等师范教育也非常注重学生实践能力的培养，除实施课堂教学外，还安排了课堂讨论、参观访问、写观感或心得等，教育实习贯穿于整个学习过程中。

(2) 教师的职后培训。

首先，在培训机构上进行了改革，1992 年颁布的《俄联邦教育法》将原有相对独立的教师培训进修机构(属各级教育管理部门)，如进修机构、培训班、职业定向中心、各类音乐、美术、艺术学校，各类儿童之家、少年活动站等明确划归到补充教育机构，成为补充教育，进而成为职业教育体系的有机组成部分。这种变革实际上提高和扩大了教师培训进修机构的地位和职能。随后的几年中，大部分传统的教师进修学院先后由地方政府和管理部门进行了重组，向办学机构多样化方向发展，出现了以下一些新型机构：教育技能大学、教育工作者业务提高及再培训学院、地方教育发展中心等，使补充师范教育系统成为一个覆盖面广、机构多样、形式灵活、注重时效和社会需求的网络。此外，在师范院校设有供中小学教师在职培训的机构有：函授部、暑期进修班、夜校、业余进修学校、专题讲座、教学经验交流会与教学观摩、教师中心和教学研究室活动等。

其次，在培训制度上也进行了一定的变革，1992 年颁布的《俄罗斯联邦教育法》明确规定，俄罗斯任何一所学校的教师都要定期参加脱产进修课程的学习。师范大学的教师每 5 年到大学或科研机构接受一次职业再培训，深入研究高校的教育学问题和教学心理学，熟悉自己学科领域的最新研究成果，以及进行自己所选题目的科学研究。

第三，职后培训课程具体包括：德语教学，主要面向德语教师；初、中级大纲，包括领导学校建立内部管理和监督机制、制订学校工作计划，主要为学校的领导者开设；怎样在教师集体中取得成就，也是为学校领导者开设；19 世纪 80—90 年代俄罗斯文化的精神原则(在文学、艺术、宗教、师范科学中的品德问题)，是为高中教师开设的；为班主任开设的赞可夫教育体系、马诺夫斯卡娅科学领导体系；为学校领导开设的赞可夫教学体系。

同时，为保证青年人在师范教育系统顺利就业，地方师范院校和教师进修学院开设了一系列特设系，受过高等教育的学生能够在此获得其他资格，如"青年事务社会工作者""实用心理学—职业定向师""实用心理学—就业服务社会工作者"等。还有一些进修学院准备研究、制定指导学生职业定向、青年迈向社会、解决心理问题等方面教师的培训计划。

第三节　俄罗斯教育给我们的启示

一、俄罗斯基础教育对我国基础教育未来发展的启示

(一)制定并定期完善基础教育国家质量标准

俄罗斯把国家教育标准的制定、实施与监控作为国家教育质量管理的重要手段，而且每 10 年左右要对教育标准进行修订。然而，我国尚没有统一明确的教育质量国家标准，这导致各级各类学校在教育质量管理过程中无章可循。因此，为提高我国教育在国际教育服务市场的竞争力，国家应该把制定各级各类教育质量国家标准提上日程，实施国家基础教育质量基本标准和监测制度并定期完善，将其作为教育质量监控与评价的主要依据。

(二)切实加强和完善中小学教师队伍建设

为加强教育现代化的人力资源保障，俄罗斯开始实施面向全体教师的定期考核鉴定制度，采用精神奖励和物质奖励相结合的办法，在国家层面形成了一系列提高教师社会地位和经济地位的机制，对促进在职教师不断提高自身素质和教育教学能力、吸引高校毕业生选择教师职业发挥了一定作用，在一定程度上抑制了教师人才流失现象。而且，俄罗斯要求教师不仅要具备良好的专业素养和教育能力，同时还要形成人文思维。我国一方面要制定教师专业标准，建立和完善教师激励制度，提高教师的工资和社会地位；另一方面还需要更多关注教师的人文素养。

(三)构建国家和社会共管性质的教育管理新模式

在国家创新发展战略背景下，俄罗斯正在实施国家干预下的新公共管理体制改革，构建国家—社会共管模式是俄罗斯教育管理体制发展的新趋向。同时，俄罗斯正在努力构建第三方独立的教育质量评价体系，积极探索发展教育质量和教育服务需求评价体系的措施，致力于构建全俄普通教育质量评价体系，并制定其实施教育指南，保障教育质量的综合电子化管理，形成学生学业成就、技能和能力的综合评价机制。因此，我国要进一步健全教育质量保障体系，继续推进教育管理体制创新，构建具有国家和社会共管性质的教育管理新模式，保证各种社会力量更大程度地参与教育管理，使教育成为全民共同的事业，逐渐走向教育管理的民主化。

(四)大力推行新的课程体系

俄罗斯所推行的新的课程体系，是在教学目标一致的前提下，学校、教师、学生可自主选择教材、课本、课程组合。而我国现有的课程体系还是全国一个样，虽然在局部地区采用省编教材，但是就全国范围来说，学校、老师或者学生自主选编教材还需要很长时间的改革探索。

二、俄罗斯高等教育对我国高等教育发展的启示

(一)突出投资主体的多元化

在高等教育改革中，俄罗斯突出投资主体的多元化，这一投资体制值得借鉴。虽然我国的高等教育规模已经占据世界首位，但国家的经济实力难以支撑如此庞大的高等教育资源需求，高等教育经费不足已经成为严重制约我国高等教育发展的瓶颈。所以我国也应摒弃以往完全由政府提供资金的财政体制，建立起以政府投资为主，多渠道开发高等教育经费的新体制，以保障高等教育的不断发展。

(二)加强评估体系法制化

在实现高等教育大众化过程中，俄罗斯实施的诸如创建专业化、规范化的专门性评估机构、构建完善的法制化的评估体系、建立高等教育质量鉴定体系等都值得我们认真研究和学习。我国高等学校评估的法规是《普通高等学校教育评估暂行规定》，这一法规的法律效力相对较低，需要进一步完善。因此，我国应尽快完善高校评估政策，加快高校评估的法制化进程。

(三)推进我国高校的国际化

创建高等教育强国，办出世界一流大学，俄罗斯加入欧洲推行的博洛尼亚进程的经验值得借鉴。我国大学的水平与世界高水平的大学相比，差距还很大。要大力建设有创造力的教育体制，以资源共享、优势互补为基础，彻底打破学校之间、学校和科研机构之间的围墙限制，形成大合作的一系列大学联盟，推进我国高校的国际化进程，提高我国大学的竞争能力。

(四)对接国际评估体系

俄罗斯积极借鉴国际专业化的高等教育评估经验，探讨建立国家间共同的教育质量评估标准体系，参与高等教育国际化进程，促进其高校评估活动迈向新台阶。采取国际统一的评估标准不仅有利于开展国际与地区间的高等教育质量互认，有助于加速评估体系的成熟而且还有助于增强国际与地区间高校评估的可比性，为参与高等教育国际竞争、增强国际竞争力打下坚实的基础。所以，我国应加强与国际评估体系的对接，着力提高在国际高等教育中的竞争实力。

三、俄罗斯职业教育对我国职业教育发展的启示

(一)建立完善的职业教育体系

俄罗斯现阶段的职业教育已形成一个具有多层次的、灵活性、民主化和人文化的完整系统。在教学内容设计上，实施有侧重的区别教育方式并特意规定数理学生必须接受相应的人文教育，提升数理学生的人文素养，增强学生的职业适应及应变能力。和俄罗斯职业教育相比，我国目前还处于完善阶段，在职业教育的教学质量方面还存在较大差距。

(二)提倡办学主体多元化

办学主体多元化是职业教育在市场经济条件下发展的必由之路。俄罗斯在进行职业教育管理体制改革的时候，有意使职业学校从绝对国有化形式转变到职业教育办学主体多样化，并且取得较好效果，非公有制的职业学校和职业培训机构在整个职业教育体系中占有较大比例。同时，为加强对职业教育学校的办学质量和内容的监督和控制，俄罗斯专门成立国家职业教育质量监察委员会，定期对职业学校的办学条件和办学质量进行监督和评估。

(三)重视发展中等职业教育

国家的发展需要不同层次的人才，而且正常的人才结构应呈现出正三角结构，也就是说，在一个国家的人才结构中，高级人才应该是少数，而普通中级人才占大多数。俄罗斯对中等职业教育的重视，体现在政府对职业教育经费的投入，因此，为推动职业教育的发展，首先必须对职业教育加以重视，同时也要加大对职业教育经费的投入。

(四)增强学生的素质与能力

俄罗斯为了增强学生的综合素质和能力，特别加强了教学的实践性特征，注重产学研的有效结合，走科研、教学和生产相互结合的道路；同时在专业设置上体现出职业教育的实践优势，积极开展技能培训活动，在教学中体现出职业学生的主体性特征，并对教师的素质，特别是专业操作能力素质要求方面做了严格规定。

(五)建立以市场为导向的办学机制

俄罗斯把适应劳动力市场需求作为职业教育的重要培养目标。其课程设置和教学内容安排必须首先进行市场调查，与企业之间进行沟通交流，与社会各界建立积极合作的关系，吸引社会各界加入教育机构，并围绕着企业产业升级、设备更新换代、国家产业结构调整进行专业设置，主动适应市场对技能型人才需求。

(六)加强国家对职业教育质量的监督和控制

职业教育持续发展的前提是教学质量的不断提高，教育质量是职业教育发展的直接影响因素，因此，我国可以考虑建立一个由多个机构组成的职业教育监督机构，定期对我国职业学校教学质量进行检查和监督。同时，可以引入相应的竞争机制，使更多的竞争主体进入职业教育市场在竞争中不断提高职业教育质量。最后，政府还可以加大对职业教育研究机构的支持力度，要求其对我国职业教育的全面发展提供规划和信息参考，使我国职业教育沿着科学化和现代化的方向发展。

(七)加强法制建设，将我国的职业教育纳入法制化轨道

与我国一样，俄罗斯职业教育领域的法律建设还很薄弱，我们要做的是在《职业教育法》的基础上，制定有关的职业教育促进法和管理条例；完善职业教育执法和监督机构，建立司法监督、行政监督、审议监督和社会监督相结合的监督机制。

(八)发展职业教育不能忽略公平

要对困难家庭子女提供助学金，应该保持并尽可能地加强初级职业教育机构的这种社

会功能。我们还要为那些无法在正常条件下学习的人创造特设的条件，这就是对残疾人的教育。

四、俄罗斯师范教育对我国师范教育发展的启示

(一)构建一体化的培养新型模式，实现教师教育终身化

俄罗斯教师教育一体化，就是对教师的职前培养、职后培训统一规划，建立各阶段相互联系的教师教育体系。因此，我国教师教育改革必须回到"原点"，从具体的课程、教材、师资、教学方法、技术手段和实践环节等方面着手，实现教师教育培养从知识型向能力型的转变。提高教师培养质量，构建新型教师教育模式是当前教师教育改革亟待解决的问题。

(二)凸显高师院校在师资人才培养中的地位和作用

俄罗斯师范教育的改革并没有将师范教育的发展目标局限在经济和市场方面，而是强调了师范教育发展的优先性和公益性，明确教师教育优先发展战略，强化教师培养的国家责任。同时，加大对地方师范院校的投入力度，保障优质师资培养的辐射面。这对于矫正一度出现的我国教师教育改革过程中的"师范教育边缘化"趋向、特别是发挥高师院校在基础教育中作用有一定的借鉴意义。

(三)加强制度建设、构建长效机制

俄罗斯在师范教育改革过程中的制度创新为教师培养提供了良好的制度环境。因此，通过法律法规来调整和引导教师培养活动应是我国未来教师教育改革的重点建设内容。同时，还应在科学规划、总体设计的框架下，建立和完善我国教师教育发展的长效机制。

(四)注重质量提升、构建新型教师教育模式

俄罗斯师范教育培养模式的转型不仅体现在培养目标和方向上，更重要的是反映在师范院校的教学和实践环节之中。因此，我国教师教育改革必须回到"原点"，从具体的课程、教材、师资、教学方法、技术手段和实践环节等方面着手，实现教师教育培养从知识范式向能力范式的转型。提高教师培养质量，构建新型教师教育模式是当前教师教育改革亟待解决的问题。

本 章 小 结

本章阐述了俄罗斯教育的演进过程，重点介绍了俄罗斯现行的教育行政体制、现行学制及各级各类教育。目前，俄罗斯在教育行政上实行中央集权与地方分权相结合的方式。学校既有国立的、地方办的，也有私人办的。其现行的学制包括学前教育、普通教育、职业技术教育和高等教育。本章还阐释了俄罗斯的教育发展对我国教育改革的启示。目前俄罗斯教育改革的重点是突出投资主体的多元化，加强制度建设，发展多元化的教育形式，适当扩大教育的选择性，进一步完善教育的分权管理机制等，这些改革措施无疑为我国的

教育改革提供了宝贵的经验。

【推荐阅读】

[1] 姜晓燕，赵伟. 俄罗斯基础教育[M]. 上海：同济大学出版社，2015.
[2] 王义高. 苏俄教育[M]. 长春：吉林教育出版社，2000.
[3] 王天一. 苏霍姆林斯基教育理论体系[M]. 北京：人民教育出版社，2003.

思考与练习

一、简答题

1. 简述俄罗斯教育的演进过程。
2. 简述俄罗斯现行的教育行政制度。
3. 简述俄罗斯普通教育的课程与教学。
4. 简述俄罗斯多层次的职前教师教育结构。

二、论述题

1. 请结合实际阐述俄罗斯高等教育等对我国高等教育发展的启示。
2. 请结合实际阐述俄罗斯职业教育对我国职业教育发展的启示。

【实践课堂】

分析赞美对孩子的意义。

赞　美

据气象台的天气预报，最近将有台风袭击一座海滨小城。小城里的百姓惊慌起来，积极地投入到预防工作中。一位母亲忙碌着，旁边站着她的小女儿。

"这该死的台风……"，母亲一边收拾东西，一边诅咒。

"我喜欢台风"，旁边的小女孩不同意母亲的说法。

母亲感到很诧异，"孩子，告诉妈妈，你为什么喜欢台风？"母亲小心翼翼地问。

"上次台风来了，就停了电。"小女孩不假思索地回答。

"停了电又怎么样？"

"晚上就会用蜡烛。"

"你喜欢点蜡烛吗？"

"是的，那回(指上次台风吹过的晚上)我点着蜡烛走来走去，你说我像小天使。"

母亲顿时无言，旋即放下手中的活计，抱起小女孩，亲吻着她的小脸蛋，凑近她的小耳朵并说了一句话——孩子，你永远是天使！

教育的目的不是让你适应社会模式，相反，它是要帮助你完全地、深入地、充分地了解所有事物，然后从社会模式中突破，如此你就不会成为一个傲慢的人，正因你是真正天真的，因此你具有信心。

——印度哲人吉杜·克里希那穆提

第八章　印度教育

本章学习目标

> ➢ 熟悉印度教育的演进过程。
> ➢ 熟悉印度教育的教育体制。
> ➢ 掌握印度各级各类的学校教育。

核心概念

教育急件　"基础教育运动"　黑板行动计划　基础学校　双语教育

学习指导

本章的学习重点是印度教育的演进过程。其次，要掌握印度现行教育制度下各级各类学校的发展特点。

拓展阅读：印度的国情

印度国名的全称为"印度共和国"（The Republic of India），位于亚洲南部，是南亚次大陆最大的国家，东北部同中国、尼泊尔、不丹接壤，孟加拉国夹在东北部国土之间，东部与缅甸为邻，东南部与斯里兰卡隔海相望，西北部与巴基斯坦交界。东临孟加拉湾，西濒阿拉伯海，海岸线长5560公里。大体属热带季风气候，一年分为凉季（10月至翌年3月）、暑季（4月至6月）和雨季（7月至9月）三季。降雨量忽多忽少，分配不均。

印度是仅次于中国的世界第二人口大国，人口约为13.3亿（2016年8月）。面积为298万平方公里（不包括中印边境印占区和克什米尔印度实际控制区等），居世界第七位，亚洲第二位。印度是发展中国家，现有27个邦（省）、6个联邦属地及1个国家首都辖区，首都为新德里。印度是个多民族、多宗教、文化异彩纷呈的国家，是世界上"保存最完好的人种、宗教、语言博物馆"。印度的语言体系异常繁杂，宪法承认的联邦和各地区的"官方语言"

就有 22 种(不包括英语,由于英语实际上是联邦官方语言,所以印度的"官方语言"应该是 23 种),数量还可能增加;包括方言在内的语言有 1600 种左右;印地语(Hindi)和英语是印度的联邦官方语言。

第二次世界大战后,印度共和国成立,为英联邦成员国。

印度是一个资本主义联邦制共和国,总统是国家元首,但其职责是象征性的,实权由总理掌握。印度是金砖国家之一,也是世界上发展最快的国家之一,经济增长速度引人瞩目,印度经济产业多元化,以耕种、现代农业、手工业、现代工业及其支撑产业为主。目前印度是 21 世纪全球最主要的资讯服务业生产国、计算机软件出口国以及众多软件工程师的祖国,也是全球最大的非专利药出口国,侨汇世界第一。

1947 年 8 月 15 日,印度摆脱英国殖民统治,宣布独立。

引导案例

在暴风雨后的一个早晨,一位男士在海边散步,注意到沙滩的浅水洼里,有许多被昨夜的暴风雨卷上岸来的小鱼。被困的小鱼尽管近在海边,也许有几百条,甚至几千条,然而用不了多久,浅水洼里的水就会被沙粒吸干,被太阳蒸干,小鱼就会干涸而死。这位男士突然发现海边有一个小男孩不停地从浅水洼里捡起小鱼,扔回大海。男士禁不住走过去:"孩子,这水洼里有几百几千条小鱼,你救不过来的。"

"我知道。"小男孩头也不回地回答。

"哦?那你为什么还在扔?谁在乎呢?"

"这条小鱼在乎!"男孩儿一边回答,一边捡起一条小鱼扔向大海。

案例分析:这个案例恰好对应了泰戈尔的一句话,"教育的目的应当是向人传送生命的气息。"因此,教育之"育"应该从尊重生命开始,使人性向善,使人胸襟开阔,使人唤起自身身上美好的"善根",也就是让学生拥有"这条小鱼在乎"的美丽心境。一位日本教育家说过这样一句话,我们要培养学生"面对一丛野菊花而怦然心动的情怀",这种情怀就是在乎沙滩上每一条小鱼的生命的男孩所拥有的情怀。否则,视小鱼如草芥,给鲜花以踩躏,即使其道德评分很高,也会失去了人的生命价值。

第一节 印度教育的演进

印度的教育,如同古老的印度传统文化一样,有着悠久的历史。从历史发展的角度看,印度教育的发展可以划分为古代教育、中世纪教育(又称伊斯兰教育)、近代教育(即英属印度教育)和独立后印度教育(即新印度教育)。

一、古代印度教育

古代印度教育是指公元前 2500 年至公元 3 世纪,即中世纪以前印度固有的教育。古代印度的教育同宗教知识的传播密不可分,教育权掌握在婆罗门教、佛教和印度教手中。

1. 吠陀-婆罗门教教育

吠陀时期(公元前 1500—前 600)是印度由原始社会向奴隶社会过渡时期。早期吠陀人信奉的是吠陀教，后期专司宗教特权的婆罗门种姓集团开始形成，吠陀教演变为婆罗门教。婆罗门教的核心是因果业报，即"羯摩"说。

吠陀时期印度人首次制定了自己的教育目的。吠陀时期的教育目的是使人获得自由，使人得到婆罗门教所理解的、合适的、全面的发展，教育被视为知识之源，能在众多的生活领域中指出真正的道路。所以，在古印度接受教育不仅仅是为了获得知识，还是获得解脱及自由的一种手段，不仅仅是为了赞美、追求知识本身，它还是宗教的一部分。吠陀-婆罗门教教育是在与人类相关的、有组织的、完善的计划的基础上发展起来的，它是印度教育与文化的源头之一。

吠陀时期，印度主要有三种教育机构：

(1) 古儒之家(Gurukula)：古代印度称教师为古儒。这是古儒的家，学生在学习期间住在古儒家中，学生的基本职责是服侍古儒及其家人。学生像古儒的儿子，整个学校像一个家庭。

(2) 帕里沙德(Parishad)：原意为集会，此处是指较大的教育机构，几个古儒分别教授不同的学科，可看作是一个学院。

(3) 沙美蓝(Sammelan)：原意是指人们为一特殊目的而聚集一起。在这类教育机构中，学者通常受国王的邀请而聚于一个地方进行讨论和辩论。

除此之外，婆罗门教还设有："托儿"(Tols)，其学舍简陋，每个学者约有 25 名学生，不收费，供应食宿，《吠陀》为主要课程；森林学校，注重苦行与禅定，以达到"梵我如一"的境界；文法学校、法律学校、天文学校、哲学学校等教育机构，学习婆罗门教为最高宗旨。

在获得知识的过程中，吠陀-婆罗门教教育制度强调纪律的重要性。纪律作为文化中的一部分，是自愿遵守的。印度的教育制度是当时世界上最古老的教育制度之一。

在吠陀时代，学习的科目不只限于宗教，也传授给弟子有关历史、祭祀规则、教学、预兆学、时间学、因明学、伦理学、词源学、发音学、礼仪学、诗学、灵魂学、武器学、天文学、美术等课程。语音学、韵律学、文学法、词源学、天文学和祭礼，被称为六艺。此外，也教授逻辑，它有助于获得真理。

按照古印度哲学，知识的教学方法主要有三种：听、冥想、意识。听又分为以下六个步骤：Upakrama，在学习吠陀前进行的正规仪式；Abh yasa，吟诵课文；Apurvata，完全掌握意思；Phala，对结果进行解释；Artavada，阅读解释性书本；Upapatti，得出最终结论。

吠陀-婆罗门教教育向每个人开放。妇女也接受教育，传授给她们实用的手工和家务劳动。女孩和男孩接受同样的教育。许多女孩子获得了较高的教育。

在吠陀时期，人们认为要使学生的内心和外表得到圆满的发展，必须在早期就开始进行教育。所以，孩子很小就开始受教育。通常婆罗门子弟入学为 7 岁，刹帝利子弟为 8 岁，吠舍子弟为 11 岁。

2. 佛教教育

释迦牟尼·乔达摩·悉达多，出生于释迦族聚居的迦毗罗卫国，24 岁时建立了佛教教团。该教团反对当时盛行的婆罗门教,尤其是反对严格的瓦尔那,即种姓制度。倡导人人平等、生活俭朴。因此,他不关注抽象的思辨问题,而关注实际的伦理道德。不受统治者青睐的佛教于公元 12 世纪开始从北印度消失。

佛教教育制度实际上继承了吠陀时代婆罗门教的教育制度。除寺院外,佛教不在其他任何场所进行教育。不管是宗教教育或世俗教育,都掌握在僧侣手中。与婆罗门教育的实施场所相比,大多数的佛教教育机构包括上千名学生和许多教师。因而佛教的寺院是具有现代大学模式的联合教育机构。作为一个教育机构,它由众多的教师和学生组成(那烂陀寺极盛时多达 10 000 名师生),鼓励学生从事广泛的、集体的学术活动。

佛教初期佛陀已意识到利用教育培养佛教虔诚信徒的必要性。因而他建立了传授佛教的寺院和庙宇。渐渐地,这些寺院变成了专门的教育中心。男女教徒,甚至普通人都有机会来这里接受教育,外国人也开始到这里学习佛教。佛陀时期的教育机构采用民主式的管理。任命著名的学者执教或担任学校校长。大学里的学者各司其职,不同人教不同的学科。学识和资格是任命教师的基础,不存在种姓、教义与宗教的歧视。其中,具有国际影响的著名大学是那烂陀寺,唐朝著名僧侣玄奘和义净在公元 6 世纪期间就曾来此研习多年。1197年那烂陀寺大学在战争中遭到破坏,此事成为印度古代文化发展史上大灾难之一。

佛陀时期,小学阶段主要教授阅读、写作和数学。高等教育阶段根据教学大纲对学生进行文学、科学与职业教育。宗教教育属于文学教育的一部分。所有的吠陀本集都是基础课,当然也教授佛教密教经典、曼特罗(印度教和大乘佛教中的祷文符咒)。梵语是高等教育的必修课,教给学生梵语字母表,其中既有宗教知识,也有世俗知识。

职业教育包括纺纱、编织、裁剪等 19 种手工艺,其他的职业教育内容还有建筑、算术、绘画、农业与畜牧业等。此外还有哲学、自然、军事训练内容。

佛教教育旨在净化学生的性格,与吠陀教育一样,它注重学生的道德发展,而非心理发展,其教学方法包括口头教育、辩论、出游、校会和独自冥思等。

二、中世纪印度教育(又称伊斯兰教育)

中世纪是印度历史十分重要的阶段,是众多宗教并立,佛教由兴而衰,伊斯兰教传入,并得到统治者的重视,获得发展的历史过程。这一时期,印度建立了伊斯兰教育,并使之得到了迅速的发展。

伊斯兰教为一神教。7 世纪初由穆罕默德在阿拉伯半岛的麦加城创立。信徒称为穆斯林,意为"顺从者"。基本经典是《古兰经》和《圣训》。伊斯兰教教育的目的是为了宣传伊斯兰教的原则、法律和社会习俗,旨在培养人们的伊斯兰教意识,也为了促进物质世界的繁荣。

实施伊斯兰教育的主要机构有麦克台卜(伊斯兰小学)和马德拉沙(可意译为学院)。麦克台卜对学生进行初等教育,主要任务是向男孩传授作为一个穆斯林必须记诵的《古兰经》的主要内容,也学习阅读、作文和数学知识。完成了阿拉伯文本的学习外,他们还须学习波斯语和波斯语文本的材料。印度教信徒的儿子可入麦克台卜学习。小学毕业后,学生升入马德拉沙接受高一级教育。不同的学科分别由不同的老师讲授。既重视世俗教育,也重视宗教教育。宗教教育包括伊斯兰教义《古兰经》、伊斯兰法律和历史等。世俗教育的内容包括阿拉伯文学、阿拉伯语语法、阿拉伯历史和哲学、数学、地理学、经济学、希腊语、占星术和农业等。此外，还须学习政治学、法学、军事学、艺术(绘画及音乐等)、手工等内容。

中世纪的印度(伊斯兰教育时期)口头教育和背诵布置的课文是主要的教学方法。为了使教学系统化，穆斯林教学从字母开始，然后是单词、句子。因为采用口头的教学方法，教师的主要任务是讲解，学生通常是被动地听讲。因而伊斯兰教在教学时建议学生在上课前应阅读一些相关的书籍，独立准备功课，这使他们能主动地学习。

伊斯兰教育时期没有正规教育，没有一套预先制订的衡量学生学习是否成功的标准，没有学期或学年考试，但这一时期已有不同的学位，掌握了宗教特别知识的学生被授予"Alim"学位，而学完了逻辑教育知识的则被授予"AlimFazil"学位。

伊斯兰教不反对妇女接受教育。女孩和男孩一样可以在麦克台卜接受初等教育，但绝不能进马德拉沙接受高一级教育。伊斯兰教育时期只有皇家公主、皇室妇女和富人的女儿才能接受高一级教育，但高级种姓女孩仍可以在家里接受教育。

伊斯兰教统治时期，教育受到了政府的大力支持。穆斯林统治者创建了许多的麦克台卜、马德拉沙和图书馆等，也为许多学生提供了奖学金。伊斯兰教育没有设大学。教育只对上层和中层人士开放。普通人民的孩子无法接受教育。

三、近代印度教育(即英属印度教育)

近代印度主要是指沦为英国殖民地时期的印度，一般以 1757 年的普拉西战役为起点，到 1947 年印度独立止，时近 200 年。这一时期的印度教育发展，大致可分为四个阶段：殖民地初期的教育(1812 年以前)；东西方教育争论时期(1813—1854)、印度教育的西方化时期(1854—1904)、民族教育的兴起和发展时期(1905—1947)。

1. 殖民地初期的教育(1812 年以前)

在殖民地初期，西方传教士和东印度公司官员在宣扬基督教教义的过程中，创办了一些初级学校。授课内容主要是基督教教义《圣经》，但也教一些简单的读、写、算知识，授课语言一般用学生的母语。但到了 19 世纪初，尽管印度原有的学校教育依然存在，却都呈现出一种江河日下的状态。

此外，英国人为获得有影响的穆斯林的支持，孟加拉总督黑斯廷斯(Warren Has tings，1732—1818)于 1780 年创办了加尔各答马德拉沙大学。其主要目的是为穆斯林的上层社会提供教育，服务英国政府，成为英国政府的忠心支持者。其课程以宗教为基础，共 7 年。除伊斯兰神学外，还有法律、哲学、逻辑数学、天文学和语法等。教学用语是阿拉伯语和波斯语。马德拉沙很快吸引了全国各地的学生，得到东印度公司的经费支持。

与此同时，英国人为获得印度教上层社会的支持，瓦纳勒斯的驻印官员邓肯(Jonalthan Duncan)于 1782 年建立了梵语学院(Benares Sanskrit College)，设有印度教、法学和其他学科，以梵语为教学用语。相比而言，加尔各答的马德拉沙获得了较高的资助。

2. 东西方教育争论时期(1813—1854)

1792 年，任职于东印度公司的格兰特(C. Grant)写了篇题为《关于大不列颠的亚洲事务中社会状态的观察》(以下简称《观察》)的文章，该文章描述了印度教育领域的悲惨境况，并要求英国承担起印度教育的责任。英国议会逐渐接纳了格兰特的建议，1813 年出台的《宪章》第 43 款规定：东印度公司每年拿出至少 10 万卢比用以复苏和改进印度文化教育。1833 年又出台了另一个《宪章》，将教育经费从 10 万卢比上升到 100 万卢比，以开办新学校、修复旧学校。

自从 19 世纪初，东印度公司的官员就出现了两派。

一派是东学派，主张用梵语、阿拉伯语和波斯语改进印度教育，而用英语传授西方教育部分的内容；另一派是英学派，主张发展教育必须用英语传播西方文化。

英学派中最有代表性的人物麦考莱于 1835 年呈递了一份长篇文告，该文告强烈要求用英语传播西方知识，只有这样才能培养出一批具有印度人的血统和肤色，但在爱好、观点、道德、知识方面都是英国人的阶级。同时东学派的领导者也提出了改进东方文学和教育的富有远见的建议。

威廉姆·本廷克总督接受了与其教育观点一致的麦考莱的建议，拒绝了东学派的建议，从而结束了这场始于 1813 年的"东学派"与"英学派"之间的争论。

1835 年 3 月的决议是英政府对印度教育发表的第一个决议。本廷克总督在这一决议中要求认为英政府的目标是增加印度人的欧洲文学和科学知识，所拨资金只能用于英语教育。该决议对后来印度教育的发展产生了很深的影响。

3. 印度教育的西方化时期(1854—1904)

1854 年英国政府发表《教育急件》(又称《伍德教育急件》)，标志着殖民地印度教育西方化的真正形成。

《教育急件》是一份长达一百多页的长篇教育政策报告，该报告调查了印度过去的教育发展，并对今后的教育发展制定了一份详尽的计划。主要包括以下内容。

- ➢ 承担教育责任：首次明确印度教育为英政府的责任。
- ➢ 教育目的：提高教育对象的知识和道德水平。
- ➢ 学习科目：建议普通学校将梵语、阿拉伯语和波斯语纳入所学科目；同时认为对印度人进行西方教育也很有用。
- ➢ 教学用语：英语作为最有效的教学语言被用于高等教育，而地方语言仅在初等教育中使用。
- ➢ 公共教育部：建议所有邦都应建立公共教育部。邦的教育行政最高长官为公共教育部部长、下设副部长、学校督导和副督导。
- ➢ 建立大学：建议在加尔各答、孟买和马德拉斯建立大学。若有必要，其他地方也应建立大学。
- ➢ 建立学校体系：强调建立大学、学院、高中、初中及小学的学校制度。
- ➢ 大众教育的扩展：增加小学、初中和高中的数量，为公众提供有用的教育。
- ➢ 助学金制度：建议对符合条件的学校提供助学金制度。还建议该制度应与英国保持一致。
- ➢ 教师培训：建议像英国一样，在每个邦都开办培训学校，以提高教学效率。
- ➢ 妇女教育：建议通过助学金和其他措施进一步鼓励妇女教育的发展。同意政府资助印度的妇女教育。

➢ 穆斯林教育：应该做更多的努力，为他们提供更多的受教育机会。

➢ 职业教育：建议应在合适的地方建立提供职业建议的学校和学院，以便人们接受职业教育。

➢ 促进东方教育：支持用英语对印度人进行西方教育，同时建议发展印度文学。鼓励文学创作，并对作者予以适当的奖励。

➢ 聘用：提出聘用学业优秀的学生做政府公务员。

《教育急件》的最终目的是将西方知识和英语强加给印度人民，以巩固英国对印度的统治，但急件本身是个具有历史意义的文件，它使殖民地印度的教育有路可循，并在一定程度上教育了印度人民，尤其是培养了一批具有强烈民族意识的先进知识分子，使他们开始觉悟，并开始兴办民族教育来反对官方的殖民教育。

4. 民族教育的兴起和发展时期(1905—1947)

20 世纪前半叶是印度民族独立运动展开的重要时期，而民族教育的形成和发展，则是这一运动的重要组成部分。

印度民族教育的萌芽始于 1901 年印度文豪泰戈尔在尚蒂尼克坦创办的学校。其全面展开发生于 20 世纪初期。从 1905 年开始在抵制官办学校的呼声中，印度人民相继自发地建立了多所民族学校，并相继成立了印度民族教育委员会和促进技术教育协会，如兰格浦尔县率先建立的民族学校以及后来创办的孟加拉技术学院和孟加拉民族学院等。

20 世纪 20—40 年代，印度的民族教育运动主要是以甘地的基础教育思想为指导而展开的，因而又称作"基础教育运动"。1937 年，甘地在他主办的刊物《哈里真》上系统阐述了他的基础教育思想，其内容包括：实行免费的义务初等教育；教育应该以手工劳动为中心，应该是自助的；教育应该以非暴力为基础等。同年 10 月在瓦尔达召开了印度历史上第一届"全印民族教育大会"，主要讨论并通过了甘地提出的上述各项原则，并依据这一思想制定了一份实施计划，即《瓦尔达基础教育方案》。甘地的基础教育思想不仅在印度独立前就已得到推广，而且在独立后初期的印度教育发展中，成为初等教育发展的国家模式。

四、独立后印度教育(即新印度教育)

印度在 1947 年独立后，积极发展经济的同时教育也经历了一些重大变化和发展。其发展大致可划分为四个阶段：独立初期的印度教育；20 世纪 60 年代的教育报告和教育政策；20 世纪 70 年代的教育发展；20 世纪 80 年代至今的教育改革。

1. 独立初期的印度教育

独立初期，印度首先提出了改革学制，以符合新印度政治、经济发展。印度的学制改革基于甘地的教育思想，把基础教育定为初等基础学校五年、高级基础学校三年和基础后学校五年。在中等和高等教育方面，成立高级中等学校，取消二年制中间学院，将其一年级并入高中，二年级纳入大学阶段，使原先为二年制的高等教育的修业年限延长为三年。

此外，还相继成立了大学教育委员会(1948)和中等教育委员会(1952)，以对高等教育和中等教育的改革提出建议。

2. 20 世纪 60 年代的教育报告和教育政策

20 世纪 60 年代是印度教育史上一个重要的改革年代。

首先，印度教育委员会(1964 年成立)于 1966 年发表了《教育与国家发展》的报告书，该报告分三部分、十九章：第一部分共六章论述了教育制度的重新定向、结构的重新组织、教师地位的提高、招生政策和教育机会均等；第二部分共十一章论述了各级各类教育；第三部分共两章论述了教育规划和管理以及教育财政。此外，委员会对印度教育的发展和改革提出了许多建议，例如：在学校教育中增加劳动实习课；在全国实行统一的"十·二·三"学制，以取代实际存在的双轨制；中等教育职业化，以改变中等教育的结构和扩大中等教育的培养目标。教育委员会的工作及其报告引起了印度社会的广泛注意，它所提出的种种建议成为后来几个五年发展计划的依据。这一切使得该报告成为独立后印度教育发展史上的一个重要里程碑。

其次，印度议会于 1968 年正式通过了《国家教育政策》，从而使印度有了一份具有法律依据的教育文件。《国家教育政策》高度评价了教育委员会的工作，并明确规定了未来印度教育发展必须依据的 17 项原则，其中改革学制的原则，对之后印度学制的改革和稳定产生了重大影响。印度全国统一的学制正是在此之后逐步建立起来的。

3. 20 世纪 70 年代的教育发展

在 1977 年的大选中，一直执政的印度国大党让位于印度人民党。人民党政府于 1977 年公布了《成人教育的政策声明》，提出了为期 5 年的全国性扫盲计划，计划到 1984 年共扫除文盲 100 万人，因而被认为是印度历史上最为重要的专门论述扫盲教育的政府文件。此外，在同一年又先后任命了十年制学校课程检查委员会和全国高级中等教育检查委员会，分别负责检查中小学的课程教学计划。1978 年人民党政府公布了《印度高等教育发展的政策框架》，提出了高等教育的发展计划。

遗憾的是，人民党政府公布的发展计划和政策草案未能成为发展教育事业的指导性政策，因为国大党政府上台后认为其教育发展的各项计划仍以 1968 年的政策为准绳。

4. 20 世纪 80 年代至今的教育改革

20 世纪 80 年代是世界各国进行教育改革的年代，印度也加入了教育改革的大潮。时任印度总理的拉·甘地于 1985 年 1 月宣布，要在印度全国发起一场全面的教育改革。

1985 年 8 月联邦教育部长提交的报告《教育的挑战——政策透视》标志着新时期印度教育改革正式拉开了序幕。该报告是一份涉及教育各方面问题的文件，包括"教育、社会和发展""教育发展概览"和"批判性评价"以及"教育的重新定向"等内容。

1986 年，印度政府又公布了经议会通过的《国家教育政策》。新的教育政策规定了今后印度教育改革的重点，包括采取一切措施消除不平等；建立继续教育中心实施庞大的成人教育和继续教育计划与扫除文盲；早日普及初等教育；建立新式学校；加强教育与社会的联系；大力发展自治学院；增加教育投入等。在政府 1992 年对《国家教育政策》作了修订。

印度政府为贯彻执行《国家教育政策》的各项规定，于同年经议会通过了实施该政策的具体细则，名为《国家教育政策行动计划》(以下简称《行动计划》)。该计划除导言外，共有 26 章，分别针对上述教育改革中的重点领域制定出广泛的实施策略。其中追求教育优质和教育机会均等是它们的主导思想，也是 20 世纪 80 年代至今印度教育改革一直努力实现的最主要目标。

第二节 印度现行的教育

一、印度的教育体制

目前，印度教育行政体制主要可分为中央和邦两级。中央制定全国教育的基本政策，并直接制定、参与和领导一些教育发展计划，同时也给地方政府管理当地教育以极大的权限。

(一)中央教育行政机构

人力资源开发部是当前印度的中央教育行政机构。其主要任务是形成国家全部人力资源的分类系统，鉴定和准备一份需要开发的各类人力资源的目录，鉴定和编制有责任开发各种类型人力资源的司、局、单位、公司和代理机构的名单，并评价现有人力资源开发机构，保证重点类型人力资源的开发。人力资源开发部下设教育司，主管全国的教育。教育司下设初等教育局、中等教育局、大学和高等教育局、成人教育局、课本促进和奖学金及中央直辖区局、语言局、行政规划与联合国教科文组织局、技术教育局以及综合财政局。此外，印度还在中央一级建立了一些研究和咨询机构，如中央教育咨询委员会、全国初等教育委员会、全国中等教育委员会、大学拨款委员会、全国教育规划与管理研究所。

(二)邦级教育行政机构

邦一级的所有教育计划都由邦政府的教育局负责制定和实行。教育局一般具有审查、执行、指导三种职能。每一个邦或中央直辖区都有一个教育理事会，负责人为教育理事长。在一些邦里，往往有几个专司各级教育的理事会，如初等教育理事会、中等教育理事会等。邦以下分为若干个县(district)，不过有些邦还在邦与县之间建立一些专区(division)，县以下则进一步分为区(taluka)。一般来说，在县一级均设教育局，其负责人通常称教育局长，或称学校督导员、教育主任等。如设专区一级的，则设立专区教育局长。每一个县的教育局长领导区一级的低级官员，区内教育活动的负责人称为区教育干事，或副学校督导员，或助理教育干事。采用何种职业名称视各邦的专门用语而定。

二、印度的学制结构

目前，印度实行全国统一的学制，即 10 + 2 + 3 制。该学制的 10 年为普通教育(general education)阶段，包括初等教育阶段(8 年)和初级中等教育阶段(2 年)。8 年的初等教育阶段，又分为初小(1 至 5 年级)和高小(6 至 8 年级)两段。2 年为高级中等教育阶段。在这一阶段，学生被分成两组，一组是学术流或学术班，为升入高一级学校做准备；另一组是职业流或职业班，为走向社会做准备。3 年为高等教育的本科阶段。但是由于各学科领域的不同，有的学科(如医学、工程技术等)修业年限要长一些。

三、印度现行的各级学校教育

(一)初等教育

印度的初等教育具有悠久的历史，并对古代印度社会的发展起到了十分重要的作用。在近代，原有的初等教育遭到了英殖民者的破坏。独立以来，印度政府努力发展初等教育，不断增加对初等教育的投资力度，在管理、课程、教学、师资培养和培训等方面进行了一系列的改革。这些改革有力地促进了当代印度初等教育的发展。

学制中规定，印度现行初等教育的目标主要包括：与现实相连的教育；实施数学与科学教育；实现社会正义与国家一体化；促进民族意识与民族理解；发展劳动体验；实施三种语言的共识；发展学生的艺术体验与表现；促进儿童的身体健康，体育应是必须开设的科目；必须培养人的性格和人的价值观；必须培养诸如同情、忍耐力、勇敢、决策能力、理智情感、尊重他人、团队精神、诚实、忠诚、忠于职守等基本素质。

目前，印度各邦及中央直辖区初等教育阶段的课程是完全一致的，所有科目都是必修的。具体课程包括：科学课程，即"环境与研究"；数学；劳动体验；社会科学；语言，即母语或地方语言；艺术、音乐和其他美育活动；健康和体育课。此外，印度非常重视儿童的思想道德教育及实践能力的培养，其中初等教育阶段的思想道德教育主要是通过社会科学课程来完成的；实践能力的培养主要是通过综合课程的设置让学生在生活实践中去学习。

印度小学的课堂教学经常使用讲授法、问答法。20世纪80—90年代以来，教学方法的一个显著特点是以儿童为中心的教学方法和以活动为基础的学习过程。在当代教育思想与理论的影响下，发现法、合作学习、暗示教学法等在小学教学实践中也得到了运用。此外，学校还要求教师在专用本上制订每月的教学计划并认真准备每天的课程以提高教学质量。

印度所有小学都要求进行连续的综合性评价。评价作为学校工作的有机部分与教学紧密地联系在一起。评价手段有口试、笔试、观察记录等。为此，教学过程中测试的次数较多。印度要求不向学生公开宣布及格或不及格。学生只是得到一张有各门功课分数的卡片。

(二)中等教育

中等教育是教育结构中承上启下而又面向社会的阶段，随着印度初等教育的普及和升入中等学校人数的增多，中等教育获得了迅速发展。印度的中等教育包括初级阶段(初中：9～10年级)和高级阶段(高中：11～12年级)。

在印度，中等教育的任务是为14～18岁年龄组的年轻人直接进入劳动力市场或进入高等教育阶段做准备，不仅承担着普通教育的任务还承担着开展职业技术教育(主要培养熟练劳动力和技术员)的任务。印度当前中等教育所面临的一个主要问题是如何调整和平衡中等普通教育与职业技术教育的比例以及更好地发展高中教育职业化。

印度中等教育的实施机构是中学，包括普通中学和职业中学两大类。普通中学主要有如下三类学校：第一类是邦立学校，由各邦政府自己直接创办和领导，或通过市政机关进行间接管理，属公立性质。邦立学校是印度中等教育的主体，实施世俗教育，绝大部分学生就读于这类学校；第二类是私立学校，主要由一些宗教组织所办，主要包括公学和模范学校；第三类是寄宿学校，是印度在 20 世纪 80 年代开始设立的新式学校，实施免费教育。印度的职业中学是指实施职业技术教育的学校，主要有如下三类学校：第一类是实施职业教育的工业训练学校；第二类是实施技术教育的多科技术学校；第三类是实施以就业为导向的高中职业学校。

在课程设置方面，印度初中阶段实行共同科目制，除了增设第三种语言外，其他科目与初等教育阶段基本相同。具体包括三种语言(30%)，数学(13%)，自然科学(13%)，社会科学(13%)，劳动实习(13%)，艺术教育(9%)，卫生教育和体育(9%)(括号内的数字为所占全部学时的百分比)。在高中阶段，印度实行课程多样化的方针。课程分学术性和职业性两种。学术性课程和职业性课程有 25%～30%是共同的，即语言、基础科目(社会、经济、科学等)，二者各占总学时的 15%左右；学术性课程具体包括科学、社会科学、人文科学(75%)；职业性课程包括基础科学、与职业有关的社会经济方面的课程(25%)和职业课程及实习(50%)(括号内的数字为所占全部学时的百分比)。

(三)高等教育

1947 年独立后，印度政府针对高等教育实施了一系列改革措施，努力使高等教育发展适应世界新技术革命和印度经济与社会发展的需要。目前，印度的高等教育呈现出快速发展势头。

印度的高等教育从纵向上形成了有特色的学院教育、研究生院教育和专业教育三种类型：

第一类是学院教育：是指大学及各类学院的本科阶段的教育，修业年限为三年。在此之前有一年大学预科的学习。学院分为公立和私立两种，私立学院多于公立学院。公立学院是由邦政府和中央政府直接拨款建立的，教学质量能保持高标准。私立学院是由各种私人团体创设和资助的。

第二类是研究生院教育：是设在大学中的研究生院和大学之外由政府主办的研究所或实验机构里的。招收完成学院教育获得学士学位的学生，以从事研究工作为主，还要学习一系列特定的课程，考试合格者方可获得硕士学位。哲学博士学位很少要求或者不要求选读课程，获得博士学位的主要条件是提交一篇质量合格的论文。

第三类是印度的专业教育：处于研究生院教育和学院教育之间，一般包括商科、法科、商业管理、医科、兽医科、农科、教育科、工程技术科以及其他具有技术性的专业课程的教育。

另外，印度高等教育从横向上又形成了普通高等教育和专业高等教育两大类型。普通高等教育包括人文学科、社会学科、自然学科、教育等学科。专业高等教育包括工程、医学和农业三门学科。

为了提高人才培养的水平，印度高等学校在教学方面进行了一些改革。首先是课程调整，设置的课程包括基础课程和核心课程，还有一些新的和急需的学科课程，以及跨学科的新课程。针对低阶段教育纳入了职业课程，如创造艺术、经商艺术、电子、焊接、计算机应用、视听设备制作、营销管理、会计、销售以及其他的市场就业所需的专业。此外，在课程中还设计了全国服务计划或社会服务计划(一般在头两年进行)并形成了统一课程活动的方式，以使学生把所学的知识和实际联系起来。其次在学习和研究方法方面尝试了单元课程，在考试评价方面也进一步加大了改革力度。

(四)职业教育

印度的职业教育始于殖民地时期，独立后伴随着经济的发展才有了真正的发展。从 20 世纪 60 年代末经过几次重要的教育改革，目前，印度的职业教育已形成较为完整的系统。

1. 职业教育的类型

当今印度的职业教育，从纵向和横向看可分为两大类。

第一类从纵向看，可将职业教育分为三种：第一种是职前预备教育，即对学生进行职业理想、职业兴趣、职业道德、职业智能等方面的有意识的引导，主要通过普通学校中设计的劳动教育课进行；第二种是就业前职业教育，由各级各类职业技术学校进行；第三种是就业后职业教育，包括学徒训练方案、继续教育计划等。

第二类从横向看，可将职业教育分为两种：第一种是以学校为基础的学校系统职业教育；第二种是以工业为基础的学校系统外职业教育。

2. 职业教育的机构

印度的职业教育已经在逐步提高其基础，基本形成了一个不同层次的职业教育系统。并且学校类型比较齐全，主要机构如下。

(1) 初级技术学校：主要招收 13～16 岁的学生入学，修业年限为 3 年。其目的是让学生做好就业准备。设置的课程包括普通教育科目、理论技术学习及工厂的实际培训，其中有近 1/2 的学时用于工厂的实际培训。目前，随着印度教育职业化的重点开始移向高级中等教育阶段，初级技术学校已逐步减少。

(2) 工业训练学校：一般招收通过十年级考试的学生，修业年限为 1～2 年，其中非工程专业通常培训 1 年，而工程专业一般培训 2 年，主要培训手艺工人或熟练工人。其课程范围划定为学生将来准备受雇佣或自我经营的特定专业，在整个修业计划中专业训练约占总时数的一半以上。想取得熟练工人证书(国家专业证书)的学生，都必须通过国家职业行业培训委员会举行的全印行业考试。

(3) 多科技术学校：又称为"技术员学校"，招收通过十年级考试的学生以及毕业于初级技术学校的学生，主要培养介于熟练工人和工程师(或技术专家)之间的技术人员，修业年限一般为 3 年。该类学校绝大多数为全日制学校，只有少数实行半工半读制，其中有几十所学校是专门为妇女创办的。学校设置的课程大致可分为五大类：土木工程、电机工程、机械工程；电子、汽车工程等；皮革、印刷、渔业等；服务和商业领域的课程，如旅游管理、美容业、秘书工作等；医疗保健，如医疗实验技术、药剂学等。

(4) 高级中学的职业班：招收完成 10 年普通教育的学生，为就业做准备，被称为高级中等教育。职业班开设的课程包括语文和与学生所学专业有关的基础课，还有专业课和实践训练，实践训练至少占总课时的 1/2。同时规定教育和实践不能只在学校进行，必须到当地的工业企业、农场、奶牛场、渔场、医院、保健中心、银行等单位，使学生接触社会，在具体岗位上培训。

(5) 各类职业学校：是指按照具体行业兴办的学校，如农业学校、林业学校、渔业学校、商业学校、工艺和手工业学校、护士学校、药剂学校、乡村干部学校等。

除了学校系统内的职业教育外，印度还拥有一套学校系统外的属于非正规教育的职业培训，如学徒训练方案、残疾人员的职业培训、继续教育计划、职业指导和就业咨询职业等，补充和丰富了正规职业教育。

(五)教师教育

印度真正有组织的教师教育始于近代，尤其是经过独立后几十年的发展，印度已经建立起一个完整的教师教育系统，并在教育发展和改革的进程中不断地进行着改革和创新。

1. 教师的职前培养

目前，印度教师教育的培养机构类型较多，其中承担教师职前培养的机构主要有以下几种。

(1) 学前教师培训学校：主要培养从事学前班即托儿所和幼儿园教学的教师。进入该校的最低资格标准是通过初中或高中的考试。修业期限为一年。包括蒙台梭利式的、幼稚园型的、托儿所性质的、学前基础教育型及愉快教育型等。

(2) 小学教师培训学校：修学年限为1～2年，入校标准依入学者的文化程度而定。入学者如为高小毕业，修学年限为两年，毕业后基本执教于初小阶段，而中等学校毕业者的修学年限为一年，毕业后执教于高小阶段。

(3) 教师培训专科学校：主要是培养初中教师。招收对象是高中毕业生，修业年限为1～2年，发给教师证书或文凭。初级基础教育证书(J. B. T)获得者担负初中教学。

(4) 教师培训学院：主要为高中培养教师，修业年限为一年，重点学习内容是教学原理与方法，可以获得教育学士学位。近些年，专家们建议将学制增至二年，但由于一些原因至今不能实现。

(5) 地区教育学院：1960年为了满足综合学校技术、商业、工艺、家庭、农业专业教育对教师的急需而建立的。招收高中毕业生，学制四年，开设文科和理科教育学士课程。

(6) 教育综合学院：是为了把所有的小学及学前教师教育机关提高到大学标准而建立的。该学院培养多种不同层次的教师，拥有教师教育的全部课程，这种机构有助于打破各种教师教育课程相互隔离的状态。

目前，印度教师教育的课程设置主要包括以下四类科目：第一类是基础课程(20%)；第二类是与学生身心发展阶段相关的专门化教育(30%)；第三类是其他专门化教育(10%)；第四类是实习课程(40%)。教学方法强调以学生为中心、以活动为基础和合作学习法。中等学校教师教育课程设置与初等学校教师教育课程设置基本相同。

2. 教师的职后培训

在印度，教师的职后培训也非常受重视。职后培训机构主要是县教育与培训学院。此外，职后教师的培训也可在教师教育学院(College of Teacher Education，CTEs)、高级教育研修学院(Institute of Advanced Studies in Education，IASEs)和邦教育研究和培训委员会(State Council of Educational Research and Training，SCERTs)的组织下进行。

另外，印度教师的职后培训教材、参考书及视听材料等都是免费的。其职后培训策略主要有以下四种：大众定向的学校教师课程计划；特殊需要定向的教师课程计划；学校本位的在职教育；电话会议。

本 章 小 结

本章首先阐述了印度教育的演进过程，重点介绍了印度现行的教育行政体制、现行学制及各级各类教育。目前，印度教育行政体制分为中央和邦两级。中央制定全国教育的基本政策，并直接制定、参与和领导一些教育发展计划，同时也给地方政府管理当地教育以极大的权限。印度实行全国统一的学制，即 10＋2＋3 制。该学制的 10 年为普通教育阶段，包括初等教育阶段(8 年)和初级中等教育阶段(2 年)；"2"年为高级中等教育阶段；"3"年为高等教育的本科阶段。20 世纪 80 年代以来，印度政府开始努力建立一个新的教育体系。时任印度总理的拉·甘地于 1985 年 1 月宣布，要在印度全国发起一场全面的教育改革。其中追求教育优质和教育机会均等是其主导思想，也是 20 世纪 80 年代至今印度教育改革一直努力实现的最主要目标。

【推荐阅读】

[1] 赵中建，等. 印度基础教育[M]. 广州：广东教育出版社，2007.

[2] 王长纯. 印度教育[M]. 长春：吉林教育出版社，2000.

[3] 安双红，李娜，王石军. 印度教育公平战略及其实施成效研究[M]. 杭州：浙江大学出版社，2015.

思考与练习

简答题

1. 简述印度教育的演进过程。
2. 简述印度现行的教育行政制度。
3. 简述印度高等教育的结构类型。
4. 简述印度职业教育的学校类型。

【实践课堂】

请用现代教育理念对该教师的行为进行评析。

几个学生正趴在树下兴致勃勃地观察着什么，一个老师看到他们满身是灰的样子，生气地走过去问："你们在干什么？""听蚂蚁唱歌呢。"学生头也不抬，随口而答。

"胡说，蚂蚁怎会唱歌？"老师的声音提高了八度。

严厉地斥责让学生猛地从"槐安国"里清醒过来。于是一个个小脑袋耷拉下来，等候老师的发落。只有一个倔强的小家伙还不服气，小声嘟囔说："您又不蹲下来，怎么知道蚂蚁不会唱歌？"

规则应该少定，一旦定下之后，便得严格遵守。

——洛克

第九章　教育行政与教育经费比较

本章学习目标

➤ 了解什么是教育行政管理体制。
➤ 掌握不同类型教育行政管理体制的特点以及代表性国家。
➤ 掌握各个国家教育经费的来源、筹措和分担机制。

核心概念

教育行政管理体制　教育经费

学习指导

本章内容重点掌握和比较教育行政管理体制的三种不同分类和特点，以及各国教育行政管理体制的基本运作状况，包括行政机构、管理职责、人员任命等。掌握和比较各国高等教育、义务教育、职业教育等各级各类教育的教育经费状况，包括经费来源、经费筹措以及经费分担机制。

拓展阅读：教育行政管理专业化[①]

当前各国教育行政管理体制改革的专业化主要表现在管理机构的专业化和管理人员专业化等方面。

无论是中央还是地方，各国的教育行政管理都设有主管教育事务的专门机构。各国在教育发展过程中都尽量维持教育行政管理专业部门的适度独立。因受历史传统及地理环境的影响，美国一直到现在仍然保持着学区独立的状态并且不受一般行政的干涉。法国的教育行政管理也不受同级政府的直接指挥，独立于一般行政之外，实行垂直领导；地方教育行政管理机关自成体系、不受同级地方行政长官的领导。英国和日本的地方教育行政管理则介于上述两者之间，其基本特征是在一般行政与教育行政之间维持一种比较均衡的关系。

---

① 李海鹏. 国外教育行政管理体制改革趋势分析[J]. 国家教育行政学院学报. 2009(10).

比如，目前除个别国家外，普遍实施学校委员会领导下的校长负责制(在美国一般是地方学校理事会，在澳大利亚、英国、新西兰为学校董事会)。在公立学校中，董事会或校务委员会为最高决策机构，由这些机构选举产生的校长或副校长来具体执行行政事务。这种将"委员会制"置于"一长制"之上的模式使决策层与执行层有所分离，有利于充分发挥决策层与执行层的作用，实现相互制衡。

另一方面是教育行政管理人员的专业化。美国在各大学普遍设有教育行政管理专业，培养教育行政管理方面的专业人员。此外，还设有完善的在职进修体制，为教育行政管理人员提供进修的机会。其他国家也在为此做出努力。如英国的一些大学也开设教育管理课程，供在职人员进修。很多教育行政管理人员专业组织也通过各种途径来促进教育行政管理人员的专业化。法国国民教育部之下特设一个行政人员教育科，由其专门负责教育行政管理人员的专业教育工作。德国的州政府与教育学院、研究发展中心或教育人员在职教育机构合作开设了教育行政管理课程，以供教育行政管理在职人员进修或供即将担任教育行政工作的教师学习。近年来，出任各国教育行政管理机构的官员基本上都由学有专长的教育专家担任。许多国家对教育行政管理官员都有较高的要求，如法国各级教育行政管理长官均为教育专家，大学区总长必须由获得博士学位、担任过大学校长或教授的人担任，大学区督学必须由获得博士学位、担任过高中教授或中等学校教员且资格最高的人担任。大部分国家一般由教育专家负责处理教育内部事务而非教育专家处理教育外部事务。例如，美国的州和学区教育委员会不规定学历资格，但规定州和学区的教育厅局长必须是教育专家。

从本质上看，不同发达国家的公立学校尽管在权力结构方面有些区别，但决策层与执行层分离、行政权力与学术权力兼顾却基本一致。不论是"委员会制"还是"一长制"，学校都有很大的自治权。政府对公立学校的管理主要是通过制定法律和决定学校董事会成员等方式施加影响。已基本实现了学校自治与政府调控的有机结合。在管理人员方面，过去各国教育行政管理人员一般由教学人员升任或行政管理人员转任，缺乏教育行政管理方面的专业教育。随着教育事业和教育科学的发展，各国开始重视教育行政管理人员的专业训练。

第一节　教育行政比较

对于"教育行政"的认识，国外学者大致持有两种观点：一种认为它是国家行政的一个部门；另一种观点认为，它是为实施教育目的而创造和完善条件的手段，具有为教育服务的性质。以上两种观点的不同之处在于强调的重点一个在教育行政的主体上，一个在教育行政的对象上。其实教育行政的概念不能单独地强调一方面而忽略另一方面。因此，我国学者王承绪和顾明远给出了这样的定义：教育行政是国家权力机关为了实现特点的教育理想和教育目的，依据一定的法律制度规范，通过中央和地方教育行政机关对教育工作进行组织、经营和领导的行政行为[①]。

---

① 王承绪，顾明远. 比较教育[M]. 5版. 北京：人民教育出版社，2015：299.

教育行政体制是国家行政的重要组成部分。原始社会没有国家，也就不存在教育行政的管理权力。但随着人类社会的不断发展，出现了国家以及社会职能的分工，也就有了学校的出现，不过这时的教育行政管理体系单一，权限和职能各方面发展都不够完善，教育行政正处于萌芽状态。直到进入 19 世纪，由于西方资本主义的迅速发展，具有现代意义的国家教育行政管理体制才得以产生。近代国家为了满足其政治、经济、文化等方面发展的需要，于是都大力兴办教育，国家的公共教育制度随之出现并得到迅速发展。公共教育制度与国家教育行政是密不可分的，这要求国家对它进行组织和管理，各国主要是通过立法的手段建立公共教育制度，健全教育管理机构，完善教育管理制度，以确保教育事业能够获得规范和长足的发展。

教育行政体制是国家各级教育行政组织机构间的权利划分及其运作规范的组织制度。由于不同国家和地区的政治、经济和文化发展的背景各不相同，教育行政体制也不同。但任何一个国家的教育行政体制都是自上而下从中央到地方形成纵向多层次的教育行政系统，只是在权力分配和机构设置方面有所差异，大致可以分为三种类型。以下我们将以相应的国家为例，从权力机构的设立、行政首长任命、行政管理职责等方面进行分类阐述。

一、中央集权的教育行政管理体制

在中央集权的教育行政管理体制之下，中央与地方存在着权威和服从的关系，教育事业即是国家的事业。一切教育活动如教育方针政策与发展规划的制定，教育目的以及教育内容的选择都受到国家权力的指导和监督，充分发挥中央主管部门的主导权。法国、俄罗斯等国的教育行政管理体制都属于中央集权制，但根据各国政治、经济、文化传统的不同，又都具有各自的特点。我们以法国和俄罗斯为例，分别介绍两国的教育行政管理体制。

(一)法国

法国的教育行政管理是比较典型的中央集权制，从拿破仑时期一直延续至今，经过漫长的历史发展与变革，最终形成了中央、学区和省区"垂直"的三级教育行政管理体制，其中学区和省区均属于地方教育行政单位。

1. 中央教育行政管理

中央教育行政机构是法国主管教育工作的最高行政机关，下设有国民教育部和各种咨询审议机构。教育部的主要管理职责非常广泛且事无巨细，不仅制定教育方针，管理公立学校教职员工的任职问题，以及教育经费的分配和使用等，而且还统一规定教学大纲、教学方法和内容，甚至考试内容，很少出现地区上的差异。各种咨询审议机构主要包括教育高级委员会、普通教育和技术教育委员会、大学校长联席会、国家规划理事会等。这些机构在教育管理中发挥着重要的作用，如有法律明确规定："不管什么部门，凡是涉及教学或教育方面关系到国家利益的所有问题都必须咨询国民教育高级委员会的意见[①]。"它们的职责主要是针对教育的有关方面，如政策的制定、教育发展与改革的指导思想以及教育相

① [法]雅基·西蒙，热拉尔·勒萨热. 法国国民教育的组织与管理[M]. 安延，译. 北京：教育科学出版社，2007：42.

关法律或政令的制定等方面提出意见和建议，对教育部的决策起重要的影响作用。

2. 学区教育行政管理

学区教育行政机构是地方最大的教育行政单位。学区虽属于地方行政机构，但与地方政府并无隶属关系，作为学区的最高教育行政首长属于国家高级公务员，直接由总统批准，教育部会议任命。学区长代表中央直接在学区内行使权力，管理职责包括负责学区内各级各类教育，主要是中等教育，落实国家方针政策、督查和汇报学区情况、处理人事问题等。在学区内设有两个部门：一类是行政管理部门，如国民教育委员会，主要负责学区督查，以及在课程、教学方法、人事管理等方面对中等教育给予指导；另一类是后勤部门，负责各种服务工作，如学区相关教育信息的处理等。

3. 省区教育行政管理

作为地方教育行政的底层，省区教育行政机构的首长是学区督学，具体的管理职责包括对省区教学进行督导，管理省级教育部门，以及主要负责小学及幼儿园的建设和整治。省区的教育行政管理部门包括：总务和后勤服务部门，人员管理，考试和财务部门等，这些部门负责省区内更为具体的事务。

根据以上的阐述，我们可以看到法国的教育行政管理体制具有两个特点：第一，高度的中央集权。有关教育方面的事务，无论大小都必须经过教育部长的决策，地方教育行政机构严格执行和贯彻教育部出台的政策，定期汇报学区和省区教育情况；第二，重视教育行政决策的咨询和审议。中央教育行政机构中设有完善的咨询审议系统，如国家高等教育与科研委员会、大学校长联席会等，这些都是由国家高级人才组成，在教育方针的制定、政策的实施以及教职人员的任用等方面具有重要的发言权，保障了教育教学质量，尽力避免中央集权的弊端，发展相对民主化的教育。

(二)俄罗斯

自苏维埃政权解体，俄罗斯独立之后，俄罗斯教育行政管理体制一直在改革中不断完善，其改革始于 1992 年颁布的《俄罗斯联邦教育法》，该教育法明确了联邦中央、联邦主体和地方的三级教育行政管理体制。自此，俄罗斯联邦和地方的管理权责开始逐渐演变为从联邦中央高度集权到强调分权，再到强调"统一空间"和"权责均衡"的局面。

1. 联邦中央教育行政管理

俄罗斯独立初期，联邦中央政府设立了两个平行的教育管理机构：一个是俄罗斯联邦教育部，主管学前教育、普通中小学教育、职业教育、中等专业教育、中等和高等师范教育以及校外教育；另一个是俄罗斯科学、高等学校和技术政策部，领导和管理综合性大学以及师范院校以外的其他高等教育。2004 年 3 月，俄罗斯总统普京对联邦中央政府机构进行改组，取消了俄罗斯联邦教育部，将原联邦教育部与科技工业部合并，根据职能按决策、执行、监督三部分分别划分为三个机构：联邦教育与科学部，联邦教育署，联邦教育与科学领域督察署。

(1) 联邦教育与科学部是联邦中央层次教育管理的核心，有权就其管辖范围内的问题向联邦中央政府提出联邦法律、总统法令以及政治决议草案等。其管理职责主要包括：制定职业教育专业目录、联邦国立职业教育机构设立分校的章程和条例以及国立高等职业教育机构工作人员任职条例；制定高校和独立科研组织的研究生部和博士生部章程；制定教育机构管理和教学人员的评估条例；确定国家教育标准，制定教育内容、教育大纲；编制联邦教育经费预算等[①]。

(2) 联邦教育署是联邦中央权力的执行机关，下设有教育机构司、国际教育与合同司、行政司、经济与财政司、教育领域发展纲要司等 8 个司。分别拥有不同的职能权责，如经济与财政司主要负责各级各类教育的财政拨款事宜；教育领域发展纲要司主要负责教育领域纲要的实施、协调与监控，并对教育发展提供信息技术支持。

(3) 联邦教育与科学领域督察署主要负责教育与科学领域的检查、督导与评估工作。主要管理职责包括：检查和监督教育、科学—技术活动、青年政策及科学教育人才考核领域的法律执行情况；检查和监督教育机构的教育质量及毕业生质量；检查和监督论文答辩委员会和授予学衔的学术委员会的活动等等。

2010 年 5 月俄罗斯政府颁布了《关于俄罗斯联邦教育与科学部的条例》，明确了俄罗斯教育与科学部既是联邦教育政策的制定者，同时也是实施教育政策的权力执行机构。其主要任务是：确保在不同阶层居民中普及优质教育，缩小社会积极差距；保障经济与社会对技能人才的需求，创造条件发展终身教育；为儿童和学生积极参与经济、社会、政治和文化生活创造条件；为发展和有效应用科技潜力、强化创新创造条件。[②]

2. 联邦主体教育行政管理

联邦主体教育行政管理机构的组织结构由联邦主体法规确定。因此，不同地区的行政管理机构的名称大不相同，如边疆区、州、民族区、市和区的国民教育厅、教育委员会、共和国教育部等。其主要的教育行政管理职责包括：制定和实施符合区域社会经济、环境、人口及民族文化特点的教育发展规划；创建、改建联邦主体的教育机构；制定共和国、地区教育经费拨款指标，对地方预算进行补贴，保障义务教育的普及；为在学习、自身发展和社会适应方面有困难的学生提供教育心理、医学和社会帮助等。

3. 地方(市)教育行政管理

地方(市)教育行政管理机构的名称差异也很大，如市教育委员会、市教育处、市政府下属的教育管委会等。随着教育体制的改革，地方(市)教育管理机构的管理职能范围除了普通学校外，还包括部分初等和中等职业学校，甚至部分市级大学。其主要的管理职责包括：贯彻执行联邦中央及联邦主体颁布的教育政策法规，管理和监督地方教育行政机构及学校工作；普及免费的义务教育、基础教育，并根据基础普通教育计划开展中等教育；在市区内向儿童提供补充教育和普及免费的学前教育；开办、改建和取缔市级学校，对其教学楼和其他设施进行维护，安装附属设施等。

综上所述，俄罗斯教育行政管理体制的特点主要体现在两方面[③]：①俄罗斯在"现代化""民主化"大旗的引导下改变了过去教育行政管理的僵化模式，充分考虑和尊重民族、地

---

① 李春生. 比较教育管理[M]. 南京：江苏教育出版社，2008：304.

② 杨汉清. 比较教育学[M]. 3 版. 北京：人民教育出版社，2015：155.

③ 时月芹. 俄罗斯教育行政管理体制的变革[J]. 大学(研究与评价)，2008(09).

区文化经济发展的差异性，在保证教育空间统一性的大前提下进行权限界定和分配，赋予地方很大的自主权，有助于充分调动地方的积极性；②教育行政管理的基本方式也从事无巨细管理向宏观管理过渡，由直接管理向间接管理过渡，加强社会参与度，加强评估、鉴定、监督等措施在教育行政管理过程中所发挥作用的力度。

二、地方分权的教育行政管理体制

地方分权的教育行政管理体制是把教育事业看作是地方的公共事业，由各级政府共同承担教育责任，中央教育行政和地方教育行政之间不存在隶属关系。地方教育权归地方所有，由地方教育行政根据当地实际情况制定教育方针政策和发展规划，也包括课程设置、教学内容及教科书等都由地方自主决定。中央教育行政只起到监督、指导和援助的作用。当前采用地方分权教育行政管理体制的国家主要有美国、德国、加拿大和澳大利亚等，但由于文化传统及其他因素的影响，不同国家都具有各自的特色。本书仅以美国和德国为例，从各级政府的教育行政权力分配、管理职能等方面进行阐述。

(一)美国

美国的教育行政管理机构主要由联邦政府、州政府和地方政府三级构成。而联邦政府没有管理教育的权限，教育行政权归各州，各州又根据州法律把大部分的教育行政管理实权委托给地方教育行政。因此就形成了联邦政府监督调控，各州及地方政府分权管理，共同承担教育责任的地方分权制。

1. 联邦教育行政管理

美国联邦政府管理教育的机构最初为联邦教育署，后改为联邦教育总署，1979 年成立教育部，1980 年升格为内阁级行政机构，通过立法和经费援助等方式来协助和监督各州执行各项教育措施，起到间接管理、调控的作用，其主要管理职责为：第一，管理联邦有关教育经费，联系各州教育厅、学区和大学，推动全国教育发展；第二，从事教育研究、教育统计和教育情报工作，以促进教育改革；第三，提供教育咨询和教育服务[①]。

2. 州教育行政管理

州教育行政机构对于本州的教育具有绝对的管理权，其权力和职责由各州通过州议会审议指定的法律法规赋予，主要是州宪法。美国各州政府都拥有各自独立而完备的教育行政管理系统，包括各种教育行政机关负责具体教育事务。

第一，州议会。具有制定本州法律的权力，包括制定学校设立的标准和征税标准、行政人员以及教员的任用标准、规定课程与教材标准等。

第二，州教育委员会。它是各州重要的教育决策机构，委员会的成员一般是由州长任命或由州民直接选举也或者由州政府官员兼任，根据每个州的具体情况而定。州教育委员会的主要管理职责是制定教育政策；教育预算，包括教育经费的分配；学校规章制度等。

第三，州教育厅。州教育厅厅长是负责执行教育委员会决策的首席行政官，由指定、

---

① 冯增俊，等. 当代比较教育学[M]. 2 版. 北京：人民教育出版社，2015：235.

聘任或选举的方式产生，而且厅长必须是教育专家，以提高教育行政管理的质量和水准。州教育厅的主要职责是在州教育厅长的指挥下执行州教育委员会的教育决策，开展教育监督、评估和研究等工作。

3. 地方教育行政管理

学区是地方教育行政的基层单位，每个州都划分出多个学区，是直接管理学校的地方共同团体。学区内设有学区教育委员会，也是教育决策机构，主要负责初等和中等教育政策的制定。学区内还设有教育局和教育局长，教育局长必须为教育专家。地方教育行政主管地方公立的小学和中学，其管理职能主要有以下几个方面：一是教育教学方面，制定本学区教育计划和政策，确定教学内容和教科书；二是人事方面，聘任和管理教职人员，处理本地教育纠纷；三是财政方面，负责征收教育税，审定教育预算以及分配教育经费；四是后勤方面，建设、维修和管理校舍等。

根据以上对美国教育行政管理体制的阐述，我们可以总结出两个特点：第一，以州为教育行政基本单位，联邦政府充分放权给各州和地方学区，加强各州和地方学区的教育行政管理自主性。第二，地方教育行政非常强调民主性，如州教育委员会的成员、地方学区的教育局长通常会通过民主选举产生，同时，地方学区委员会的常规会议和专门会议都是开放的，鼓励公众积极参与讨论区内教育事务。

(二)德国

德国是世界上比较有影响力的教育强国，从"二战"结束至今，德国建立了从幼儿教育到成人教育完备的世界一流教育体制。德国的教育行政管理体制在"二战"之后也由于政治体制的变革经历了多次改革，最终在1998年修改颁布的《高校总纲法》之后，逐步形成了合作性文化教育联邦制模式的德国教育行政管理体制，教育行政管理和教育督导合二为一，加强国家对学校和教师的监督[①]。

1. 联邦教育行政管理

德国联邦教育行政管理的最高行政机构是联邦教育与研究部，关注和研究从幼儿教育到成人教育及终身教育各个阶段的教育问题。其主要的权力职责是制定国家教育政策与法律；设立大学，通过制订奖学金评定办法来影响高等教育；与各州合作，确定教育规划，加强跨区域的科学研究；关注和发展早期教育；重点负责职业教育，成立职业教育与培训研究所，制定相关政策对职业教育的培训进行规划、监督及国际性合作。

成立联邦教育行政的审议机构，如"各州文化部长联席会""科学审议会"等。主要职责就是协调各州教育政策，对基础教育、高等教育、培训、科研等相关问题进行讨论与协商，最后形成共识，保证各州教育事业的发展相对统一。

2. 州教育行政管理

州文化教育部是州内最高的教育行政机构，部长由州长任命，州议会批准。州文化教

① 李帅军，有轶. 德国教育行政管理体制的考察与分析[J]. 河南师范大学学报(哲学社会科学版)，2009，36(01).

育部负责贯彻和执行联邦教育与研究部的相关教育政策和州教育行政管理的具体事务，主要包括：第一，负责教育立法；第二，对学校教育进行组织、监督和管理，如确定教学目标、编定教学大纲和教材、完全中学和职业学校教员的聘任等；第三，给私立学校补助教育经费，审批学校建设等。

3. 地方教育行政管理

各州以下的地方教育行政管理机构通常有两个：区教育局和市县教育局(市、县地位平行)。区教育局下设有多个负责不同事务的工作处，直接负责本地区文理中学和职业学校的教育事务的管理、指导和协调，落实州文化教育部的方针政策。市县教育局主要负责管理基础学校、特殊学校等教育事务，为教师、学生和家长提供教育相关的咨询服务，以及负责学校校长和教师的聘任和培训等[①]。

综上所述，德国教育行政管理体制的特点有两点：①德国联邦政府没有管理全国教育事务的实权，但会通过制定相关教育政策以及研究基金和奖学金的发放间接影响和协调各州教育的发展；②各州文化教育部享有教育立法权限，拥有基础教育、高等教育和成人教育等的教育管理实权，发展各州教育。

三、中央与地方相结合的教育行政管理体制

中央和地方相结合的教育行政管理体制，它既不属于地方分权，也不属于中央集权，是一种处于中间状态的教育行政管理体制。顾名思义，它是将这两种体制适当的结合，有中央和地方共同管理教育事务，只是侧重点有所不同，中央主要负责制定教育方针政策和法律法规等，地方主要发展教育和管理学校。这一制度既发扬了中央的监督和主导作用，又发挥了地方教育行政的自主性和灵活性。实行中央与地方相结合的教育体制的国家有日本和英国等国家，以下将从教育行政管理的权力分配、管理职责等方面对日本和英国分别予以阐述。

(一)日本

日本的教育行政管理体制在"二战"结束之前，受国家主义教育的影响一直属于中央集权制，"二战"之后效仿美国，日本开始采用地方分权管理体制。从 20 世纪 50 年代至20 世纪 90 年代中期，这一时期的地方分权管理体制发展得并不成熟，虽经过多次改革，日本的教育行政管理体制仍处于制度上分权，而实际上仍是中央集权的状态。直到 1998 年中央教育审议会的《关于今后地方教育行政》咨询报告提出之后，日本才开始真正进行地方分权的教育管理体制改革。2007 年，《日本地方教育行政法修改案》从明确地方教育行政的基本理念、完善教育委员会制度等方面进一步推进教育行政地方分权改革[②]，至今已形成比较完善的、独具特色的教育行政管理体制。

日本宪法宣称教育是人民的权力，以《宪法》和《教育基本法》为指导基础，并规定依据民主政治和地方自治的原则建构教育行政管理体制，实行中央权力和地方权力合作，

---

① 马健生. 比较教育[M]. 北京:高等教育出版社，2010：282.

② 包金玲. 当前日本教育行政地方分权改革面临的问题[J]. 外国教育研究，2010：37(02).

中央指导下的地方分权教育管理体制。

1. 中央教育行政管理

日本的中央教育行政机构是文部科学省，它的最高行政首长是文部科学大臣。文部科学省负责统筹国家教育、科学、文化和体育等事务，其管理职责包括以下几个方面：第一，研究并制定规划，推进教育改革，促进教育、学术和文化事业的发展；第二，管理文部科学省设立的大学及教育机构，包括任命县和市的教育长；第三，对地方教育行政机构以及大学和其他科学文化机构提供指导建议和经费补助等。依据法律规定，文部科学省内又设立多个教育行政机构或组织，都称为"局"，如初等中等教育局、高等教育局、研究开发局、科学技术·学术政策局等，来具体负责某方面的教育行政事务。

与法国等国的中央集权制相似，在国家最高的教育行政管理机构内都设有教育审议和咨询机构，日本的文部科学省内也设有中央教育审议会、教科书审查调查审议会以及关于大学设置的审议会和委员会等。这些审议会都是由教育界和社会名流组成，对教育政策和改革措施提出咨询建议，从而实现国家教育行政的科学化管理。

2. 地方教育行政管理

日本的地方教育行政由地方公共团体(地方自治体)进行管理，分为两级：都、道、府、县和市、町(镇)、村。它们的教育行政机关均为教育委员会，分别设有兼职的教育委员长和专职统领事务局的行政长官教育长[①]，下设事务局。教育长在委员会的领导和监控下管理委员会职权范围内的所有教育事务，事务局处理日常事务。都、道、府、县的教育委员会管理职责包括管理直属大学、高级中等教育和特殊教育、直属的教育委员会以及市、町(镇)、村不能解决的问题。市、町(镇)、村的教育委员会主要管理基础教育及其他教育机构，如小学和初中在教育经费、设备设施、教育教学等方面的事务。

关于地方教育委员会制度，法律规定中央与地方(都、道、府、县与市、町(镇)、村)之间不存在隶属关系，上级只能提出意见和建议而不能强行干涉。但由于传统的影响，地方的教育委员会往往对上级委员会在教育政策或者改革措施方面持有很强的认同态度。2014年7月日本颁布了《关于修改地方教育行政组织及运营相关法律部分条款》的法律[②]，并于2015年4月1日正式实施。该法律的实施使地方教育行政格局发生了变化：第一，教育长和教育委员长合并称教育长，由地方最高行政首长通过议会直接任免；第二，在各地方教育行政机关必须设立综合教育会议，由地方最高行政首长担任会议领导人，会议成员由教育长、教育委员和教育界名流组成，该会议主要涉及地方自治体的教育方针政策、教育大纲的协商和制定等。这一法律的颁布实施，进一步加强了地方教育行政管理的自主性和灵活性，也使中央和地方的权责更为分明。

日本的教育行政管理体制可以概括为三个特点：首先，中央和地方不存在垂直的隶属关系，中央对地方教育行政只能提出建议但不能干涉，而且不断改革地方教育行政管理制度，以增强地方教育行政权力行使的自主性和独立性。其次，中央和地方的教育行政机构内部都设有教育委员会以及进一步分工设立各类事务局，这使它们的教育行政管理权责明

---

① 杨汉清. 比较教育学[M]. 3版. 北京：人民教育出版社，2015：131.

② 同上注

确，整个管理系统运行高效。最后，日本非常重视教育行政的管理科学化，会设立各种教育审议咨询机构，文部科学省的主要教育政策和改革措施都要通过相关审议会的讨论和修订之后才能实施。

(二)英国

英国的教育行政管理体制也是中央和地方相结合的教育行政体制，即所谓的"国家系统，地方管理"，这一管理体制产生于1944年英国颁布的《1944年教育法》，该法律规定，中央政府、地方教育当局和民间团体在协商与合作的基础之上共同管理教育事业。

1. 中央教育行政管理

英国议会在教育管理中居首要地位，自《1944年教育法》颁布实施之后，议会在中央设立了教育部，以加强中央的领导作用。教育部主要的管理职责包括英格兰地区各级各类教育和英国的大学、学术研究、文化艺术的行政事务等。由于国家教育行政内部和外部各种因素的影响，英国中央教育行政机构的组织架构、名称、管理职责等方面多次发生变更。2007年6月，英国布朗政府执政后将中央教育行政机关的名称由原来的教育与技能部(Department for Education and Skills，DFES)重新改组为儿童、学校和家庭部(The Department for Children Schools and Families，DCSF)及创新、大学和技能部(Department for Innovation Universities and Skills，DIUS)。儿童、学校和家庭部(DCSF)的管理职责是保护儿童，整合影响儿童发展的各方面力量，赋予学校更多的自由从而构建卓越的学校系统，鼓励专业人士开展儿童保育和家庭服务活动等。创新、大学和技能部(DIUS)则是努力促使英国在科研和技术创新方面成为世界强国之一，在高等教育和继续教育等方面发挥重要的作用[1]。2010年5月，卡梅伦政府执政后，又把儿童、学校和家庭部(DCSF)更名为教育部(Department for Education)，主管中小学教育[2]。

2. 地方教育行政管理

地方议会是英国地方教育行政的最高机关，每个地方议会都设教育委员会和教育局，合称地方教育当局，即地方性的教育行政机关。其中教育委员会由议员和专家组成，教育局长由议会通过审议任命，是教育行政事务的负责人。现英格兰和威尔士共有地方教育当局104个，其中英格兰有96个，威尔士有8个[3]。地方教育当局的主要管理职责是发展初等教育、中等教育和继续教育，其中地方议会行使行政权力，具体工作的落实由教育局负责办理。同时地方教育当局也有权开办幼儿园，促进辖区幼教事业的发展。

根据以上的阐述，英国教育行政管理体制的特点主要体现在：第一，英国注重对教育事业实行法制化管理，针对教育的各个方面制定了大量教育法规；第二，中央整体指导，地方具体执行，在中央教育行政机构内设两个部门分别统摄基础教育和高等教育及继续教育；第三，英国在教育行政管理方面重视专家的作用和社会各方面的意见，以提高教育管理的科学性。

---

① 马健生. 比较教育[M]. 北京：高等教育出版社，2010：274.

② 杨光富. 卡梅伦政府教育新政：创建"自由学校"，确保教育公平[J]. 外国教育研究，2011，38(02).

③ 李春生. 比较教育管理[M]. 南京：江苏教育出版社，2008：113.

(三)印度

印度属于联邦制国家，因此在教育上就形成了中央政府和邦政府共同管理的教育行政管理体制，但各自的权限要受到法律的制约，如 1950 年印度《宪法》分别规定了中央政府的权限、邦政府的权限以及中央政府与邦政府的协同权限。

1. 中央教育行政管理

中央政府在教育行政管理方面的权限主要包括：管理和维持全部或者部分由中央政府拨款的大学和其他教育机构以及由议会立法批准的全国重点院校，协调与制定高等教育和科学研究机构的设立与运行标准，推进印地语的传播和发展，建立国家级的职业技术培训机构，建立国家级的推进专门研究的机构，为所有印度儿童提供免费的义务教育指导，直到他们年满 14 岁[①]。

中央教育行政管理机构在印度独立之后改为教育部，经过 40 多年的发展，1985 年又更名为"人力资源开发部"，一直沿用至今。其主要的管理职责有：第一，制定并实施国家教育政策及发展规划，提高全国教育机构的质量；第二，促进教育机会均等，对贫穷人口、女性和少数民族给予特别关注，同时对不利群体以奖学金和贷款补助的形式提供财政支持；第三，鼓励教育领域的国际合作、加强教育和文化交流。当前，在人力资源开发部之下又设立三个司：中等和高等教育司、初等教育和识字司、妇女和儿童发展司。

印度的中央政府也设立有教育研究或咨询机构，如全国教育研究与培训委员会、大学拨款委员会等。其中中央教育咨询理事会是向中央政府和各邦政府提供建议的最高咨询机构，由人力资源开发部部长任机构主席，机构成员由社会各界代表、议会代表和中央直辖区主管教育的官员组成，主要负责讨论全国教育改革和发展问题。

2. 地方教育行政管理

印度邦政府内都设有邦教育部，也称文化教育部或普通教育部，由邦教育部长领导负责地方教育事务。邦教育部的主要管理职责是在中央政府的指导下，结合地区实情制定和运行教育发展规划，并监督地方教育。而在邦政府与教育机构之间发挥沟通作用的是公共教育局长，即邦教育部的常务首长，通过拨款、监督、检查等方式直接控制中等教育相关机构。

同时，为协调中央政府与邦政府的关系，印度会定期召开"各邦教育部长联席会议"，加强沟通，使教育发展步调达到一定程度的统一，实现中央和地方共同管理教育事务。

综上所述，印度教育行政管理体制的特点可以概括为以下几点：第一，中央政府和邦政府共同管理教育事务，且在一定程度上主要由邦政府来负责，比如地方教育政策与发展规划的制定和实施等；第二，重视教育机会均等，教育行政管理对不利群体和弱势群体给予更多的关注和财政支持，这与印度的基本国情也有关系；第三，注重中央政府和邦政府关系以及各邦政府之间的协调发展，从而使各邦教育发展均衡，提高教育质量。

不同国家的教育行政管理体制是基于国家的政治、经济和文化的发展而逐渐形成的。任何一种教育行政管理体制都没有好与坏之分，只在于是否适合国家教育事业的发展。中央集权制的优点在于：能充分发挥中央政府的领导权，强调中央政府对教育管理的权威性；

---

① 安双宏. 印度教育战略研究[M]. 杭州：浙江教育出版社，2013：35.

有利于统一全国教育事业，提高教育管理效率。而不足之处在于：中央政府对地方教育管理的制约性过强，不利于发挥地方教育行政管理的自主性和灵活性；教育决策风险较大，影响整个国家的教育发展。地方教育行政管理体制的优点在于：能够因地制宜办教育，充分发挥地方教育管理的灵活性，提高教育质量；有利于教育经费的筹集，减少中央财政负担。而不足之处在于：没有统一的发展规划和标准，导致教育质量参差不齐；各地区教育制度纷繁复杂，国家难以进行统一的领导。中央与地方相结合的教育行政管理体制在一定程度上弱化了中央集权和地方分权管理体制的不足之处，既发挥中央政府统领指挥的作用和职责，又兼顾了地方教育行政管理的独立性，两者结合，共同承担教育行政管理的职权。

第二节　教育经费比较

任何一个国家，要想执行教育政策、实现教育目的，办好公共教育事业，就必须有足够的教育经费做保障。不同国家基于本国教育行政管理体制以及教育财政发展状况，逐渐形成了富有本国特色的教育经费承担体制和多元化的教育经费筹措渠道。本节内容主要从高等教育、义务教育、职业教育等方面比较各国教育经费的来源、分配和筹措等。

一、德国

(一)高等教育

德国的高等教育在国际上一直享有盛誉，不仅是因为先进的人才培养模式，还有其在教育经费管理方面优秀经验也值得他国学习和借鉴。德国高等教育的经费来源表现为以政府提供的公共财政资金为主导，各类非公共资金为重要组成部分的"多元化"结构，因此在高等教育体系中政府拨款占主导地位。如在 2008 年的教育经费预算中，各级政府的投入占总教育财政预算的 79%，约合 1216 亿欧元，其中各州政府承担比例最大，约占 52.9%；市镇政府次之，约占 15.1%；而联邦政府则最少，约占 11%[①]。

德国高等教育的经费管理措施：第一，采用绩效考核的方式，即各个大学采用以绩效为基础的预算分配制度，在分配公式中主要是以各院系的教学和科研绩效为计算因子来确定拨款数额。第二，紧靠市场。高校为了解决教育经费和科研经费的分配问题，主要采取与市场接轨，重点扶持市场需求大的行业和项目，以便从企业中获得更多的科研经费，促进经费来源的多元化。同时，政府也制定了相关法律，以保证高校和企业良好的合作关系。第三，寻求多种资助形式，促进经费来源多元化。除了联邦政府和各级政府的财政投入外，各个高校也积极争取"第三方"的经费，主要包括德国研究协会的经费、德国工业研究协会的经费以及欧盟框架计划的研发经费等。

(二)义务教育

德国义务教育阶段的教育经费来源是各州和地方政府的拨款，并通过《中小学教育法》和《财政法》对各级政府的经费承担做出了明确规定。其中州政府承担人事经费，用于支付

---

① 陈正，钱春春. 德国高等教育机构经费来源特点及其管理[J]. 高等教育管理，2013：7(01).

教职工工资；教科书经费，为学生免费提供教材。地方政府主要承担行政管理经费，包括水电费、校舍维修费等；固定资产投资经费，如购买桌椅板凳、计算机和教学仪器等费用。

(三)职业教育

德国的职业教育采用由社会众多部门共同参与多元化、多层次的教育管理体制。因此，职业教育承担者的多元化也就决定了其教育经费来源的多途径。在德国职业教育的经费保障体系是由公共财政和私营经济共同资助的多元混合模式，主要包括：第一，企业直接资助，如制造业、百货公司、保险公司等。第二，企业外集资资助，这是为了防止培训企业和非培训企业之间因不平等竞争而引入的融资形式。有中央基金形式，是国营和私营企业都要定期按规定向中央缴纳一定数量的资金，通常按员工工资总额的百分比收取，一般在0.6%~9.2%之间。还有劳资双方基金形式以及特殊基金，比如行业基金、区域基金等。第三，混合经费资助，是前两者的结合形式。第四，政府资助，包括联邦政府和州政府。第五，个人资助，这种形式主要存在于职业继续教育领域。那么，在众多的教育承担机构中，企业和政府是非常重要的经费承担者，其中企业的经费资助比例约占85%，政府约占15%。

二、英国

(一)高等教育

随着英国高校办学自主权的开放，高校的财政自主权也被激活，呈现出教育经费来源多元化的特点，主要分为五个部分：政府基金拨款、学费和支持补助金、科研补助和合同收入、捐赠及投资收入、其他收入等。

其中政府基金拨款分为三个部分，第一部分由议会决定经费额度并拨款给英国教育与就业部，再由其转拨给高等教育基金委员会，由基金委员会具体分配给各个高校，属于稳定性经费；第二部分是科研项目基金，是将创新、大学与技能部(DIUS)制定的科学预算交由研究理事会分配给相应科研项目，属于竞争性经费，有利于提高利用的公平性和效率；第三部分为其他高等教育拨款机构提供的专项资助经费，主要用于重要的战略领域。政府拨款也是英国高等教育经费收入的主要来源，如2014—2015年所有来自政府资助的经费占英国高校总收入的49.42%，其中英国高等教育基金委员会提供的全部资金约占12.65%[①]。

学费和支持补助金，这是英国高等院校的自筹经费收入。能够有效地缓解国家经济不景气时教育财政的紧张状况，比如在像牛津大学等这样的一流高等院校里，研究生、留学生及来访学者约占总人数的50%，为高校的经费收入提供了重要的保障。据2006年英国文化委员会预计，到2020年全球海外学生人数将达到580万人，其中英国的留学生达87万人，预计教育收入为200亿英镑[②]。

(二)基础教育

英国的基础教育由公共教育体系和私立、自愿和独立教育体系组成。其中公共教育体

① 杨平波，朱雅斯. 英国高等教育经费筹措方式及启示[J]. 财会月刊，2016(36).

② 吴坚. 当代高等教育国际化发展[M]. 北京：人民出版社，2009：43.

系中的幼儿园和中小学教育经费主要依靠政府拨款。以英格兰地区为例，当前公立幼儿园的教育经费约 80% 来自政府拨款，公立中小学及特殊学校教育经费约占 90%。而私立、自愿和独立教育体系中，除学前教育机构，其他私立贵族学校不能获得政府的经费资助，只能通过收取昂贵的学费和获得其他捐赠来筹措教育经费[①]。

英国基础教育虽交由地方政府主管，但其教育经费大多数还来自于中央政府征收的国税和发行的公债。因此，英国政府对基础教育的财政投入主要分两种方式：一种是直接拨款。另一种属于转移支付，包括四种途径：一是学校专用拨款，主要用于发放教职员工工资、购买教材及设备等；二是学生补助金，这是为了帮助处境不利的学生，缩小入学子女贫富差距促进教育公平的举措，但这部分拨款不直接发放至学生手中，而是发放给学校，由学校根据具体情况自行为受资助的学生提供各种特殊福利。据统计，学生补助金从 2011—2012 年度的学生人均补助标准 488 英镑逐渐增加，2015—2016 年度学生人均补助标准已达到约 1000 英镑，且受资助学生的比例也在逐年增大[②]；三是"第六级教育拨款"，就是英国公立中学可为完成义务教育的学生提供第六级教育[③]；四是私人融资计划拨款，英国政府为了吸引社会资源发展教育而设立的，每年向政府划拨一定的财政资金以促进民办公助教育的发展。

三、法国

(一)高等教育

法国的高等教育包括四种类型：大学是指综合类的大学，从事高等教育和科学研究，主要培养教师、研究人员、公职人员、律师等，毕业后颁发国家统一的高等教育文凭和学位；大学是政府官员、企业领导人、工业研究人员、工程技术人员、金融和商业管理人员的培养基地，同企业的关系较为密切；短期高等教育机构主要是两年制的大学技术学院和高级技术员班；大型科学文化教育机构，如法兰西学院、自然博物馆等[④]。法国高等教育经费来源主要由中央政府和地方政府拨款。自 20 世纪 80 年代以来，由于经济危机以及法国教育财政紧张，政府开始采取措施增加高等教育经费的筹措渠道，逐渐形成了高等教育筹资渠道的多元化局面。

第一，政府财政拨款。法国高等教育经费的主要来源是高等教育与研究部、国民教育部等国家政府部门。其高等教育经费占国家总教育财政投入的比例很大，如 2011 年，法国教育经费为 1374 亿欧元，占国内生产总值的 6.9%，其中，高等教育经费为 280 亿欧元，占

① Early Childhood and School Education Funding[EB/OL]. (2015—12—07). https://webgate. ec. europa. eu/fpfis/mwikis/eurydice/index. php/United—Kingdom—England: Early_Childhood_and_School_Education_Funding#Capital_Funding.

② CARPENTERH, PAPPS I, BRAGG J. Evaluation of PupilPremium: Research Brief. [M]. London: Department forEducation. 2013.

③ 丁瑞常：英国基础教育财政性教育经费的投入与分配[J]. 郑州师范教育，2017，6(01).

④ 赵丽芬，郭军海，谢元态. 中法美高等教育经费来源的比较及借鉴[J]. 江西农业大学学报(社会科学版)，2007(02).

教育总经费的 20.4%①。对高等教育财政拨款，法国政府主要采用两种方式：第一种方式为公式拨款制。大部分经费拨款都采用这种方式，由三部分组成：第一部分是按照客观标准，比如按照高校建筑和土地的表面积拨款；第二部分是活动拨款，是按照每一学位课程的教学时数计算拨款的；第三部分是辅助性的小时拨款，主要是为某些学科的教学人员教学时数不足而设置的。第二种方式是合同拨款制，这一政策始于 20 世纪 70 年代末的大学科研拨款，大力支持各高校界定自己的科研政策，由每所高校提出自己的计划，经过管理委员会和专家评审后，国务秘书与大学校长签订合同，以保障财政拨款。这一政策不仅使中央政府更加深入地了解高校具体情况，增强科学决策的能力，同时也增大了高校管理层的权力。

第二，学费收入。法国公立高校不收学费，仅收取数额很少的注册费大约 450 法郎(20世纪 90 年代)，并且由国家教育部统一制定标准。因为法国建立了教育成本分担和成本补偿制度，而且法国是一个高福利国家，教育属于公共事业。但是法国私立高等学校的学费非常昂贵，每年学费在 2 万至 4.5 万法郎(20 世纪 90 年代)。

第三，教育税。即法国的各个企业必须缴纳工资总数的一部分(大约 0.5%)作为学徒税，这也是法国高等教育经费的重要来源。

第四，与企业合作的收入。法国高等学校一方面与企业签订科研合同，另一方面创办校办企业，它不仅成为使科技成果转化为生产力的重要途径，而且企业的收益在一定程度上缓解了高等教育经费紧张的状况。

依据 1984 年的高等教育法，法国高等学校拥有管理资金的自主权，可以自主决定财政预算。高等学校的财务总监由国民教育部和预算部共同任命，而行政委员会由高校专任教师、非专任教师、学生、校外人员各方的代表组成，行政委员会在校长的建议下，给不同的教学和科研单位、研究所、学院、公共服务机构分配资金、人员和物资。但是法国高等学校的资金也具有一定的局限性。首先，政府在高等学校人员录用方面进行了严格规定，即个人的岗位薪金在国家预算中拨付，且工资经费与其他经费之间不能置换；其次，高等学校不拥有国家购买或建造学校房舍的产权；最后，由于高等学校的科研经费大部分来自国家，因此国家在科研经费的分配和管理上拥有较大的权限②。

(二)义务教育

法国正式推行义务教育是在 1881 年《费里法案》颁布之后，这一时期义务教育经费的投入主要以市镇投资为主，省和国家补助为辅的方式进行。但经过之后多次改革，最终形成了中央与省、市镇地方政府共同承担，以中央为主的投入体制，并沿用至今。中央政府的最主要财政来源是税收，包括所得税、销售税、公司税等多达 90 个税种，这使中央政府有足够的财力投资义务教育。同时，在地方财政经费不足时，可以申请中央政府财政的专项补助。一般来说，地方财政预算中依靠中央补助的比例平均为 20%左右。③

法国中小学义务教育经费的支出分为教师工资和学校建设两大部分。对于教师工资，

① 张为宇. 法国高等教育现状及其焦点问题[J]. 世界教育信息，2013：26(17).

② 杨明. 论法国高等教育财政的改革[J]. 教育与经济，2001(02).

③ 高如峰. 法国义务教育投资研究[J]. 教育研究，1999(12).

主要由中央政府的国民教育部负责管理。每年国民教育部都会对全国 28 个学区的义务教育发展具体情况进行调查，根据适龄儿童数量预测中小学教师需求数量，来设置编制和各学区教师指标。教师工资被列入中央教育经费年度预算中，由两院议会批准后严格执行。对于学校房舍建设和行政运转经费主要来自地方财政预算，实行分级管理。在普及义务教育方面，市镇政府的职责是开办足够数量的公立小学并保障其正常运转，而省政府主要负责开办足够数量的中学并保证其正常运转，两级政府均实行严格的经费管理制度，经费预算要经过地方议会审议批准后严格执行。

四、美国

(一)高等教育

美国是世界上高等教育最发达的国家之一，其对高等教育财政投入以及多元化的经费筹措渠道都是各国高等教育领域的学习典范。美国高等教育的经费来源主要有四个方面：第一，政府资助，包括政府直接拨款、学生资助和"科研合同"项目。政府资助是高等教育经费的主要来源，尤其是公立的高等院校，每年的经费的一半以上都要依靠政府的财政拨款，而私立大学得到的财政资助就相对有限；第二，高等院校的学杂费收入。美国学生和家长都要承担大部分的高等教育成本，即交学费，这是高等院校获得教育经费的又一重要来源，特别是私立高校学费非常的昂贵，如 2004—2005 年，美国公立高校收费平均为 5038 美元，而私立高等学校平均收费已经达到了 18838 美元。而且，近年来不论私立大学还是公立大学，平均每年学费都呈增长趋势[①]；第三，社会捐赠。调动社会力量及民间组织资助高等教育经费，比如私人或者教会的捐赠，以及大学慈善基金会。政府也会提出一些减免税收的优惠政策来鼓励这些社会捐赠举措；第四，销售及服务收入。高等院校利用科研专利研发产品，将科研成果进行转化，或者校企合作，从而获得更多的教育经费，有利于缓解高校教育经费紧张的局面。

(二)义务教育

美国各州的义务教育年限为 12 年，包含小学、初中、高中以及相应的职业教育。因此，美国的义务教育与基础教育或中小学教育已成了同义语，只是称义务教育更强调了政府的职责，明确了联邦和州政府拨款是中小学教育经费的主要来源。美国义务教育经费的筹措，一方面来自于联邦、州和地方政府的各项日常税收，包括个人所得税、消费税和财产税，其中个人所得税和消费税是联邦和州政府支持教育的主要经费来源，财产税是地方支持义务教育的主要经费来源，这属于一般财政[②]；另一方面来自学区征收的教育税(美国所有学区都有征收独立教育税的征税权)以及通过彩票收入、教育基金、私人捐赠和发行债券等形式，作为义务教育经费的财源。

美国义务教育经费的支出可以按照三个方面来进行划分：教学、支持性服务、非教学。其中教学支出包括课程发展与督导费用、教师工资和福利、书籍材料和设备支出等；用于

---

① 孙羽迪. 美国高等教育经费来源及启示[J]. 现代教育管理，2009(07).

② 王定华，徐登科. 美国义务教育的经费投入[J]. 基础教育参考，2003(09).

支持性服务的经费支出包括一般性的学校管理费用、学生服务支出、非教学人员工资和福利等；非教学性的经费支出则包括交通费用、膳食服务支出、债务利息等；美国以教学为中心来划分义务教育经费支出是因为各州的教学支出在经费总支出中都占到了很大比重。[①]

美国义务教育经费是由联邦、州和地方学区共同负担的。但是由于各州和各个地方财政状况不一，贫富差距大，而且学区的教育经费主要依靠本地区居民的财产税收，这必然导致义务教育经费投入的不均衡。因此，联邦和州政府也在不断进行教育财政方面的改革，如美国建立起的各种基础教育转移支付制度，来保障教育经费的公平。2002 年，布什总统签署了《不让一个孩子掉队法案》，责成联邦政府将义务教育经费预算从 2001 年的 185 亿美元提高到了 265 亿美元。2009 年，奥巴马总统签署《美国振兴及投资法案》，其中将 100 亿美元作为继续支持《不让一个孩子掉队法》中"改进不利地区学生学业成就"经费[②]。

(三)职业教育

美国职业教育有四种类型：一是中等职业教育，由综合高中提供全方位的学术和职业课程；二是高等职业教育，有四年制的公立学院和两年制的公共机构(又称社区学院)，并且可以拿到相应学位，前者学士或硕士，后者副学士；三是美洲原住民的职业教育；四是师徒制的职业教育。

美国职业教育经费的投入与德国相比是比较低的，约占美国 GDP 的 1.8%。在美国教育部的教育经费预算中职业教育经费投入比例并不高，2013—2017 年职业教育经费保持在 2.5%左右[③]。中等职业教育的经费来源主要由联邦政府、州政府以及地方政府共同承担，三者的经费拨款比例分别为 10%、20%、45%，还有学生的学费，所占比例约 10%。而且近年来，州政府的经费资助比例在逐年增加。

高等职业教育的经费主要来源是学杂费、各级政府的拨款，其中州政府和地方政府占主导地位，联邦政府拨款约占 6%，州政府拨款约占 42%，地方政府拨款约占 23%，学生学杂费约占 20%，其他收入约占 9%，州政府拨款比例最高[④]。

美洲原住民的职业教育经费资助，是由美国教育部职业与成人教育办公室负责，通过各种原住民职业技术教育项目来提供项目资金，促进这一群体职业教育的发展。

职业教育学徒制，奥巴马政府想要通过"学徒计划"重振制造业，因此美国劳工部拨款投资社区学院和雇主合作设立培训项目，同时也扩大 IT、医疗以及先进制造业的学徒培训。近年来美国学徒制岗位每年都在迅速增加，美国国会将建立师徒制培训基金来增加教育经费，从而促进师徒制职业教育的发展。

五、日本

(一)高等教育

日本高等院校分为国立、公立和私立高校。对丁高等教育经费来源，日本《学校教育

① 吕杰昕. 美日法三国义务教育经费管理比较[J]. 江西教育科研，2006(10).

② 冯увей俊，等. 当代比较教育学[M]. 2 版. 北京：人民教育出版社，2015：324.

③ 张晶晶. 美国职业教育经费投入与来源分析[J]. 职教论坛，2016(28).

④ 同上注

法》规定：学校的设置者，应负担其学校的经费。国立高等院校的教育经费由国家负担，纳入国家财政预算。经费资助数额是遵循《基本教育法》等相关法律法规，根据学校规模包括师生人数和学部设置等条件来确定。国立学校还建立会计制度，是高等教育重要的财政制度，规定高等院校的收入除了国家的财政拨款外，还包括学费、入学注册费、借款、公积金等都要集中到国立学校特别会计以备用，并且这部分收入要纳入高等教育机构预算中。由此可以看出，国立高等教育机构的财政独立性是非常弱的。

公立高等教育机构的经费主要由地方政府承担。为了尽力消除地区经济发展的差异而产生的地方教育不平等现象，日本制定了国家财政补助制度，同时地方财政也制定了地方交付税金制度，地方财政每年从税金中抽取一部分作为高等教育经费。这两项制度有效缓解了公立高等教育的经费紧张状况，强化了政府与地方共同承担高等教育的责任。

私立高等教育机构的经费主要由学校法人负担，国家和地方政府也给予一定的补助，但比例比国立和公立高等教育机构低得多。主要依靠学费、校企合作、社会捐赠等方式筹措教育经费。

(二)义务教育

日本的免费义务教育年限是九年。义务教育的经费采用国库负担制，当前三级政府在农村义务教育经费承担的具体职责如下：日本中央财政负担国立学校全部经费和教科书经费，负担地方公立学校教职员工资、福利保障费的一半，校舍新建扩建费的一半，校舍危房改造经费的 1/3，受灾校舍建设费的 2/3，偏僻地区公立学校公用经费的一半，家庭经济困难学生补助费的一半；其次是都、道、府、县负担公立学校教职员工资、福利保障费的一半，校舍危房改造费的 1/3；最后是市、町、村负担公立学校校舍新建扩建费的一半，校舍危房改造费的 1/3，家庭经济困难学生补助费的一半[①]。

在日本，教师属于国家公务员，义务教育学校的教职员工资高于普通公务员的工资标准。因此，教师工资在日本教育财政预算中所占比例最大，目前约占 80%。

六、俄罗斯

(一)高等教育

俄罗斯高等教育经费主要由六个部分组成：第一，国家预算拨款。虽然俄罗斯高等教育发展趋于市场化，但国家财政拨款仍是高等教育经费的主体。2004 年以前，俄罗斯政府只针对国立高等教育机构按教育预算比例来拨款，教育预算由俄罗斯教育部与财政部提出，并且设立联邦预算、联邦主体和联邦主体下属的区市乡三级预算体制。2004 年之后进行改革，采用实名制国家财政券，即有条件的义务拨款，根据高校招生人数遵循人均拨款原则划拨教育经费。

第二，实施收费教育。高等教育经费不足是许多国家面临的问题，俄罗斯政府也采用放权的方式，允许高校招收自费生。自这一政策实施以来，私立和公立高校的数量及学生人数逐年扩大，学费成为高校教育经费的主要来源。高校收费的形式非常灵活，有三种形

---

① 高如峰. 农村义务教育财政体制比较：美国模式与日本模式[J]. 教育研究，2003(05)：64—70.

式：现金缴费；购买由高校与银行合作发行的教育债券；证券形式付费。

第三，高等院校自身的创收。这是高等教育发展适应市场经济体制的重要举措，如利用专业优势与企业合作从事商业活动获得经济效益；开办工厂或者研发中心，转化科研成果；高校以股份制参与各种机构、组织的活动。

第四，政府预算外的教育基金。它是政府经费预算外的补充形式，由政府牵头组成教育基金的筹集和发放。其中主要的基金有"俄罗斯教育部教育支持与发展基金""俄罗斯教师支持基金"等，以吸纳社会资金促进发展高等教育。

第五，世界银行教育贷款。这是俄罗斯教育经费筹措的重要途径之一，但需要履行一套非常完善严格的审批程序。

第六，与国外联合办学获得学费。俄罗斯为了同国际教育接轨，各大学纷纷打开大门同外国高校联合办学，采用 2+2、2+3 或 2+4 的模式联合培养本科生、硕士和博士。同时也向所有国家公民打开留学大门，以增加学费收入。

(二)义务教育

俄罗斯中小学绝大部分都是由地方政府管理，但财政拨款由国家预算和地方预算共同负担。预算分定额预算和专项预算，定额预算是按照每个学生固定额度支付的，包括工资支出和日常开支；专项拨款主要是用于购买教科书、教学设备、校舍修建等。俄罗斯中小学教育经费投入主体在地方，即各联邦主体(州、共和国、自治区、市等)，地方教育支出中最大的一部分是学前教育和中小学教育，一般要占到地方教育总支出的 90%[1]。关于俄罗斯中小学教育经费的来源，除了联邦政府和地方的拨款外，《俄罗斯联邦教育法》第 19 条规定：义务教育机构在有许可证的情况下可以按合同和企业、机构联合开展有偿补充职业教育；第 39 条规定教育机构有权出租自己的财产，国家或地方教育机构可以出租国家或市政配备的财产，包括土地；第 47 条"教育机构的商业活动"规定，教育机构可以出租其财产，进行中介服务，买卖商品、设备，参与其他企业的商业活动，利用买卖股票、公债等有价债券获得收入，提供教育服务[2]。

七、印度

(一)高等教育

印度自独立以来高等教育发展非常迅速，已经从高等教育精英化走向了高等教育大众化。20 世纪 90 年代以来，随着市场经济自由化改革的不断推行，印度高等教育财政做出了新的制度安排和政策调整，呈现出高等教育经费来源多元化趋势，促使高等教育快速发展。印度高等教育的经费来源主要包括：

(1) 政府投入。印度政府对高等教育的经费投入呈不断增长的趋势，如 1993—2011 年，政府对高等教育的经费预算从 310.4 亿卢比增加到 3623.4 亿卢比，约增长 11 倍。进入 21 世纪以来，随着高等教育毛入学率的增加，政府也加大了对高等教育的投入。《1976 年宪

---

① 张海霞. 俄罗斯义务教育阶段的公立办学标准及其经费保障[J]. 现代教育科学，2009(02).

② 同上。

《法修正案》规定教育是中央和邦政府共同的责任。因此，高等教育经费主要由中央和邦政府负担。中央政府拨款主要通过人力资源开发部和大学拨款委员会给直属的中央大学以及少量符合条件的邦立大学和高等学院提供经费。其中大学拨款委员会分两期拨款，第一期按照固定的公式计算拨款资金，第二期则采用绩效的方式，根据到各大学的调查和评估结果拨款。而大部分的邦立大学和学院都是由邦政府直接拨款给所管理的高校，分计划拨款，即根据大学建设方案和预期产出进行和非计划拨款，即根据大学终身雇员的数量进行。印度政府的高等教育经费收入主要来源于税收，包括毕业生税和教育税[①]。

(2) 学生及家长教育成本的承担。学费一直都是印度高等教育经费的重要来源，印度高等院校分公立高校和私立高校。公立高校主要包括中央大学和邦立大学，但由于其学费由政府统一规定不能提高，所以高校只能通过增加学生杂费来增加学校的财政收入，杂费包括学费以外的考试费、录取费、注册费、实验室费用等。对于印度私立高校，在印度高等教育机构中占较大的比例，如 2012 年占 70%多。这些私立高校中只有少部分的公助性高校能够获得政府的经费拨款，大部分私立高校都是通过收取高额的学费来作为高校的教育经费。学费制度采用双元制，即根据考生成绩，前 50%的学生免学费，剩余的学生要自费。学费标准由高校自行设定，但要低于政府规定的学费标准的上限。

(3) 高等院校自筹经费。为了填补高等教育经费的短缺，印度政府鼓励高校积极参与社会活动筹集经费，在"十一五"规划期间，大学拨款委员会还出台了"资源筹集激励计划"，鼓励那些通过为工业和政府提供有偿教育咨询筹集资金的中央大学等高等院校。通常，印度高校自筹经费的途径有：对外开设付费课程、开办大学出版社、出租高校场地及设备、资格认证、商业孵化、高管培训等。

(4) 国内外社会捐赠收入。国内社会捐赠包括高校校友捐赠、商人资助、慈善机构等，但由于印度政府缺少相应的政策支持和社会慈善文化，影响了印度高校社会捐赠的筹集。而国际捐助方面资源还是比较丰富的，包括世界银行、亚洲开发银行、联合国儿童基金会、联合国教科文组织、石油输出国组织等，其捐助包括直接捐款、贷款、项目合作等多种形式。这些国内外的社会捐赠收入对印度高等教育的持续发展起着不容忽视的作用。

(二)义务教育

印度基础教育的经费来源于中央政府和中央/邦联盟区的财政投入，主要是中央/邦联盟区的财政投入，约占 71.51%(2007 年数据)。近 20 年来，印度一直非常重视对基础教育的投入。政府预算内教育经费一直达到 GDP 的 4%左右，其中基础教育预算内经费是高等教育预算内经费的 2 倍以上。基础教育经费占总的教育经费的一半以上，主要是因为人口基数大，各邦的基础教育任务繁重。印度基础教育经费主要用于对政府运营(公立)学校的资助，2003—2007 年间约为 40%；其次是对地方自治机构运营的学校的资助，2003—2007 年间约为 28%；再次为对非政府运营(私立)学校的资助，2003—2007 年间约为 20%；最后是用于对学校的指导、检查、管理方面的支出，2003—2007 年间约为 3%；另外教科书 2003—2007 年间约占 0.4%；用于教师培训支出的比例 2007 为 0.64%，用于非正规教育的支出比例 2007

① 刘淑华，王旭燕. 印度高等教育大众化进程中的经费来源渠道探析[J]. 外国教育研究，2016，43(03).

年为 0.84%^①。

印度基础教育学生人均预算内经费较低，地区间差距大，如 2007 年邦的平均预算内学生人均经费为 2640 卢比，而中央联盟区的平均预算内学生人均经费为 3042 卢比。这一方面说明中央联邦区的基础教育分权化改革是有成效的；另一方面这一状况会导致地区间基础教育发展不均衡，不利于义务教育的普及。总之，印度由于受到其政治、经济、文化等各方面的影响，义务教育的发展过程中存在较多问题：如人口基数大，初等教育入学率虽不断增加但辍学率也不低，普及义务教育的目标任重而道远；教育经费不足；基础教育资源配置不均等。

本 章 小 结

不同国家的教育行政管理体制是基于国家的政治、经济和文化的发展而逐渐形成的。任何一种教育行政管理体制都没有好与坏之分，只在于是否适合国家教育事业的发展。中央集权制的优点在于：能充分发挥中央政府的领导权，强调中央政府对教育管理的权威性；有利于统一全国教育事业，提高教育管理效率。而不足之处在于：中央政府对地方教育管理的制约性过强，不利于发挥地方教育行政管理的自主性和灵活性；教育决策风险较大，影响整个国家的教育发展。地方教育行政管理体制的优点在于：能够因地制宜办教育，充分发挥地方教育管理的灵活性，提高教育质量；有利于教育经费的筹集，减少中央财政负担。而不足之处在于：没有统一的发展规划和标准，导致教育质量参差不齐；各地区教育制度纷繁复杂，国家难以进行统一的领导。中央与地方相结合的教育行政管理体制在一定程度上弱化了中央集权和地方分权管理体制的不足之处，既发挥中央政府统领指挥的作用和职责，又兼顾了地方教育行政管理的独立性，两者结合，共同承担教育行政管理的职权。

教育经费投入是一个国家财政分配的重要组成部分，要增加一个国家的人力资本、提高人口质量，归根结底就是要大力发展教育事业。那么，教育投入和教育产出对于经济发展所起到的作用不容忽视。各个国家基于本国的教育行政管理体制和经济发展状况等因素，形成了适合本国国情的教育经费多元化管理模式，即以政府为主要经费承担者，地方及社会机构等多种方式相结合的经费管理模式。同时，对于高等教育、义务教育及职业教育等的经费来源、经费筹措和经费分担，每个国家都具有各自的特点和具体的管理方式。

【推荐阅读】

[1] [法]雅基·西蒙、热拉尔·勒萨热. 法国国民教育的组织与管理[M]. 安延,译. 北京: 教育科学出版社，2007.

[2] 冯增俊, 等. 当代比较教育学[M]. 2 版. 北京: 人民教育出版社，2015.

[3] 吴坚. 当代高等教育国际化发展[M]. 北京: 人民出版社，2009.

[4] 李春生. 比较教育管理[M]. 南京: 江苏教育出版社，2008.

[5] 安双宏. 印度教育战略研究[M]. 杭州: 浙江教育出版社，2013.

---

① 沈有禄,谯欣怡:印度基础教育财力资源配置差异分析[J].教育学术月刊,2012(01).

[6] 杨汉清. 比较教育学[M]. 3 版. 北京：人民教育出版社，2015.

[7] 马健生. 比较教育[M]. 北京：高等教育出版社，2010.

思考与练习

一、名词解释

1. 教育行政管理体制

2. 教育经费

二、论述题

1. 论述三种教育行政管理体制的类型。

2. 论述当今世界各国教育经费管理模式。

教师是过去和未来之间的一个活的环节。它的事业，从表面来看虽然平凡，却是历史上最伟大的事业之一。

——乌申斯基

第十章 教师教育

本章学习目标

➢ 了解各国教师教育的发展历程。
➢ 熟悉各国教师职前教育与继续教育的体系建构。
➢ 熟悉教师教育的发展趋势。

核心概念

教师教育　教师职前教育　教师继续教育　教师专业发展

学习指导

本章重点是各国教师职前教育与继续教育的发展、课程、目标、模式、评价体系、专业实践与发展趋势。在学习的过程中首先要熟悉教材，查找相关资料，掌握相关理论。其次要掌握各国教师教育特点与发展趋势。最后在比较中学习与借鉴。

拓展阅读：实习第一天①

实习生李同学进入实习点的第一天下午，在实习见面会后与实习指导教师见面交流。实习指导教师利用自习课时间带李同学到实习班级与同学们见面，实习指导教师向全班同学介绍李同学并请李同学给同学们讲话。由于李同学没有预想到要他在班级讲话，既没有想过要讲什么，也没有丝毫的心理准备，当实习指导教师和全班同学热烈鼓掌时，他非常紧张，他只好仓促登台断断续续地随便讲了几句。第一次在实习指导教师和全班同学面前讲话就不成功，这直接影响了李同学后面的教育实习质量。

由上例可知，无论各国教师教育怎样发展，可以说教育实习都是教师成长必不可少的环节。实习的收获会对教师专业发展产生影响。本案例并非一个成功的案例，实习生在进

---

① 李松岭. 师范生教育实习典型问题案例分析[J]. 科教文汇(下旬刊). 2015.

入实习点之前并没有做好实习进班讲话的准备，从而影响了其后的实习质量。教师是要不断成长的，教师教育各个环节都缺一不可，只有做了充分准备，才能确保教师朝着专业发展方向前进。

2001 年 5 月发布的《国务院关于基础教育改革与发展的决定》中我国首次明确提出"教师教育"的概念，将长期分离的教师培养与培训统一起来。此前，对于教师的培养，我国一直统称为师范教育。与师范教育不同，教师教育是在终身教育思想的指导下，指向教师专业发展的，针对从事各级各类学校教育工作的专业人才即教师培养与培训的统称。教师教育包括职前教育、入职教育以及继续教育三个部分。本章主要介绍职前教育与继续教育两部分，但必须强调的是三个部分并不是割裂的，而是一个可持续发展的一体化培育过程。

第一节　教师职前教育

一、教师职前教育的发展

从总体来说，各国教师职前教育的发展，大致经过三个阶段：以独立师范院校为代表的萌芽阶段，与综合性大学合并的升格阶段和最后专业化发展的制度化阶段。

1. 美国

美国公立学校自 19 世纪 20 年代起迅速发展，师资逐渐紧迫。1839 年，马萨诸塞州创办师范学校，此后，美国师范学校逐渐发展。除了中学的一般学科外，师范学校还增设教育原理、教育史、学校管理与组织等学科。到 19 世纪末，美国已基本形成师范教育体系。

但与此同时，师范学校的缓步发展已经不能满足社会需求，各州的师范学校加大改革力度以适应中等教育的发展。19 世纪末到 20 世纪初，美国各州师范学校纷纷转型为师范学院。与师范学校相比，师范学院延长学业年限，为中小学师资提供了更加有力的保障，与时代发展要求更加契合。并且随着社会的飞速进步呈现师范学院并入综合性大学的趋势。20 世纪 30 年代前后，美国高等师范教育体系致力于提高师范生的文化、学术、教学各项水平综合发展，使师范生达到高等教育的水平，但依旧不能阻止师范院校纳入综合大学的合并趋势。据统计，到 20 世纪 60 年代，单一的师范院校由原来的 1200 所缩减为 50 多所，综合性大学合并师范院校作为自身教育体系的一部分，师范院校变为其教育学院或文理学院的教育系、教育专业。

21 世纪以后，美国把提升教师质量作为公立学校成功的关键。2002 年小布什政府颁布《不让一个孩子掉队法》时强调教师质量是学校教学质量、学生学业水平提高的关键。2011年美国教育部在《我们的未来，我们的教师：奥巴马政府教师教育改革与改进计划》提出改革教师的培养计划，以此促进教师质量的提升。2012 年《教师培养改革法》(The Educator Preparation Reform Act)的颁布为教师培养改革提供了法律效力，提出在合作中提高教师能力，进而促进学校教学质量的提高。2014 年 11 月，奥巴马宣布了与 Coursera(免费在线大学公开课项目)的协议，Coursera 及其合作院校、非营利组织将为教师们提供 50 门高质量的教师职业发展培训课程以及为每人提供一张为期两年的认证证书免费券。①这一协议帮助美国教师职前教育走向更为个性与灵活的发展方向。

2. 德国

为了贯彻民主主义教育，18世纪德意志联邦中最强大的普鲁士王国开始实施义务教育，将儿童入学落实到公民义务上来。伴随着义务教育的发展，教师的需求日益递增，陆续建立了一大批教师培养机构。但这些机构年限短、规模小，愈发不能满足社会需求。1717年成立的教员研究所(Praeparandi Institut)，可以说是德国制度化的教师教育之始。②

19世纪，普鲁士王国逐步走向资本主义道路，伴随着政治的变革，1809年洪堡(Wilhelm von Humboldt)对教育制度进行改革，教师培训也开始走向制度化阶段。与分轨制的中小学教育相适应，中小学教师的培养也开始出现了细化现象。并以中等师范教育向高等师范教育转型良好态势发展，具体表现为师范学校向师范学院的过渡，于1926年取消了师范学校。但希特勒上台后，为了宣传纳粹思想，教师教育又重新由师范学校性质的教师养成所培养。"二战"后到20世纪60年代，教师养成所被逐步取消，师范学院再次兴起，并且随着时代的发展西德教师职前教育出现一体化的趋势，具体表现为师范学院并入综合性大学。到了20世纪80年代，已基本实现综合性大学占主导地位的教师培养体系，仅有8所独立师范学院继续培养中小学教师，大部分师范学院都成为综合性大学的组成部分。

德国高度重视教师专业发展的研究，并且为满足社会要求，于2004年颁布了《教师教育标准》(以下简称《标准》)，规定了教师应该具备的不断发展的能力。《标准》强调教师是教与学的专业人员，提出在大学学习阶段以及实践阶段分别需要达到的目标。以加强专业理论与实践经验的融合，在融合的基础上具有设计能力并能应用于实践。2012年的"卓越教师计划"更是德国"精英计划"的体现，指引德国教师职前教育的专业化发展。

3. 法国

受宗教改革的影响，法国教育发生变化。1684年，为了继续与耶稣教派作斗争，法国天主教传教士拉萨尔建立了第一所教师培训学校以对儿童更好地实施宗教教育。虽然是宗教对立的产物，但它是世界上最早的富有现代气息的教师培训机构。1688年，拉萨尔又在巴黎建立了两所有"男教师研习班"的学校，开设读写算及唱歌等科目和宗教训练，学习教授法，并在附设的实习学校实习。③随着教育的不断发展，教师教育不断变革。"二战"前法国的教师职前教育从分散发展走向稳步统一的道路。"二战"后，法国义务教育不断延长年限，教师职前教育的发展更是突飞猛进。1969年师范学校由两种学制统一为只招收高中毕业生，并对其实施两年职前培训，这是法国教师职前教育一大发展标志。到了20世纪80年代，师范学校与综合性大学合并。与其他国家不同的是，法国师范学校虽然与综合性大学合并，却没有就此泯灭。教师职前教育分为两个阶段，第一阶段在综合性大学接受

① President Obama supports free, two-year Coursera VerifiedCertificates to teachers for district professional develop-ment [EB/OL]. [2016-04-10]. http://blog.coursera.org/post/103050170952/president- obama- supports-free- two-year-coursera.

② 钟佑洁. 德国近现代师范教育发展研究[D]. 华中师范大学，2005：6.

③ 薛凌芸. 法国近现代教师教育发展研究[D]. 华中师范大学，2006：6.

两年理论知识的培养，第二阶段在师范学校再接受两年职业培训才能成为真正教师。教师职前教育呈专业化、规范化趋势。

虽然到了 20 世纪 80 年代法国教师职前教育体系已相当完善，但社会需要不同，对教师的需求也不同。21 世纪以来，法国教师职前教育飞速发展，于 2010 提出教育新模式："3＋2＋1"硕士化培养模式，即严格要求教师质量，只有获得硕士学位才有可能成为教师。硕士水平教师教育课程以教师资格证要求为指向，各个培养大学自定教学课程，标志着法国教师职前教育走入新时代。

4. 英国

与其他早期资本主义国家相比，英国的教师培训制度建立略晚，始于 19 世纪初。起初，教师培训权利主要掌握在宗教和私人组织手中。教师教育以导师制为主，贝尔-兰卡斯特的导师制为其中的代表模式。虽然这种传帮带的模式没有实质性的课程，却促进了英国初等教育的发展，为之后的教师职前教育奠定了基础。之后，英国的教师教育在社会、经济、文化和教育发展的推动下，经历了一个漫长的世俗化过程。

"二战"后，英国教育的快速发展迫使教师教育不断变革，以 1944 年《麦克内尔报告》、1960 年《罗宾斯报告》和 1972《詹姆斯报告》为代表逐步建立起系统的教师教育体系。尤其是在职前培训这一方面，从建立独立的师资培训组织到为了提高教师质量与大学建立更为密切的联系，再到废除地区师资培训组织将教育学院并入大学体系中，伴随着时代发展与社会需求，三大"报告"不断推动英国的教师职前教育向前发展。

到了 21 世纪，英国教师教育愈发注重教师的专业化发展，并建立了严格的标准。从职前培养角度来看，英国的职前教师专业标准是对师范生的一种期待，规定了师范生要经过三年或四年的职前培养，包括专业知识与理解、专业技能、职业责任与精神等要求。英国政府规定，必须取得学士学位，通过在职进修后才能获取教师资格，进而才能上岗成为一名真正的教师。

5. 日本

日本的师范教育始于 1872 年，先于《学制》建立了第一所师范学校。接着《学制》颁布，日本开始建立现代学校制度。明治维新时期提出将"文明开化"政策作为基本国策，日本的师范教育发展迅速。1886 年颁布的《师范学校令》确立了日本的师范学校制度，使师范教育成为与小学、中学、帝国大学完全不同的体系，在日本师范教育发展史上具有划时代的意义。此后《师范学校令》不断完善与发展，构成了日本师范教育的模型。

"二战"后受美国的影响，日本的师范教育改革中确立了两大基本原则："教师培养在大学"和"资格证书主义原则"，采用美国式的开放型师资培养模式。

20 世纪 80 年代，日本开启第三轮教育改革，教师教育也卷入改革大潮。由于开放型师资培养模式在时代发展中不断显现出问题，1989 年日本修改《教育职员免许法》，掀起了20 世纪 90 年代的教育改革热潮。到了新世纪，日本政府意欲在高等教育阶段引入市场竞争机制，促进日本高等教育质量和水平的不断提高。

6. 俄罗斯

18 世纪 60 年代，俄国建立了相互衔接的学校系统，突出特点是双轨制。由此，俄国的教育不断发展。1775 年俄国创办的莫斯科大学附设了两所文科中学，分为贵族和平民两个部，为附属中学及其他学校培养师资。1779 年，莫斯科大学开办了一所附属的俄国第一所师范学堂，学习年限为三年。学生除了学习专门学科外，还学习教育学并进行教育实习。

十月革命前，旧俄没有专门的师范教育体系，教师主要是通过大学中高级师资训练班培养的。如苏联最著名的师范学院之一，国立莫斯科列宁师范学院的前身，就是莫斯科高级女子短训班。十月革命后，苏联比较迅速地建立了师范教育网络，突出教师职业的特殊性，要求同时培养从事青少年工作的人除了具有必要的专业知识外，还必须具有从事教学教育工作的专门技能和方法，具备足够的教育学、心理学的系统知识。经过几十年的发展演变，苏联形成了现行的以师范学院为主体的师范教育体系，它包括师范学院、中等师范学校、综合大学和其他专业学校。在此体系师范学院承担 80%的中小学师资的培养任务，综合大学承担 15%，其余的 5%由其他院校供给。

1986 年全苏联有中等师范学校 481 所，在校生 42.1 万人；师范学院 202 所，在校生有 85 万多人，培养中学师资的综合性大学有 68 所。[①]为扩大未来教师的知识面和满足实际需要，师范院校的教学内容在不断扩充，许多院校开设了双学科专业。苏联解体前夕的师范教育结构已经开始向多渠道多样化的方向发展。苏联解体后的俄罗斯延续苏联时期的教育体制，仍将统一的连续师范教育体系作为涵盖各级各类教育的完整系统，但是在发展过程中增加了新的理念，当代俄罗斯师范教育主要朝两个方向发展，一是大幅度、全方位提高师范教育的教育教学质量；二是打造真正意义的现代化连续教育，以适应时代发展的需要，包括建立健全连续师范教育体系的法律机制。

7. 中国

我国教师教育开始的标志是 1897 年盛宣怀在上海创办了南洋公学师范院，高等师范学校的开端是 1902 年京师大学堂成立师范馆。1903 年，张謇创立了第一个中等师范学校——通州师范学校。这时的师范教育模仿日本师范教育的定向型体制，有一定的时代意义，但由于清末政府的腐败，许多制度并未实施。到了民国时期，我国教师教育受美国师范学院并入综合性大学趋势的影响，错误地将师范学校与高中并在一起，造成了师范教育的萎缩。之后，国民政府更正了错误，重建师范学校，师范教育重新发展并且趋势稳定。

新中国成立后，我国师范教育以苏联为标杆，采用计划模式。师范生由国家按照确定的指标单独招生，中小学教师都是由国家单独设立的师范院校培养，毕业后统一分配。到了"文化大革命"时，师范教育一度陷入停顿状态。从 20 世纪 80 年代开始，中国停滞多年的师范教育重新受到重视，也越来越关注国外"教师专业化"趋势。1985 年发布的《中共中央关于教育体制改革的决定》，把解决中小学师资问题作为教育改革和发展的重点，提出将中小学教师的专业化作为教育改革的一项重要举措。中国教师教育开始向"教师专业化"发展。

2001 年发布《国务院关于基础教育改革与发展的决定》明确提出了教师教育这一概念。在职前教育这一方面，形成以现有师范院校为主体、其他高等学校共同参与、培养和培训相衔接的教师教育体系，基本形成适应全面推进素质教育需要的基础教育教师队伍。

---

① 苏真. 比较师范教育[M]. 北京：北京师范大学出版社，1991：242、252.

二、教师职前教育的课程

教师能力的发展、素养的架构，教育改革的目标都是依靠课程实施来实现的。职前教育课程不仅包括理论课程，还包括实践课程、学科专业课程等，各国的职前教育课程不尽相同，会对其培养模式、培养目标、评价标准等一系列指标产生影响。可以说，课程设置是职前教育课程必不可少的一大关键环节。

美国职前教育的课程主要包括三个模块：一是提供广阔知识的通识教育课程；二是包括教育学、教学法等培养学生"师范性"的教育类课程；三是教授未来任教学科专业知识的学科课程。美国的职前教育非常注重通识教育课程模块，目的是让学生获得广博知识的同时渗透全球化的视野和国际领导力。教育类课程重视两个"平衡"，一是教育理论课程与教学应用课程的平衡，二是教育理论与教育实习课程的平衡。如：其教育实习课程分为计划、课堂教学实践、专业胜任能力等课程，完成与教育理论的充分结合。职前教育的学科课程模块，帮助学生在本学科专业知识领域更有学术深度。

法国 1989 年颁布的《教育方针法》对教师教育进行改革，在职前教育方面，取消原有的师范学校和其他的培训机构，设立统一的、专门化的、具有大学层次的教师教育机构——教师培训学院(简称 IUFM)。然而法国职前教师教育课程并没有完全一致，可以说是百花齐放、各有千秋，但课程设置的原则基本相同，由各学区和教师培训学院(IUFM)决定。法国教师职前培养课程主要体现为以下几个特点：①结合教师会考组织课程；②注重理论和实践的结合；③注重中小学师资在职前培养中的交流和现场观摩；④注重培养内容的现代化，重视新技术和外语的引进。

德国的教师职前培养课程设置一般分为三类：教育学科、执教学科(或叫专业课程)和学校实践课。教育学科一般都是学生自愿选修一定学时的课程，主要包括教育学、心理学、哲学、社会学、民俗学、政治学和神学等。教育学中又细化为普通教育学、教学论、比较教育学、教育哲学、教育社会学等。执教学科包括中小学可能开设的所有课程。培养中学教师会要求学生学习两门执教课程，而小学教师除了这两门课程之外，还要学一门艺术或基础学校教学论。学校实践课程包括教学实践和教育实践，一般安排在学期中间进行，也有集中一段时间和分散进行的情况。

英国教师职前教育课程由专业性向、专业知识与理解、专业技能三个领域组成。其主要特点是教师职前教育课程按照基础教育不同阶段的需求，四年制的教育学士学位主要培养小学教师，一年制的硕士学位主要是培养中学教师。对英国职前教育的指导与评价主要来自于 2006 年英国教育部颁发的《教学资格：合格教师资格专业标准与教师职前教育课程要求》。可以说，英国教师教育的职前培养体系相当的成熟与完备，有专门的课程设置、教学实习要求、招生与就业、考试与评价方式。英国职前教育课程突出专业理论知识的培养，专业理论课程占总学时的 25%，具体包括：教育哲学、教育史、教育心理学、教育原理、儿童发展等课程，一些大学还提供课程研究、视听教学、心理学、教育制度与行政、社会学等课程。这些专业理论课程对教师基础奠定起了极其重要的作用。

日本教师职前教育课程设置丰富，学生自由选择的空间较大。目前开设的学科包括以下几类：①教育本质的相关科目——教育原理、教育史、教育基础论、教育学基础、教育哲学等；②有关青少年心理发展的相关科目——教育心理学、发展与学习心理学等；③与社会相关的教育科目——教育法学、社会教育、学校教育论、教育法规等；④有关教育方法和技术的科目——教育工程学、教育媒介论、视听觉教育、学习指导法等；⑤有关学科教学法和活动的科目由学校自定；⑥有关学生咨询与指导的科目——生活指导论、教育临床论、教育指导论等；⑦教育实习的科目——教育实践研究；⑧其他科目——终身学习论、人权教育研究、环境教育、特殊教育等。①

俄罗斯十分强调教师教育基础课程设置的地位和作用，尽力促进人文与科学教育的融合。新调整的课程结构包括一般文化的、心理学教育学的、专门的课程。一般文化课程要求教师必须掌握哲学文化、历史文化和美学文化，对物质和精神文化的历史发展有较深刻的理解。心理学和教育学的课程旨在提高未来教师必备的教育交往技巧，管理技能和自我调整能力，培养实现个性化教学的良好素养。专门课程定位于掌握必需的教学课程材料，组织与所教课程相适应的专业教育活动。不同层次间课程组合是不同的，根据专业有一定的变化。

我国职前教育课程偏重于理论，以学科专业知识为主，授课形式以讲授法为主，课堂教学为主要教学形式，伴随着专门的教学实习与实验操作。我国师范生的课程包括三部分：一是为奠定未来教师基础而开设的公共基础课程，包括政治、外语、体育、计算机等课程；二是教授未来专业课程的学科专业课程，包括语文、数学、化学、地理等；三是为了学生掌握必备的理论知识而开设的教育专业课程，包括教育学、心理学、各学科教学法等。

三、教师职前培养的模式

教师专业化要求培养出高质量的教师。这样高质量的教师要具有批判能力、分析能力、反思能力、科研能力等。要求教师不仅是有知识有学问的人，而且是有专业追求的人；不仅是高起点的人，而且是终身学习、不断自我更新的人。这种高要求对教师职前培养模式也有影响，促进了各国教师职前培养模式的发展。

德国的教师职前培养模式包括两个阶段：修业阶段和见习阶段。修业阶段通常是在大学中进行理论学习。师范生必须学习两门执教课程和相关学科教学论，必须学习包括教育科学和社会科学方面的课程，此外还要有一定的实习时间，但时间较短。修业结束时，凡通过第一次国家考试者有资格作为见习教师参加第二阶段训练。从1990年开始，修业年限统一规定为两年，并且不分学校类型。见习教师一方面被分配在当地中小学中见习与试教，另一方面在当地见习教师研习班受训。②第一阶段为引导与试教阶段，通常为18个月。从见习开始，4周以后才能在指导教师的帮助下进行试教，至少要到第二学期甚至第二年才能真正的独立承担教学。第二阶段以第二次国家考试告终，凡通过考试者可获得教师资格证书，才能被聘为正式教师。此外，任教三年之后，通过地方教育当局的督学和本校校长共同进行的考核，才能终身任教，享受国家公务员待遇。

法国实行"3+2"的教师职前培养模式，即通过三年的大学培养获得学士学位之后再到

---

① 陈永明. 国际师范教育改革比较研究[M]. 北京：人民教育出版社，1999：250-251.

② 顾明远，梁忠义. 世界教育大系·教师教育[M]. 长春：吉林教育出版社，2000：112.

教师培训学院(IUFM)接受两年的专业培训和实习训练。学生在教师培训学院第一学年结束之后，要参加教师资格会考，通过者才能获得在教师培训学院进行第二年学习的机会。

法国的初等教育(幼儿学校和小学)教师培养不分专业，实行综合培养，学制为两年。第一学年的学习以学习校内课程为主，除了基本的理论学习外，还有 5 周的实习。校内课程强调科学与教育教学知识的有机结合，学科知识和教学法各占一半，教育理论知识主要是应用教育理论研究教育中的实际问题；实习则是到小学做些辅助性的教学工作。法国中等教育教师的培养学制也为两年，实行分专业培养，第一学年，通过入学考试取得在教师培训学院(IUFM)学习资格的学生同时又是大学四年级的学生，由大学负责专业课教学，教师培训学院负责教育理论、教学法知识的教学，同时安排两周的实习。学年结束后，要参加由教育部组织的教师资格会考，考试内容主要是所学学科(包括职业技术学科)专业知识和少量教学法知识。考试合格者成为实习公务员，进入第二学年学习。第二学年，有校内教学和实习，课程主要有专业教学法知识，包括教学技能训练和对学生的心理指导等。

日本按照师资培养机构的级别不同，培养形式和学制的长短也存在差异。1978 年日本创办了"新设想教育大学"，一般以硕士课程为主，学制在一到两年之间，公开招收学生，其中 2/3 是有三年以上教学经验的在职教师；其他的大学主要提供四年制本科教育，学习内容既包括一般大学生必修的通识教育课程，也包括教师培养的相关课程；短期大学的教师培养学制为两年。2005—2006 年的改革中又催生了新型教师培养机构——教职大学院，设立大学院的目的是培养能在学校运营和教学研究中承担领导角色的教师，其标准学制为两年，但可以根据具体情况作出改动，毕业生可获得"教职硕士"学位。

目前，俄罗斯的高等师范教育分为三个层次：第一层次修业三年，培养目标是初中以下普通学校教师；第二层次在第一层次基础上继续学习两年，培养目标是高中教师，授予学士学位；第三层次是在第二层次基础上继续修业两年，培养目标是文科中学、私立学校、中等专业学校教师和大学助教。[①]同时综合大学的一些毕业生也能成为教师，但前提是接受教育心理学和教学法等方面的师范教育。

我国教师职前培养模式较为完善，细化为小学教师和中学教师的培养模式。小学教师培养模式分为专科学历教师培养模式和本科学历教师培养模式。培养模式存在着以下几种不同的形式。一部分是专科学历小学教师培养。其中，又有不同的具体情况，一种是一部分中等师范学校升格为高等师范专科学校；另一种是中等师范学校或联合或直接并入师范院校，与师范大学共同培养专科水平的小学师资。[②]现在小学教师的培养也在不断发展，硕士学历培养模式慢慢走近视野，丰富和扩展了我国小学教师的培养。中学教师培养模式分为本科学历教师培养模式和硕士学历教师培养模式。本科学历教师培养模式主要是由具有本科培养能力的师范院校和地方院校承担。四年一贯制的教师培养模式还是目前地方师范院校的主要模式，即师范生在学习专业知识的过程中，同时学习教师教育类课程，一般是在第三学年开设教育学和教育心理学课程。近年来，一些部属师范院校开始尝试培养模式的改革，主要有以下几种："3+1"培养模式、"2+2"培养模式。"4+1"双学位教师培养模式是一种大学后教师培养模式。设立教育硕士专业学位是时代发展的产物。广大的一线

① 吴永忠. 俄罗斯教师教育的现状、问题与启示[M]. 黔东南民族师范高等专科学校学报. 2003：2.
② 肖甦. 比较教师教育[M]. 南京：江苏教育出版社，2010：367.

教师和管理人员，通过在教育硕士专业学位的学习过程之中，总结自己的实践经验，使之上升到理论层次，并且有针对性地改正自己的不足。同时，这部分教师和管理者毕业后，作为教学和中小学管理方面的专家回到各自的学校将会发挥不可估量的作用。

四、教师职前培养目标

培养目标的确立是培养课程设置、过程开展到评价体系建立的前提。确立培养目标，就是确定培养什么样的教师、确定合格教师的标准。因此，各国对培养目标都提出了明确要求。

美国的职前教师教育将教学目标设计成可以提高师范生的教学技能、专业知识、专业态度等或是提高教师专业化的技能，致力于将师范生塑造成教学上所谓的"指导者"。而且，随着"专业化发展"与终身教育深入人心，美国更倾向于将目标确立为更长远的，符合终身教育与专业化教师教育的目标。并且这种思想对其他国家的教师职前培养产生了重大影响。

法国的教师职前培养目标包括四个方面：对所教学科知识的掌握，组织、分析教学情境的能力，控制课堂行为以及了解学生的差异和教师职业道德。[①]

在教师职前培养目标上，英国提出了具体的六条标准：①履行重要的社会服务；②系统知识训练；③需要持之以恒的理论和实践训练；④高度的自主性；⑤经常性的在职进修；⑥团体的伦理规范。

德国的教师职前培养标准包括以下八个部分：①具有健康的体魄，能胜任繁忙的教育教学工作；②具有敬业精神，热爱自己的职业，热爱自己的学生，对他们充满好奇心，与学生相处感到是一种快乐；③具有人道主义精神，对学生笑口常开，善于营造快乐的气氛；④热爱自己的执教学科，因自己的执教学科感到欢欣鼓舞，了解它的意义和重要性；⑤对自己执教学科充满信心，把握十足，了解它的难点、关系、系统、方法等；⑥懂得学习、了解学习方法和风格是因人而异的，懂得如何真正有效地帮助学生；⑦具有民主精神，既要在教师之间讲民主，也要师生之间讲民主；⑧具有良好的师德、责任感和使命感。[②]

中国教师培养应满足三个要求：具有与专业地位相对应的社会职业道德；"师范性"和"学术性"组成更为合理的知识结构；"专才"和"通才"互生的教师所要求的各种能力。2011年，教育部出台了《教师教育课程标准(试行)》，对于幼儿园、小学和中学职前教师教育课程目标与课程设置分别提出了明确的要求。其中，在关于中学的职前教师教育课程目标与课程设置方面提出要求："中学职前教师教育课程要引导未来教师理解青春期的特点及其对中学生生活的影响，学习指导他们安全度过青春期；理解中学生的认知特点与学习方式，学会创建学习环境，鼓励独立思考，指导他们用多种方式探究学科知识；理解中学生的人格与文化特点，学会尊重他们的自我意识，指导他们规划自己的人生，在多样化的活动中发展社会实践能力。"[③]根据教育部要求，各师范院校对职前教师的培养做了更加具体详细的要求，并落实到实际教学中。

---

① 王凌. 法国中小学师资培训大学级学院及其课程特点[M]. 外国教育资料，1999(1).

② 李其龙，陈永明. 教师教育课程的国际比较[M]. 北京：教育科学出版社，2002：107-115.

③ 教师教育课程标准(试行)[EB/OL].[2017-03-04].http://www.wxgdsf.cn/d_docdetail.php？id=2073.

五、教师职前教育评价体系

我们可以发现，当代的职前教育、入职培训与继续教育并不是割裂的，而是融为一体的，有利于教师专业化发展的。作为现代化教师教育专业标准的一部分，教师职前培养阶段的质量评价表现为一体化与优质化的特点。并且从全球视角来说，这种评价体系普遍建立于 20 世纪 80、90 年代，了解这些国家的评价体系对于我国教师职前培养阶段的改革和发展有一定的启示与借鉴价值。

美国教师教育职前培养质量评价标准由专业组织负责。主要包括全国性的专业组织和州政府委托的专业机构。最早的全国教师教育认证委员会(NCATE)成立于 1954 年。它历史悠久、参与院校众多、影响广泛，对美国教师教育质量评价产生了巨大影响。历经 20 世纪 50 年代的"目标本位"、70 年代的"课程本位"、80 年代的"专业教育知识本位"及 90 年代至今的"多元绩效本位"变革，NCATE 认证指标体系从注重对教师教育培养机构的资源管理"输入"评价逐渐转移到对师范生(未来教师)的"输出"评价上来。[①]2008 年该机构提出的认证标准将师范生(未来教师)的"知识""技能""品行"的专业绩效作为教师教育职前培养质量认证核心指标，其他指标依次为：学生的"成长、学习与动机"，学校"课程水平"，师生"教学水平"，教师"评价激励"和教师"专业发展"。进入 21 世纪后，美国教师教育认证机构运动兴起，这一运动以推行以美国教师教育认证委员会(TEAC)为代表的"选择性教师路径"质量评价机制为其标志。[②]

1998 年，英国颁布了《教师教育职前课程标准》，提出了专业的教师合格标准。2007 年开始实施的《教师专业标准》及后续标准，进一步完善了这些规定。该标准对各种水平的教师的专业品质、知识和技能提出了基本要求，为教师的专业发展提供了基本参考依据，并且按照工资级别将基础教育师资划分为由低到高的五个等级，即合格教师、普通教师、资深教师、优秀教师和高级教师，并规定了每个级别教师所应具备的素质，包括专业品质、专业知识和专业技能三个方面。[③]2011 年，英国教育部在《提升教学：教师专业标准修整》中进一步强调了新教师应能够提升学生英语和数学学习能力并能够为此进行"有效沟通"和"协同教育"，强化了对新教师在教学技能和班级管理两方面的要求，凸显出质量评价对教师个体专业发展和追求身心健康幸福方面的多元要求。[④]

德国于 2003 年开始统一各州教育目标，2004 年开始出台一系列全国性的教师教育标准，如《教师教育标准：教育科学》(2004)、《对教师教育的学科专业和学科教学法的内容

① 张炜. 教师教育职前培养质量评价及其共性分析[J]. 教育学术月刊，2014(2).

②Frank B.Murray. On Some Differences between TEAC and NCATE[OL]. http://www.teac.org/literature/onsomedifferencesjan04.pdf. 2007.

③ TDA. Initial Teacher Training Standards Guidance[R/OL]. http://www.tda.gov.uk/training-provider/itt/qts -standards -itt -require -ments/guidance/itt-requirements/entry-requirements/suit-ability-requirements/R1-5.aspx. 2010.

④ Department for Education.Major overhaul of qualifications toraise the standard of teaching [EB/OL]. http: //www.education.gov.uk/inthenews/inthenews/a0075465/major-overhaul-of-qualifications-to-raise-the-standard-of-teaching. 2011.

要求》(2008)等。①这些标准主要针对基础教育阶段候选教师提出了 4 类 11 项能力标准；这些能力需要在教师教育的理论学习、教学实践和继续教育三个阶段逐步达到，其中职前教育包含教学能力、教育能力、评价能力、创新能力 4 类及教学设计、情景设计、社会文化、价值引导、教育诊断、标准融通、职业认知、自我提升 8 种基本能力。②综合能力标准这些质量评估的要求涵盖了教育的态度，学科知识和教学方法，教师教育的基本领域，强调教师教育职前培训是专业知识与教学实践联系的焦点，并成为德国的教师教育质量的基础评价。2012 年，德国政府酝酿已久的《卓越教师教育计划》开始启动，该计划对德国师范生的教学实践能力提出了更为严格的要求，并期望通过促进教师教育课程和毕业证书的州际交流、人才培养的多元化和兼容化来推进德国教师教育现代化进程。③

日本教师教育质量评估是基于国家法规《教职员免许法》(1954 年颁布，2006 年最新修订)开展的改进型质量认证机制。④围绕《教职员免许法》，日本政府相继出台了《教职课程认定基准》和《教员免许课程认定审查基准》等教师教育认证法规，着重对申请单位的办学理念、管理体制、办学条件、课程规划与实施、教育实习与就业辅导五大领域的情况进行文部科学省主导的"资格认证"和第三方机构核实的"事后评鉴"；针对候选教师的质量评估以其取得教师资格证书为质量合格标志。⑤

六、教师职前教育的专业实践

教师职前教育的专业实践是教师教育体系的重要环节。世界各国在教师教育的专业实践方面有着一些共同的经验，如完善教师教育专业实践的规定，改革教师教育专业实践模式，构建有效教师教育专业实践体系。

在师范生专业实践方面，美国一般不由大学的教育学院规定，而是遵从各州要求。美国各州对于师范生的专业实践要求各异，主要表现为：①有的州要求实习至少 10 周；②有的州规定实习为一学期 12 学分；③有的州规定合作指导教师至少具有 3 年及以上的教学经验；④有的州规定大学对师范生的教育实践必须具有固定的场所；⑤有的州规定指导教师必须能够证明对学生的学习具有积极有效的影响；⑥有的州规定指导教师必须具有指导技能。⑥例如，田纳西州规定指导教师的基本资质包括：至少具有 4 年的教师经历；具有教师资格证书；被州政府或学区评价为高胜任力的教师；愿意承担指导教师的角色；有能力从事团队工作，推进学习体验，包括教学法教学。2010 年 11 月，全美教师教育认证委员会(NCATE)发布了《通过临床实践转变教师教育：培养高效教师的国家策略》报告，提出了

---

① 吴卫东. 德国教师教育的新标准及启示[J]. 外国教育研究，2006(9).

② Lehramtsstudium [EB/OL]. http://www.studis-online.de/Stud Info/lehramt.php. 2004.

③ Autorengruppe Bildungsberichterstattung.Bildung in Deutschland2012[EB/OL]. http://www.bmbf.de/de/6204.php. 2012.

④ 日本文部科学省中央教育审议会. 今后の教员养成免许制度の在り方につい，2005 年。

⑤ 张倩. 日本教师教育认证的制度建构及其启示. 教师教育研究，2012(12).

⑥ Julie Greenberg, Laura Pomerance and Kate Walsh. Student Teaching in the Unite States.Nation Council on Teaching Quality, 2011, p.9

改革美国教师教育的多个规划，并要求构建临床实践型教师教育，对师范生的专业实践做了进一步的指导。[①]

英国形成了由大学教育学院、中小学实习学校和地方教育行政部门三位一体的合作伙伴培养模式，教师教育的专业实践依托"教师伙伴学校"(Teacher Partnership School)。英国政府在 20 世纪 90 年代初制定了合作伙伴教师教育的政策，提出了大学和中小学职责框架，涉及课程设计、资格确认与认证要求、师范生培养的导师与教师准备、师范生的选择、师范生的计划与目标设置、中小学关于师范生的安排、师范生管理、学科教学、师范生教学训练、形成关于学生学习的理解、培养师范生管理班级和评价学生、评价师范生的专业能力、师范生培养质量的保证等方面。2002 年，英国教育标准局关于教师职前教育标准特别强调教师职前教育伙伴的质量管理与保障。教育标准局还要求建立质量保证标准，确保教师训练机构达成高标准。

法国教师教育专业的教育实习主要由教师培训学院(IUFM)组织实践，大多数通过资格考试者要进入学区的法国教师培训学院(IUFM)进行为期一年的职业实习培训。小学实习教师要学习小学课程与教学方法，中学实习教师则是在深入学科知识学习的同时掌握学科教学法。法国教师培训学院(IUFM)重视教育实习的开展，教育实习占到教学计划的近 1/3，并在课程设置上将之系统化。两年的学习中，学生进行由浅入深、由表及里的感受实习、指导实习和责任实习。[②]现在，法国教师教育在实践中不断发展完善，形成了新型的教育实习模式，是以教师能力为目标指向，由政府主导多方合作对教师实习组织与管理、循序渐进地实施教学，并且运用多角度的评价方式。

中国于 2011 年发布《关于大力推进教师教育课程改革的意见》，指出要强化教育实践环节。该政策的主要目标是加强师范生职业基本技能训练，加强教育见习，提供更多观摩名师讲课的机会。政策要求师范生到中小学和幼儿园教育实践不少于一个学期。与此同时，国家支持建立一批教师教育改革创新试验区，建设长期稳定的中小学和幼儿园教育实习基地。对于教育实习的指导方面，高校和中小学选派工作责任心强、经验丰富的教师担任师范生实习指导教师。

七、教师职前教育的发展趋势

1. 教师教育大学化趋势

从各国教师教育发展的历史经验来看，许多国家已形成以大学为主要机构的教师培养体系，尤其是发达国家的教师培养体系已经相当完善。尽管在日本和韩国会有专门的教育大学，俄罗斯和法国存在师范大学或师范学校，但综合大学培养教师是一种普遍趋势。教师教育办学层次的大学化已经成为教育强国的重要标志，办学的开放化同样成为一个国家教师教育质量高低的重要标志。

---

① Marsha Levine. Developing Principles for Clinically Based Teacher Education [R]. Washington, DC: National Council for the Accreditation of Teacher Education. 2010, 17～20.

② 王凌. 法国中小学师资培训大学级学院及其课程特点[J]. 外国教育资料，1999(1).

2. 教师教育学位层次和模式的多样化趋势

与教师教育大学化和开放化相一致的是，国际教师教育学位层次和模式多样化。学位是各国教师教育制度的一个重要内容，它是各国教师资格证书制度的基础。各国高等教育结构的不同决定了其教师教育的学位类型的不同，整体上形成了多层次和多样性的发展模式。教师教育的学位，一方面从属于整个高等教育体系，另一方面有资深的教育专业特点。因此它既需要有通识的文理学士学位，又要有教师专业需要的教育学位，为此形成了学术学位和专业学位的结合。从另一个角度来说，教师职前教育的发展紧随时代脉搏，强调在"互联网+"的前提下发展协同一体化，在加强政府、大学与中小学的联系上不断发展。

3. 教师教育学士后模式发展趋势

尽管教师教育学位制度呈现出多样化，多层次性特点，但教师教育学士后培养是当今发达国家教师教育发展的一种普遍趋势。因为其高度发达的教育发展水平和对高质量教育的需求，学士后教师成为高质量教育的一个重要标志。因此，发达国家纷纷建立学士后教师培养模式，最典型的是美国。20 世纪 80 年代后期以来，美国全国掀起了教师教育学士后计划的热潮，其普遍特征就是要求所有教师都拥有硕士学位。美国各州都纷纷要求未来教师有硕士学位，学士后教师教育计划有两种形式：一是为在职教师设立的计划；二是为本科应届毕业生设立的计划。在德国，高校学位制度改革对教师教育学位制度产生了很大影响，设立了国际通用的学士、硕士两级学位。

第二节 教师继续教育

一、教师继续教育的发展

继续教育的发展得益于终身教育思潮的提出。终身教育的基本观点是教育应该在一个人一生中连续不断地进行，不应该分成两半，今后教育应当在人需要的时候以最好的方式，提供相应的教育。这种思想大大促进了社会对职业培训的热情，并逐步成为多国在职培训的指导思想。

早先，在职进修在美国教师教育发展中没有受到应有的重视，这主要是由于美国长期受到教师短缺问题的困扰，因而将注意力集中在教师职前培养质量提高的问题上，无暇顾及教师的在职进修。自 20 世纪 50 年代开始，许多教育家鉴于教师继续教育的重要性，大力呼吁重视教师的在职进修和培训。这一时期，州教育厅、高等学校教师教育机构、学区和教师自身逐渐开始重视教师的在职进修和培训工作，不仅教师继续教育开始受到重视，教师职后培训的重点也从帮助教师改善教学工作转为促进、帮助教师获得专业发展，即教师在职培训中仍以其从事的教学活动为主要内容，以课堂教学的实际为基础，帮助教师在理论和实践两个方面都获得持续不断的提高。之后的二三十年间，美国联邦政府通过颁布《国防教育法》和《高等教育法》等法令明确了教师教育的重要性，并斥资资助各州和地方学区开展多种形式的在职培训活动，一些民间的基金会也对教师在职进修和与之相关的科学研究提供了资助，教师职后培训成为全国各州、各地方学区普遍重视的日常工作。教师在职培训在 20 世纪 80 年代的美国教育改革浪潮中也备受关注，成为提高教育质量的关键措施之一。而且，在终身教育思潮的影响下，教师教育被广泛认为应该包括职前培养、入职教育和职后培训三个阶段的完整过程，这种认识使教师教育培训得到进一步发展。

1971 年，法国颁布了《继续教育组织法》，规定继续进修是每个教师的权利，每个教师每年有权享受一定时间的进修假。1972 年，法国教育部和全国初等教育教师工会共同起草了《关于初等教育教师终身教育的基本方针宣言》。该宣言明确指出，教师培训是一个整体的概念，包括职前培养和职后培训。要求在 6 年内，凡不满 50 岁的所有不同资格的教师，都要参加在职教师进修。1988 年，法国公布了《勒逊报告》，该报告针对 21 世纪法国社会与教育所需要的教师形象，从专业素质、创造能力、工作成就和个人品质四个方面进行了集体描绘。1989 年的《教育方针法》提出建立教师培训学院(IUFM)，作为唯一开展教师职后培训的专门机构。1994 年，国民教育部在《关于中小学教育的 155 条建议》中强调：要加强在职教师的继续教育，对教师的工作进行定期检查和评估(每三年一次)，使之适应教育改革的需要；在中学开办成人夜校，为在职人员的继续教育创造条件。2002 年 2 月，国民教育督导总局和国民教育与研究行政督导总局在《教师初始培训和继续培训》的联合报告中表示，培训应当是贯穿教师职业生涯的一条"红线"，教师继续教育应具有一定的强制性，培训应更加个人化。[①]

为了提高教师的教学适应力和胜任力，提升教师的整体素质，英国非常重视教师的职后培训。英国教师职后教育的一个显著特点和趋势是非常注重与职前教育的衔接性，加强新教师的入职培训，并在推进教师早期专业化发展方面采取了一些新措施。英国 1972 年的《詹姆斯报告》将教师教育与培训划分为普通高等教育、专业训练和在职培训三个连续的阶段。在 1998 年建立了新教师"入职档案"制度，随后在 2003 年又推进了"入职与发展档案"。这些举措在英国职前教育与职后进修之间架起了一座桥梁，极大地促进了新教师的教学适应力。

中国教师职后培训机构经历了清末的师范传习所、民国初期的教员讲习所、民国时期的教师进修班、新中国初期的教师进修学校和小学业余选修学校直至今日的教育学院、教师进修学校这一变迁过程。现在的教师在职培训机构，有国家教育行政学院，省、地(市)教育学院，市、区、县级教师进修学校以及广播电视师范学院等。这些在职培训机构是教师教育体系中的重要组成部分，负责培训各级各类师资。

随着国家对教师继续教育的重视，现今我国教师在职培训呈现出一些新的气象。一是培训机构与办学模式的多元化，诸如大学、专业团体、远程教育设施、中小学等机构纷纷加入培养和培训的行列，不少地方已经实现了教师教育的职前培养与职后培训一体化。而教育学院与教师进修学校数基本上是逐年下降，各地(市)级教育学院或者教师进修学校正出现与其他学校合并或即将被合并的趋向。1999 年到 2005 年，我国教育学院由 166 所减少到 60 所(其中省级教育学院 19 所)，县级教师进修学校由 2142 所减少到 1500 所左右。二是教师培训正由学历补偿教育向教师教育转变。

二、教师继续教育的制度

20 世纪 70 年代末以来，发达国家在终身教育思想的指导下，颁布法令、法规和文件，

---

① 王晓辉. 法国教师的新使命与教师教育改革[J]. 外国教育研究，2006(10)：60.

使教师培训工作有法可依。

　　法国是世界上第一个为教师在职培训立法的国家。1971 年，法国出台《继续教育法案》，其中规定，对中小学教师的在职培训，自 1972 年起政府将正式纳入"六年全国中小学教师教育课程教师培训系统"，并予以实施。政府规定，目前希望获得其他或另一级资格的教师不能通过晋升途径，必须通过国家或学校的评估，或重新进入某种类型的学校进行培训。

　　英国政府公布的《继续教育白皮书》明确提出，为在职教师提供大量培训机会，明确规定中小学教师有接受在职培训的权利和义务。新教师可以利用 1/5 的工作时间参加在职培训，教师每 7 年就有一个 3 个月的带薪假期培训，并在 1976 年延长至 1 年。

　　日本《教育公务员特例法》第 19 条规定"教育公务员为尽其职责，必须不断地进行研究和提高修养"；第 20 条又规定"必须给予教育公务员接受研习的机会，教员在不妨碍教学的范围内，且得到上级的准许，则可以离开服务场所进行研习；教育公务员按照任用者规定，还可以留职接受长期的研习。"[①]同时，执行教师执照制度要求：任何想获得教师资格证书的人员除了具有一定的学位和专业教育外，还必须接受教师资格考试才能获得资格证书。

　　俄罗斯 1992 年 7 月颁布的《俄罗斯联邦教育法》重申了师资培训体系。它提出：在职教师每个暑假都有权利和义务，申请约有 80 个小时的培训，经过学校批准后，各级各类业务层面的发展必须经过非定性进修，包括博士和博士生的进修。在师范院校都设有供中小学教师在职进修的机构，如暑期进修班、夜大学，业余进修学校、专题讲座、教师中心和教学研究室活动等。

　　在德国，中小学教师在职培训已经成为义务教育状态。法律规定，在职培训是教师教育的重要组成部分，是教师的义务。

　　我国教师继续教育起步较晚，1980 年 8 月教育部颁发了《关于进一步加强中小学在职教师培训工作的意见》，1986 年原国家教委颁发了《中小学教师考核合格证书试行办法》，1993 年《教师法》规定：不断提高思想政治觉悟和教育教学水平是教师义务之一；1995 年《教育法》规定："国家实行教师资格、职务聘任制度，通过考核、奖励、培养和培训，提高教师素质，加强教师队伍建设"，并提出"建立和完善终身教育体制"。[②]

　　由此可见，重视中小学教师的在职培训，通过立法形式建立教师在职培训制度，促使教师不断学习，已成为国际潮流。教师在职培训既是教师的权利和义务，又是政府的职能、责任。

三、教师继续教育的模式

　　世界各国教师继续教育的方式具有共同性，教师专业发展的活动形式包括课程与工作坊、教育会议与研讨、证书课程、学校参观，专业发展网络、个人与小组研究，导师制与同行观摩等。与此同时，许多国家在实践的基础上根据本国国情制定形式新颖、内容多样的教师在职培训的模式。

---

① [日]铃木慎一. 教师教育改革的国际动向[J]. 外国教育研究. 金世柏译. 1991(3).

② 张兴. 完善利益驱动机制提高教师在职进修的积极性[J]. 中小学教师培训(中学)，1997(6).

美国从 20 世纪 80 年代开始建立"专业发展学校"(Professional Development Schools,PDS),有效地提升了教师职前准备和教师专业发展。霍姆斯小组将"专业发展学校"模式比作教学医院模式,并把"专业发展学校"看作大学与中小学之间形成伙伴关系的一种新型机构,认为能够为实习生提供较长时间的将大学理论知识运用到中小学实践的机会,促使中小学教师和管理者与大学教师在伙伴学校中合作。"专业发展学校"可以理解为场所、概念或理念。作为场所,"专业发展学校"意味着:中小学作为现场,指向教育改革的结果,大学、中小学与专业协会合作,在研究和体验的基础上进行实践,并将研究结果运用于实践。作为一种概念,在霍姆斯小组看来,"专业发展学校"是大学与中小学两种组织机构的合作关系的体现。这种伙伴关系的建构具有三个方面的目标:第一,反思教师职前教育的准备;第二,确保在职教师的专业持续发展;第三,教师与师范生作为研究者,为中小学生学业成就改善提供示范性实践。作为大学与中小学关系的创新点,"专业发展学校"有助于大学和中小学的同时发展。

英国最早将校本教师培训模式(School-Based Teacher Training)作为教师在职教育的基本国策。《1988 年教育改革法》颁布之后,校本教师培训模式得到进一步重视。20 世纪 90 年代末以来,英国校本教师培训日益淡化政治化色彩,倾向于满足教师的个人需要,重视教师在教学实践过程中问题的解决和所需技能的获得。英国教师校本培训不仅关注教师教育教学实践能力的发展,而且也注重教师研究能力的发展。实践表明,教师可以在教学实践过程中进行有关教育理论的研究,使研究与行动合二为一。因而,教师行动研究能力的发展也成为校本培训的一项重要内容。教师针对实际问题自己思考解决问题的办法,在确定策略后再慎重地投入实践并观察和评价实际效果。

日本中小学教师在职培训中广泛应用课例研究(Lesson Study)模式,以提高教学水准。课例研究是一种教师联合起来计划、观察、分析和提炼真实课堂教学的过程。课例研究的过程包括确立教学目标、研究教学行为、制订教学计划、上课、评价课堂效果(包括同行观察)、修改课例。课例研究要求两个或两个以上教师参与。完整的课例研究包括下列要素:清晰而明确的课例、目标的叙事描述、评价的描述、学生作业样本、上课活动、教师观课与课堂教学的反思。课例研究是一种课堂行动研究,也是一种专业发展过程,日本教师进行有系统的教学实践诊断,使教学变得更加有效。日本教师培训实践保障机制将强制性与自主性融为一体,使教师能够享受范围全面且样式灵活多样的培训。该实践保障机制主要由行政性培训和自主性培训组成。①

法国中小学教师在职培训采取省、学区、国家三级管理的模式。小学教师在职培训由省里负责管理,具体由教师培训学院(IUFM)的分院组织实施;中学教师在职培训由学区负责管理,具体由教师培训学院(IUFM)组织实施;在职培训专业性较强、培训量较大的部分由国家负责管理,教师培训学院(IUFM)作为主要机构参与培训。主要形式有三种:长期综合培训、中期特定培训和短期进修班。长期综合培训时间为四个月到一年不等。通常有综合培训班、改换专业的培训班、改变职称的培训班、新技术培训班等形式。教学工作由教师培训学院教师和专门招聘的代课教师担任。长期综合性进修课程分为五个阶段,总结下

---

① 文部科学省. 教員研修の実体系. [EB/OL]. http://www.mext.go.jp/a_menu/shotou/kenshu/1244827.htm. 2017-4-20.

来表现为参观、讨论、培训、实践、再培训的形式，使教育理论与教育实践积极结合，十分有利于在职教师理论素养和实际能力的进一步提高。中期特定培训时间为一到两个月。主要是专业性较强的专题培训，内容较为广泛，有教育理论培训、学科知识培训、学科教学法培训、教学能力培训、技术教育培训、特殊儿童教育培训、落后地区教育培训等。教学工作也主要由教师培训学院的教师和专门聘用的代课教师负责。短期进修班时间较短，在一个月之内，主要根据实际需要开展，内容更具体更有针对性。此外，法国还有暑假大学，时间为 2~8 天，由民间团体举办、政府资助，丰富了法国的教师在职培训模式。

当前，中国教师职后培训总体以"校本培训为主"，把全体中小学教师组织到继续教育体系上来。我国校本在职培训随着"八五"师资培训逐步形成，起步于 20 世纪 90 年代后期。一般来说，校本培训是由教师任职学校自主制订培训计划，自主组织活动，从本校教师实际和学校发展需要出发培训教师。校长负责管理和考核，培训者可以是在本校有一技之长的教师，也可以是校外专家。校本培训是教师可以不脱岗继续学习的形式，因而大部分教师都可以参加。研训一体模式是中国教师培训机构从实践中创造和概括出来的一种实施全员培训的组织模式。20 世纪 90 年代以来，研训一体、合作研究成为一种国际的潮流，已发展成教育科研机构和培训部门、大学和中小学结成伙伴关系的新形式。远程培训模式的主要形式包括实时与非实时的授课系统、课后辅导系统、答疑、作业、自测系统等，学员可以随时随地听讲，也可以实现材料共享。巡回流动模式是主要服务于边远地区，此模式简单、实用，是广大教育者在实践中不断探索出的新模式。它是县级及县级以上级别的教研员、专家学者、中小学骨干教师携带着资料、仪器深入基层中小学进行培训，把先进的教育理念、教育经验、教学方法、教育研究成果传播到广大边远地区学校，带动整体教育水平的提高，因此深受广大教师的喜欢。职后培训模式还包括与高校结合开展的课程本位模式和教师本位模式，我国教师培训模式不断丰富。

四、教师继续教育的评价体系

近年来英国把教师评估看作形成性而非终结性评估。注重评估有利于提高教师的业务水平、改善教学工作的功能，强调朋友式的支持而非法官式的审判。英国于 2000 年公布了《中小学表现管理》通告，教育与就业部计划与普通教学委员会及其他部门合作，实施教师评估方案，具体包括：①调查教师对于专业发展经历、专业发展机会的获得的态度；②进行研究以使政府部门能够更好地了解，有效提高教师工作效率和学生学习的专业发展活动的种类，以及使学校成为高效率的学习社区的条件；③实施"领航"计划，以便为第二、三学年教师提供早期专业发展，有经验的教师提供定期休假；④对"最好实践研究资金"方案以及"专业奖学金方案"进行经常性评估。20 世纪 90 年代末以来，英国引入绩效管理，采用了"入职评估""业绩评估"等新概念和新举措。这使得教师对专业发展的理解和态度的转变变得相对容易，但从主动性来讲，这种方法并不一定有效。因此政府从四个方面进行加强：第一，对于教师进一步的培训以及专业发展的责任进行修正，以反映绩效管理的引入和专业发展机会的扩大；第二，要求教育标准局办公室修改其评估框架，更多的关注学校管理中教师个体的专业发展；第三，制定有关教师职前培养的新标准，能提高对教师职前培养机构的要求；第四，普通教学委员会要考虑如何明确每个教师既具有专业发展的权利，又有专业发展的义务这样一种认识。

德国规定每四年对每个中小学教师进行一次评估，评估由学校校长负责，对每个教师的知识与能力、工作量与工作态度、业务进行情况等具体考察，写出客观公正的鉴定。各州文化教育部还设立了督学系统，由督学考察各个学校。每位督学负责考核一百名教师，每三年对他负责考核的教师做一次全面评价。考核的方法有听课、收集各种意见、对每个教师进行口试等。对于成绩低的教师要提出警告，如第二次成绩依然如故，应降薪甚至被解雇。督学到学校去听课，对每个教师的教学工作进行评价，他们建立每人一份的"教师工作报告"，由督学把了解的情况填入报告表中。报告表分为两部分：第一部分是教师分管的班级，班级学生情况以及所承担的工作量等；第二部分是教师的教学效果和工作态度等。督学执行任务时都单独进行，或突击检查教师的工作，或突然访问学生家长，借以听取对教师的意见。对于教师的评估可以敦促教师根据评定标准不断提高自我、完善自我。19 世纪以来，德国的大学始终以洪堡所倡导的"教学和科研统一"的思想作为办学原则。教师大多数将时间用于科研，将科研中所取得的新知识注入到教学中去，不断充实教学内容。此外，德国也保证有充分的时间从事个人研究和提高。德国学校的假期很长，寒暑假加起来有四个半月，而且根据教师的年龄和工龄，平均每人每年还有四十多天的休假，对教师而言，这无疑是极为有利的休整、进修和提高的机会。

在美国，为了对在职教师专业发展的状况进行评估，全美国教学专业标准委员会做了许多工作，对于促进教师任教之后不断的专业成长起到了重要作用。该机构成立于 1987 年，大多数成员为中小学教师，成立宗旨在于促进教学专业化。它的主要任务包括：一是为有成就的教师的专业表现建立一套严格的标准；二是发展全国性自愿性的教师评鉴制度，来肯定杰出的资深教师，并鼓励全国教师达到所制定的标准。该组织的目的是通过评估和颁发优秀教师证书来鼓励优秀教师发挥他们在教学中的领导作用。虽然美国的标准与实施措施很复杂，但美国教师的专业发展却有可衡量的标准，即在教学中体现科学化和专业化。

五、教师继续教育的发展趋势

1. 顺应教师专业化的潮流

教师教育专业化是教师专业化的有效载体和重要保证。在世界各国的教师专业发展中，"教师专业化"经过了 20 世纪 30 年代的概念提出到 60 年代的认可，再到 70 年代的被强调，从探索到成熟到 20 世纪 80 年代已走向全面展开。进入 21 世纪以来，国际教师教育改革政策的突出特点在于教师问责、建立标准、实施绩效评价。基于国际经验，教师要成为高吸引力和专门化的职业，必须具有如下关键因素：年轻一代希望成为教师的动力、教师职业诱人的薪金和工作条件、吸引人的职业生涯路径和工作安全感。新加坡、韩国、芬兰、新西兰等国家的教育成就受世界瞩目，原因之一在于高质量的教师队伍，教师具有令人羡慕的社会地位、经济地位和专业地位。

2. 顺应教师教育一体化趋势

教师教育的一体化是当前世界教师教育改革的突出特点，一体化趋势表现为教师教育体系和教师职业生涯的一体化。教师教育体系一体化将教师职前教育、教师入职培训、教师持续专业发展组成了一个有机连续体系。即使是最优秀的教师职前教育也不可能等同于教师终身发展。教师职业生涯发展一体化把教师专业成长看作是一个连续性的过程，包含教师从新手走向专家的发展历程，许多国家将教师生涯分为不同的发展阶段，并制定相应的政策。北爱尔兰教师教育一体化政策秉承着"3I"思想的指导，即创新(Innovation)、整合(Integration)和改良(Improvement)，将职前教师教育、入职教育与继续专业发展视为统一的整体，将教师视为终身学习者，不断推动教师教育的发展。澳大利亚 2011 年颁布全国教师专业标准，将教师职业发展划分为师范毕业阶段、熟练阶段、进展阶段、领导阶段四个阶段，并规定了每一个阶段教师应知道什么和能够做什么。可以说，每一位教师的教育与专业发展应被视为一种终身的使命，政府必须提供精心的计划和资源的保障，许多国家在教师教育一体化方面也都进行了政策改革。

3. 顺应教师教育终身化趋势

21 世纪要求知识创新，教育不仅仅是信息的传递，学校必须产生一种研究的文化。在此要求下教师的角色发生转变：从信息的分配者转向学习的指挥者，帮助学生将信息转化为知识，将知识转化为智慧。教师是一个终身学习的职业，要求教师教育改革必须促进教师的终身学习。美国密苏里州强调教师专业发展不仅包括优质的、持续的、集中性培训项目，而且包括其他促进成长的过程，如学习团队、基于信息的决策、行动研究、同伴互助等。加拿大安大略省教育部教师专业学习框架包括学术计划、研究活动、专业网络、专业贡献、导师与网络、专业活动、实践学习以及技术与学习。

本 章 小 结

教师教育是教师专业发展的基础，是职前教育、入职培训和继续教育一体化的培育过程，在整个教育事业发展中占据着十分重要的地位。教师的工作，从深层次来说，对经济、政治、文化的影响都是极其深远的。在教育事业中的关键地位要求教师教育必须培养合格教师，因此，世界各国都非常重视教师教育，将教师教育作为教育改革的关键因素之一，并且注重教师教育的专业化、一体化趋势。

本章阐述了教师教育的发展历程，总结了教师教育培养模式与评价体系，分别分析了职前教育的课程设置、培养目标、专业实践与继续教育的制度，提出了教师教育的发展趋势。

【推荐阅读】

[1] 肖甦. 比较教师教育[M]. 南京：江苏教育出版社，2010.

[2] 饶从满，杨秀玉，邓涛. 教师专业发展[M]. 长春：东北师范大学出版社，2005.

[3] 顾明远，梁忠义. 世界教育大系·教师教育[M]. 长春：吉林教育出版社，2000.

[4] 朱旭东，胡艳. 中国教育改革 30 年：教师教育卷[M]. 北京：北京师范大学出版社，2009.

[5] [美]布鲁肖，[美]威特克尔. 从优秀教师到卓越教师[M]. 北京：中国青年出版社，2013.

思考与练习

一、简答题

1. 简述德国职前教师培养标准。
2. 简述日本课例研究模式。
3. 简述教师继续教育发展趋势。

二、论述题

1. 结合实际谈谈教师职前教育发展趋势。
2. 在教师教育模式上，其他国家有哪些优点值得借鉴，谈谈你的看法。

在研究外国教育制度时，我们不应当忘记，学校之外的事情甚至比学校内部的事情更重要，它们制约并说明校内的事情。

——萨德勒

第十一章　教育改革

本章学习目标

➢ 掌握当今世界各国教育改革的主要发展趋势。
➢ 掌握世界各国在学前教育、义务教育、高等教育及教师教育等各级各类教育改革中的主要着眼点。

核心概念

教育现代化　教育全球化　教育信息化　教育终身化　教育民主化　学前教育　义务教育　高等教育　教师教育

学习指导

本章在第一节内容中，主要从教育现代化、教育全球化、教育信息化、教育终身化、教育民主化等五个方面阐述世界各国教育改革的发展趋势。在第二节内容中具体阐述了各国教育改革的主要着眼点，包括学前教育、义务教育、高等教育和教师教育的课程改革、财政投入、师资建设等。学习过程中在仔细阅读教材的基础上，查阅相关资料，掌握世界各国教育改革的发展趋势以及在学前教育、义务教育、高等教育和教师教育等方面改革的主要着眼点。

拓展阅读：国外教育改革的文本掩饰①

我们在学习国外教育改革的经验教训时，经常依据这些国家所颁布的相关教育改革的法律、法规或制度、政策，但是我们也很容易被这些文本化的材料所蒙蔽。这些书面文件如《国家处在危险之中：教育改革势在必行》《不让一个孩子掉队》《2000 年目标：美国教育法》等，既为我们描绘了该国某次教育改革的理想目标，又规定了一些具体实施方案和相关保障措施，让人看了不禁心动。然而，颁布法规、文件是一回事，是否真正落实执

---

① 阎亚军. 国外教育改革领域的三重"迷雾"[J]. 外国中小学教育，2009(2).

行是另一回事，具体的实施效果又如何，那就更是无从说起了。没有说出来的比说出来的往往重要得多。

　　教育改革有关方案一般都是由主张或支持改革的人提出来的，这些人为了彰显教育改革的重要性、紧迫性，也为了获得政府和社会的广泛支持，往往容易过分夸大本国教育中所存在的问题以及可能带来的危害。当别的国家的人们看到这样的教育改革报告、方案或法规、文件时，也很容易产生共鸣，萌生改革的冲动，因为他国的教育改革似乎已经证明，不解决那些问题，后果将不堪设想。西方的教育改革者要进行某方面的改革，把过去的问题或弊端说得严重点，似乎可以理解，但是这有可能使我们远离改革要面对的问题本身，也容易使我们的改革矫枉过正。这是我们在阅读国外相关教育改革文献或报告时须注意的。

　　以美国高质量教育委员会1983年提交的报告《国家处在危险之中：教育改革势在必行》为例，他们把该国的教育问题与国家、民族的生死存亡联系了起来。"我们的国家处于险境。我国一度在商业、工业、科学和技术上的创造发明无异议地处于领先地位，现在正在被世界各国的竞争者赶上"，"我们向美国人民报告，当我们完全有理由为我们的大中小学在历史上取得的成就和为美国及其人民的福利做出的贡献而感到骄傲的同时，我国社会的教育基础目前受到庸庸碌碌的潮流的腐蚀，它威胁着整个国家和人民的未来"，"如果不友好的列强试图把目前存在的平庸的教育成绩强加于我们，我们可以把它视为一种战争的行动。"美国人的这篇公开宣言是在20世纪70年代末80年代初日本、西德的重新崛起，其经济、科技实力等日益赶超美国的背景下提出来的。美国人有着强烈的危机意识，看到了这点，却把人们的注意力集中到了教育这一点上，似乎通过高质量的教育就可以防止别国赶上。美国人完全有权利批评他们自己的学校教育问题，批得再猛烈别人也无权过问，但是正如非常熟悉美国教育的英国比较教育学者B·霍姆斯和M·麦克莱恩所说的："遗憾的是这些批评很容易被一些外国人所认可。事实上，美国人并不愿意为解决他们真正的或想象出来的现时问题而采取被他们的先辈所抛弃的传统，或采用他们的国际竞争对手所倡导的教育理论。"因此，我们可以关注美国人对自身课程或教育问题的批评与反思，但是"不能把美国人自己对现代社会中的美国课程的批评太当一回事"。

　　此外，国外很多教育改革的调查研究报告受某项目基金资助的可能性很大，不同利益群体可能会通过这一途径获得自己所需要的研究结论，对国家政府的相关决策施加有利于自己的影响。如果我们对这些研究报告文本的价值或利益倾向了解不深、研究不透，那么就会误以为这是代表了该国的教育改革方向或发展趋势。文本本身一般不会直接告诉我们它所代表的利益群体，而是经常打着整个国家复兴或发展的旗号，以局部掩盖整体，这是我们应该注意的。

　　在全球化的背景下，中国的教育改革应具有"国际视野"，认真学习、借鉴国外发达国家教育改革的经验和教训。然而，由于教育改革往往涉及国家之间的利益竞争，加上教育改革本身的复杂性、长期性，因此它并不像别国向我们宣称的或者我们所看到的那样简单、明了。正如英国比较教育学家萨德勒所言："在研究外国教育制度时，我们不应当忘记，学校之外的事情甚至比学校内部的事情更重要，它们制约并说明校内的事情。"所以学习、借鉴的最重要前提是深入了解别人的真实情况。只有了解真相，我们才能知道国外教育改革真正是怎么一回事，才能知道向他们学习什么，也才能有助于明确国内教育改革的目标和方向。

第一节　教育改革的发展趋势

进入 21 世纪，随着政治、经济、文化、科技等各方面的飞速发展，各国加快了教育改革发展的步伐并顺应时代的潮流，主要呈现以下改革的发展趋势。

一、教育现代化

教育现代化是社会现代化的重要内容和推动力，是当代国际教育改革的重要潮流。那么教育现代化的基本内涵可以从三个方面来理解[①]。首先是从功能的角度，教育现代化的重要作用是变革传统教育，实现人的现代化、思想意识现代化与政治经济现代化，培养创新人才，提升国家竞争力，最终促进整个社会的现代化。其次是从内容角度，教育现代化包括教育思想、教育管理、教育制度、教育内容、教学水平、师资队伍等多个方面的现代化变革。最后是从历史演进的角度，教育现代化是一个从传统教育转变为现代教育的过程，是一切有关教育现代化改革和发展的总称，狭义上主要指落后国家如何学习发达国家来推动本国教育现代化的改革过程。

当今教育现代化的发展趋势，主要呈现以下几个基本特征[②]：

（1）生产性日趋强劲。自工业革命以来教育现代化的全部历史进程实际上都是在促进教育走向与生产劳动相结合，为经济发展服务。这种生产性将随着生产中科技含量的增加，尤其是知识经济的兴起而加强。

（2）革命性愈显突出。教育现代化本质上是一场变革旧教育的革命运动，它不仅要革除旧的教育观念，更重要的是彻底抛弃传统的教育模式，实现教育的根本转型，同时不断更新旧的教育目的、思想、制度及内容。

（3）发展性将更受重视。教育现代化不仅把促进经济增长作为核心目标，而且营造一种再生性的可持续增长过程。因此现代化的教育更重视办学模式的转型，重视科学规划，为保持现代经济增长打下坚实基础。

（4）综合性更趋重要。不仅教育自身各种因素如观念、目标、体制、内容、方法、手段以及教师、学生、家长、社会等将寻求最佳的互动方式，而且教育与社会各方面发展将达到更高程度的协调，使教育现代化呈现出一种整体性的综合社会运动。

（5）国际性日益增强。教育现代化是全球化进程，必须呈现巨大的开放性，寻求国际交流与合作，在相互交流、相互作用中实现 21 世纪的教育现代化。

二、教育全球化

教育全球化是一种社会存在，是人类社会的教育不断跨越空间障碍、制度和文化的社会障碍，在全球范围内实现充分沟通(物质和信息的)、达成更多共识和共同行动，同时不断

[①] 冯增俊等. 当代比较教育学[M]. 2 版. 北京：人民教育出版社，2015：86.

[②] 冯增俊. 论教育现代化的基本概念[J]. 教育研究，1999(03).

深化现代化的过程。[①]它将使教育资源配置在全球范围内最大限度的高效和优化。如各国都在积极采用人才交流、合作办学等多种方式，并通过卫星电视、互联网等高科技手段充分利用教育、信息资源，使全球教育效益得到了整体的提高。教育资源配置的全球化将推动世界多元化教育的协调互动与可持续发展，促进各民族不同文化间的理解和互动，从人类共同繁荣出发，致力于解决全球生存与发展问题。

教育资源的全球共享性以及各民族之间的互动性是政治、经济、文化全球化所共有的，是全球化的普遍特征。我们主要从教育制度、教育目标和教育内容三个方面来阐述教育改革的全球化趋势。

(一)教育制度

首先是教育权力的分离，主要表现为学校办学体制改革中权力的分离。先是学校所有权和主办权的分离，所有权归国家而主办权归学校所有，第二次权力分离是学校的决策权与管理权的分离，学校成立类似于董事会的组织作为学校的最高决策机构[②]。

教育市场化也是一个颇具争议的话题。自 20 世纪 80 年代以来，教育日益成为一种准商品，如美国、英国等许多国家将高等教育作为主要的出口产业，通过吸引大量的外国留学生，收取昂贵的学费作为其高等教育经费的重要来源。在乌拉圭举行的关贸总协定会议上，服务行业(包括知识产权和教育)首次被视为全球贸易规定的一部分加以对待。这一协定确定了服务业的国际竞争规则，从而促使国际教育市场化逐渐形成，随之就是学校产业化经营改革迅速扩张，如公立学校，在不改变政府所有权这一性质的基础上，允许公司或企业参与学校管理和运营，以此来转变教育管理模式，提高学校教育质量和管理效率。教育市场化有其值得肯定的一面，但过度的追求市场机制带来的利益，则容易弱化政府的职责，出现教育不公平等严重问题。

(二)教育目标

全球视域下的教育目标主要表现在两个方面：第一是公民教育，为了强化民族认同感，同时也对人类文化多元化持尊重和理解的态度；第二是树立学生关心人类、关心地球，为人类美好生活做贡献的世界理想。

各个国家在教育全球化的浪潮中，以全球视域下的教育目标为纲领，根据本国的教育发展现状，制定了具有本国特色的教育目标。如美国在 20 世纪 90 年代提出，要使每所学校的每个学生都能达到知识的世界级水准，通过国际交流，努力提高学生的"全球意识"和"国际化观念"[③]。日本提出，要培养具有放眼全人类、全世界的视野，受国际社会信赖的，能在各领域为国际社会做贡献的日本人。韩国在 1995 年出台了《确立主导国际化、信息化的新教育体制改革方案》，提出培养主导国际化、信息化时代的具有世界水平的新质量的韩国人[④]。

---

① 杨明. 教育全球化对中国教育意味着什么?[J]. 教育发展研究，2003(2).

② 邬志辉. 教育全球化——中国的视点与问题[M]. 上海：华东师范大学出版社，2004：70.

③ 王丽敏. 再论中外合作办学与教育全球化[J]. 中国成人教育，2004(03).

④ 赵烁. 全球化与教育[J]. 河北大学学报(哲学社会科学版)，1999(03).

(三)教育内容

首先是可持续发展教育。进入 21 世纪以来，随着世界各国政治、经济、科技等方面飞速发展，使人类在全球范围内都面临着人口、资源和环境等方面的严峻挑战，尤其是资源枯竭、环境污染问题的解决迫在眉睫。国际社会也逐渐从可持续发展的角度来对待环境和资源问题。如在 1992 年联合国环境与发展大会通过的《里约环境与发展宣言》中指出："可持续发展已成为人类最关注的问题，人类应享有健康、富有，并且与自然互相和谐的生活"，可持续发展"应该能公平的满足当代及未来世界的环境与发展的需要"[①]。可持续发展教育越来越受到各国的高度重视，它是以自然环境教育为主体，还包括人文环境的大环境教育。在自然环境教育方面，提高保护环境可持续发展的意识，使人们认识到环境在生活中的重要意义以及当前环境污染给人们的生产生活带来的严重影响，正确把握环境与发展的关系，明确人与自然和谐发展，环境与发展相互协调的原则。在人文环境方面，主要是指新经济观包括生产观、价值观、需求观以及消费观的形成和建立。新的生产观强调现代社会的生产是物质资料再生产、人口再生产、生态再生产和精神产品再生产的统一体，强调经济系统与生态系统的协调共存；新的价值观分为有益价值和有害价值，相应的以有益价值作为量度的产值叫有效产值，而以有害价值作为量度的产值则称作无效产值；新需求观一方面要克服全球性唯物主义的倾向，另一方面就是提倡注重生态需求。[②]

其次是外语教育。教育全球化的发展离不开国际间文化、政治和经济的交流，外语作为国际交往的重要手段，使世界各国对外语教育越来越重视。如"法国 1985 年进行的教学改革，除把第一外语作为初中的必修课外，还提供第二外语作为选修课，要求学生至少掌握一门现代外语，鼓励更多的学生学习第二外语。[③]美国在《2000 年教育目标法》中强调要大幅度提高能掌握和使用多于一种语言的学生所占比例。在我国外语教育已成为当前课程改革的重点之一，教育部在 2001 年发布的《关于积极推进小学开设英语课程的指导意见》中要求，从 2001 年秋季开始，全国从小学三年级起开设英语课程。而且一些发达地区和城市的幼儿园都已开设了英语启蒙课程。

三、教育信息化

教育信息化是"二战"后世界教育改革的一个重要发展趋势。计算机、网络等通信技术的诞生代表着新的科技革命的到来，也为人们追求的教育平等理念的实现提供了广阔前景。教育信息化是现代信息技术在教育领域的应用，是指在教育中运用现代信息通信技术，开发教育资源，优化教育过程，以培养和提高学生的信息素养，促进教育现代化的过程[④]。那么综合世界各国教育信息化的发展趋势，主要有以下表现形式。

① 王如松. 现代生态学热点研究[M]. 北京：中国科学技术出版社，1996：39.

② 杨汉清. 比较教育学[M]. 3 版. 北京：人民教育出版社，2015：491.

③ 赵烁. 全球化与教育[J]. 河北大学学报(哲学社会科学版)，1999(03).

④ 南国农. 教育信息化建设的几个理论和实际问题(上)[J]. 电化教育研究，2002(11).

(一)现代信息技术教育成为教育改革重要组成部分

现代信息技术日新月异的创新和发展，给教育带来不仅仅是手段和方法的变革，也成为各个国家教育观念、教育模式发生内在历史性变革的利器。如美国在 2000 年制定的《数字化学习——让所有的孩子随时都能得到世界一流的教育》这一国家教育技术计划中强调"美国的每一个孩子都应当接受 21 世纪的教育，都应当使用 21 世纪的技术"，并确定了新的国家教育技术目标[①]。2010 年美国又出台了《变革美国教育：技术推动的学习》的国家教育技术规划，提出以"21 世纪学习模式"来推动学习方式、评估方式和教学方式的变革[②]。英国在 1995 年启动"教育高速公路：前进之路"的计划；2005 年和 2008 年英国又分别颁布实施《利用技术：改变学习及儿童服务》和《利用技术：新一代学习》，这两部政策文件体现了英国政府正在努力地通过建立完善的信息技术体系和学习方式为学生的学习、评估和监测提供更好的服务。日本临时教育审议会，在 20 世纪 80 年代发表的关于教育改革的四次审议报告中均指出，教育信息化是日本教育改革的重点之一，要求[③]：第一，最大限度地发挥各种现代化信息手段的潜力，并注意形成新的信息伦理、信息道德，提高信息价值观；第二，为适应多样的学习要求，提高学习自觉性与创造性，应积极运用信息技术，创造新的学习体系——信息化社会型体系；第三，在初等教育、中等教育和社会教育中运用信息手段，培养信息运用能力，在高等教育和学术研究中运用信息手段和培养人才。法国在 1997 年制定的"信息社会的政府行动计划"中提出，要使每个青年毕业时都能掌握未来生活和工作所需要的信息与通信技术，同时在教育教学方面，使教师能够利用多媒体资源开展丰富的教育教学活动。

我国的教育信息化发展较晚，是在 1985 年颁布的《中共中央关于教育体制改革的决定》中才初露端倪，此后在 1993 年颁布的《中国教育改革和发展纲要》等文件中再次强调对现代化教学手段的推广运用。在"十五"期间，我国开始重点支持建设现代远程教育网络，包括中国教育科研网和卫星视频系统，启动"校校通"工程，提高教育现代化和信息化水平。教育部在出台了《国家中长期教育改革和发展规划纲要(2010—2020 年)》之后，2012 年 3 月又组织编制了《教育信息化十年发展规划(2011—2020 年)》。同年 9 月 5 日，刘延东副总理在全国教育信息化工作电视电话会议上提出："十二五"期间，要以建设好"三通两平台"为抓手，加强教育信息化建设。"三通两平台"即"宽带网络校校通、优质资源班班通、网络学习空间人人通"，建设教育资源和教育管理公共服务平台。2012 年 11 月，党在十八大中将"信息化水平大幅提升"纳入全面建成小康社会的总体目标之中，国家对于教育信息化重视的程度越来越高。2014 年袁贵仁部长在全国教育工作会议上的讲话中指出，要充分利用教育信息化，扩大优质教育资源覆盖面，为促进教育公平、提高教育质量作出贡献。[④]2016 年 6 月 17 日，国家教育部又发布了《教育信息化"十三五"规划》，明确了"十三五"期间教育信息化的八大任务，其中包括，要完成"三通工程"建设，全面

① 吕达，周满生. 当代外国教育改革名著文献(美国卷·第四册)[M]. 北京：人民教育出版社，2004：281.

② 徐辉. 21 世纪世界高等教育改革的若干趋向及启示[J]. 比较教育研究，2015，37(01).

③ 张蓉. 比较教育学[M]. 南京：南京师范大学出版社，2009：314.

④ 杨海燕，石绪军. 中小学教育信息化建设的实践及思考[J]. 中小学校长，2014(07).

提升教育信息化基础支撑力；不断扩大优质教育资源覆盖面，推广"一校带多点、一校带多校"的教学和教研组织模式等。

(二)在中小学普及现代信息技术教育

美国早在 20 世纪 80 年代就开始在中小学普及信息技术教育。美国启动的面向 21 世纪中小学课程改革的"2061 计划"，把中小学 12 年应获得的基本科学知识重新划分为 12 个学科类群，在每一类群中都试图将自然科学、社会科学与信息技术相结合，使信息技术与学科教学相整合逐渐成为美国教育信息化的重要发展方向。2000 年，美国教育技术国际协会公布了全国教育技术标准，明确提出信息教育不仅要培养学生获取、整理、分析以及创造性地运用信息的能力更要注重培养学生的信息素养，使之成为有见识、负责任、有贡献的美国公民。英国 20 世纪 80 年代在中小学开设了独立设置的信息技术教育选修课程，1998年英国政府通过立法的形式将其改为必修课，并在 2000 年将课程名称更名为"信息与通信技术(ICT)"。该课程将 5～16 岁的学生分为四个阶段，要求学生在不同程度上掌握信息与通信技术的相关知识、技能，利用信息与通信技术交流与解决问题。1998 年，日本在教育课程审议会上发表的关于"改善教育课程标准的基本方向"的咨询报告明确提出两方面的要求[①]：一是在小学、初中、高中的各个学科中必须积极利用计算机等信息设备进行教学；二是要求小学阶段的"综合学习"课要适当运用计算机等信息工具，初中阶段则要把现行的"信息基础"选修课改为必修课，高中阶段开设必修的"信息"课。

我国自 20 世纪 80 年代开始，也逐步在中小学开设了计算机课程。2000 年 10 月教育部在北京召开全国中小学信息技术教育工作会议，并决定用 5～10 年的时间普及全国中小学信息技术教育。同年 11 月，教育部颁布了《中小学信息技术课程指导纲要(试行)》，明确了小学、初中及高中各个阶段信息技术课程任务和教学目标，其中还包括课时安排和教学评价。[②]2006 年 3 月 19 日，国务院在颁布的《2006—2020 年国家信息化发展战略》中强调要"普及中小学信息技术教育，开展形式多样的信息知识和技能普及活动，提高国民受教育水平和信息能力"，其中要求建立完善的信息技术基础课程体系，优化课堂设置，丰富教学内容，提高师资水平，改善教学效果，全面推进素质教育。

(三)加强信息技术基础设施建设

信息技术基础设施主要是指具有联网功能的硬件和软件。法国于 1985 年在小学新设"科学与技术课"，并启动了一项耗资 20 亿法郎的"人人学习计算机"计划，为中小学配置了 1 万～2 万台计算机和万余套软件，但由于师资等原因，导致最终设备利用率仅有 20%。随着教育信息化建设的不断发展，法国政府在 2009 年通过招标的方式，实现了从 2010 年 1 月 1 日起，以每月费用低于 35 欧元的价格，让所有法国人使用宽带互联网[③]。英国政府在 1999 年宣布拨款 4.5 亿英镑，用于资助 2000—2002 年的全国上网学习计划。截至 2005 年年底，英国小学已经实现每 6.7 个学生有 1 台计算机，63%使用电子白板，91%有适当网

---

① 冯增俊等. 当代比较教育学[M]. 2 版. 北京：人民教育出版社，2015：186.

② 沈书生，李艺. 信息技术与中小学课程改革[J]. 电化教育研究，2002(12).

③ 冉花，陈振. 欧洲教育信息化规划分析 国际教育信息化研究系列 II[J]. 中国教育网络，2012(08).

络，99%建立因特网连接，78%有宽带连接；中学已经实现每 4.1 个学生有 1 台计算机，99%有适当网络，99%建立因特网链接，99%有宽带连接[①]。日本在教育改革的历程中，多次实施普及计算机设备和因特网的计划，并且投入了大量的资金，如仅在 2000 年用于教育信息化的财政预算就达 119 亿日元[②]。同时日本政府也很重视中小学数字校园的建设，并计划到 2015 年，为全国的中小学生每人配一台电子课本。美国中小学教育信息化程度提高非常迅速，到 2005 年 12 月，美国公立中小学学生与联网计算机的比例为 4：1，公立中小学和教室的联网率分别达到 99%和 89%。而在高等教育领域，美国开发了大量的网络课程，据美国教育统计中心调查，截至 2000 年年底，美国已有 2000 多所高等院校开设了各类网络教育课程，2011 年秋季美国又开发出了新兴的网络课程模式——慕课(MOOC)，被誉为"印刷术发明以来教育最大的革新"[③]。

(四)提高教师教育信息技术素养

法国在 20 世纪 90 年代对于中小学"科学与技术课"的普及计划中，由于教师培训不足等原因导致信息技术资源利用率低下，影响了法国教育信息技术的发展。在 1997 年，法国教育部长宣布推行为期三年的多媒体教学发展计划，并且将重点放在教师培训上，培训 1000 名年轻博士从事多媒体教学以提高教师教育信息素养。美国教育部在《1988—2002 年教育发展战略》报告中提出，学校要采用先进的教育技术为全体学生和教师改进教育，其中实现这一目标的具体指标就是，到 2001 年为止，至少 60%的教师、学校管理人员和学校图书管理员将完成计算机及上网操作的培训以帮助学生学习[④]。英国政府非常重视对职前和在职教师进行信息通信技术(Information Communications Technology，ICT)培训，每年都会花费 1 亿多英镑的巨资用于教师培训。对职前教师主要由各个大学负责培训，对在职教师可以通过已认证的培训机构进行，培训的目的不仅要使教师及图书管理员掌握处理文字、数据的知识和技能，还要提高创造性运用 ICT 的能力。德国 1997 年，在各州文教部长联席会议上决定，正式把多媒体教育纳入教师培训内容，规定每个教师都必须具备使用和指导学生使用多媒体的能力。我国也非常重视培养教师的教育信息素养，在"十五"期间要求师范院校开设信息技术和现代教育技术公共必修课，以培养能胜任中小学信息技术教育的师资；通过各种形式对全体中小学教师进行现代信息技术培训，是中小学教师继续教育的重要内容之一。

四、教育终身化

终身教育的思想虽早已有之，但终身教育作为一种国际教育思潮，则是 20 世纪 60 年代才开始的。1965 年联合国教科文组织国际成人教育促进委员会讨论通过了保罗·朗格朗 (Paul Lengrand)的"终身教育"的提案。随后，在联合国教科文组织的大力推行和各国学者

① 于志涛. 英国 ICT 国家教育计划及其启示[J]. 中国远程教育，2006(09).

② 李文英，吴松山. 世界教育信息化发展及其经验[J]. 河北大学学报(哲学社会科学版)，2007(05).

③ 冯增俊，等. 当代比较教育学[M]. 2 版. 北京：人民教育出版社，2015：186.

④ 张蓉. 比较教育学[M]. 南京：南京师范大学出版社，2009：318.

的积极倡导下，终身教育思想很快在世界范围内得到迅速发展并逐步转化为世界各国的教育实践。终身教育通常是指人们在一生中各阶段所受过的各种教育的综合，包括教育体系的各个阶段和各种形式，既有学校教育又有社会教育，既有正规教育又有非正规教育。这一思想是教育信息化得以迅速发展的理论基础，同时教育信息化又为教育终身化的实现提供了重要途径，两者相辅相成、共同发展。然而自 20 世纪 80 年代以来，国际上日益用"终身学习"一词取代"终身教育"，并成为一个极其重要的教育观念在全世界传播。两者的区别主要在于[①]：终身学习是突出个人的学习意愿和主动的学习活动，其承担主体是个人，而终身教育则强调建构满足每个人一生中的各种学习意愿，并能提供相应学习机会的制度或体系，其承担主体是社会或政府。

1972 年，在联合国教科文组织发表的《学会生存——教育世界的今天和明天》这一报告中，国际教育发展委员会执行主席埃德加·富尔结合朗格朗的"终身教育"思想，进一步提出了"向学习化社会前进"的建议，最终形成"学习型社会"这一概念。所谓学习型社会就是以学习求发展的社会，就是不断创新的社会，具体内涵包括：以个体学习、终身学习来追求个体的全面发展；以组织的学习和创新来追求组织的发展；以社会的学习和创新来促进社会的发展，从而达到全面小康的和谐社会。[②]

随着世界各国教育信息化的发展以及"终身学习"思想的广泛传播，教育终身化也日益成为各国教育改革的发展趋势。英国的成人教育在世界上享有盛誉，20 世纪 90 年代之后，更是引起人们的普遍重视，比如 1997 年，英国在发表的《连接学习社会——国家学习信息系统建设》政府报告中指出，网络和信息技术建设是学习型社会建构的必然通道，基于这一理念在 2000 年建立了英国产业大学，它构成了英国政府终身教育理念的核心。德国的教育终身化是紧紧围绕职业继续教育而发展的。1997 年德国联邦教育与科学部在《终身学习：职业继续教育的状况与展望》中强调促使职业继续教育成为完整教育体系的一部分，以此来激发在职者的终身学习动机，建构学习型社会。日本是亚洲国家中终身学习体系建构的最为发达的国家。20 世纪 80 年代日本将建构终身学习体系作为教育改革最主要任务之一，在 1990 年制定了第一部终身学习法，即《终身学习振兴法》，并成立了终身学习审议会。日本建构终身学习体系的措施有[③]：在文部科学省设立终身学习局；地方教育委员会负责终身教育的开展；在文部科学省设立理事会作为咨询、审议机构；大力促进"社区学习中心"等各类社区终身学习设施的建设；普及计算机网络的应用。

五、教育民主化

"二战"以后随着民主和民族解放运动的蓬勃发展，教育民主化逐渐成为世界教育改革的潮流。所谓教育民主化，就是要求教育具有平等、民主、合作、能调动教育者与受教育者的积极性等特点。主要内容包括：取消等级制度，给广大人民以受教育权力，实行教育机会平等；反对压抑儿童的个性，要求尊重学生，调动学生积极性，培养、提高他们的

---

① 杨汉清. 比较教育学[M]. 3 版. 北京：人民教育出版社，2015：480.

② 王承绪，顾明远. 比较教育[M]. 5 版. 北京：人民教育出版社，2015：364.

③ 冯增俊，等. 当代比较教育学[M]. 2 版. 北京：人民教育出版社，2015：198.

民主和参与意识。[①]那么教育民主化主要体现在以下三个方面。

(一)教育机会均等

早在 1948 年，联合国大会通过并颁布了《世界人权宣言》，其中的第 26 条明确提出："人都有受教育的权力，教育应当免费，至少在初级和基本阶段应如此。初级教育应属义务性质。技术和职业教育应普遍设立。高等教育应根据成绩对一切人平等开放。"1985 年在法国巴黎召开的"教育民主化国际研讨会"专门就教育机会均等问题进行讨论。教育机会均等的含义主要包括：①入学机会均等，入学不受歧视，即在一个教育体系内是否所有的个人或社会群体都有同样的入学机会；②受教育过程中的机会均等，它包括学习环境和待遇，即是否所有个体包括弱势个体都有享受等值的学习条件的机会，具体表现为师资水平、教学基本设施等方面；③取得学业成功的机会均等，即是否所有个体不论背景如何都掌握了教学目标规定的同等程度的知识和技能，以及在离开教育体系时都有获得同样资格的机会。

(二)教育管理民主化

首先是教育决策民主化。许多国家都是通过设立教育审议机构或委员会来实现教育决策民主化的。比如美国在联邦内设有联邦成人教育审议会、职业教育审议会、政府间关系教育顾问委员会等 10 多个审议机构，这些审议咨询机构一般由政府官员、教师代表、学生代表、教育专家、社会各界名流、民众等组成，对国家制定的教育政策或法律进行探讨，最终做出决策。英国教育和科学部设有中央教育审议会和全国地方高等教育审议会，地方教育行政机关也设有区域性的教育审议机构。

其次是多方参与教育改革。教育改革不仅是政府的事，更是整个社会的事，许多国家在教育改革发展中都积极鼓励社会多方面力量的广泛参与和介入。日本在教育改革中特别重视与民众的对话，通过组织开展各种讨论会听取家长、教师、学生、专家的意见对教育改革措施做出相应的调整。财界在日本的教育改革中起着重要的作用，它可以根据产业结构的变化，通过政府介入教育改革，提出教育改革要求[②]。

(三)学校管理民主化

学校管理涉及教师、学生、家长以及社区多方面的利益，为了保证管理的科学化，各国逐渐呈现学校行政管理民主化的趋势。比如在 2003 年，法国总理组织了"学校的未来全国讨论委员会"，开展全国性的讨论，收集所有关于学校问题的思考与建议。委员会建立了专门网站，并提出了 22 个问题供全社会讨论。参与讨论的不仅有教育专家、学生、家长、教师和教育管理人员，还有政府行政人员、企业界人士和各团体代表人员等[③]。依据该委员会提交的报告政府起草了"教育系统指导法案"，并于 2004 年经议会讨论后通过。英国学校实行的是学校董事会领导下的校长负责制。董事会是学校的决策机构，主要负责讨论和

---

① 顾明远. 教育大辞典(第一卷)[M]. 上海：上海教育出版社，1990：55.

② 范树成. 国际教育改革的法制化与民主化趋势探析[J]. 外国教育研究，2005(2).

③ 韩永敏，徐学莹. 教育民主化视野下的法国基础教育改革[J]. 教学与管理，2012(36).

表决学校的重要决策；参与学校课程课时的安排；学校教职人员的聘用；学校建设及资源利用；为家长提供学校管理工作报告等。关于教师待遇或者学生利益等的决策时，学校董事会会征求教师工会、校学生会以及家长的意见，英国学校每年召开1~2次全体教职工大会，介绍学校情况，以增加透明度。

第二节 教育改革的主要着眼点

一、学前教育

学前教育是社会发展的产物，随着社会政治、经济、文化、科技等方面的快速发展，社会对学前教育也提出了新的要求。各个国家纷纷根据本国的国情通过颁布相关法律条文、制定政策文件等多种途径进行学前教育改革，从而提升学前教育的重要地位，促进学前教育的发展。纵观各国学前教育改革经验，其改革重点包括学前教育课程改革、提高学前教育师资水平、学前教育财政投入以及幼小衔接等方面。

(一)学前教育课程改革

美国幼儿园在课程目标上始终坚持培养完整儿童，强调幼儿的全面发展，即全人性。2005年，全美幼教协会在制定的《幼儿教育方案标准和认定指标》中指出，课程旨在发展儿童的审美、认知、情感、语言、体能和社会六个方面，力求使儿童的认知与情感、知识与智力、主动精神与社会责任感达到和谐统一[①]。在教育内容方面共分为社会情感发展、语言发展、早期读写发展、早期数学能力的发展、技术、科学探索等八个方面。2010年美国联邦资助的"开端计划"的项目负责部门又发布了《"开端计划"儿童发展与学习框架：促使3~5岁儿童早期教育项目服务质量达到积极的效果》，增添了逻辑与推理、社会研究、英语语言发展三个领域，将原来的八个学习领域扩展为十一个，力求课程内容的全面性。美国没有统一的国家课程，因此多样性是幼儿园课程设计的一大特色，当前美国幼儿园课程模式主要是直接教学模式、开放教学模式、儿童中心模式这三种模式在不同程度上的融合与渗透。日本学前教育课程改革着重于创设适合幼儿身心健康成长的环境，培养幼儿的生存能力。

日本文部科学省在2008年修订，2009年实施的《幼儿园教育要领》中明确指出：学前教育是为人格终身发展奠定基础的重要因素。并进一步完善了健康、人际关系、环境、语言、表现这五大领域的课程目标和课程内容。课程的实施坚持以游戏为主，在新的《要领解读》的第一章总则中强调要"通过游戏进行综合的教育，使乳幼儿获得适当的体验。"课程内容突出社会性，重视幼儿社会适应能力的培养，强调幼儿个性的发展。英国的学前教育强调促进每个幼儿的可持续发展，保证所有幼儿获得进步。2000年9月英国政府颁布了《基础阶段课程指南》，将幼儿园课程内容分为六个领域：一是个性、社会性和情感的发展；二是交流、语言和读写；三是数学发展；四是认识和理解周围世界；五是身体发展；

① 陈时见，何茜. 幼儿园课程的国际比较——侧重幼儿园课程设置的经验、案例与趋势研究[M]. 重庆：西南师范大学出版社，2011：36.

六是创造性发展。其中指出了游戏的重要作用，强调要从幼儿的本性和需要出发，通过大量的探索、感知和操作活动来实施幼儿园课程。印度在 2003 年颁布的《国家儿童宪章》中关注幼儿方面的内容包括儿童的生存、生活和自由；游戏和娱乐；为儿童的生存、生长和发展进行早期儿童保育；保护儿童免受经济剥削和任何形式的虐待等。2005 年印度的"国家儿童行动计划"将早期儿童保育和教育目标界定为[①]：普及早期儿童服务来确保儿童的身体、社会、情感和认知的发展；确保所有 3 岁以下的幼儿有机会获得保育和发展；确保所有 3~6 岁的儿童能够获得综合保育和发展以及学前的学习机会；向农村和城市地区的家长提供日托中心和托儿所机构。

(二)提高学前教育师资水平

高素质的学前教育师资队伍是学前儿童健康发展的重要保障，是学前教育事业前进和发展的动力源泉。世界各国主要是通过职前培养和职后培训的方式来提高学前教育师资水平。如美国的幼儿园教师是通过设有早期儿童教育系的综合大学或师范学院来培养的。2005 年，69%的"开端计划"教师有至少两年的学院学位，32.8%的教师拥有专科学位，31.5%有学士学位，4.7%有研究生学位，22%获得了儿童发展助理证书。[②]日本承担学前教育师资培养的机构主要可分为大学和短期大学两类，保育士的培养以短期大学和保育士养成学校(所)为主，都要通过修够足够的学分才能拿到从教许可证。除此之外，还有多种多样的学前教育师资培训机构。近年来培训学前教育师资的机构数量迅速扩大，2008 年文部科学省还制定了关于在幼儿园进行育子支援进修的研究报告，强调了加强幼儿教师进修的必要性、具体的进修内容和进修的形式以及组织实施进修时应注意的问题。在英国，从事教师职业有三种途径：第一种是年满 18 周岁并获得普通初级中学毕业文凭的青年人可以申请大学，经过学位学习和教育学研究生学习之后就可以成为一名合格的教师；第二种是通过 3 年教师证书学习班的学习；第三种是通过 4 年的大学本科师范教育来从事教师职业。英国还很重视幼教人员的在职教育，由政府提供用于教师专业进修和培训的项目资金，比如参加幼儿教育会议、组织教师外出学习等。

(三)增加学前教育经费投入

大多数国家对于学前教育财政投入都采用各级政府共同承担的方式。美国从 1965 年就开始实施"开端计划"，为儿童提供早期教育，为保证开端计划的顺利实施，国会的财政拨款每年都在增加。2005 年，"开端计划"获得联邦政府经费拨款 68 亿美元，受益儿童 90 多万人，人均花费 7222 美元。[③]美国总统奥巴马在入驻白宫之后，开始筹划"0~5 岁综合教育计划"，计划联邦政府每年向幼儿及家长财政拨款 100 亿美元以保障幼儿的早期教育和保育服务。联邦政府始终坚持将学前教育经费单列以及加大其教育经费投入力度，推进学前教育的普及和发展。英国政府在 1998 年开始对 5 岁以下儿童的教育进行改革，发起了"确保开端"计划，帮助改善处境不利儿童的生活环境和早期教育。自计划实施以来，

---

① 王承绪，顾明远. 比较教育[M]. 5 版. 北京：人民教育出版社，2015：151.

② 王承绪，顾明远. 比较教育[M]. 5 版. 北京：人民教育出版社，2015：154.

③ 冯增俊，等. 当代比较教育学[M]. 2 版. 北京：人民教育出版社，2015：302.

英国加大了对学前教育的财政投入，据统计 2002—2003 年，政府对早期教育、儿童养护以及"确保开端"地方计划的投资达 8 亿英镑；2005—2006 年度用于该项目的联邦预算达到 11.58 亿英镑，约为 2001—2002 年度该项目财政拨款的 6.5 倍[①]。

(四)幼小衔接趋于"有效一体化"

幼小衔接不仅是为儿童升入小学做准备，也是教育机构之间相互衔接和统一的重要环节。美国早在 20 世纪 90 年代就将 5 岁的儿童教育与小学低年级的教育归为一个阶段，并纳入学校教育体系当中，对 5 岁儿童进行为期一年的预备教育，促进幼儿各方面的发展，尤其是数学和自然科学教育。2011 年美国所有的州都强调早期学习标准和 K—12(幼儿园～12 年级)课程标准的一体化，作为教育一体化系统工程的一个重要组成部分，关注基本知识的传授和幼儿基础能力的发展，为儿童升入小学奠定良好基础。英国的初等教育机构分为 2～5 岁的儿童保育学校、5～7 岁的幼儿学校和 7～11 岁的初级学校，幼儿学校属于小学阶段，但是课程内容和活动组织形式仍然从学前阶段开始逐步向小学过渡。在学校和教室环境的布置上也体现出衔接性，比如在活动区角的设置及投放材料的内容和性质等方面，同时将学前两个年级和小学一、二年级设置在同一个环境当中，创设一个整体而又协调发展的环境。法国在 20 世纪 90 年代颁布的《教育法实施条例》中把学前儿童和小学儿童分为三个阶段：第一阶段为"前学习期"，包括母育学校 2 岁至 4 岁的儿童；第二阶段为"基础学习期"，包括母育学校 5 岁儿童和小学前两年级的儿童；第三阶段为"巩固期"，包括小学最后 3 个年级的儿童。学前教师和小学教师每周都要共同探讨儿童学习情况及应该达到的实际水平，并制订下一阶段课程安排，这一做法不仅避免儿童重复学习，而且加强了学前阶段和小学阶段的沟通和衔接。

日本是基于终身教育的背景下考虑幼小衔接问题的。文部科学省明确指出幼小衔接不仅关系到幼儿园和小学的联系，还关系到儿童小学阶段之后的学习和生活，应该从教育目标、教育课程和教育活动三个层次展开，以促进幼儿可持续发展。2004 年 5 月，日本中央审议会在一份报告中提出"幼小一贯教育学校"计划，并在 2006 年正式实施，该计划特别重视幼儿园教师和小学教师之间的沟通和经验交流，以及共同组织儿童的教育活动[②]。据此，日本在 2005 年的中央教育审议会咨询报告《关于适合环境变化的今后的幼儿教育的应有状态——为了幼儿的最佳利益》中提出在幼教机构和小学互设非常勤教师，来促进彼此的沟通和交流。

二、义务教育

义务教育是指国家权力机关通过法律形式，规定所有适龄儿童和青少年必须接受一定年限的学校教育，国家、社会和家庭必须给予保证的国民教育，具有强制性、免费性和普及性的特点。当今世界各国在进行义务教育改革和发展中主要从重视教育立法、加快课程

---

① 陈时见，何茜. 幼儿园课程的国际比较——侧重幼儿园课程设置的经验、案例与趋势研究[M]. 重庆：西南师范大学出版社，2011：152—153.

② 霍力岩. 日本"幼小一贯教育学校"述评[J]. 外国教育研究，2006(05).

改革、加强师资队伍建设、完善学校评价体制和关注教育公平等五个方面进行。

(一)重视教育立法

美国在 1958 年颁布的《国防教育法》对美国义务教育的发展起到重大的推动作用。1994 年美国国会通过了《2000 年目标：美国教育法》，该法案内容包括四个方面：第一，国家教育目标；第二全国教育改革的领导、标准和评鉴；第三，州和地方教育体系的改进；第四，国家技能标准委员会及其成员、经费和职责。其有效地促进了中小学教育质量的提高。2002 年美国又颁布的《不让一个孩子掉队法》，强调要采取措施如对于家长让儿童接受何种教育给予充分的自由选择权，增加政府财政拨款为处境不利的儿童提供额外教育等，努力提高所有儿童学业成绩，缩小同龄儿童之间的学业差距。英国在 1988 年的《教育改革法》对义务教育阶段提出了明确而具体的要求，其教育目标强调要促使义务教育阶段的儿童获得全面的发展，既要掌握必备的基础知识和技能，又要重视发展智力和能力，既要满足儿童个性的发展，又要兼顾国家和社会的整体需要。1997 年，英国工党内阁发布的教育白皮书《追求卓越的学校教育》，是英国制定英才教育政策的主要依据，成为英国教育改革的重要组成部分。英才教育理念放弃了传统的精英教育思想，关注大多数个体，更加注重教育整体卓越和教育个体的多元化发展，最终实现教育公平和整体教育水平的提升[①]。法国在 2005 年出台了《教育指导法》和《学校未来的导向与纲要法》，强调实现义务教育的内容平等，促使学生都具备共同的基础和能力。2013 年法国参议院又正式通过了《重建共和国基础教育规划法》，要求基础教育在未来五年达到使所有学生的知识和能力得到提高，缩小社会阶层或地区差异造成的不平等，提高学生的学业成功率等[②]。

(二)加快课程与教学改革

1. 课程设置方面

随着经济的快速发展，一些国家认识到自下而上的课程管理所呈现的不足，开始从国家层面加强了对课程的管理，设置国家课程。如美国在 20 世纪 80 年代就开始设立国家性课程，将全国课程标准作为学校教学方法、教科书改革的原则和依据，并在 1994 年确定了英语、数学、科学、历史、地理、社会、艺术 7 门国家核心课程。在《2000 年目标：美国教育法》中美国把课程标准分为"国家标准"和"州标准"，其中"国家标准"是由国家教育标准和改进委员会等机构制定的课程标准总的"准则"。"州标准"是在自愿的基础上，遵循国家标准而编订的州课程内容及评价体系。英国 1988 年通过颁布《教育改革法》确定了 10 门统一的国家课程，1999 年又进一步改革将国家课程扩增为 12 门必修课程[③]。课程的理念着眼于应对 21 世纪的新挑战，培养儿童运用知识发现问题、解决问题的能力，为将来的学习生活做准备。

同时也有一些国家如法国、俄罗斯、日本等国认识到中央集权制对课程管理的灵活性的限制，而开始非常重视校本课程的开发。在校本课程的开发中，目前各国基本呈现两种

---

① 姚红玉. 英国的英才教育[J]. 比较教育研究，2013，35(05).

② 刘京玉. 重建教育公平：法国《重建共和国基础教育规划法》解读[J]. 世界教育信息，2013，26(20).

③ 徐辉. 当代世界基础教育课程改革的发展趋势[J]. 西南大学学报(社会科学版)，2009，35(03).

形态：一种是"校本课程"的开发即国家在课程计划中预留 10%～25% 的余地，让学校根据自身实际发展状况自主进行课程开发；另一种是"校本的"课程开发，即学校对课程的管理具有决策权，可以在符合国家课程标准的前提下对国家或地方开发的课程进行适当的改编[①]。我国在 20 世纪 90 年代以来开始实施"国家、地方、学校"三级课程管理体制，逐渐把校本课程的地位凸显了出来。随着社会的发展，新生一代要面临越来越复杂的社会问题，如环境、资源、文化冲突等各种问题，同时又根据儿童身心发展的年龄特点，课程专家建议实施综合化课程，使不同学科相互联结相互渗透，形成有机的整体，同时避免系统的知识被人为地割裂开。如美国的自然科学课程，将历史、地理、公民、法律、政治等学科整合成一门课程，还有美国当前比较盛行的科学—技术—社会(STS)课程，是将自然科学和社会科学融合而成的整合课程。日本小学开设的生活课程，将自然、社会常识融合起来进行生活常识教育。还有德国小学开设的"事实"课程，包含自然科学以及家政、交通安全、性教育等多方面内容，以认识周围环境为目的，培养儿童密切联系自身生活，运用知识解决问题的能力。

2. 课程内容方面

第一，重视基础学力。德国新一轮的课程改革强调儿童掌握基础知识，但不是孤立性的知识，而是有利于促进学生想象力、创造力和成就感发展的范例性知识的掌握，以及基本技能，包括自我能力、社会能力、业务能力和方法能力的提高。英国 2000 年实施的国家课程以提高学生的基础学力为基本方针，强调通过国家课程全面提高学生的终身学习需要的基本知识和各项技能。日本在 1997 年出台的《关于改善幼儿园、小学、初中及高中教育课程标准问题》的咨询报告中强调"要重视国民所必需的基础知识和基本技能"，重视双基教育[②]。

第二，重视道德教育。自 1979 年以来，联合国教科文组织多次召开关于课程内容与道德教育关系的会议，分析道德的内容以及影响道德质量的各种社会因素。法国主要通过公民教育课帮助儿童掌握民主社会生活的基本准则，了解法国的政治和行政机构，培养儿童热爱祖国，认真履行社会责任和义务的良好品质。日本新颁布的教学大纲强调道德教育要培养儿童对生命的敬畏和独立自主性等。英国主要是通过宗教教育以及通过熟悉的环境结合个人生活经验，获得道德知识。

第三，重视科学技术。适当的科学技术教育是当前义务教育课程改革的重要内容之一。各国根据当前科学技术的发展成果、社会生活的需求以及儿童身心发展特点不断更新课程内容，培养幼儿对待科学的正确态度、获得与生产生活相关的基本科技概念，培养幼儿的创新精神和创造能力。如在德国小学课程中增加有世界人口、国际礼仪、多元文化、世界和平等内容，以培养儿童对地球的理解和维护世界和平的责任感。

3. 教学方法方面

世界各国在积极进行义务教育课程设置及课程内容改革的同时，也在不断地尝试改革传统的教学方法。目前各国义务教育采用的主要现代教学方法包括：问题教学法、暗示教

① 张蓉. 比较教育学[M]. 南京：南京师范大学出版社，2009：167.
② 刘彦文. 日本中小学课程改革的现状及特征分析[J]. 外国教育研究，2000(6).

学法、探究—研讨教学法、发现教学法、掌握学习教学法、范例教学法、纲要信号图示教学法、程序教学法以及情景教学法。虽然各种教学方法都有各自的理论基础，适用范围和实施步骤，但这些教学方法的使用和设计理念都有共同之处，主要体现在：第一，注重发挥学生的主体性。充分调动学生学习的积极性，鼓励学生自主探究，在解决问题中获取知识和技能，培养学生的学习能力；第二，注重培养学生的创新精神和创造能力。如探究—研讨教学法、问题教学法和发现教学法等，鼓励学生多提问、多质疑，在民主宽松的课堂氛围中激发学生的求异思维，从而培养学生的创新精神和创造能力。

(三)加强师资队伍建设

高质量的教师队伍是保障义务教育成功的关键因素。纵观各国义务教育改革的发展，对于加强师资队伍的建设主要采取以下三种措施：

第一，完善教师培养体制。职前教师教育课程在培养目标上更加具体明确，具有很强的操作性；在课程内容上通识类课程和教育类课程并行；课程设置上重视实践课程及教师实践能力的培养，强调培养学生的综合实践能力。如美国的教师教育课程中大约有一学期的时间用于教学实践。德国不仅在大学阶段安排教学实践，而且还规定了两年见习期；教师资格选拔制度严格，培养年限逐渐延长，而且需要经过各种资格考试才能够获得教师资格证书，之后还要接受大量的培训和进修[1]。

第二，提高教师社会地位及待遇。这是吸引优秀人才、保证教师队伍质量的根本措施。1992 年，联合国教科文组织在一些发达国家的调查表明，被调查国家最好的职业是教书，教师是社会地位最高的人。在日本，教师职业被称为"圣职"，中小学教师工资比一般公务员高 10%；英国中小学教师的年薪平均约合三万美元；在德国，教师是人们渴望追求的职业，其平均工资为工人平均工资的 1.5 倍；美国公立学校中小学教师年薪平均年增长率为7.03%，1993 年增至约四万美元[2]。重视知识，重视教师是现代教育改革的基础，只有重视教育的民族才能立足于强国之林。

第三，重视教师专业发展。如美国纽约州的教师资格证书只有 5 年有效期限，5 年内必须完成 175 小时的进修学习才能保证教师资格证的有效性。同时，纽约市还规定，刚入职教师头 5 年必须参加由各大学提供的各种教师专业发展项目，完成学分后可以取得教育专业或学科教育专业硕士学位[3]。这些都是对教师专业发展的硬性要求。英国着力深化中小学教师持续性的专业发展，学校培育与发展规划署规定通过绩效管理和新的教师专业标准来促进中小学教师持续性的专业发展；赋予地方教育局推进教师持续性专业发展的领导权；确保教师持续性专业发展的高质量以及推行范围和种类的多样化。其活动的形式包括：专业发展会议和项目；参加外部和内部会议、课程及专业发展活动；辅导、指导和同事间的协助；参加提供专业发展机会的网络或计划；课堂观察等[4]。

---

① 薛赛男. 发达国家教师教育课程设置的特点及启示[J]. 世界教育信息，2006(10).

② 刘伟. 谈国外中小学教师聘任与培训[J]. 呼兰师专学报，1996(02).

③ 熊冠恒. 当前美国中小学教师专业发展的主要特点——以纽约州为例[J]. 外国教育研究，2008，35(12).

④ 薛忠英. 英国中小学教师专业发展的政策探究：演进、行动与借鉴[J]. 教育理论与实践，2014，34(02).

(四)完善学校评价机制

高质量而完善的教育评价机制是教育质量得以保障和提高的必要手段。自 21 世纪以来，建立和完善新的教育评价制度成为各国中小学教育改革的共同趋势。主要体现在以下两个方面：一方面是制定义务教育质量评价标准。英国在《1992 年教育法》中成立了非政府部门的、独立于教育就业部的教育标准局，它与"全国统一课程计划"的实施密切相关，其学校内部评估系统由学校自我评估系统和教师绩效表现管理评估系统构成。义务教育质量指标涵盖课程、目标达成度、学与教、对学生的支持、资源利用、管理等，每个领域又包含若干个指标，指标下面还有多个具体的参数和标准，如关注能力和学识的学与教，在"教师有效地进行教学计划" 这一参数中包含五个标准：①每节课前清楚地罗列出目标；②准备好资料；③课程结构和大纲；④课后接受评估；⑤教师计划要与学校要求相关联[①]。近年来法国在实施"学校教育计划"中采用了新的学校评估政策，其中学校内部自评的质量指标有：①关于学生的指标，包括年龄、性别、家庭背景等；②有关教育手段的指标，包括选修科目、外语学习状况、平均授课时数、教员的特性等；③有关学业成果的指标，包括高级中学的入学率、考试合格率、一年级学生直至获得考试资格的比率等；④有关运营的指标，包括小集团学习组的规模、教员团体的活动；⑤有关文化、社会、经济等环境指标。

另一方面是完善义务教育督导系统。教育督导系统是对学校教育质量评估进行监督和指导，克服存在的弊端，进而改进学校各项工作。德国义务教育督导的工作由各州政府下设的学校督导权威机构来执行，通常又分为三个等级：州文化教育部、区政府教育局以及县教育局。它们的职能范畴包括：法律督导，如对学校运营和资金资源管理等；学术督导，主要是针对学校教学质量；人员督导，即对教职工的专业行为及个人事务进行监督。通过教育督导系统来为政府、学校及社会提供有质量的信息，为制定相关教育政策提供依据。目前，日本教育督导的发展也呈现出更加专业化和国际化的趋势，其教育督导的人员结构正逐渐向专业化靠近，具有专业管理背景的督导人员数量不断增加[②]。

(五)关注教育公平

教育公平是社会公平的基础，是实现教育全面可持续发展的重要保障。教育机会、教育资源等方面的均衡发展是促进教育公平的外在表现和途径。强调基于义务教育的均衡发展，各国都积极采取相应措施来推动教育公平的实现。美国在 2001 年签署，2002 年正式实施《不让一个孩子掉队法》，大幅增加中小学教育拨款，要求到 2004—2005 学年，美国公立中小学所有 3～8 年级学生都必须接受各州政府举办的阅读和数学统考，努力缩小各个文化群体学生学业成就的差距。俄罗斯为缩小义务教育发展的城乡差距，2001 年联邦中央政府颁布了《俄罗斯农村学校的结构改革构想》，提出以"集中与合作"为基本原则，在 2002—2010 年期间适时对农村普通学校进行结构改革，保证学生接受普通教育，为高质量教育创造必要条件[③]。法国从 1981 年开始实施"优先教育区"计划，根据学校外部环境(如学校地理位置、所在地区居民经济水平、学生家长社会职业等)与内部状况(如班级人数、教

---

① 黄雪娜. 英、德、法三国基础教育质量评估机制的比较研究[D]. 福州：福建师范大学，2003.

② 杨汉清. 比较教育学[M]. 3 版. 北京：人民教育出版社，2015：300.

③ 王承绪，顾明远. 比较教育[M]. 5 版. 北京：人民教育出版社，2015：298.

师水平、辍学率等)，对学业失败现象严重的地区和学校给予经费和师资等方面的帮助，促进教育公平。

三、高等教育

面对国际竞争日趋激烈的 21 世纪，高等教育在国家政治、经济、文化以及个体的发展中扮演着越来越重要的角色。各个国家都在采取各种措施进行高等教育改革，主要表现在以下几个方面。

(一)改革高等教育学制体系

法国高等教育的改革深受欧洲一体化进程的影响，尤其是 1999 年签订的《博洛尼亚宣言》。从 2002 年起法国逐步开始进行高等教育学制改革，新学制是建立在四级学位之上的，包括：第一，"中学会考合格证"(BAC)；第二，"学士学位"(Licence)，将原先的两年本科改为三年一贯制；第三，"硕士学位"(Master)，取消了原先一年学习颁发硕士文凭、两年学习颁发高等研究文凭的制度，这一阶段学习后统一颁发硕士学位；第四，"博士学位"(Doctorat)，即"LMD"学制。大约至 2006 年完成高等教育学制改革。法国高等教育学制的改革打破了法国以往学科划分过细的弊端，使大学课程得到了统一的梳理，也使学期设置更加标准化。俄罗斯传统的高等教育只有一个阶段，即学习五年之后获得专家学位，注重于实践性强的专业知识，继续学习三年可获得博士学位。目前俄罗斯也根据博洛尼亚进程的规定，进行高等教育学制改革，将高等教育设置为两个阶段：四年本科学习和两年研究生学习，本科阶段更倾向于学习基础专业理论，继续深造三年可以获得博士学位。

(二)调整高等教育财政投入

在最近的 10 年中，法国政府对高等教育的财政投入增长了 50%。2002 年法国对高等教育领域的投入为 266.3 亿欧元，到 2005 年这个数字已增长到 283 亿欧元，2008 年为 275.0 亿欧元，2009 年法国年度高等教育预算总额达到了 291.72 亿元，同年 12 月，总统萨科齐更是向媒体公布了 350 亿欧元的政府公债投资计划(预计占到 2010 年法国国内生产总值的 1.8%)，计划指出了法国未来优先发展的五大领域，高等教育与培训以 110 亿欧元位列第一[①]。美国奥巴马政府在 2013 年提出了"让更多的人上得起大学"的高等教育改革方案，试图通过控制高校学费上涨来使更多的家庭子女能够享受高等教育，以及通过新的排名体系提高高校办学绩效。因此在该方案中，奥巴马政府提出对于高等教育的财政拨款与高校及学生的绩效挂钩，政府将根据高校排名来分配财政资助。奥巴马政府强调要促进有价值的拨款，设立了高教版"力争上游"计划，提供 10 亿美元竞争性拨款来激励各州的高等教育改革，同时以佩尔助学金奖(Pell Bonus)和更高的绩效责任激励高校招收中低收入家庭的学生[②]。俄罗斯从 2005 年以来，高等教育预算在联邦教育总预算中所占比例均超过 70%，为了争取到 2020 年有不少于 5 所高校进入世界 100 强高校排名，政府于 2013 年投入 90 亿卢布，2014 年投入金额为 105 亿卢布，2015 年投入金额为 120 亿卢布，2016 年为 125 亿卢布，用于高

---

① 刘敏. 2000—2010 年法国的高等教育改革[J]. 大学(学术版)，2011(03).

② 阚阅，王蓉. 奥巴马政府高等教育改革方案解析[J]. 中国高教研究，2014(08).

校自身的建设①。同时政府高度重视科研发展，将在 2014 年至 2020 年间为高校拨款超过 700 亿卢布用于高校科研发展。

(三)提高高校教育质量

俄罗斯非常重视教育的连续性，认为任何一个阶段的教育质量都会影响下一阶段的实施，为此俄罗斯教育部尝试推行高校毕业生的国家统一考试，目前已有莫斯科国立法学院、车臣大学、东北国立大学等高校在进行尝试。通过国家统一考试可以衡量学生和高校的教育质量，也是一种竞争机制，激励高校教育质量的提高，这一方式已成为 2020 年俄罗斯教育发展动力战略的内容之一。同时为了提高教育质量，获得国际高校知名度，俄罗斯高校不仅增设了国际课程和前沿专业教学，创造有利的学习和工作条件吸引留学生，而且积极参与国际间的合作教学，加强国际学术交流。俄罗斯另一个提高高校教育质量的举措是合并高校。由于俄罗斯高校的分校大多在中小城市，会阻碍高校间的学术交流以及造成师资分布不均衡。合并高校可以增强高校实力、扩大高校规模和缓解高校生源缺乏的问题，能够有效地提升高校质量和办学效益。

日本对于提高本科教育质量的改革措施，主要表现在以下几个方面②：更多的大学编制大学学习指南，包括每个学科的教学计划，系统而翔实地介绍教学目标、教学内容以及参考文献等，甚至将其做成数据库；实施小班额教育的大学也有增加，尤其是外语教育、实验、实习、讨论等的教学；许多大学采用问卷等形式，实施学生对教学内容和方法的评价；出现由教师组成的旨在改善教育内容和方法的组织，也有大学设置了旨在开发教育方法、帮助教员进行有关研修的中心；考虑到与学生在高中的学习内容相适应，更多的大学开始实行按学力编班，按学力状况补习教学；在学生的成绩评定方面，许多大学为了确保学分认定的客观性，学科的评价标准由多个教师协商以达成一致；各个大学都利用通信卫星及光纤系统以及其他多媒体系统积极推行远距离教育。

英国高校通过调查和评价来改善高校教育教学质量。学生调查全国委员会专门针对大学最后一年的教学质量和学习经验展开调查，包括教师传授知识的能力、评价和反馈的过程、学术支持和学习资源以及课程质量的整体满意度等，来推进高校教学质量的提高③。同时，英国为适应外部环境的需要也在不断改进质量保障体系，从 2011 年 9 月开始，质量保障署安排学生参加，使审查小组更有机会征求学生的意见，使高校教育质量的审查和评估更加民主，更符合教育教学的发展。

(四)加强与社会的联系

加强高等教育与社会的联系共体现在三个方面：首先是参与高等教育方案规划与决策。如各个国家都在中央以及地方政府设立有关于教育决策的咨询审议机构，其组成成员除了教师代表、学生代表、政府官员以及教育专家，还有学生家长和社会各界名流，通过这一措施改变了大学以往自我管理和决策的方式，使高校不得不重视与社会的关系问题，从而

① 杜劲松，彼得勒索娃 I·A. 俄罗斯高等教育改革现状评析[J]. 比较教育研究，2014，36(08).
② 魏春燕，李林. 日本高等教育改革:现状与展望[J]. 外国教育研究，2000(03).
③ 戴建兵，钟仁耀. 英国高等教育改革新动向：市场中心主义[J]. 现代大学教育，2012(04).

加强与社会组织的联系。其次，一方面高校与企业或者其他社会机构合作，如开办工厂或者研发中心，转化科研成果，加强高等教育为社会服务的能力；另一方面，有很多高校在校内设立各种教育基金会，以吸纳社会资源，这样不仅筹措了高等教育经费，也加强了与社会的交流和融合。

(五)高等教育与教育终身化

在现代科学技术和生产力高速发展的时代，社会在职人员不仅要具备一定的生产经验和劳动技能，而且还需要不断更新的知识框架，以迎接新世纪所带来的挑战。因此，许多国家把终身教育作为高等教育改革的重要方向。德国政府在1993年的《德国高等教育改革的基本方针》中专列一章，要求"加强高等教育在专门人才的进修和在培训中的功能及作用"，主张"应当把大学看作终身教育机构的基础机构"，号召"依据社会经济发展变化，适应科技信息化的发展，将大学改革和调整成为社会在职人员可以继续学习和深造的场所"。①另外还有许多提供高等教育的机构和继续教育学院也成为了高等教育的供给主体，如在英国目前已经有超过1600个机构，包括公共和私人的，国内和海外的参与到高等教育需求中来，其中约250个是继续教育学院②。

四、教师教育

当前，世界各国对于提升教育质量的需求日益增强，教师教育在世界范围内备受关注，各个国家都在根据本国国情积极进行教师教育改革，并取得了良好的成果。纵观各国教师教育改革现状，主要从以下五个方面入手。

(一)促进教师教育专业化发展

教师教育的专业化发展包括专业知识、专业能力和专业品质。在专业知识方面，教师不仅要掌握所教学科的知识，还要掌握教育学、心理学的内容，以及学科教学法等理论知识。如德国的教师教育，在基础知识学习阶段，主要学习作为教师必须具备的基础知识，包括学科知识和教育理论知识。在修业阶段主要进行理论学习，必须学习两门执教学科和相关的学科教学论，同时必须学习包括教育科学和社会科学方面的课程，其中教育科学要占总课时的25%；日本的教师教育理论课程内容非常丰富，概括起来有八大类：一是有关教育的本质及目标的课程，如教育原理等；二是有关少年儿童心理健康与教育的课程，如教育心理学等；三是有关青少年健康生活方面的课程，如生活指导论等；四是有关教育方法及技术的课程，如教育工具学等；五是有关学科课程与教法的课程；六是有关教育基础类的课程，如教育史等；七是有关教育实践研究的实习课程；八是为满足学生的个性化需要所设置的选修课程③。

各国对于中小学教师专业能力的要求包括：第一，具有较强的教学能力，美国在其《教师专业化标准大纲》中指出，教师要因材施教，充分学习和认识不同阶段儿童身心发展特

---

① 张蓉. 比较教育学[M]. 南京：南京师范大学出版社，2009：255.

② 戴建兵，钟仁耀. 英国高等教育改革新动向：市场中心主义[J]. 现代大学教育，2012(04).

③ 关松林. 发达国家教师教育改革的经验与思考[J]. 教育研究，2014，35(12).

点和规律，根据学生的个别差异采取相应的措施；培养学生的学习兴趣；公平对待每一位学生。教师要掌握学科内容的整体脉络，创造性地运用多种教学方法将知识传递给学生，培养学生发现问题、解决问题的能力；善于管理学生的学习，以及调动学生和学生家长的积极性来参与教学。第二，处理信息的能力。在高速发展的信息化时代，教师必须紧跟时代潮流，掌握和应用现代信息技术，帮助学生培养其现代信息素养。许多国家如美国、英国、日本等国都要求对职前和在职教师进行现代信息技术培训，以促进自身专业的发展，满足教师教育的需要。第三，教学研究能力。能够对教育教学实践和理论进行探索，发现问题并解决问题，做一名研究型教师。在日常教学活动中，善于发现问题，并进行批判性的反思，结合对学生各方面发展特点的了解改进教学实践。

对于教师应具备的专业品质，各国虽有不同的要求，但都强调具有良好的道德品质、爱岗敬业、关心爱护学生等。如在英国的教师专业标准中，规定教师应具备的专业品质，包括：公平地对待每位学生，尊重学生在文化、语言、宗教、种族等的背景差异；对学生要耐心细致，对他们的学习成果负责任；在言行举止、态度价值观上为学生树立良好的学习榜样；积极与社区、家长沟通交流，形成教育合力，共同促进儿童健康成长。日本要求教师要具有奉献精神，把工作看作是应当承担的道德义务。

(二)完善教师质量保障体系

一方面各个国家制定相关教育政策，颁布教育法，为教师教育改革提供政策保障。如法国在 2001 年至 2010 年十年间发布的关于教师教育的报告书，2001 年国家评价委员会以对高等教育机构评估方式发布的《教师教育大学院创建第一个十年之发展报告书》；2002 年教育部委任大学教授卡斯帕发布的《教师教育大学院教育人员培养报告书》；2003 年教育部委任全国教育总督学欧邦所完成的《教师职业——明日之专业报告书》；2006 年由教育最高审议会向教育部长所建议的《教师教育建议书》；2008 年由国会议员杰欧华向总理所提交的《教师教育大学院融入大学：深化高等教育与研究改革之报告书》等共 7 个报告书。[①]德国在 2002 年各州文教部长联席会议上发布了《教师教育引入学士/硕士体系的可能性、课程模块化和教师教育专业流动性问题》的决议，2004 年颁布了《教师教育标准：教育科学部分》，2006 年在德国高校校长联席会议上提出了《对高等学校中教师教育发展的建议书》，对德国教师教育改革和发展进行了全面阐述。

另一方面各个国家又加强建设教师资格证认证制度，严格把握教师入口关，以保障教师教育质量。法国的国家教师资格证考试是法国淘汰率最高的一种考试，由国家教育部统一组织，每年根据国家财政能力和实际教师需求量来确定通过率，如 2005 年，有 70000 名考生参加，而通过率只有 20%[②]。美国在 2001 年出台的 NCLB 中对"高质量教师"做出明确的规定，并进一步完善教师质量保证体系，采用多种认证机构共同促进教师质量的提升，如教师教育认证委员会(TEAC)、美国优质教师证书委员会(ABCTE)，前者是相关培养方案

---

① 黄照耘. 法国初等教育师资培训制度演进与现况改革分析[J]. 教育资料集刊(第四十九辑)——各国初等教育，2011(01).

② 苟顺明，陈时见. 法国教师教育改革的主要措施与基本经验[J]. 教师教育研究，2013，25(02).

的认证机构，后者则侧重于教师对学生学习成绩的提升水平[①]。

(三)教师培训形式的多样化和理念的终身化

各国在教师培训上，一方面呈现出培训形式多样化。如派大学中优秀的教师或者教育专家为中小学新任教师进行入职培训；设立中心学校，为临近中小学教师提供进修服务；在中小学设立教师继续教育管理小组，组织教师教学观摩和教学研讨；由教师培训机构或邀请专家定期在中小学开展专题研究等。另一方面，在培训理念上呈现终身化培训。在美国有相当一部分高校的校本培训正在突破时间限制而向终身化迈进，如芝加哥大学教学中心就为教师提供职业发展每一阶段的培训资源，不仅每一个培训周期是完善的、有针对性的，而且贯穿每位教师职业生涯的始终。这种终身化的教师培训，不仅能帮助教师确立长远的职业生涯规划，也有利于教师培训的连续性和一致性，能促进他们教学能力的稳步提升。

(四)重视教师培训质量评价模式的建构

新世纪以来，美国学者开发了多种教师培训质量评价模式。其中水平模式作为一种质性评价，主张收集能够说明培训质量的证据，其评价的落脚点是对于学生结果的影响；多站点评价模式作为一种量化评价，目的在于说明培训质量的优劣以及影响的显著因素；行为性评价模式同样也是一种质性评价，其关注点在于帮助培训者和学员在行动过程中进行反思，并以此为依据对培训做出及时有效的调整[②]。

(五)加强大学与中小学的合作关系

大学和中小学合作进行教师教育这一举措最先在英国和美国发展起来。美国政府和学界认为，教师的专业发展与训练只有建立在中小学实际情景的基础上才是有意义的。此后其他各个国家也逐步认识到教师培养是中小学和大学共同的事业，必须建立共同培养的教师教育模式。大学在校本教师教育的实施中为中小学提供充分的理论和方向指导，如派指导老师培训在职教师等，而中小学可以为教师教育提供良好的实践基地和机会，充分利用校内外资源促进教师专业技能和教学能力的提高，形成正确的工作方法、信念和价值观。但是在建立合作关系时，需要考虑两个基本问题：第一是地位问题，中小学和大学是一种平等的地位关系；第二是资源配置问题，政府在负责资源和经费中提供指导手册，并任命地方关系的协调人，中小学和大学一样可以获得教师培养经费，同时，建立合作关系还必须有统一的质量监督和评价标准[③]。

本 章 小 结

在教育改革的发展趋势中，教育现代化是社会现代化的重要推动力，表现为教育的生产性日趋强劲，革命性愈显突出，发展性更受重视等；在教育全球化趋势中，世界各国教

---

① 曲铁华,王凌玉. 新世纪美国教师教育改革的新举措及对我国的启示[J]. 国家教育行政学院学报,2016(03).
② 曲铁华,王凌玉. 新世纪美国教师教育改革的新举措及对我国的启示[J]. 国家教育行政学院学报,2016(03).
③ 王承绪, 顾明远. 比较教育[M]. 5 版. 北京：人民教育出版社，2015：298.

育资源的全球共享性是其普遍特征，这将导致各国教育制度、教育目标及教育内容等方面的变革；教育信息化是世界教育改革的重要组成部分，各国都在积极普及中小学现代信息技术教育，加强信息技术基础设施建设，促进教师教育信息技术素养的提高；同时，随着世界各国教育信息化的发展，教育终身化也日益成为各国教育改革的发展趋势；教育民主化也是世界教育改革的潮流，主要体现在教育机会平等、教育管理民主化、学校管理民主化等方面。

各国对于学前教育改革的重要着眼点包括学前教育课程改革、提高学前教育师资水平、学前教育财政投入以及幼小衔接等方面；各国在进行义务教育改革和发展中主要从重视教育立法、加快课程与教学改革、加强师资队伍建设、完善学校评价机制和关注教育公平等五个方面进行；世界各国在进行高等教育改革时的主要着眼点包括改革高等教育学制体系、加大高等教育财政投入，提高教育质量以及加强与社会的联系等；当前，教师教育改革在世界范围内备受关注，主要从促进教师专业发展、完善教师质量保障体系、重视教师培训质量评价模式的建构、加强大学与中小学的合作关系等方面进行改革。

【推荐阅读】

[1] 冯增俊，等. 当代比较教育学[M]. 2 版. 北京：人民教育出版社，2015.

[2] 邬志辉. 教育全球化——中国的视点与问题[M]. 上海：华东师范大学出版社，2004.

[3] 吕达，周满生. 当代外国教育改革名著文献[M]. 北京：人民教育出版社，2004.

[4] 王承绪，顾明远. 比较教育[M]. 5 版. 北京：人民教育出版社，2015.

[5] 张蓉. 比较教育学[M]. 南京：南京师范大学出版社，2009.

[6] 杨汉清. 比较教育学[M]. 3 版. 北京：人民教育出版社，2015.

[7] 黄志成. 国际教育新思想新理念[M]. 上海：上海教育出版社，2009.

思考与练习

一、名词解释

1. 教育现代化
2. 教育全球化
3. 教育信息化
4. 教育终身化
5. 教育民主化

二、简答题

1. 世界各国教育改革的发展趋势有哪些？
2. 世界各国教育改革的信息化主要表现在哪些方面？

三、论述题

什么是义务教育？世界各国进行义务教育改革的主要着眼点表现在哪些方面？